UNDER THE ADVISORY EDITORSHIP OF
JOHN KENNETH LESLIE
Chairman of the Department of Romance Languages
Northwestern University

Five Centuries of
Spanish Literature

FROM THE *CID* THROUGH THE GOLDEN AGE

Five Centuries of Spanish Literature

FROM THE *CID* THROUGH THE GOLDEN AGE

EDITED BY

Linton Lomas Barrett

WASHINGTON AND LEE UNIVERSITY

Heinle & Heinle Publishers
A Division of Wadsworth, Inc.
Boston, Massachusetts 02116 U.S.A.

FIVE CENTURIES OF SPANISH LITERATURE:
From the *Cid* Through the Golden Age

Copyright © 1962 by Heinle & Heinle Publishers, Inc.

ISBN 0-8384-3754-0

Preface

The selections herein are designed to introduce the student to the Spanish people through their literature of the twelfth to seventeenth centuries (to 1681). Each passage has been chosen because it either illustrates some national trait of the people or some major facet of their thought, or else portrays a personage, historical or fictional, who has become famous as typifying Spain in some respect. Space limitations have forced the omission of some figures that might well serve the same purpose (e.g., Don Juan). Fewer authors and works are represented here than in most anthologies, in order to offer longer major selections together with sufficient summary of omitted parts so that the student may get a more coherent idea of what the whole is like in each case. In his attempt to provide such coherence the editor has been obliged to include rather more pages in English than may seem proportionate to those in Spanish; but if his contribution achieves its aim and results in better acquaintance with the evolution and the nature of Spanish literature and the people whose expression it is, that apparent disproportion will be justified. For, externals aside, the nature of the Spanish people remains today much the same as it was in those early centuries.

Even though the vocabulary of the early works is small, the morphology of Old Spanish is certainly too difficult for anyone, whether Spaniard or foreigner, to read those works without special training in historical grammar. The early pieces have therefore been modernized enough to enable the nonspecialist to appreciate them; but their style, simple and often repetitious, remains as near the original as is compatible with comprehension by the modern reader. The editor is responsible for all the modernizing except that of the *Libro de buen amor* (which see for proper credits).

Footnotes are numbered consecutively throughout each section, unless several authors are represented within a single section, in which case the numbering is consecutive through all selections from each author. Both individual words and longer phrases, as well as notes, are so numbered. Cross-references to other works herein serve not only to clarify some point but to impress the student with the essential unity and continuity of national traits and motifs that have endured through many writers and centuries. As no literature exists in a national, isolated vacuum, the editor has, where pertinent, called attention to what was going on in other literatures, or to the classical origins of some phenomenon recurring in Spanish literature.

The editor gratefully acknowledges his debt to the American Council of Learned Societies and the John M. Glenn Fund of Washington and Lee University for material assistance in some months of research in Spain (many details of this book are products of that research) ; to Professor John Kenneth Leslie and Mrs. Genia Graves of Dodd, Mead for their invaluable suggestions for the improvement of the book; and to many friends in this country and in Spain for their cordial encouragement. None of them, of course, is to be blamed for whatever flaws appear in the finished work.

L. L. BARRETT

Lexington, Virginia
July, 1962

Contents

Five Centuries of
Spanish Literature

FROM THE *CID* THROUGH THE GOLDEN AGE

Introduction

How Castilian (Spanish) Came to Be

Castilian, used today by more than eighty million people on four continents and in a score of countries, reached pre-eminence over the other dialects of Peninsular Latin in the eleventh century. To describe how this came about we must look back far earlier than that date.

The Celts, a pastoral but also warlike people, twice invaded the Iberian Peninsula (hereafter called simply "Spain" for convenience). We know nothing of how they talked, of course, for there is no recorded history of them, but we may reasonably assume that a good many of their words passed into the native speech, even if we cannot fix the time or the method. One word, for example, Latinized by the Romans to *capanna*, is now Spanish *cabaña*; if the Celtic word had to be used instead of the native term for "cabin," the Celts' dwellings must have been distinctly different. With them they brought a liquid concoction which became popular; the Romans called it *cerevisia*, which was probably close to the Celtic pronunciation, and Spaniards order the drink now as *cerveza*. The Celts were a spirited people, and naturally had a word for their vim—*brío* (to use the modern Spanish).

History calls the early invaders from North Africa "Iberians," and anthropology and linguistics link them with the Berbers of Morocco. Many of these Iberians, at the earliest stage of the known history of the region, were living in southwestern Spain, where they had a great city named Tartessos, or Tarshish, a center for trade with the Phoenicians of Tyre. Greek refugees from Persian oppression were welcomed there. The Iberians were highly civilized, noted for their beautifully wrought articles, lyric poetry, and graceful dancing. Their language was musical (which is all we know of it), and their laws were recited in what strangers took to be verse. Even without proof we can be sure that many Iberian personal and place names were known to the Greeks and the Romans. Such words as *vega, lanza, arroyo, conejo, gordo* (all of which occur in this book) and a few others are presumed to be derived from Iberian mainly because no other source can be proved.

The only primitive language of prehistoric Spain now surviving is Basque, apparently unrelated to any other tongue on earth. Perhaps this fact is what leads the Basques to claim that their language was used in the Garden of Eden before the Fall, and that it is used in Heaven today. There seems to be no provable basis for the claim, but it is colorful, to say the least. The few Basque words adapted to Spanish concern the home, the soil, implements, plants, and animals; the commonest of these words is *izquierdo*.

Greek speech and Greek ways had been introduced by sailors and merchants trading around the coasts and even up some of the rivers of Spain. But the only traces of Greek now found in Spanish come through Latin or else are scientific terms compounded similarly to their English equivalents. When the Romans landed in Carthaginian Spain in the Second Punic War (between 218 and 206 B.C.), they found small coastal settlements with traces of Greek and Phoenician as well as Carthaginian influences.

The first Romans to arrive after the soldiers were traders, prospectors, engineers, farmers, and, finally, bureaucrats when conquest assured establishment of Roman government. (Spain was officially declared a Roman province in 38 B.C.) With the legions and with the majority of Romans who followed them went the sort of Latin spoken by the uneducated; so that was the kind gradually picked up by the natives, whose speech habits, already fixed and different from those of Rome, caused them to mangle Latin pronunciation even more than the invading illiterates and semiliterates did. With due allowance for regional differences, it may be said that Latin, like other Roman institutions, became practically uniform over the entire Peninsula. It must be remembered that the Latin which eventually turned, after centuries, into the various Romance languages was the Latin of the common people, not the "classic" Latin bequeathed to us by Cicero, Virgil, and Caesar. The two kinds were distinct even in Rome itself. A long, nearly imperceptible process of simplification over the centuries gradually altered the order of words in a sentence (Caesar's fondness for withholding the verb until the end failed to win popular approval) as well as their pronunciation.

This process also dropped most case endings and reduced the number of declensions and conjugations by merging some of them with others.

As the native speech habits varied greatly from one Roman province to another, so did the gradual transformation of the conqueror language vary from one land to another after Rome fell, thus creating wholly different languages in time. But even before this happened, the variance in modes of speaking Latin identified a citizen of, say, Hispania or Galia or Romania as such when he was in the mother city. Native Romans prided themselves on their sophisticated urban speech and poked fun at the way countrified provincials spoke. The great Martial, famous for his epigrams, mocked the words and ways of his birthplace in northern Spain. When Hadrian, born at Itálica near Sevilla and destined to become emperor of Rome, was made *quaestor* in the capital despite his youth, one of his duties was to read the messages from the Emperor Trajan (also Spanish-born) to the Senate. "Speaking in rustic fashion, he was laughed at," we are told. But he overcame this handicap, apparently, for his name later became a symbol of eloquence (see Jorge Manrique's "Coplas," page 92, and *Celestina*, note 137, p. 126).

Documents and inscriptions reveal what the Latin used in Spain was like—still clearly Latin, though in some respects a provincial variety. Indeed, it was not to be recognizably anything else for a good many centuries. By the fifth century A.D. it was so firmly established in both legal and current usage that subsequent invaders accepted it as their official tongue.

Early in A.D. 407 several Germanic tribes swept across France and were stopped only at the Pyrenees. Three years later, through treachery, they got into Spain. There they laid waste to the country and left famine, pestilence, and a new kind of venereal disease in their wake. Some of them, the Vandals, finally crossed into Africa, leaving behind them the name *Andalus* (*Andalucia*) bestowed upon southern Spain. Their ways of life are reflected in several English words. The Swabians were a little better than the Vandals, but not much, and the Alans were much worse.

The last Germanic invaders were the Visigoths, who stayed longer in Spain than the others. They brought a military aristocracy and an Arian (heretical Christian) clergy; between these two classes they set an all-time-low standard of conduct in high places. Out of the legends of chivalry and highborn nobility has grown the "Visigothic tradition" on which much of Spain's later glory was based. The brutal fact is that the nobility and chivalry of the Visigoths were in reality nothing better than lust and murder and treachery. Their monarchy being elective, not hereditary, ambitious men were continually tempted to empty the throne by violence and elect themselves, and half the Visigothic kings were assassinated in consequence. The fifth to seventh centuries in Spain saw few Goths capable of either mental activity or skilled occupation. Intelligence usually led the Visigoths to crime, one historian says, so if they had been more intelligent they might have been even worse. Yet it is the Visigothic word for pride (*orgullo*) that provided one motivation for much of Spanish civilization at home and abroad.

The Visigoths' major contribution to Western civilization, paradoxically enough, is their code of laws. But in actual practice they held their subjects by cruel despotism while dreaming of a united Spain (unattainable by their methods) and they persecuted all nonconformists, particularly the Jews. What maintained order for a time eventually brought about their defeat, as will be seen below.

On the linguistic side the Visigoths are of little account. They accepted the Latin they found, and even at first must have mixed some with their late Gothic tongue. Modern Spanish has few words of Germanic origin, those few probably not brought by the Goths. Certainly the Visigoths wrote in Latin, for no Gothic inscriptions have been found. Any changes in Peninsular Latin during their rule are due to the confusion they created rather than to their language.

Many Christians, who hated the invaders for their tyranny and who may have doubted the true Christianity of Visigothic kings even after the conversion of Recaredo by San Isidoro in 585, and all Jews, who were persecuted by the violently anti-Semitic Visigoths and who felt a kinship with the Moors of North Africa, looked to the Moors for deliverance. The Moors could hardly be worse rulers, they reasoned, and might well be better than the Visigoths. So the entry of these Moors into Spain in 711 was facilitated by many natives. King Rodrigo had wrested the crown from Witiza, thus creating further disaffection; and Witiza's partisans joined the other disaffected Spaniards, both Christian and Jewish, in deserting Rodrigo. It had taken Rome two centuries to conquer the Peninsula; it took the Moors little more than two years.

Roman speech by this time was so deeply rooted that Arabic could not displace it. The invading Moslems brought no women with them; so the mothers of the first generation of Moslem descent in Spain were native slaves. The mothers taught their own language to their children, of course, and only when the children went to school did they learn their fathers' language, which was the official language of government. The conquerors' tolerance was so generous that the natives were allowed to retain both their secular customs and their religion. Obviously, then, it was a bilingual situation; most people spoke both languages—Arabic for official use and Latin in the family or for business.

Such bilingualism naturally facilitated the passage of many words from one language to the other, and the list of Arabic terms in Spanish is long, a veritable index of Spain's debt to Moslem civilization. These terms are words more spoken and heard than read and written, so that they reflect many aspects of the busy life in a medieval community. Even the word for a task or job in Spanish (*tarea*) is really Arabic, as though the need for such a term had never occurred to the Hispano-Roman people. The names of many plants, fruits, vegetables, and the ways to water them; the words of the market, the weights and measures and currencies, are most of them Arabic. Christian underwear was coarse and scratchy; the soft cloths from the Near East which came into use after the invasion therefore bear Arabic names. Leather products, jewelry, pins, perfumes, and pottery; the parts of the house and many of its furnishings; the men who built the houses; sewage pipes and the very idea of a sewage system; the police, lawyers, tax collectors, muleteers, and carriers—all these are a part of the Arabic linguistic heritage of Spain. Many other terms attest to the deep cultural influence of the Moslems— games, music and its instruments (the Archpriest of Hita lists some of these in his *Libro de buen amor, coplas* 1516–1517), mathematics, astronomy, and alchemy. If tenth-century Europe was nominally Christian, it could boast little besides warfare and barbarism, while Moslem Spain contained the most advanced learning, culture, and civilized life known to the world at that time.

Spanish Moslems possessed a highly developed lyric poetry, but no literary masterpieces in Peninsular Latin have survived—if there ever were any. The earliest documents containing recognizably Spanish words (or non-Latin words clearly developing into Castilian) date from 980. These documents are in Latin with primitive Spanish forms interspersed in the text. The first complete sentences known to be written in Spanish are a prayer, dated 992, composed by a Basque. So Spanish may be said to date from the tenth century, born after a long period of gestation (perhaps three centuries) during which Latin, bit by imperceptible bit, turned into what is called "Romance" (from Latin *romanice*, "in the Roman fashion") , which is the vernacular speech, neither true Latin nor true Spanish.

A major factor in the development of a variety of dialects and languages in Spain is the extremely mountainous nature of the land. Owing to this fact there was little communication between peoples of different regions, even of different valleys across the mountains, in long-past times. Relatively isolated, the people of one valley naturally developed speech habits peculiar to themselves, neither influencing nor being influenced by the peculiarities of other peoples, at least to any great extent. So, for example, in the west the people came to speak very differently from the people in the center of the Peninsula—with gradations of differences, or dialects, between west and center—even though all had Latin imposed upon them. In the middle of the Peninsula the dialect called "Castilian" imposed itself over neighboring ways of speech, thanks to several circumstances which will become apparent.

PART I
The Medieval Period

The Twelfth Century

THE *POEMA DE MÍO CID*

The first major literary creation to survive those relatively primitive stages of linguistic development is an epic poem. People liked to listen to the accounts of great deeds chanted in sonorous lines, and the (usually) unknown composers of such poems not only felt obliged to give their public what it liked, but were fond of that sort of thing themselves. They composed in verse, not prose, because verse is easier to memorize and remember, and because it lends itself to accompaniment by chords of music. These poems were not read but recited or chanted by *juglares* to audiences in palace and plaza. This kind of verse is what we call *mester de juglaría,* "art (or, craft) of the *juglares.*" The *juglar* was a kind of wandering entertainer who chanted, and sometimes composed, poetic recitations for his livelihood, mixing with people of all occupations and classes in his travels and thus learning at firsthand the ways and customs and happenings among great lords and people of all degrees. Thus he was also a gatherer and disseminator of news wherever he went, and so was doubly welcomed.

Spain's earliest epic deals with Ruy (or Rodrigo) Díaz de Vivar —who lived from about 1043 to 1099—one of the most picturesque and energetic members of that energetic race, the Castilians. Circumstances combined to create this epic logically at just that time. First, the language, though rather unmalleable still, had developed beyond a regional spoken and written Latin for about a century and a half, perhaps two centuries, and had reached the stage of artistic possibilities. Second, the hero and his achievements had left a profound impression on the popular imagination, Christian and Moorish. And third, the poet, unknown though he is, possessed genius and also was acquainted with such earlier attempts at the epic as the French *Chanson de Roland,* a work of high artistry. He was a *mozárabe* (a Christian living among Moors) from near Medinaceli on

9

the frontier between Castilla and the Moorish kingdom of Zaragoza, and he composed his poem about the middle of the twelfth century —some scholars say late in that century. Certainly it was within a hundred years of the Cid's death. Hence the extraordinarily realistic quality of this epic, far more historically faithful and far less exaggerated than others of the genre, most of which deal with legendary heroes whose historicity is dubious. Probably the poem existed only in the memory of *juglares* until one Pedro Abad wrote it down in 1307. This is the only ancient manuscript, and it lacks the first sheet and another out of the third *Cantar*. The missing parts, however, have been restored or supplied from contemporary chronicles, some of which actually contain lines of the epic written as prose. Now we must look at its historical background in order to appreciate some of the poem's fine qualities at their true worth.

Fernando I of Castilla (1035–1065), by inheritance, marriage, and conquest, united a great part of the Peninsula into one kingdom. At his death, though, he split it again among his children. Sancho, the oldest, got Castilla; Alfonso, favorite son, got León; García, Galicia; and Urraca and Elvira received the cities of Zamora and Toro. Sancho, headstrong and resentful of his father's partition of what the young king regarded as his own birthright, lost no time in depriving his brothers of their kingdoms with the aid of his *alférez* (chief of staff and sometimes commander-in-chief), Rodrigo Díaz, a knight of the lesser nobility of Castilla. Against Rodrigo's advice, Sancho laid siege to Zamora in 1072, only to be assassinated by treachery (see *Romance 3*, p. 80), thus fulfilling the curse which tradition says was laid by Fernando I upon whichever child should try to take either daughter's city from her. On Sancho's death Alfonso acceded to the crown of Castilla at the same time that he regained León.

Because Alfonso had been in Zamora during the siege, Castilian nobles entertained some suspicion that he might have been implicated in his brother's murder and refused to accept him as king unless he swore a solemn oath of innocence. As the most prominent, though not the highest in rank,[1] of those nobles, Rodrigo Díaz was

1. Since rank within the nobility gives rise to much of the action of the *Poema*, the student should learn the general distinctions at the outset. *Hidalgo* (*hijosdalgo, hidalgos*) is the generic term for a man born into the nobility. The lowest category is the *escudero* (squire), the youth preparing for knighthood; above the *escudero* is the *caballero*, knighted in a ceremony of which one essential rite was the sponsor's girding on the new knight's sword (hence the frequent

the one who administered the oath to Alfonso VI in the church of Santa Gadea [2] in Burgos, capital of Castilla. Exact legal and customary procedure was followed, for Rodrigo was familiar with the several varieties of law then current in Spain—Visigothic, Germano-Roman, Castilian, and Leonese.

It may well be, as legend has it, that the king felt resentment toward the man who, in one way of looking at it, had publicly humiliated him. Whether he did or not, it is a fact that Alfonso singled out the Cid thereafter for special honors and ambassadorial missions, though he never made the great warrior his *alférez*, despite Rodrigo's military reputation as the ablest general in Spain. Naturally Alfonso would not set him above the Leonese nobles, for the Cid in Sancho's reign had defeated them and their king for Castilla. Now the Cid saw his old enemies restored to power and to their estates of Carrión and Zamora. This was the Beni-Gómez family, identified in the *Poema* as the hero's most powerful antagonist; the Infantes de Carrión belonged to that family.

Alfonso married his cousin Jimena to the hero whose feats of arms had already won him the epithet "El Cid Campeador." The latter, being as well versed in the law as any man, drew up his own marriage contracts, and his phrasing of the documents indicates that it must have been a love match as well as a political one. Names signed as witnesses include those of Alfonso's highest-ranking nobles, an other evidence of the king's respect.

Nevertheless, at heart Alfonso was envious and jealous of his great vassal. Enemies at court seized on the situation to poison Alfonso's mind against Rodrigo and got him to exile the latter. The king, an able ruler except for the weakness mentioned above, was easy to per-

---

epithet, "he who in a good hour girded on sword"). Among *caballeros* were some of higher rank called *infanzones*. An *infanzón* was sufficiently wealthy and powerful to *criar* (rear, train, and support) several *escuderos* and *caballeros;* these, therefore, were his *criados* (not menial servants, but vassals who owed him allegiance). Rodrigo was an *infanzón*. Above this rank were the *ricoshombres,* of the most powerful families, who had many squires and knights and who followed the royal court. From this class the king chose his *condes* and his *potestades* (royal governors and high dignitaries); their sons were *infantes,* a term long afterwards coming to mean "royal prince," but then meaning merely noble youth. Intermarriage between offspring of *infanzones* and *ricoshombres* was commonplace, and between those of either rank and royalty it was not unknown, if the lower-ranking father was an outstanding man.

2. Now modernized in name as Santa Águeda, the church still stands not far west of the cathedral and bears a stone plaque on its outer wall to commemorate the event.

suade because, without his authorization, the Cid took over the command of his army and utterly routed a Moorish invasion after the king's own generals had failed. The poet ascribes the exile to another reason, but both chronicler and poet agree that the basic reason was the king's willingness to listen to slanders of the Cid by court favorites inimical to Rodrigo.

Exile released the vassal from personal fealty to his sovereign but not from his status as subject. The Cid continued to regard himself as Alfonso's loyal subject even though he owed no duties of vassalage to him. Since the former vassal himself had vassals bound to him by closer ties than they had to the monarch, the Cid had the obligation to support them even in exile, while their obligation was to accompany their lord. So the Cid, separated from his home estates and income, was faced with the problem of replacing that income, and the only way open to him in the circumstances was to wage war on anyone from whom he might win booty (cf. lines 244–6 and 332 of the selections herein for his very practical point of view).

Rodrigo chose to move eastward into lands held by the Moors. To the west lay León and his sovereign's court; the north held little promise of spoils; the lands to the south were either subject or tributary to Alfonso. Being a devout Christian, the Cid no doubt delighted in smiting the infidels as well as in appropriating their property. But, like other Christian warriors, on occasion he also smote a fellow Christian, sometimes with the aid of a Moorish ally; and at other times he would attack a Moorish king with the support of Christian or Moor. It was an era of complicated temporary alliances, not a continuous crusade against the unbeliever, although in varying degree there was generally some religious motivation underlying military action. Christendom and Islam were engaged in a long-term, if sporadic, struggle for supremacy not to be determined until four centuries after Rodrigo's death; yet it might have been terminated by the Cid if Alfonso had not broken with him, for the great hero conquered everywhere he went, culminating his exploits with the taking of Valencia in 1094.

That he was invincible in war is an attested historical fact. The same is claimed by other epic poets for their heroes, of course, but their claims remain unsubstantiated by history. Not so for the Cid. Every writer of his day who mentions him states that he was never defeated: "No foe ever overcame him." When the terrible Almorávides, undefeated in their invasion of Spain (eleventh century) until they marched against the Cid's Valencia, swept through the land with their "new weapon"—drums, by the roll of which they maneuvered—their tactics smashed all opposition until they tackled the Cid. Rodrigo and his men broke and routed them decisively—the only Christian leader successful against them. The time came when no more than mentioning his name sufficed to put the enemy to flight. Witness a Moorish chronicler who hated the Cid implacably:

"The power of this tyrant became ever more intolerable; it weighed heavy on the people of the coast and of the inland regions, filling all men near and far with fear. His intense ambition, his lust for power, caused all to tremble. Yet this man, the scourge of his age, was, by his unflagging and clear-sighted energy, his virile character and his heroism, a veritable miracle among the great miracles of the Almighty."

Here, then, was a fit subject for an epic, a man in whom were found all the qualities expected of a national hero. Moreover, he had achieved his successes in spite of the active opposition of the most powerful Christian ruler in the Peninsula. While the poet has altered some details to suit his purposes and in some cases has mingled fancy with fact, the basis of this epic, unique in the genre, in the main is historical fact handled realistically and with a minimum of exaggeration and hyperbole, and set against a topographical background absolutely faithful to truth. So Spain's first literary masterpiece displays two major characteristics of the people—it is both realistic and idealistic.

The protagonist is called "El Cid Campeador." "Cid" derives from the Arabic word for "my lord"; it was used more by Spaniards than by Moors. On the other side, Moorish documents refer to him as "Al-canbitur" (Spanish, *Campeador*), which derives from the Gothic ancestor of modern German *Kampf* ("battle"), and therefore means "battler." A chronicle from the fourteenth century says that Rodrigo was known as "El Cid Campeador" from the time he chastised the Spanish nobles who attacked Alfonso's tributary, Almutámiz of Sevilla, about 1079.

* * * *

The manuscript of the *Poema de Mío Cid* in its present state contains 3,700-odd lines, exclusive of those on the two lost sheets, and is divided into three *cantares*. Each line has four beats, or stresses, designed for vocal flexibility, but conforms to no fixed number of syllables. A caesura marks the approximate middle of each line. Like the lines, the stanzas are irregular in length, each corresponding to a mood or an episode in the action, and all lines in any given stanza rhyme in assonance. In our selections the lines are numbered consecutively, ignoring the omissions, but the stanzas bear their standard numbers as given in accepted editions of the whole poem.

The present modernization is almost entirely the work of the editor of this anthology. No other modern version attempts to reproduce the irregularities of the original meter,[3] thereby and to that extent doing injustice to it, for the original was intended for the ear, not the eye, and the modern meters are at least as much for the eye as for the ear. The present rendering is as little changed from the version written down by Per Abbat (Pedro Abad) as the editor could make it. The frequent incoherence of tenses is found in the manuscript, a characteristic retained here as an additional touch of antique flavor and fidelity. The exigencies of meter and rhyme caused many irregularities originally, and do so here, but these irregularities should offer no difficulty.

CANTAR PRIMERO

Destierro del Cid

The missing first page, containing probably some fifty lines, evidently ascribes the Cid's exile to the fact that his enemies (who included some of his own relatives) convinced Alfonso that Rodrigo had withheld some of the tribute moneys he had collected for the king. Having received the royal edict, the Cid summoned his vassals and told them the news. On their unanimous decision to go into exile with him (he had absolved them from their duties in this case), the whole band departed from Vivar. As they reached the last hilltop from which the Cid could take a final look at his home:

1

De los sus ojos   tan fuertemente llorando [4]
volvió la cabeza   y estábalos mirando.

3. The late Dr. M. Martínez Burgos began his modern version (Burgos, 1955) obviously with the intention of following the original, for he calls his work "Traducción exacta, en metro desigual y rima asonante" on the title page. But apparently his sense of rhythm overcame him long before he finished his version. All other modern renderings are in either prose or regular metric form, unlike the *Poema* itself.

4. The notion that tears in a man are a sign of weakness is a purely modern attitude false in fact and unsupported by tradition.

Vio puertas abiertas,   cerrojos [5] sin candados,
las perchas [6] vacías   sin pieles y sin mantos
y sin halcones   y sin azores mudados.[7]   5
Suspiró mío Cid   por tener muy grandes cuidados.
Habló mío Cid   bien y tan mesurado:
"Gracias a ti, Señor Padre   que estás en lo alto.
Esto me han hecho   mis enemigos malos."

2

Aguijan a los caballos,   allí aflojan las riendas.   10
A la salida de Vivar,   tuvieron la corneja [8] a derecha,
y entrando en Burgos   tuviéronla a siniestra.
Alzó mío Cid los hombros   y meneó la cabeza:
"¡Albricias, Álvar Fáñez,[9]   del reino se nos echa,
mas gran honra nos harán   en Castilla a nuestra vuelta!"   15

3

Mío Cid Ruy Díaz   en Burgos entró,
en su compañía   sesenta de pendón.[10]
Salían a verlo   mujer y varón,
toda la gente de Burgos   a las ventanas asomó,
llorando de los ojos,   tanto era su dolor.   20
De las sus bocas   todos decían una razón:
"¡Dios, qué buen vasallo,   si tuviese buen señor!"

4

Le convidarían de grado,   mas ninguno lo osaba:
el rey don Alfonso   le tenía tanta saña.[11]
Antes de la noche   en Burgos entró su carta   15

5. cerrojos: *bolts, hasps*
6. perchas: *pegs* (to hang clothes on)
7. halcones ... mudados: *falcons and without molted [hunting] hawks.* The *azores mudados* were those surviving the molting season, when many such birds died; and the molted hawks were thus all the more valuable.
8. corneja: *crow.* Black and nocturnal birds were commonly omens of good or ill according to flight, on right or left hand, etc. Here, apparently, the first omen was bad, the second good. Like the vast majority of medieval Europeans, the Cid believed in omens.
9. One of the Cid's nephews, and a principal lieutenant; a real person, not an invented personage.
10. sesenta ... pendón: *sixty pennons.* Each pennon fluttered from the end of a lance; hence, sixty lances (horsemen).
11. saña: *wrath*

con gran prevención   y fuertemente sellada,
[mandando] que a mío Cid Ruy Díaz   nadie le diese posada,
y aquel que se la diese   supiese en firme palabra
que perdería sus bienes   y más los ojos de la cara,
y además de esto   los cuerpos y las almas.   30
Grande dolor tenían   las gentes cristianas;
escóndense de mío Cid   sin osar decirle nada.
   El Campeador   se dirigió a su casa,[12]
mas al llegar a la puerta   hallóla bien cerrada:
por miedo al rey Alfonso   así lo concertaran,[13]   35
que si no la quebrantase   no se la abrirían por nada.
Los de mío Cid   a grandes voces llaman;
los de dentro   no les querían decir palabra.
Aguijó mío Cid,   a la puerta se llegaba,
sacó el pie del estribo,   un gran golpe le daba;   40
no se abre la puerta: quedaba bien cerrada.
   Una niña de nueve años   ante el Cid se paraba:
"¡Ah, Campeador,   en buena [14] ceñisteis espada!
El rey lo ha prohibido,   anoche llegó su carta
con gran prevención   y fuertemente sellada.   45
No os osaríamos abrir   ni acogeros por nada,
porque perderíamos   los bienes y las casas,
y además de eso   los ojos de las caras.
Cid, en nuestro daño   vos no ganáis nada;
mas válgaos el Creador   con todas sus virtudes santas."   50
Esto la niña dijo   y volvióse para su casa.
Ya lo ve mío Cid: que del rey no tenía gracia.
Alejóse de la puerta,   por Burgos aguijaba,
llegó a Santa María,[15]   allí se apeaba;
hincóse de rodillas,   de corazón rezaba.   55
Hecha la oración,   luego cabalgaba;

12. A monument, erected in the eighteenth century, marks the site of the Cid's
town house, of which no trace remains.
13. concertaran: *they had agreed*. The Latin pluperfect indicative gave the
Spanish -*ra* past subjunctive forms; so the latter is often used as a pluperfect
indicative in Spanish literary style.
14. en buena [hora]: This and various other epic epithets applied to the Cid
will occur frequently throughout the poem.
15. The cathedral of Alfonso VI, called here Santa María, was replaced by the
present cathedral (begun in 1221) on the same site. The remains of the Cid
and his wife Jimena are buried under the cathedral floor.

salió por la puerta,[16]   y el Arlanzón cruzaba.
Junto a la villa de Burgos   en el arenal posaba,
plantaba su tienda   y luego descansaba.
Mío Cid Ruy Díaz,   el que en buena ciñó espada,   60
quedóse en el arenal,   pues nadie le acoge en casa;
en torno de él   buena gente armada.
Así acampó mío Cid   como lo haría en montaña.[17]
Se le prohibe la compra   en la villa castellana
de cuanto necesita   para proveerse de vianda;   65
no osarían venderle   ni una dinerada.[18]

5

Martín Antolínez,   el burgalés cumplido,[19]
a mío Cid y a los suyos   provee de pan y vino;
no lo compra, no,   pues se lo tenía consigo;
de toda provisión   bien les ha abastecido.   70
Contentóse el Cid,   el Campeador cumplido,
y todos los otros   que están en su servicio.
Habló Martín Antolínez,   oiréis lo que ha dicho:
"¡Ah, Campeador,   en buena hora nacido!
Pasemos la noche aquí,   vámonos, amanecido,   75
porque acusado seré   por lo que os he servido,
y en ira del rey Alfonso   me veré metido.
Si con vos me voy   y escapo sano y vivo,
tarde o temprano el rey   me querrá como su amigo;
si no, cuanto dejo   no lo aprecio en un higo."[20]   80

*The Cid's financial straits force him to plan a trick, with the aid
of Martín Antolínez, to get some money. He has two chests made,*

16. Puerta de Santa María, one of the city gates. The present one was erected
in the fourteenth century but is on the same site. The Cid crossed the Arlanzón
and encamped on the sandy flats (*arenal*) near the river.
17. montaña: *wilderness*
18. dinerada: *a dinero's worth of supplies.* This was one day's rations for one
man.
19. el ... cumplido: *the worthy man of Burgos.* This personage seems an invention of the poet, for his name has not been found in any other medieval
document.
20. no lo ... higo: *I don't give a fig for it.* A vulgar phrase, but often used
even in elevated style in medieval literature

covered with rich red leather and studded with gilt nails, and fills them with sand.[21] *These, securely fastened, he will leave as security for a loan from two Jewish moneylenders, Raquel and Vidas, who believe the chests are full of gold because rumors have spread that the Cid has kept back part of the tribute moneys collected for Alfonso. Implicitly, then, making themselves accomplices in the supposed fraud, they lend 600 marks, even giving Martín 30 marks for bringing them so lucrative a business deal.*

(This incident requires a parenthetical explanation. In those days Jews in Spain were restricted to commerce and banking, all other occupations being closed to them, and they were obliged to live within the castle walls—which contained considerable areas of land inside the outer walls—wherever the town or city was fortified. Catholics were forbidden by their religion to lend money at interest; so were Jews, except to non-Jews. So a Christian had to resort to a Jewish moneylender if he needed cash, and had to pay maximum rates. It was thus entirely natural that Catholic Spaniards should not regard Jews with great favor and that the largely Catholic audiences of the *juglares* who recited the *Poema* should find delight in the account of the trick played by a Catholic on the Jewish bankers. On the Cid's behalf we must add that he repeatedly states that he does this unwillingly and perforce. Moreover, it is clear that even if the chests were full of only sand, they implicitly contained something more precious than gold itself—the Cid's pledge to redeem them with interest. And even though the poet forgets (as he forgets many details) to say explicitly that he did repay the loan, it is reasonable to assume that he did, especially after having captured Valencia and all its wealth. Certainly in all other respects he is portrayed as a man of high integrity.)

Now the Cid rides on to the monastery of San Pedro de Cardeña [22] *to see his wife and daughters, whom he has sent there to stay during his exile. He gives the abbot money for the care of his family and promises to repay fourfold any outlay made by the monastery for doña Jimena and the infants.*

21. A device common in folklore and undoubtedly one of the poet's fictional elements. A chest of similar appearance hangs on the wall of the Burgos Cathedral cloister today. Attributed by tradition to the Cid, it is certainly of later date.

22. About eleven kilometers east-southeast of Burgos, a tower is all that remains of the monastery known to the Cid, though the Benedictines rebuilt much of it in 1945. Rodrigo's children are reputedly buried in one of the chapels.

15

Mirad a doña Jimena: con sus hijas va llegando;
una dueña a cada niña   la lleva en los brazos.
Ante el Cid doña Jimena   de rodillas se ha hincado;
lloraba de los ojos,   quísole besar las manos:
"¡Merced, oh Campeador,   en buena hora criado!   85
Por malos calumniadores   de Castilla sois echado.

16

¡Merced, oh Cid,   barba tan cumplida! [23]
Miradme ante vos,   yo y vuestras hijas;
aún pequeñas son,   niñas de pocos días;
con ellas están mis damas,   de quienes soy servida.   90
Veo que estáis   al punto de partida,
y que nosotras de vos   nos separan en la vida.
Dadnos consejo,   por amor de Santa María."
Alargó las manos   el de la barba florida; [24]
a las dos hijas suyas   en los brazos las cogía,   95
acercólas al corazón,   porque mucho las quería.
Llora de los ojos,   profundamente suspira:
"¡Ay, doña Jimena,   mujer mía tan cumplida!
Como a mi propia alma   tanto yo os quería.
Ya lo veis vos,   que nos separan en la vida.   100
Yo iré y vos   os quedáis protegidas.
Plegue a Dios   y a Santa María
que aún con mis manos   case a estas mis hijas,
y me quede fortuna   y unos días de vida
en que vos, mujer honrada,   de mí seáis servida."   105

The Cid now has three days of his grace period left to cross the borders of Castilla. Informing his men that they must leave at dawn, he and his wife go to pray in the monastery church.

18

La oración hecha,   la misa vino a acabar;
salieron de la iglesia,   se disponen a montar.

23. References to the Cid's beard are numerous and varied. The beard was a symbol of virile honor, and if touched by another man in disrespect it remained dishonored until the offender was killed by the insulted owner. Several aspects of the symbolism will be seen in the poem.
24. florida: *flourishing, luxuriant*

El Cid a doña Jimena   le iba a abrazar;
doña Jimena al Cid   la mano le va a besar,
llorando de los ojos,   sin saberse reportar.   110
Y él a sus hijas   volviólas a mirar:
"A Dios os encomiendo   y al Padre espiritual;
ahora nos separamos,   el juntarnos, Dios sabrá."
Llorando de los ojos,   como nunca visteis tal,
como la uña de la carne   es el dolor al separar.   115

On the second night after leaving Cardeña:

19

Allí el Cid se echaba   cuando la noche cayó.
Un sueño muy dulce tuvo   en cuanto se durmió.
El ángel San Gabriel   aparecióle en visión:
"Cabalgad, Cid,   el buen Campeador,
que nunca en tan buen punto   cabalgó varón;   120
mientras vivas, todo   se os hará mejor."
Al despertarse el Cid   la cara se santiguó.

*The company crosses the Castilian border just as the time expires,
and then goes on to Castejón, which the Cid intends to capture (his
first military engagement in exile). The poet describes the peaceful
scene upon which the Castilians are to burst from their ambush:*

23

Ya rompe el alba   y venía la mañana:
salía el sol,   ¡Dios, qué hermoso apuntaba!
En Castejón   todos se levantaban,   125
abren las puertas,   afuera pasos daban,
por ver sus labores   y todas sus labranzas.[25]
Todos han salido,   las puertas las dejan francas;
pocas son las gentes   que en Castejón quedaran;
las gentes afuera   todas están derramadas.   130

*The unsuspecting people (Moors) are taken by surprise and cap-
tured, together with their cattle, their town, and all their property.
Meantime Álvar Fáñez has led two hundred men on a foray down-
river (Henares) as far as Alcalá,[26] returning with booty and driving*

25. labores, labranzas: *tilled fields*
26. This town was to become famous as the birthplace of Cervantes. The foray
took the company past Hita, where Juan Ruiz would be Archpriest 250 years
later. Both these writers are represented in this book.

cattle on ahead. Since it is not feasible for the Cid to carry off all this wealth, he sells it back to its former owners, promising not to bother them again, and marches away. Winning further spoils as he goes, he finally takes Alcocer (no longer in existence), where he is besieged by an army of three thousand Moors. Water and food supply cut off, the Cid and his men elect to attack despite the overwhelming odds against them.

35

Embrazan [27] los escudos   delante el corazón,
las lanzas tienen bajas,   envueltas en el pendón,
las caras inclinadas   encima del arzón; [28]
van a acometerlos   de brioso corazón.
A grandes voces llama   el que en buena nació: 135
"¡Heridlos, caballeros,   por amor del Creador!
¡Yo soy Ruy Díaz el Cid   de Vivar Campeador!" [29]
Todos hieren en el haz [30]   que Bermúdez [31] atacó.
Trescientas lanzas son,   cada una con pendón;
cada cual a un moro mata,   sólo un golpe le dio;   140
a la vuelta por las filas [32]   otros tantos muertos son.

36

Vierais [33] tantas lanzas   hundir y alzar,
tanta adarga [34]   horadar y traspasar,
tanta loriga   romper y desmallar,[35]
tantos pendones blancos   rojos de sangre quedar,   145
tantos caballos briosos   sin sus dueños andar.
Los moros gritan "¡Mahoma!";   "¡Santiago!" la cristiandad.
Van cayendo por el campo   en un poco de lugar
muchos moros muertos: mil trescientos ya.

27. embrazan: *they fasten on their arms*
28. arzón: *saddlebow*
29. It was the custom for a chieftain to shout his name as a battle cry.
30. haz: *file* (of soldiers)
31. Pedro Bermúdez, nephew of the Cid, was an impetuous fellow; he attacked prematurely in this battle.
32. The Cid's men charged through the enemy lines, then wheeled and charged back through, killing equally on both charges.
33. vierais: *you should have seen.* The *juglar* often addresses his audience directly in such dramatic parentheses. Cf. also lines 479–80.
34. Singular form for collective plural, like the English "many a . . ."
35. horadar ... desmallar: *pierced and thrust through, so many a [chain mail] cuirass broken and torn open*

37

¡Qué bien combate,	sobre su dorado arzón,	150
mío Cid Ruy Díaz,	el buen lidiador;	
y Minaya Álvar Fáñez,	que Zorita mandó;	
Martín Antolínez,	el burgalés de valor;	
Muño Gustioz,	que con el Cid se crió;	
Martín Muñoz,	que mandó a Montemayor;	155
Álvar Salvadórez,	y Álvar Alvaroz;	
Galindo García,	el bueno de Aragón;	
y Félix Muñoz,[36]	sobrino del Campeador!	
Así adelante,	cuantos que allí son,	
socorren la enseña	y al Cid Campeador.	160

38

A Minaya Álvar Fáñez	le mataron el caballo;	
acúdenle al socorro	las tropas de cristianos.	
La lanza la ha quebrado,	a la espada mete mano,	
aunque está de pie,	buenos golpes va dando.	
Viéndolo mío Cid	Ruy Díaz el castellano,	165
se acercó a un jefe moro	que tenía buen caballo,	
le dio tal espadada	con su diestro brazo,	
que le partió la cintura	y la mitad rodó al campo.[37]	
A Minaya Álvar Fáñez	iba a darle el caballo:	
"¡Cabalgad, Minaya,	vos sois mi diestro brazo!	170
Hoy de vos en este día	gran auxilio aguardo;	
firmes están los moros,	aún no se van del campo;	
es menester	que los acometamos."	

*This they do, to such good effect that the Moors are routed
when the Cid grievously wounds their leader and drives him from
the field. The battle over, the Cid takes off his heavy helmet to cool
his head, letting the chain-mail headpiece collapse down his back,
which leaves the cloth cap, worn to pad the skull under the metal,
visibly wrinkled and sweaty. There is great joy over the spoils of
battle, a part of which is sent as a present to King Alfonso and part
to the monastery of Cardeña. Then the Cid sells Alcocer to the*

36. All these names (enumeration is a common epic device) are of real men
except Martín Antolínez and Félix Muñoz, whose existence remains unproved.

37. A similar sword in the Armería Real in Madrid is just over a yard long
and nearly three inches wide; it lacks the grip and the crosspiece. Its weight,
plus the swing of a powerful arm, makes such a cut more believable than it may
seem at first glance.

Moors for 3,000 silver marks and prepares to leave. His conduct toward the vanquished is such that they weep to see him go.

As time and action march on, the Cid moves into lands protected by the Count of Barcelona, who regards the action as an outrage.

56

El conde es fanfarrón [38]   y dijo una vanidad: [39]
"Mucho me ha afrentado   mío Cid el de Vivar.   175
Aquí mismo en mi corte   tuerto me hizo ya:
hirió a mi sobrino   y no lo enmendó jamás;
ahora corre las tierras   que bajo mi amparo están;
yo no le desafié   ni le quité la amistad,
mas ya que me lo busca,   se lo iré a demandar."   180
Grandes son sus fuerzas   que aprisa llegando van;
entre moros y cristianos   gran hueste pudo juntar.
Se dirige tras el Cid,   el bueno de Vivar,
tres días y dos noches   no dejaron de andar;
alcanzaron a mío Cid   de Tévar en el pinar; [40]   185
con tal fuerza, cree el conde   que a manos le va a tomar.
Mío Cid don Rodrigo   se trae mucho caudal;
bajó de una sierra   en un valle a entrar.
Del conde don Ramón   mensaje allí le dan;
mío Cid, al oírlo,   la respuesta mandó dar: 190
"Decidle al conde   que no lo tome a mal;
de lo suyo nada llevo,   que él me deje ir en paz."
El conde replicó: "¡Eso no será verdad!
Lo de antes y de ahora   todo me lo pagará;
sabrá el desterrado   a quién vino a deshonrar."   195
Volvió el mensajero   corriendo a no poder más.
Entonces se da cuenta   mío Cid el de Vivar
que sin dar batalla   no podrá de allí marchar.

The Cid reminds his men that the Catalans wear cloth pantaloons covering their legs, but no tough, heavy boots such as the Castilians use to protect their legs; the francos [41] *have flat riding saddles with*

38. fanfarrón: *boastful*
39. vanidad: *vain thing*
40. en el pinar (*pine forest*) de Tévar
41. Since Cataluña was once a march (county) of the Carolingian empire, even in the twelfth century Catalans were commonly called *francos*, or Franks. The Cid later (line 266) puns on the word: free, generous, Frank.

no high pommel or cantle (protecting the groin and the back, re-
spectively) like those of the Castilians; and the count's forces will
be riding down the slope with cinches not tightened. So, he says, a
hundred Castilian horsemen should best the whole Catalan army.

58

Todos están dispuestos　　cuando mío Cid hubo hablado:
las armas las han cogido,　　montan en sus caballos.　　200
Vinieron cuesta abajo　　las fuerzas de los francos;
mandó herirlo el Cid,　　el siempre afortunado:
esto lo hacen los suyos　　de voluntad y de grado;
los pendones y las lanzas　　bien las van empleando,
a los unos hiriendo　　y a los otros derribando.　　205
Ya venció esta batalla　　el bienaventurado;
al conde don Ramón　　preso le ha tomado;
allí ganó a Colada,[42]　　que vale más de mil marcos.

59

Venció esta batalla,　　así honróse la barba.
Cogió al conde,　　a su tienda lo llevaba;　　210
a sus servidores　　guardarlo mandaba.
Afuera de la tienda　　el Cid un paso daba,
de todas partes　　los suyos se juntaban.
Contentóse mío Cid　　por ser grandes las ganancias.
A mío Cid don Rodrigo　　gran comida le adobaban;[43]　　215
el conde don Ramón　　no se la aprecia en nada;
servíanle los manjares,[44]　　delante se los dejaban;
no los quiere comer,　　todos los desdeñaba:
"No comeré bocado　　por cuanto hay en toda España,
antes perderé la vida　　y dejaré el alma,　　220
porque estos malcalzados [45]　　me vencieron en batalla."

---

42. Name of the Count's famous sword, thereafter belonging to the Cid. (Once
in the royal collection [cf. n. 37], it disappeared long ago.) Epic heroes' horses
and swords are usually named and personified.
43. adobar: *to prepare*
44. manjar: *dish* (of food)
45. malcalzados: *ill-shod, rough-shod.* The Count intends this as a derogatory
epithet for the Castilian raiders, whose unsightly boots offended his fastidious
taste for fine, stylish, beautiful clothes.

60

Mío Cid Ruy Díaz,   oiréis lo que dijo:
"Comed, conde, de este pan   y bebed de este vino.
Si lo que digo hacéis,   dejáis de ser cautivo;
si no, en todos vuestros días   no veréis cristianismo." [46]   225

61

"Comed vos, don Rodrigo,   tranquilo os quedad,
yo me dejaré morir,   pues nada he de tomar."
Hasta el tercer día   no le pueden cambiar;
mientras que ellos se parten   ganancia tan singular,
no logran que coma   ni un bocado de pan.   230

62

Dijo mío Cid: "Comed, conde, algo,
porque si no coméis,   no veréis cristianos;
y si vos coméis   como sea de mi agrado,
a vos, don Ramón,   y a dos hijosdalgo
os he de libertar   y podréis marcharos."   235
Cuando esto oyó el conde,   ya se iba alegrando:
"Si lo hacéis, Cid,   lo que habéis hablado,
en tanto que yo viva,   de ello quedaré admirado."
"Pues comed, conde,   y cuando hayáis acabado,
a vos y a otros dos   dejaré libertados.   240
Mas de cuanto habéis perdido   y yo gané en el campo,
sabed que no os daré   ni un dinero falso;
que mucha falta me hace   para estos mis desgraciados.
Tomando de vos y de otros   iremos así pasando;
llevaremos esta vida   mientras lo quiera Dios santo,   245
como pasa al que en ira   el rey ha desterrado."
Alegre está el conde,   y pidió el lavamanos; [47]
se lo ponen delante,   hacen esto apresurados.
Con los caballeros   que el Cid le había dado
comiendo va el conde,   ¡Dios, de qué buen grado!   250
Junto a él sentóse el Cid,[48]   el nacido bienhadado:
"Si bien no coméis, conde,   como me sea grato,

46. cristianismo: *Christendom*
47. lavamanos: *washbasin*
48. The original phrasing indicates that the Cid had a seat higher than the
Count's, in token of superiority.

aquí permaneceremos   sin nunca separarnos."
Aquí dijo el conde: "De voluntad y de grado."
Con esos dos caballeros   aprisa va almorzando;   255
contento está mío Cid   que les está aguardando,
porque el conde don Ramón   menea tan bien las manos.
"Si os place, mío Cid,   dispuestos a ir estamos;
mandad que nos den las bestias,   y en seguida nos vamos.
Desde que soy conde   no comí tan de buen grado;   260
el gusto que en ello tuve   nunca será olvidado."
Tres palafrenes [49] les dan,   muy bien ensillados,
y buenas vestiduras   de pellizas [50] y de mantos.
El conde don Ramón   entre los dos va montado;
hasta el cabo del real   el Cid los ha escoltado: [51]   265
"Ya os vais, conde,   como hombre de veras franco;
os tengo agradecido   lo que me habéis dejado;
si algún día se os ocurre   la gana de vengarlo,
cuando queráis buscarme,   enviadme antes recado;
o me dejaréis lo vuestro   o de lo mío llevaréis algo."   270
"Descuidad,[52] mío Cid,   estáis libre de tanto.
Yo os he pagado   por todo este año,
y volveros a buscar ...   ¡ni siquiera pensarlo!" [53]

63

Aguijaba el conde,   comenzando a andar,
volviendo la cabeza   y mirando para atrás,   275
pues tenía mucho miedo   que el Cid se arrepentirá,
lo que no haría el Cid   por cuanto en el mundo hay;
tal deslealtad [54]   no la ha hecho jamás.

49. palafrén: *palfrey* (traveling horse, not warhorse)
50. pellizas: *pelisses*. In those days a noble dressed thus: First the *camisa* (undershirt) was put on, then the *calzas* (pantaloons of wool covering the whole leg) and the shoes (usually ornamented with needlework). Over the *camisa* went the *brial*, a long tunic of silk (if interwoven with gold, it was called a *ciclatón*) reaching to the feet; it was slashed the length of the leg for riding. In cold weather the *brial* was covered by a *piel, pelliza,* or *pellizón*, a garment of silk lined with fur (ermine, rabbit, lamb, etc.) and shorter than the *brial*. Covering all this (but minus the *pellizón* in warm weather) was the *manto* (cloak), fastened on the right shoulder; it was of wool, and lined with fur like the *pellizón.·*
51. escoltar: *to escort*
52. Descuidad: *Don't worry*
53. ¡ni ... pensarlo! *that's unthinkable!*
54. deslealtad: *treachery*

CANTAR SEGUNDO

Bodas de las hijas del Cid

The Cid thereafter ranges eastward and southward, ever victorious and prospering, and ever giving thanks to God for his success. When the Valencian Moors besiege him in Murviedro (actual chronology reversed here—he took that city, now called Sagunto, in 1098), he exclaims: "Praise be to God! We are in Moorish lands, we drink their wine and eat their bread; they have every reason to besiege us. I trust in God we shall prosper in this battle." They do indeed. "In the lands of the Moors, taking and sacking, sleeping by day and riding by night, the Cid conquered cities for three years." He then lays siege to Valencia, capturing it in the tenth month and defending it successfully soon afterwards against Moorish attack.

76

Ya crece la barba al Cid,   y se le va alargando,
pues dijera mío Cid,   por su boca había hablado: 280
"por amor del rey Alfonso,   que del país me ha echado"
ni entraría en ella tijera   ni un pelo habría cortado,[55]
y que hablasen de esto   moros y cristianos.[56]

A census of his forces informs the Cid that he now has thirty-six hundred men. More presents are sent to Alfonso, with the request that he permit doña Jimena and her daughters to join the Cid in Valencia. At this point comes an important personage to join the Cid—"Don Jerónimo is his name, and bishop his degree," a learned man sturdy afoot and ahorse who wants to fight the Moors; him the Cid makes the first Bishop of Valencia. Álvar Fáñez, the Cid's ambassador, takes this news with him to Castilla and León. The king receives Minaya with favor, amiably granting the Cid's request.

Two young nobles, richer in rank than they would like to be in material goods, find themselves becoming covetous of the Cid's wealth.

55. The Cid's vow and uncut beard demonstrate his sorrow at incurring Alfonso's wrath.
56. moros y cristianos: everybody. The term included the vast majority in Spain, hence its common meaning given.

82

Aquí se confabularon [57]	los infantes de Carrión:	
"Mucho crece la fama	de mío Cid Campeador;	285
casarnos con sus hijas	provecho haría a los dos.	
Mas no querríamos nosotros	iniciar tal acción;	
¡mío Cid es de Vivar	y nos de Condes de Carrión!" [58]	
No se lo dicen a nadie	y en esto todo quedó.	

But when Minaya Álvar Fáñez takes formal leave of the king:

83

Los infantes de Carrión,	determinado su plan,	290
acompañan a Minaya,	para irle a hablar:	
"En todo sois amigo,	como tal en esto obrad:	
saludad por nosotros	a mío Cid el de Vivar;	
sus amigos somos	con toda voluntad;	
si bien nos quiere el Cid,	nada en ello perderá."	295
"En eso—dijo Minaya—	nada veo de pesar." [59]	
Ya se va Minaya,	y los infantes vuelta dan.	

More recruits join Minaya at Cardeña, where he picks up the Cid's family, gives money to the abbot, and buys new clothes and horses for doña Jimena and her ladies in waiting. After a safe journey the whole retinue arrives in Valencia, where the Cid rides forth to meet them.

86

A la madre y a las hijas	con amor las abrazaba,	
con el gozo que sentían	de los ojos lloraban.	
Todas sus mesnadas	con gran deleite estaban,	300
armas jugaban	y tablados quebrantaban.[60]	
Oíd lo que dijo	el que en buena ciñó espada:	

57. confabularse: *to confer together*
58. For the Infantes, as for medieval Spanish audiences, the inequality between the Cid's lineage and their own was completely stated by thus linking the place names: Vivar was a village, while Carrión de los Condes (modern province of Palencia) was a city and chief seat of the count's domain.
59. His phrasing hints at his lack of enthusiasm—a forecast of trouble.
60. When a knight *jugaba las armas* (displayed skill at arms, in games), usually in token of rejoicing as in this case, he used a wooden lance and shield, leaving off his sword and his armor. The *tablado* was a plank structure shaped like a small castle, which served as target for the mounted knights to smash with their lances in the *juego de armas.*

"Vos, doña Jimena,   querida mujer honrada,
y vos, hijas mías,   mi corazón y mi alma,
entrad conmigo   en Valencia, nuestra casa,   305
en esta heredad [61]   que yo tengo ganada."
Madre e hijas   las manos le besaban.
Con tan gran honra   ellas en Valencia entraban.

87

Con ellas al alcázar   mío Cid derecho va;
allí las subía   al más alto lugar.   310
Aquellos ojos dulces   no se cansan de mirar;
miran Valencia   cómo yace la ciudad,
y de la otra parte   bien se ve el mar;
miran la Huerta [62]   que se extiende allá,
y todas las otras cosas   que eran de solaz.   315
Alzan las manos   para a Dios rogar,
por esta ganancia   quieren las gracias dar.
El Cid y la gente suya   a su gran sabor [63] están.
El invierno acabado,   marzo quiere entrar.
Deciros quiero nuevas   de más allá del mar,   320
de aquel rey Yúsuf,[64]   que en Marruecos está.

King Yúsuf, angered at the infidel's incursion into his domains, sends (the poet says) fifty thousand soldiers against the Cid, who, on hearing the news, sets forth his point of view (note there are three points).

90

"¡Gracias al Creador,   al Padre espiritual!
Todo el bien que tengo   ante mis ojos está:
con afán gané a Valencia,   la tengo por heredad;
a menos que me muera,   no la puedo dejar.   325
A Dios y a Santa María   gracias les he de dar
porque tengo a mi mujer   y a mis hijas acá.
Me han venido caudales   de tierras de allende el mar;

61. heredad: *family estate*
62. Huerta: name of the fertile plain, irrigated by ancient canals, outside Valencia
63. a ... sabor: *at their ease*
64. Yúsuf ben Texufin, first emperor of the Almorávides (1059–1116

me pondré mis armas,   no lo puedo excusar;
mis hijas y mi mujer   me verán lidiar;   330
en estas tierras ajenas   verán cómo hay que morar,
harto verán con sus ojos   cómo se gana el pan."
   Las tres y el Cid   subiendo al alcázar van;
ellas alzan los ojos,   las tiendas vieron plantar:
"¿Qué es esto, Cid?   ¡Sálveos Dios de mal!"   335
"¡Ah, mujer honrada,   no tengáis pesar!
Es riqueza que nos traen   para crecernos el caudal:
apenas llegasteis,   regalo os quieren dar:
para vuestras hijas   os traen el ajuar." [65]
"Os agradezco, Cid,   y al Padre espiritual."   340
"Mujer, en el palacio,   en el alcázar quedad;
no tengáis pavor   porque me veáis lidiar;
se me crece el corazón [66]   porque vos aquí estáis.
Con la ayuda de Dios   y de su Madre sin par,
esta lid venidera [67]   yo la he de ganar."   345

91

   Plantadas están las tiendas   y anúnciase el albor,
con prisa muy grande   tocábase el atambor; [68]
alegre dijo el Cid: "¡Buen día es el de hoy!"
Su mujer tiene miedo   que le llega al corazón,
igual con sus damas   y sus hijas las dos: 350
desde que ellas nacieron   no sienten tal temblor.
   Cogióse de la barba   el buen Cid Campeador:
"No tengáis miedo;   es todo en vuestra pro;
antes de los quince días,   si lo quiere el Creador,
habremos de ganar   todo ese atambor: 355
delante os los pondrán   y veréis cómo son,
y luego al obispo   serán un rico don
colgados en la iglesia   de la Madre del Señor."

65. ajuar: *trousseau*
66. se ... corazón: *my heart swells within me*. The Cid's love of his family shines
through this phrase as through the poet's description of their parting (line 115) .
67. venidera: *forthcoming*
68. atambor: *drum*. Drums were still little known in Europe then, being a
"new weapon" invented in Africa. The Moors used drum rolls as signals for
maneuvering troops, and their thunder was awe-inspiring to the enemy. One
chronicle says that drums were first used in Europe at the battle of Sagrajas
(Moors vs. Alfonso VI) on October 20, 1084.

Este es el voto que hizo   el Cid Campeador.[69]
Tranquilas están las damas,   perdiendo van el pavor.   360

Of the fifty thousand Moors (says the poet) not more than 104
escaped, and, apart from 3,000 marks in gold and silver, there is so
much booty that the victors cannot even count it. The Cid, gleeful
as a boy and sweaty and bloodstained as he is, hastens to his wife
and daughters to reassure them of his and their safety. He then
sends another rich gift to Alfonso, at which the Infantes de Carrión
are inspired to greater greed.

101

Ahora de los infantes   yo os quiero contar;
hablando en secreto   tratando [70] de lo que harán:
"Los negocios del Cid   van prosperando más,
pediremos sus hijas   para con ellas casar,
así también nosotros   prosperaremos más."   365
Al rey Alfonso en secreto   fueron luego a hablar:

102

"Merced os pedimos   como a rey y señor;
con vuestro consejo   esto queremos los dos:
que nos pidáis las hijas   de mío Cid Campeador;
casar queremos con ellas   a su honra y nuestra pro."   370
Un largo rato   el rey pensó y meditó:
"Yo eché de la tierra   al buen Campeador,
y, haciéndole yo a él mal,   él me ha hecho a mí gran pro;
este casamiento   no sé si lo acepta o no;
mas, pues vos lo queréis,   tratemos la cuestión."   375
    A Minaya y a Bermúdez,   que estaban allí los dos,
el rey Alfonso   en seguida los llamó;
en una sala   con ellos se apartó:
"Oídme, Minaya,   y Bermúdez, también vos;
sírveme mío Cid,   Ruy Díaz Campeador,   380
él se lo merece   y de mí tendrá perdón;
que venga a vistas [71] conmigo   cuando le plazca mejor.
Otros encargos hay   en mi corte, y son:
Diego y Fernando,   los infantes de Carrión,

69. A slip of the poet's memory; he never tells us that the Cid fulfilled his
vow. There are numerous such omissions in the *Poema.*
70. tratar: *to discuss*
71. a vistas: *to a conference*

con las hijas del Cid   quieren casarse, los dos.   385
Sed buenos mensajeros,   y os ruego yo
que se lo digáis   al buen Campeador:
en ello tendrá honra   y crecerá en honor,
por emparentar [72]   con infantes de Carrión."
    Habló Minaya,   y a Bermúdez complació: 390
"Le pasaremos   lo que decís vos;
después haga el Cid   como le parezca mejor."
"Decid a Ruy Díaz,   el que en buena hora nació,
que iré a vistas con él   donde convenga a los dos;
donde él dijere,   sea allí la reunión.   395
Ayudarle quiero al Cid   todo lo que pueda yo."

The Cid is overjoyed at the news of Alfonso's change of heart, but less so about the proposal. He finally says that he does not favor the marriage, but will yield to his sovereign's wish. The conference arranged and held, the king formally asks for the Cid's daughters in marriage to the Infantes de Carrión. The Cid replies that although the girls are young for marriage, they are in the king's hands. Alfonso then symbolically gives the two girls as wives to the Infantes. The Cid confines himself to polite thanks and "You, my king, are giving them in marriage, not I." He requests Alfonso to designate someone to act for the king in the actual ceremony, for "I shall not give them with my own hand, nor will [the Infantes] be able to boast that I did."

Back home, the Cid again expresses misgivings despite the satisfaction of his wife and daughters, and again declares that it is the king, not he, who has the responsibility for the marriage.

The wedding celebrations last two weeks. The poet tells us that the Infantes dwelt with the Cid nearly two years, and ends the second Cantar: "May it please Saint Mary and the Holy Father that the Cid and his sovereign may have joy of this marriage!" On this ominous note we are left for the moment before turning to court life in Valencia.

CANTAR TERCERO

La afrenta de Corpes
112

En Valencia con los suyos   estaba el Campeador,
con él ambos sus yernos,   infantes de Carrión.

72. emparentar: *to become related by marriage*

Tendido [73] en un escaño   dormía el Campeador;
un mal sobresalto,   sabed, les aconteció: 400
se escapó de la jaula   y soltóse el león.
Los que estaban en la corte   tuvieron un gran temor;
embrazan los mantos   los del Campeador,
rodean el escaño   guardando a su señor.
Fernán González,   infante de Carrión,   405
no vio donde se escondiese,   ningún refugio halló;
metióse bajo el escaño,   tanto fue su pavor.
Diego González   por la puerta salió,
diciendo de la boca: "¡No veré Carrión!"
Tras una viga lagar [74]   metióse con gran pavor;   410
el manto y el brial   todo sucio lo sacó.
    En esto se despertó   el que en buena hora nació;
de sus buenos guerreros   cercado el escaño vio:
"¿Qué es esto, mesnadas,   qué queréis vos?"
"Ah, señor honrado,   un susto nos dio el león."   415
Apoyándose en el codo,[75]   en pie se levantó,
el manto echa al cuello,   y va derecho al león;
el león cuando lo vio,   al punto se avergonzó,[76]
ante mío Cid la cabeza   bajó y a él se amansó.[77]
Mío Cid don Rodrigo   por el cuello lo tomó,   420
lo llevó de la mano   y en la jaula lo metió.[78]
A maravilla lo tiene [79]   todo el que lo miró,
y la gente del palacio   a la sala volvió.
    Mío Cid por sus yernos   preguntó y no los halló;
aunque los están llamando   ninguno les respondió.   425
Cuando los hallaron,   vinieron tan sin color
que otra burla como aquélla   en la corte no se vio;
mandólo prohibir   mío Cid Campeador.
Muy corridos [80] se sintieron   los infantes de Carrión,
gravemente les pesa   lo que les aconteció.   430

73. tendido: *lying*
74. viga lagar: *winepress beam*
75. codo: *elbow*
76. avergonzarse: *to become intimidated*
77. amansarse: *to yield meekly*
78. It is true that many great nobles, as well as kings, kept menageries, but the lion episode is fictional, designed rather to show the Infantes' cowardice than the Cid's bravery. Similar incidents are found in other European epics.
79. tener a maravilla: *to marvel at*
80. corridos: *crestfallen, angry and ashamed*

At this point another huge army from Morocco, commanded by "el rey Búcar," [81] *comes to lay siege to Valencia. In the Campo de Cuarte fifty thousand tents are set up. While the Cid takes his usually optimistic attitude (lines 337 and 348), his sons-in-law are much perturbed. "When we asked to marry the Cid's daughters," they tell each other, "we were thinking of the profit and not of the loss [cost]. Now we must go into battle, and it looks as though we shall never see Carrión again; the Cid's daughters will be widowed." This is overheard and reported to the Cid, who tells the Infantes: "I desire battles, and you long for Carrión; take your ease here in Valencia, for I know all about these Moors, and with God's grace I shall beat them." Shamed, the Infantes ask for, and are granted, the honor of striking the first blows, opening the battle, an honor usually granted only to proven heroes. Fernando, however, shows cowardice in the fight, but Pedro Bermúdez covers up for him and promises not to reveal the truth. It makes no difference to the outcome—the Cid is victorious again.* [82]

118

Mío Cid al rey Búcar procuraba alcanzar:
"¡Vuelve acá, Búcar! viniste de allende el mar,
te verás con el Cid, el de la barba cabal; [83]
nos saludaremos ambos, y tajaremos amistad." [84]
Repuso Búcar al Cid: "¡Dios confunda tal amistad! 435
Espada tienes en mano, y te veo aguijar;
así como me parece, en mí la quieres ensayar.

81. Many, if not most, of the Moorish names in the poem are fictitious or not of proven historical figures. *Búcar* may be a corruption of Abu-Bekr, a famous Almorávide general of that period, although it is not recorded that he ever attacked Valencia (despite certain thirteenth-century chroniclers' allegations that he was the one in question).

82. Such a battle did take place on October 26, 1094. The Cid sent a detachment by night to lie in ambush in the enemy rear, and at dawn he sallied out and attacked in full battle array. The Moors, hardly expecting such audacity, were thrown into confusion, but managed to send some cavalry against the Cid, whereupon he feigned withdrawal, luring the best Moorish warriors from the camp. At that moment his concealed men fell upon the camp so fiercely that the remaining Moors broke and fled, believing that reinforcements had come for the Cid. The poet adds: "You should have seen how many an arm is lopped off, still clad in mail, how many helmeted heads fall to the ground, and riderless horses running everywhere. Seven full miles did the pursuit last."

83. cabal: *perfect*

84. y ... amistad: *and we'll carve out a friendship.* The Cid's ironic humor is not lost on the Moorish king.

Mas si el caballo no cae,   si no me va a tropezar,
no me vas a alcanzar   hasta dentro de la mar."
Aquí repuso mío Cid: "Esto no será verdad."   440
Buen caballo tiene Búcar   y de veloz andar,
mas Babieca el de mío Cid   alcanzándolo va.
Alcanzó el Cid a Búcar   a tres brazas [85] del mar,
arriba alzó Colada: un gran golpe fue a dar,
los rubíes del yelmo [86]   los ha hecho soltar,   445
cortóle el yelmo,   partió todo lo demás,
hasta la cintura   la espada fue a parar.
Mató a Búcar,   el rey de allende el mar,
y ganó a Tizona,[87]   que vale mil marcos o más.

The battle over, the Cid speaks kindly to his sons-in-law; but, conscious of their cowardice, they interpret everything he says to them as covert ridicule. Even so, they accept their share of the booty, enough to keep them from want forever. Subsequent mockery of the Infantes (of which the Cid knows nothing) so irritates the brothers that they take counsel together:

"Let us ask the Cid for our wives, to take them to Carrión. We shall get them out of the Cid's reach and work our will on them. No one can twit us with that affair of the lion! We are of the blood of Counts of Carrión! We shall be rich, we shall make a laughingstock of the Cid's daughters; with our wealth we shall be able to marry daughters of kings or emperors, for we are kin of Counts of Carrión!" The Cid consents to their departure, giving them 3,000 marks, many mules, palfreys, warhorses, fine clothes, and even his two famous swords.

However, the Cid, noting certain ill omens, orders his nephew Félix Muñoz to accompany the party and to bring back news of their safe arrival in Carrión. He takes leave of his daughters with great pain, which the poet again describes "like tearing the fingernail from the flesh." En route, the party is entertained by a Moorish friend of the Cid's. The Infantes, noting his obvious wealth, plot his death by treachery, only to be foiled and shamed again. For the

85. brazas: *fathoms*
86. High-ranking Moors generally ornamented their helmets with precious stones.
87. This is the sword identified with the one mentioned in n. 37. Each face of the blade has a channel running its length, and bears letters and fantastic animals engraved and inlaid with gold.

*sake of the Cid they are allowed to go in peace, and they travel as
far as the Robledo de Corpes (the oak forest has long since been cut
down), where they camp overnight. Next morning, sending the rest
on ahead, they linger behind with their wives.*

128

Todos ya se fueron,	los cuatro solos son;	450
tanto mal meditaron	los infantes de Carrión:	
"Podéis bien creerlo,	doña Elvira y doña Sol,	
aquí seréis escarnecidas	en este fiero rincón.[88]	
Hoy nos partiremos,	dejadas seréis las dos;	
no tendréis parte	en tierras de Carrión.	455
Irán estas noticias	al Cid Campeador,	
así nos vengaremos	por lo del león."	
Allí les quitan	el manto y el pellizón,	
les dejan casi desnudas	en camisa y en ciclatón.	
Espuelas tienen calzadas	los traidores de Carrión,	460
en mano toman las cinchas,	fuertes y duras son.	
Cuando esto vieron las damas,	hablaba doña Sol:	
"¡Ay, don Diego y don Fernando!	Os lo rogamos por Dios:	
dos espadas tenéis	de filo tajador,[89]	
a la una llaman Colada,	y a la otra Tizón,	465
cortadnos las cabezas,	dadnos martirio[90] a las dos.	
Moros y cristianos	hablarán de esta acción;	
por lo que nos merecemos	no debéis hacerlo, no.	
Tan infames hechos	no nos hagáis a las dos:	
si nos dejáis azotadas,	os envileceréis a vos;	470
en vistas o en cortes	se os hará reclamación."[91]	
Lo que ruegan las damas	de nada les sirvió:	
comienzan a azotarlas	los infantes de Carrión;	
con las cinchas corredizas	las golpean con rigor,	
con las espuelas agudas	las tratan aun peor:	475
les rasgan[92] las camisas	y las carnes a las dos;	
limpia les brota[93] la sangre,	mojando el ciclatón.	

88. fiero rincón: *wilderness*
89. de ... tajador: *keen-edged*
90. dadnos martirio: *make martyrs of us*
91. en vistas ... reclamación: *in lower or in higher courts you will be brought
to trial*
92. rasgar: *to tear, rip*
93. brotar: *to well out*

Ya lo sienten ellas en el mismo corazón.
¡Qué ventura sería ahora, si lo quisiese Dios,
que apareciese entonces el Cid Campeador!   480
 Tanto las azotaron que el sentido les faltó,
sangrientas las camisas, y sangre en el ciclatón.
Cansados están de herir los infantes de Carrión,
esforzándose los dos cuál las golpea mejor.
Ya no pueden hablar doña Elvira y doña Sol; 485
por muertas las dejaron en Corpes a las dos.

*Félix Muñoz, ordered to ride ahead with the rest, has a presenti-
ment that something is amiss. He slips away and hides in the forest
to watch for his cousins, but only the Infantes ride past. As soon as
they are out of sight, Félix hurries back in search of the girls, and
finds them still unconscious.*

131

 Llamando: "¡Primas, primas!," luego descabalgó,
de riendas ató el caballo, y a ellas se dirigió:
"¡Oh primas, mis primas, doña Elvira y doña Sol,
mal se portaron los infantes de Carrión! 490
Dios quiera que de esto tengan los dos mal galardón."
Ya las va volviendo en sí a sus primas dos;
no pueden decir nada, tan traspuestas[94] son.
Partiéronsele las telas de dentro del corazón,[95]
llamando: "¡Primas, primas, doña Elvira y doña Sol! 495
Despertaos, primas, por amor del Creador,
mientras es de día, antes que se ponga el sol,
¡no nos coman las fieras aquí en este rincón!"

*They recover consciousness at last; he brings them water in his
hat ("new it was, and fresh"), and in nervous haste he manages to
get them on his horse, covers them with his cape, and leads them to
the castle of a friend where they will be safe.*

*News of the affair reaches the king, weighing heavily upon him,
and the Cid, who, after meditating, grasps his beard: "God be
praised! The Infantes de Carrión have done me honor indeed! By
this beard, which no man has ever touched but me, they shall not
have their way, and my daughters I shall yet give in suitable marriage!" He demands justice of the king, who promises reparation*

94. traspuestas: (here) *lifeless*
95. Line 494: *His very heartstrings were torn.* Cf. line 508, of like sense.

38

THE MEDIEVAL PERIOD

*and convokes court in Toledo despite the Infantes' plea against it.
Alfonso welcomes the Cid with honor, stating publicly that the Infantes have done a great wrong. Now it is for the Cid to make his
claim. The latter, rising and kissing the king's hand, declares that
he is not dishonored by the deed, for it was the king who sponsored
the marriage of the girls. He demands the return of his swords, since
the Infantes are no longer his sons-in-law. The latter are happy to
yield up the swords, believing that the case will end with this. The
Cid bestows one on his nephew, Pedro Bermúdez, and the other on
Antolínez, saying pointedly that the swords are gaining better owners. Then he demands return of the money he gave the Infantes.
This causes an outcry, for the money has been spent, but the Infantes are obliged to scrape up the equivalent in goods (they have
to borrow here and there to do it) to pay the debt.*

138

Cuando esto se hubo acabado,   pensaron luego en más:
"¡Merced, oh rey señor,   por amor de caridad!   500
La afrenta mayor   no se me puede olvidar.
Oídme, toda la corte,   y doleos [96] de mi mal;
los infantes de Carrión   me afrentaron tan mal,
que yo sin retarlos   no los puedo dejar."

139

"Decid: ¿en qué os ofendí,   infantes de Carrión,   505
en burlas o en veras   o en cualquier ocasión?
Aquí, si os afrenté,   os daré satisfacción.
¿Por qué me desgarrasteis   las telas del corazón?
A la puerta de Valencia   mis hijas os di yo
con muy gran honra   y rica donación;   510
si no las queríais,   perros de pecho traidor,[97]
¿por qué de su Valencia   las sacasteis a las dos?
¿Por qué las heristeis   con cincha y espolón?
En el robledo de Corpes   solas dejasteis las dos
a las fieras y a las aves   y al más grande pavor.   515
Por cuanto les hicisteis   menos valéis los dos.[98]
Que lo juzgue esta corte   si no me respondéis vos."

96. doleos: *be grieved*
97. perros ... traidor: *treacherous dogs.* In the Middle Ages and long after, *traidor* was one of the worst epithets known, though often not meant literally.
98. *Menos valer* was the standard preface to the *reto,* and is quaintly defined

140

El conde don García   en pie se levantaba:
"¡Merced, oh rey,   el mejor de toda España!
El Cid ya dejó crecer   y larga trae la barba;   520
algunos le tienen miedo,   y a los otros espanta.
Los de Carrión   son de linaje tan alta,
no debían querer   sus hijas por barraganas,[99]
¿quién, pues, se las dio   por legítimas veladas?[100]
Derecho hicieron   los infantes al dejarlas.   525
Cuanto él dice   no lo apreciamos en nada."
   Ahora el Campeador   se cogió de la barba:
"¡Gracias a Dios,   que cielo y tierra manda!
Por esto es larga: que con regalo fue criada.
¿Qué tenéis vos, conde,   de echar en cara a mi barba?[101]   530
Desde que apuntó[102]   con regalo fue criada,
y jamás me la mesó   hijo de mujer humana
como yo a vos, conde,   en el castillo de Cabra.[103]
Cuando yo tomé a Cabra,   y a vos por la barba,
no había allí rapaz[104]   sin mesar su pulgarada;   535
la que yo mesé   aún no está igualada,[105]
porque yo la traigo aquí   en mi bolsa, guardada."

141

   Fernán González   en pie se levantó,
en altas voces   oiréis lo que habló:
"Dejaos ya, oh Cid,   de esta cuestión,   540
pues ya vuestros dineros   os los pagamos los dos,

---

by Alfonso el Sabio (Partida Séptima, Título V, Ley i): "It is a thing that
the man who falls therein is not the equal of any other in court of lord or of
law. [Such men] can no longer be equals of others in combat, nor in making
accusation, nor in testimony, nor in the honors for which good men should be
chosen." The literal meaning is apt: "worth less."
   99. barraganas: *concubines*
   100. veladas: *wives*
   101. ¿Qué ... barba? *What right have you, Count, to taunt my beard?*
   102. apuntó: *it first sprouted*
   103. Castle of Count García Ordóñez, captured and plundered by the Cid
earlier
   104. rapaz: *youth*
   105. Line 536: *the one that I plucked out has not yet grown out even.*
(The *pulgarada* is that portion of anything that can be grasped between thumb
[*pulgar*] and forefinger.) The Cid emphasizes not only the insult but the prolonged impunity.

y no se crezca el pleito [106]   entre nosotros y vos.
Del linaje somos   de Condes de Carrión:
debimos casar con hijas   de rey o de emperador,
porque nunca convendrían   hijas de infanzón.   545
Cuando las dejamos   teníamos razón;
más nos preciamos,   sabed, que menos no."

142

A Pedro Bermúdez   el Cid vuelve la mirada:
"Habla, Pero Mudo,   ¡varón que tanto callas! [107]
Yo las tengo por hijas   y tú por primas hermanas;   550
a mí me lo dicen,   a ti te lo echan en cara.[108]
Si yo les respondo,   tú no entrarás en batalla."

143

Pedro Bermúdez   luego iba a hablar;
detiénesele [109] la lengua,   no se puede expresar,
mas cuando empieza, sabed,   no la deja parar: 555
"¡Diréos, Cid,   tenéis costumbre tal,
siempre en las cortes   Pero Mudo me llamáis!
Bien lo sabéis,   que yo no puedo más; [110]
pero en lo que haya que hacer   no he faltado jamás.
Mientes, Fernando,   en cuanto has dicho ya.   560
Por el Campeador   tú valiste más.
Esas mañas tuyas   yo te las sabré contar:
acuérdate allá en Valencia,   cuando íbamos a lidiar,
que pediste abrir la lid   al Campeador leal;
viste a un moro,   le fuiste a atacar,   565
mas entonces huiste   antes de a él llegar.
Si no fuese por mí,   el moro te hiciera mal;
pasé más allá de ti,   le tuve que despachar;
dite el caballo,   no lo he dicho jamás,
hasta hoy a nadie   le descubrí la verdad.   570
Ante el Cid y ante todos   te tuviste que alabar [111]
que tú mataras al moro,   haciendo cosa sin par;

106. pleito: *dispute, case* (at law)
107. Note the Cid's punning on his nephew's real name and his teasing of the young man: Pedro found words difficult, but never deeds. Note also that his challenge, once he starts, runs longer than any other.
108. a ti ... cara: *it's you they are taunting with it*
109. detiénesele: *gets entangled*
110. yo ... más: *I can't help it*
111. alabarse: *to boast*

te lo creyeron todos,   mas no saben la verdad.
¡Y eres hermoso,   mas cobarde eres, Fernán!
¡Lengua sin manos!   ¿Cómo osas hablar?   575

144

Di, Fernando,   confiesa esta razón:
¿no se te acuerda   en Valencia de lo del león?
cuando dormía el Cid   y el león se desató? [112]
Y tú, Fernando,   ¿qué hiciste con el pavor?
¡Meterte bajo el escaño   de mío Cid Campeador!   580
Sí te metiste, Fernando,   menos vales por eso hoy.
Rodeamos el escaño,   guardando a nuestro señor,
hasta que despertó el Cid,   el que Valencia ganó;
levantóse del escaño,   y se fue para el león;
bajó el león la cabeza,   a mío Cid esperó,   585
dejóse coger del cuello,   y en la jaula lo metió.
Cuando se volvió   el buen Campeador,
a sus vasallos   los vio alrededor;
preguntó por sus yernos,   a ninguno se halló.
Te reto tu persona   por malo y por traidor.   590
Esto te lidiaré aquí   ante el rey mi señor
por las hijas del Cid,   doña Elvira y doña Sol:
por haberlas dejado   menos valéis los dos;
ellas son mujeres   y vos varones sois,
pero de todos modos   más valen ellas que vos.   595
Cuando sea la lid,   si place al Creador,
tú lo otorgarás   como infame traidor;
de cuanto he dicho   la verdad probaré yo."
      De estos dos hombres   aquí quedó la razón.

*Diego González next rises to state his case, putting on a bold
front; Martín Antolínez taunts him with his cowardice before the
lion, reminding the young man that he could never wear those garments again after he got them so stained under the winepress beam
(see lines 410–11), and ends by challenging him to single combat.*

*Then came Asur González (eldest brother of the Infantes) strid-
ing into the palace, his ermine mantle and* brial *dragging behind
him, his face dark-flushed, for he had eaten and drunk rather well.
He showed little restraint in his words: "Ah, men! Who would think
to heighten our nobility by connection with the Cid of Vivar?* Let

---

112. desatarse: *to get loose*

him off to the Ubierna [113] *to look after his grist mills and collect his fees in the grain he grinds, as he is used to! Whoever put it into his head to marry his daughters to the Infantes of Carrión?"* [114]

Muño Gustioz leaps to his feet:

"¡Calla, alevoso,   malo y traidor!   600
Antes almuerzas   que vayas a la oración, [115]
a los que das paz [116]   los hartas con el olor.
No dices verdad   a amigo ni a señor,
falso a todos   y más al Creador.
En tu amistad   no quiero porción.   605
Te lo haré admitir   que eres tal cual digo yo."
   Dijo el rey Alfonso: "Acabe ya esta razón.
Los que han retado   lidiarán, ¡sálveme Dios!" [117]

At this juncture ambassadors from the princes of Navarra and of Aragón arrive to request the Cid to give his daughters in marriage to those princes. The Cid asks Alfonso's permission, which is granted, and so, the poet remarks, "Today the kings of Spain are relatives of the Cid, and all gain in honor through him who was born in a good hour." (Historically, the statement was true in the fourteenth century.)

There is no need to dwell on the bloody details of the combats. It is enough to say that the Cid's champions vanquished the Infantes and all but killed them. Thus all possible shame is erased, the Cid's honor vindicated, and his daughters' future assured. Finally, the hero himself died in 1099.

The manuscript ends with the copyist's statement that he wrote it in the month of May, 1307. But the poem itself had existed long before that.

113. The Ubierna river is a tiny stream flowing past Vivar and named for the castle won by the Cid's father from the Navarrese; some mills were a part of the castle property inherited by the Cid. This lends color to Asur's mockery, for feudal lords usually made their vassals have their grain ground in the lords' mills. (Also, see n. 58.)

114. This last question, of course, ignores the Infantes' initiative in the matter. It is curious, too, that Count García (line 524) was so tactless as to say what he did in front of King Alfonso, who "se las dio por legítimas veladas."

115. Catholics are not permitted to partake of solid food or alcoholic beverages for three hours before receiving Holy Communion, and must refrain from all liquids, except water, for one hour.

116. paz: At Mass, when the priest said the *Pax Domini* ("the peace of God be with you"), the communicants would give each other the "kiss of peace."

117. ¡sálveme Dios! *as I hope for God's salvation!* A form of oath here guaranteeing that the combats will be held

The Thirteenth Century

Gonzalo de Berceo and the *mester de clerecía*

The first poet in Spain whose name we know is Gonzalo of the town of Berceo, in La Rioja (east-northeast of Burgos). He was a priest (not a monk) connected with the monasteries of San Millán de la Cogolla and Santo Domingo de Silos. Besides the lives of the two saints whose names the monasteries bear, he wrote lives of two others, as well as other religious works. But the book for which he is best known is the series of stories in verse of the *Milagros de Nuestra Señora*. Gonzalo is a major practitioner of the *cuaderna vía*, the form in which the *mester* (craft, art) *de clerecía* is expressed.

This is the century of the art of the clerics (the clergy was almost the only learned class) in direct contrast to the older *mester de juglaría*, of which the *Poema de Mío Cid* is the greatest example. Instead of the spontaneous metrical irregularities of the *Cid*, the cultivated clerics wrote lines of carefully counted syllables—obviously a difference arising from the physical sense for which they were designed: the old poetry was intended for recitation, for the ear; the new verse was designed as much for the eye as for the ear. Instead of stanzas of varying length, the clerics wrote four-line *coplas;* instead of loose, assonated rhyme they used full consonantal rhyme, all four lines of each *copla* rhyming identically. These lines are an old kind of Alexandrine, with fourteen syllables divided evenly by a caesura. Unfortunately, the effect becomes one of monotony; but in the thirteenth century the technique was much admired for its careful polish.

Berceo makes no claim of originality, saying that he has merely translated from Latin and transcribed from other sources; but even though his material may be less than original, his language and style of narrative possess a genuine freshness. His language is that of the

natural country people of La Rioja in his day, regardless of the
character speaking: a bishop in anger calls an illiterate priest by a
very impolite epithet (copla 222); even the Virgin Mary becomes
abusive on occasion, as when she loses her temper and roundly
curses a man—"Don fol, malastrugado, torpe e enloquido ..."—just
as if she were a peasant woman irritably scolding him (coplas 340–
342). Santiago, the patron saint of Spain, is equally abusive of some
devils who have tricked a pilgrim en route to the shrine of St. James
at Santiago de Compostela (coplas 198–205). Berceo's metaphors
and similes, too, are taken from rustic life. It is through such picturesque and rustic language that Berceo's charm continues to exer-
cise its spell. He is a minstrel of the Lord, but, like the lay kind, he
claims that his poem "Bien valdrá, como creo, un vaso de bon [buen]
vino." It should be remembered that he was a native of La Rioja,
where good wine is produced.

Epic Legends in Verse and Prose

The bookish men who wrote in the cuaderna vía naturally composed works about rather bookish subjects, as a rule. There are religious books, narratives of fictional or historico-legendary matters
taken from antiquity, and semihistorical, semilegendary works about
such figures as Alexander the Great. But one of the mester de clerecía poems is exceptional—the Poema de Fernán González concerns
an early Castilian (tenth century). Its subject matter and the enthusiasm its author shows for aggrandized deeds of heroes link it to
the mester de juglaría despite its form. One of the principal songs
of great deeds, the poem was composed in the thirteenth century by
a monk.

The real Count Fernán González (ca. 900–970) was apparently
lucky and shrewd rather than heroic; the poet's Count is an epic
hero. Oral tradition has it that the Count won the independence of
the condado (county) of Castilla through his sale of a fine hunting
hawk and an equally fine horse to the king of León. The price was
1,000 marks, to be paid by a certain date, and if not so paid the sum
was to be doubled each day until payment. After about three years
of nonpayment the debt had reached unimaginably astronomic pro-
poitions and could be settled only by compromise. This was full independence of Castilla—given over to the Count, that is. This and

many more events in his life form the substance of the poem, the theme of which is the glorification of Castilla.

Many other *cantares de gesta* (songs of great deeds) were composed, but of most only occasional references exist as evidence. Some have been found transcribed, more or less in the original words, in various medieval chronicles, in prose form. One of the most famous is the legend of the *Siete infantes de Lara,* or, *de Salas.*[1]

Gonzalo Gustios married the sister of Ruy Velázquez, and they had seven sons. Doña Lambra, first cousin of Count Garci Fernández (son of the Fernán González mentioned above), married Ruy Velázquez in Burgos with great ceremony appropriate to such high nobility. Guests came from kingdoms near and far. Naturally, Gonzalo Gustios and his family attended. The celebrations lasted five weeks. During them a dispute arose between the youngest *infante,* Gonzalo, and a cousin of the bride, resulting in the cousin's violent death and a feud between the Velázquez faction and the *infantes.* The mediation of Count Garci Fernández smoothed things over, at least superficially. Not long after, young Gonzalo again, though innocently, gave offense to doña Lambra, who had never forgiven him for her cousin's death. She ordered a servant to fill a large cucumber with blood and strike Gonzalo with it—a deadly insult. When the servant, after obeying, took refuge behind her skirts, the *infantes* paid no heed to the sanctuary and killed the man before doña Lambra's eyes, spattering her skirt with his blood. Enraged, doña Lambra forced her husband to take vengeance. By treachery Ruy Velázquez sent Gonzalo Gustios to Almanzor, Moorish ruler of Córdoba, with a letter requesting that the bearer be killed. Almanzor, however, was a man of higher honor than the Christian's and would do no more than hold Gonzalo as an honored prisoner, treating him like a guest and friend. Meantime Ruy Velázquez had the *infantes* waylaid, together with their *ayo* (supervisor of their training), and slain. The eight bodies were beheaded in the traitor's presence and the heads sent to the father in Córdoba.

In a famous and touching scene the bereaved father takes up the heads one by one, and weeping bitterly recounts the good deeds each had done. In compassion Almanzor frees Gonzalo, who returns

1. Salas, of which the Infantes' father was lord, is in the district of Lara, the chief town of which belonged to Ruy Velázquez; hence the seven young nobles were actually Infantes de Salas. The traditional mistake was facilitated by their connection with Ruy Velázquez.

home in the knowledge that a Moorish woman is expecting a son by him, and that he will be reared as befits a nobleman. When the son, Mudarra, grows up, he journeys to Castilla, seeks out his half-brothers' murderer,[2] and in combat cleaves him to the waist. Thereafter he catches doña Lambra and burns her alive. (As can be seen, those times were violent and cruel. They would continue to be so for centuries throughout the Old World, and no doubt also in what would one day be known as the New.)

Alfonso X (reigned 1252–1284) and His Work

Alfonso X, known as "el Sabio," was the greatest influence for the development of Castilian in the thirteenth century. He brought to the court many great scholars and linguists, legists, poets, musicians, artists, and copyists—regardless of their racial, religious, and national origins—and had them "put into this language of Castilla all the sciences [i.e., all the fields of knowledge], theology as well as logic, and all the seven liberal arts as well as the arts known as mechanical . . . and he put into Romance [i.e., the vernacular language] all ecclesiastical and secular laws," as his nephew Don Juan Manuel informs us.

The fruits of all this labor by Jews and Christians and Moslems of various nationalities (including one Englishman) the king himself revised, polished, and often rewrote to suit his ideas of what Castilian should be. Alfonso used the common speech, employing a Latin term only when it was unavoidable (e.g., a new name for a new thing). Thus he extended word meanings and enriched the vocabulary. Latin was retained only for foreign correspondence, since it was the international language, but late in his reign Alfonso wrote occasional letters in Castilian even to foreign rulers, one of them his brother-in-law Edward I of England (husband of Alfonso's sister Leonor). To quote in translation his own phrasing, he "removed the expressions that he considered superfluous and repetitive, and that were not in proper Castilian, and inserted others that he regarded as fitting, and everything concerning the language he polished by himself."

The major scientific works produced by Alfonso's great project are mostly translations from the Arabic, too technical for literary

2. See *Romance 2*, p. 78.

significance, though they enjoyed high respect for centuries after his death. The most important are the *Tablas alfonsíes*, tables of the movement of planets. Based on tables compiled by a Cordoban Arabic astronomer, the new ones are revisions made after fresh observations in Toledo between 1262 and 1272. They concern chiefly the measuring of time and the occurrence of eclipses.

Two great historical works were written. The *Primera crónica general*, completed under Alfonso's son, begins with the most remote antiquity of the world and ends with the death of Alfonso's father, Fernando III *(el Santo)* in 1252; the *Grande e general estoria*, planned as a history of the world from the Creation to Alfonso's day, actually reaches only to the birth of Christ. In six parts (the sixth remained unfinished), the whole is little more than a free translation from the Vulgate Old Testament, interlarded with myths and ancient chronicles.

Alfonso personally is credited with composing most, but probably not all, of the *Cantigas de Santa María,* songs (with music) in praise of the Virgin and relating miracles performed by her; but these poems are in Galician, not Castilian, because the former was then *the* language of poetry in the Peninsula.

The *Siete partidas*

Alfonso X's kingdom had a very mixed population, comprising Castilla, León, Galicia, Toledo, Sevilla, Córdoba, Murcia, Jaén, and el Algarve. Much of it was new to the crown, and the long-standing rivalry between Castilla and León (which we have seen in the *Cid*) might well cause new outbreaks. There were so many variations and differences in laws under which all these regions lived that Alfonso saw the necessity for unifying the legal situation. Four treatises were produced, of which by far the most important, not only juridically but in literary worth, is the *Siete partidas*. Since it was impracticable to supersede all existing laws so suddenly, this code was promulgated by Alfonso XI in 1348, after extensive use over the years as a book of reference by royal judges. It seems to have been intended as a comprehensive encyclopedia on all aspects of government rather than simply a code of law. It contains a vast amount of theoretical and didactic material irrelevant to a legal code—and is thereby far more interesting to Spanish literature.

The *Siete partidas* is a vivid portrait of its epoch. Alfonso, taking the Roman law as his basis (both written law and unwritten custom, the bases for legal processes theretofore, were markedly Germanic, thanks to the Visigoths), lays down rules for the Church, for monarchs, for legal courts, for subjects, and for commercial and civil law in general. Incidentally, the initial letters of the seven parts spell the name "Alfonso." Each of the seven parts consists of a number of *titulos,* each of which contains a number of *leyes.*

Primera partida: Except for the first *titulo,* in which Alfonso makes it clear that the ruler who makes the laws must himself be irreproachable and obedient to his own laws (no one, not even a king, may enjoy privilege without responsibility), the first part is a treatise on Catholic doctrine and the Church.

Segunda: Reciprocal rights and duties of rulers and their subjects, including how to run the royal household; a little on warfare, knights, and the like; and a brief title on the equivalent of the modern university.

Tercera: Justice, judicial procedure, lawsuits, forms of proof, judgments, appeals, duties of officers of the law.

Cuarta: Marriage, status of children (legitimate and other), adoption, paternal rights; slavery and freedom; lordship, vassalage.

Quinta: Commercial law.

Sexta: Wills, inheritance, guardianship of orphans and minors.

Séptima: Criminal law; special classes of persons (Jews, Moors, heretics, etc.—a brief passage on *menos valer* is given above in note 98, p. 38, of the *Cid*) and their status under the law.

Interspersed among all this wealth of information are moral and philosophical reflections and political maxims. The *Siete partidas* has had a profound influence not only on the law of modern Spain but also on that of the Spanish American countries and even parts of the United States (e.g., Florida, New Mexico).

The Fourteenth Century

DON JUAN MANUEL
(1282–1348)

El Conde Lucanor

Don Juan Manuel, nephew of Alfonso el Sabio and grandson of Fernando el Santo, was typical of his turbulent era. A successful warrior against the Moors, thrice married, father-in-law of two kings, he was loyal to no ruler for long. But the times were such that turncoats were the rule, princes of the blood being no exceptions. (As the Archbishop of Santiago remarked of them, "It would be better if they were better, and we have never found that they were very good.") Lord of the castle of Salmerón, won from the Moors in Murcia, Don Juan Manuel snatched occasional moments for writing books on various subjects, including manuals on hunting, horsemanship, "engines of war," history, a book of songs, and others. On Monday, June 12, 1335, he put the final period to his most famous work, *El Conde Lucanor*.

Don Juan Manuel is the first prose writer in Spain to display a strong sense of language and a personal, individual style. He says that he "put it all in the fewest and most suitable words that can be," the essence of sound style for the kind of books he wrote. In this as in nearly every other respect he differs from his contemporary, Juan Ruiz, Archpriest of Hita, who loves to make his fictional personages talk and talk and talk, as village people did talk in his day.

Judging Don Juan Manuel's literary achievements from the historical point of view—the only just one—we find that while no story in *El Conde Lucanor* is original with him, the manner of telling it certainly is. Two centuries earlier (in composition), the *Poema de Mío*

49

Cid presented realistically the warrior personage, surrounded by other warriors; now the *Conde Lucanor,* in prose, presents fully as realistically a wider range of personages of fourteenth-century Spain in all their complexities and variety. The book consists of some fifty *ejemplos* or apologues—little stories analogous to fables and parables, set in a narrative frame. The Count has in his retinue a counselor, an elderly and wise man named Patronio. Often plagued by problems difficult of solution, the Count asks Patronio for advice; the latter tactfully requests his lord to hear what happened to a certain person who found himself in much the same situation. He tells the story, the Count acts accordingly and finds his dilemma solved. The "moral" is usually summed up in a couplet at the end, in the way that will be seen below.

If Don Juan Manuel's stories are not original, where did he get them? Using a story to suggest or illustrate the solution of a problem is an Oriental custom, brought to Spain by the Moors, of course. At the beginning of the twelfth century a Spanish Jew, baptized as Pedro Alfonso, wrote in Latin a collection of tales, nearly all of Arabic origin. His *Disciplina clericalis* popularized the genre in Europe. A hundred years later other such miscellanies were written in Hebrew, and in the thirteenth century two collections were translated from Arabic to Spanish—the *Calila y Dimna* and the *Sendebar,* both originating in India. So Don Juan Manuel was following an established custom in the composition of his framework tales to teach lessons. Their didactic aim, however, does not prevent most of his stories from being interesting, and some are familiar in other guises, for example, Ejemplo VII, which retells the fable (Aesop's) of the milkmaid, but here the woman carries a pot of honey on her head to sell in the market; and XXXV, about what happens to a young man who marries a very strong-willed lass, a tale better known in Shakespeare's treatment of it. Many of them have something to say to us of the twentieth century.

Don Juan Manuel, distrustful of editors, deposited guaranteed accurate copies of all his works in a safe place (so he thought), so that if any reader should find flaws, he could consult a certified copy to determine who committed the error—Don Juan Manuel, or the scribe who copied from the original. Unfortunately, the monastery he built at Peñafiel (province of Valladolid), where he deposited the manuscripts, is in ruins.

The student may find it helpful in remembering chronology to recall that, besides Spain's *Conde Lucanor* and *Libro de buen amor*, both in the first half of the century, the fourteenth century also saw the composition of Dante's *Commedia* (1321) and Boccaccio's *Decamerone* (mid-century) in Italy (not to mention Petrarch's works), and of Chaucer's *Canterbury Tales* (late in the century) in England.

Our selections from the *Conde Lucanor* are modernized slightly in vocabulary but carefully held close to Don Juan Manuel's style. Note the frequency of subjunctive forms; the student would be wise to review both form and meaning, if he is at all vague about them, because they are frequent throughout Spanish literature. Words in brackets are inserted to clarify possible ambiguity of antecedents or of pronouns, whether subject or object of verb, and in general to aid the student—the purpose, indeed, of all changes made by the editor.

EJEMPLO XXIV

De lo que aconteció a un rey que quería probar a sus tres hijos

Hablaba un día el conde Lucanor con Patronio, su consejero, y le dijo así: —Patronio, en mi casa se crían [1] muchos mozos, algunos de alto estado, y otros que no lo son tanto, y veo en ellos muchas y muy singulares cualidades; y por el gran entendimiento que vos tenéis, os ruego que me digáis de qué manera podré conocer cuál de ellos 5 saldrá mejor hombre.

—Señor conde—dijo Patronio—esto que me decís es cosa muy difícil de decir, porque no se puede saber con certeza nada del porvenir,[2] y por tanto no se puede saber [esto] ciertamente. Mas lo que de esto se puede saber es por señales que aparecen en ellos, también por de 10 dentro como por de fuera, y las señales de fuera son las figuras [3] de la cara, y el donaire, y el color, y el talle del cuerpo, y de los buenos miembros,[4] porque por estas cosas se deduce la complexión [5] de los miembros principales, que son el corazón, el cerebro y el hígado.[6] Y aunque estas señales son tales que no se puede saber por ellas cosa 15 cierta, pues pocas veces concuerdan [7] todas, y las unas señales mues-

1. *criar* in the special sense given in the *Poema de Mío Cid*, n. 1, p. 10.
2. porvenir: (n.) *future*
3. figuras: *features*
4. miembros: *members* (bodily)
5. complexión: *nature*
6. hígado: *liver*
7. concordar: *to harmonize*

tran lo uno, y las otras muestran lo contrario, pero a lo más, según son estas señales, así resultan las obras. Y las señales más ciertas son las de la cara, particularmente las de los ojos, y asimismo el donaire, pues muy pocas veces engañan éstas. Y no creáis que el donaire tenga que ver con la hermosura y la fealdad [8] de la cara, pues muchos 5 hombres son bellos y hermosos, y no tienen donaire; y otros parecen feos y [sin embargo] tienen donaire para ser hombres apuestos.[9] Y el talle del cuerpo y de los miembros muestra señal de la complexión, y da indicios de ser o no [ser] hombre valiente y ligero en las tales cosas. Mas el talle del cuerpo y de los miembros no muestra cierta- 10 mente cuáles han de ser las obras, pero aun así éstas son las señales: y pues digo señales, digo cosa nada cierta, pues la señal siempre es cosa que indica lo probable, pero no lo que forzosamente ha de ser; [digo, pues, que] éstas son las señales de fuera, que siempre son muy dudosas para conocer lo que vos preguntáis; mas para conocer los 15 mozos por señales de dentro, que son ya más ciertas, me gustaría que supieseis cómo probó una vez un rey moro a tres hijos que tenía, por saber cuál de ellos sería el mejor hombre.

El conde le rogó que le dijese cómo fuera aquello.

—Señor conde—dijo Patronio—un rey moro tenía tres hijos, y 20 porque el padre puede hacer que reine cualquier hijo que quiera, después que el rey llegó a la vejez, los hombres buenos de su tierra le pidieron por merced que les señalase cuál de aquellos hijos quería que reinase después de él. El rey les dijo que de allí a un mes se lo diría. Y cuando habían pasado ocho o diez días, una tarde dijo al 25 hijo mayor que muy temprano la mañana siguiente quería salir a caballo, y que fuese [el hijo] con él; y al día siguiente vino el hijo mayor al rey, pero no tan temprano como el rey su padre había dicho; y cuando llegó le dijo el rey que quería vestirse y que le hiciese traer los trajes. El infante dijo al camarero que trajese los ves- 30 tidos, y el camarero preguntó cuáles quería. El infante volvió al rey y le preguntó cuáles eran los vestidos que quería, y el rey le dijo que la aljuba; [10] y el infante tornó al camarero y se lo dijo; y el camarero preguntó qué aljuba quería; y el infante tornó al rey a preguntárselo, y así hizo por cada prenda de vestir, que siempre iba y venía con 35 cada pregunta, hasta que el rey tuvo todas las vestiduras, y vino el

8. fealdad: *ugliness*
9. apuestos: *well-favored, personable*
10. aljuba: a kind of Moorish cloak with short, narrow sleeves

camarero y lo vistió y lo calzó. Y cuando acabó de vestirse y calzarse, mandó el rey al infante que hiciese traer el caballo, y el que los guardaba le preguntó cuál de los caballos debía traer, y el infante volvió con esto al rey, y así lo hizo por la silla y por el freno y por la espada y por las espuelas, y por todo lo que era necesario para salir 5 a caballo, y por cada cosa fue a preguntar al rey. Y cuando [por fin] todo esto fue arreglado, dijo el rey al infante que no podía cabalgar, y que fuese [el infante] por la ciudad y se fijase en las cosas que viera, para poder contárselo al rey. Y el infante cabalgó, y fueron con él todos los hombres honrados del rey y del reino, e iban muchas 10 trompetas y muchos timbales[11] y otros instrumentos; y el infante anduvo un rato por la ciudad, y cuando tornó al rey, [éste] le preguntó qué le había parecido lo que viera, y el infante dijo que le parecía bien, excepto que aquellos instrumentos le hacían gran ruido. Y al cabo de otros días mandó el rey al hijo segundo que vi- 15 niese a él por la mañana, y el infante lo hizo así, y el rey le hizo todas las preguntas que hiciera al hijo mayor, su hermano, y él hizo lo mismo que el hermano mayor.

Y al cabo de otros días mandó el rey al infante menor, su hijo, que fuese con él muy de mañana, y el infante madrugó antes que el rey 20 se despertase, y esperó hasta que se despertó el rey, y luego que estuvo despierto entró el infante y se humilló con el respeto que debía, y el rey le mandó que le hiciese traer las ropas. El infante le preguntó qué vestiduras quería, y de una sola vez le preguntó cuáles eran todas las cosas que quería para vestirse y calzarse, y fue 25 por ellas y se las trajo; y no quiso que otro camarero lo vistiese ni lo calzase, dando a entender que se tendría por venturoso si el rey su padre se complaciese o se sirviese de lo que él pudiese hacer: que pues que era su padre, razón y derecho era que él le hiciese cuantos servicios y homenaje[12] pudiese Y cuando el rey estuvo vestido y 30 calzado, mandó al infante que hiciese traer el caballo, y el hijo le preguntó qué caballo quería, y con qué silla, y con qué freno, y con qué espada, y así por todas las cosas que eran necesarias para cabalgar, y quién quería [el rey] que fuese con él, y así por todo como cumplía: y cuando lo hizo todo, no había preguntado más de una 35 vez, y lo trajo así como el rey lo había mandado. Y cuando todo estuvo preparado, dijo el rey que no quería cabalgar, mas que él [el

11. timbal: *kettledrum*
12. homenaje: *homage*

ínfante] cabalgase y prestase mucha atención a lo que viese y luego se lo dijese [al rey]. Y el infante cabalgó, y fueron todos con él, como fueron con los otros sus hermanos; mas ni él, ni ningún hombre del mundo, sabía nada de la razón por qué el rey hacía esto. Y cuando el infante cabalgó, mandó que le mostrasen la ciudad de dentro [de 5 los muros], y las calles, y donde tenía el rey sus tesoros, y cuántos eran, y cuántas eran las mezquitas, y toda la nobleza de la ciudad de dentro, y las gentes que en ella moraban; y después salió afuera y mandó que saliesen todos los hombres de armas, de a caballo y de a pie, y les mandó que jugasen las armas[13] y le mostrasen todos los 10 juegos de armas y las maniobras[14] militares, y vio los muros y las torres y las fortalezas de la ciudad. Y cuando lo hubo visto todo, volvió al rey su padre, y cuando tornó ya era muy tarde. El rey le preguntó qué cosas había visto, y el infante le dijo que si a él [al rey] no le molestase, le diría lo que le parecía cuanto había visto. El rey 15 le mandó so pena de su bendición[15] que se lo dijese, y el infante le dijo que aunque él era muy buen rey, le parecía [al hijo] que no era tan bueno como debía ser, porque si lo fuese, ya que tenía tan buena gente, y tan gran poder, y tan grandes bienes, todo el mundo debía ser suyo. Al rey le gustó mucho este denuedo[16] de su hijo, y cuando 20 vino el plazo de dar respuesta a los hombres buenos de la tierra, les dijo que les daba aquel hijo por su rey, y esto hizo por las señales que vio en los otros y por las que en éste vio: y aunque prefiriese a cualquier de los otros para rey, no le parecía prudente hacerlo por lo que vio en los unos, y en el otro. 25

Y vos, señor conde, si queréis saber cuál de los mozos será mejor, atended a estas tales cosas, y así deduciréis algo, y por ventura hasta la mayor parte de lo que han de ser los mozos.

Al conde le gustó mucho este consejo; y porque don Juan tuvo que este ejemplo era bueno, lo hizo escribir en este libro, e hizo estos 30 versos que dicen así:

> Por obras y costumbres podrás conocer
> cuál de los mozos mejor ha de ser.

13. jugar ... armas: See *Cid*, n. 60, p. 28.
14. maniobra: *maneuver*
15. so ... bendición: *on pain of* [*losing*] *his blessing*. This elliptical construction seems clearly Christian in origin, although attributed by the author to the Moslem king.
16. denuedo: *daring*

EJEMPLO XLI

De lo que acaeció a un rey de Córdoba llamado Alhaquen

Un día hablaba el conde Lucanor con Patronio, su consejero, de esta manera: —Patronio, vos sabéis que yo soy gran cazador, y he hecho muchas reformas en el arte de cazar que nunca hizo otro hombre, y aun he hecho y añadido algunas cosas ventajosas nunca antes hechas en los capirotes y en las pihuelas [17] de las aves de caza; 5 y ahora los que quieren decir mal de mí, hablan como en burla [de las tales cosas]; y cuando elogian al Cid Ruy Díaz o al conde Fernán González por todas las lides que vencieron, o al santo y bienaventurado [18] rey don Fernando por todas sus conquistas, a mí me elogian diciendo que hice muy buen hecho, porque añadí aquello en los 10 capirotes y en las pihuelas de las aves. Y porque yo entiendo que estos elogios son más bien denuestos [19] que alabanzas, os ruego que me aconsejéis cómo he de obrar para que no me escarnezcan por la buena obra que hice.

—Señor conde—dijo Patronio—para que vos sepáis lo que os con- 15 viene hacer en esto, me gustaría que supieseis lo que aconteció a un moro que fue rey de Córdoba.

El conde le preguntó cómo fuera aquello, y Patronio le dijo así:

—Hubo en Córdoba un moro llamado Alhaquen, y aunque mantenía bastante bien su reino, no se esforzaba por hacer cosas de honra 20 y fama, de las que suelen y deben hacer los buenos reyes, pues no solamente están obligados a guardar sus reinos, mas los que quieren ser buenos, a ellos les conviene que hagan tales obras que con derecho aumenten sus reinos, y que se hallen alabados de la gente mientras viven y luego después de muertos queden celebrados por sus hazañas. 25 Y este rey moro no se esforzaba por esto, sino por comer y holgar y estar en su casa rodeado de deleites.[20] Y acaeció que estando un día holgando, tocaban ante él un instrumento que les gusta mucho a los moros, llamado albogón.[21] Y el rey se fijó en él, y le parecía que no hacía tan buen sonido como debía, y tomó el albogón y le añadió un 30

17. capirotes ... pihuelas: *hoods and jesses* (leashes) of falcons
18. bienaventurado: *blessed*
19. denuesto: *insult, abuse*
20. Al-Hakem II, though unambitious as here portrayed, was not really so idle. He gathered together a great library, read tirelessly, and is said to have memorized thousands of volumes.
21. The *albogón* is a kind of very large flute.

agujero en la parte de abajo, a más de los otros agujeros que tenía, y de allí en adelante hacía mucho mejor sonido que antes. Y aunque aquello fue bueno en sí, por no ser tan gran hecho como convenía a los reyes, la gente comenzó a alabarlo a modo de escarnio, y decían cuando llamaban a algún hecho en su lengua: *Wa hādi ziyâdat Al-* 5 *Hakem,* que quiere decir "Este es el añadido de Alhaquen." La frase corrió tanto por la tierra, que al fin hubo de oírla el rey, quien preguntó por qué decía así la gente. Y aunque al principio quisieron ocultárselo, tanto les apretó que se lo tuvieron que decir. Y cuando oyó esto, le pesó mucho, pero como era muy buen rey, no quiso casti- 10 gar a los que decían aquella frase, sino que se decidió a hacer otro añadido por el que la gente tuviese por fuerza que alabarle. Enton- ces, porque la mezquita de Córdoba aún no estaba acabada, aquel rey añadió en ella todo lo que le faltaba, y la acabó.[22] Esta es la mayor y la más noble mezquita que los moros tenían en España. Y, 15 loado sea Dios, es ahora iglesia, y la llaman Santa María de Córdoba, porque el rey santo Fernando la ofreció a Santa María cuando ganó esa ciudad a los moros.[23] Y cuando aquel rey hubo acabado la mez- quita y hecho aquel buen añadido, dijo: que pues hasta entonces lo habían alabado escarneciendo lo del agujero que hiciera en el al- 20 bogón, ahora creía que habrían de elogiarle de veras por el añadido que hiciera en la mezquita de Córdoba; y sí fue después muy loado. Y la alabanza que hasta entonces le hacían escarneciéndole, tornó después en loor, y hoy día dicen los moros, cuando quieren elogiar algún buen hecho: "Este es el añadido del rey Alhaquen." 25

Y vos, señor conde, si os pesa tanto y creéis que os elogian por es- carnecer el añadido que hicisteis en los capirotes y en las pihuelas y en las otras cosas de caza, tened cuidado de hacer algunas hazañas grandes y nobles, de las que hacen los grandes hombres, y por fuerza la gente habrá de loar vuestros buenos hechos, así como loan ahora 30 en son de burla y escarnio [24] el añadido que hicisteis en lo de la caza.

El conde tuvo esto por buen consejo, e hizo así, y se halló muy bien por ello. Y porque don Juan entendió que éste era buen ejemplo, lo hizo escribir en este libro, e hizo estos versos que dicen así: 35

22. He added eleven naves to the Mezquita, and imported mosaic artists from the Orient to cover the cupola of the Mihrab (the Holy of Holies where the sacred writings were kept) with gold and colors. This was about 965; he died in 976.
23. Fernando III took Córdoba in 1236, Sevilla in 1248.
24. en ... escarnio: *jestingly and mockingly*

Si algún bien hicieres, que muy grande no fuere,[25]
haz otro más grande, que el bien nunca muere.

JUAN RUIZ, ARCIPRESTE
DE HITA

(ca. 1283–ca. 1350)

El Libro de buen amor

Of the author we know nothing beyond what he himself tells us in
his book, except for one negative datum—he was no longer Archpriest of Hita (cf. *Cid*, n. 26, p. 20) in 1351. He gives his name and
title in *coplas* 19, 575, etc. (references to passages herein will be to
copla number and line a, b, c, or d) ; he says he is a native of Alcalá
de Henares (*copla* 1510) ; he describes his physical appearance (*coplas* 1485–1489) ; he dates his book (*copla* 1634), calling it *Libro de
buen amor* (*coplas* 13, 1630, etc.), though he failed to put any title
at its head.

It is a curious book in many respects. Objectively it can be said
that the work is a collection of poems, some narrative, some lyric,
with a brief prose passage near the beginning. The subject matter is
as varied as the strophe forms and meter, so that the whole constitutes a veritable showcase of Spanish versification of the time.

The *Libro de buen amor* is written in the first person, which is
no proof that it is autobiographical; the device is a common literary
recourse in didactic works, the more so if the teaching is supported
by anecdotes and *ejemplos* in which the author makes himself the
butt of the joke. Juan Ruiz can hardly be advising men to indulge
in amorous adventures, despite all his apparent preoccupation with
them, if he shows himself so uniformly unsuccessful and at times
ridiculous. Indeed, he repeatedly warns that there is far more to his
book than appears on the surface (*coplas* 16–18, 44–45, 1631–1632,

25. Future subjunctives are here retained for meter and rhyme; their meanings
are like those of the present-tense forms.

etc.) . If he makes himself out to be a good-humored, jovial human being, he also proves himself a profoundly religious, charitable, and tolerant man. His satire is carefree and mocking, not bitter or angry. As one critic puts it, Juan Ruiz sincerely believes that "un santo triste es un triste santo" (a sad saint is a sorry excuse for a saint) and that one can be devout without thereby losing his natural gaiety. His anger is reserved for malicious gossip, for the false friend —in a word, for traitors. (Dante's bitterest hatred has the same object—he places traitors in the bottommost depths of Hell.)

The Archpriest's character coincides in many ways with that of the most truly representative Spanish authors. He loves proverbs, as do Cervantes and Fernando de Rojas; he is fond of little things, like Azorín; like Antonio Machado he is most at home in Castilla (but unlike Machado he was born there) ; he enjoys, as Galdós does, fitting apt names to his personages; and like Cela he loves to wander over the byways of Spain and tell us anecdotes of his travels. His inventive imagination always keeps its feet on the ground, so to speak; even his dreams and visions are based on real life, as are those of Santa Teresa de Jesús, one of Spain's greatest mystics. And with all this, Juan Ruiz is a man of genuine good will toward his fellow man.

Our selections are chosen from the modern version of Doña María Brey, scholar, poet, and general editor of the series "Odres Nuevos." * She has maintained an amazing fidelity to the Archpriest's meter and rhyme, even varying the fourteen-syllable line to sixteen syllables to match his own fluctuations, and she has altered words and phrasing only where absolutely necessary for the modern reader. The student can therefore be confident that what he is reading is virtually what Juan Ruiz intended him to hear. If any justification for such modernizing is called for, it is found in *copla* 1629.

For purposes of meter and rhyme certain archaisms are preserved, e.g., *la su gracia* for simply *su gracia;* the future subjunctive where nowadays the present indicative or subjunctive would be used; *aqueste* for *este,* and analogous forms; occasional omission of final -*e* (common in Old Spanish) , as in *yaz'* for *yace* and in other similar forms in *coplas* 14 and 19; placing of object pronouns before infini-

---

* Arcipreste de Hita, *Libro de buen amor* (Odres Nuevos: Clásicos medievales en castellano actual. Texto íntegro en versión de María Brey Mariño. Valencia: Editorial Castalia, 1954) . The editor is grateful to Doña María Brey for her gracious permission to use parts of her version in this anthology.

tives or attaching them to indicative forms (the latter is common
literary usage today). But none of these should puzzle the student
unduly.

Invocación

12. El Creador del cielo, de la tierra y del mar,
El me dé la su gracia y me quiera alumbrar,
que pueda de cantares un librete rimar [1]
que aquellos que lo oyeren [2] puedan solaz tomar.

13. Tú que al hombre formaste, ¡oh mi Dios y Señor!
ayuda al Arcipreste, infúndele [3] valor,
que pueda hacer aqueste *Libro de buen amor*
que a los cuerpos dé risa y a las almas vigor.

14. Si quisiereis, señores, oír un buen solaz,
escuchad el romance, sosegaos en paz;
no diré una mentira en cuanto dentro yaz':
todo es como en el mundo se acostumbra y se haz'.

15. Y porque mejor sea de todos escuchado,
os hablaré por trovas y por cuento rimado;
es un decir [4] hermoso y es arte sin pecado,
razón más placentera, hablar [4] más adecuado.

16. No penséis que es un libro de necio devaneo,[5]
no por burla toméis algo de lo que os leo,
pues como buen dinero custodia vil correo,[6]
así un feo libro guarda saber no feo.

19. Y pues de todo bien es comienzo y raíz
María, Virgen santa, por ello yo, Juan Ruiz,
Arcipreste de Hita, aquí primero hiz'
un cantar de sus gozos siete,[7] que así diz':

1. rimar: *to rhyme, compose in rhyme*
2. In the Archpriest's day few knew how to read, and not all the literate
could afford books, which were of course manuscript copies and highly expensive;
hence he expected his work to circulate orally (as it did), and therefore uses
terms related to the sense of hearing, not seeing, e.g., *coplas* 14ab, 15, 16b, etc.
3. infundir: *to infuse [in]*
4. decir: (way of) *telling, narrative;* hablar: (way of) *speaking*
5. devaneo: *aberration*
6. custodia ... correo: *a commonplace messenger guards* (good money)
7. His list: Annunciation, Nativity, Epiphany, Resurrection, Ascension, Pentecost, Assumption. The usual English list: Annunciation, Visitation, Nativity,
Epiphany, Finding in the Temple, Resurrection, Ascension.

20. ¡Oh María!
    luz del día,
    sé mi guía
    toda vía.
21. Dame gracia y bendición,
    de Jesús consolación,
    que ofrezca con devoción
    cantares a tu alegría.
22. El primer gozo se lea:
    en ciudad de Galilea,
    Nazaret creo que sea,
    tuviste mensajería
23. del ángel, que hasta ti vino,
    Gabriel, santo peregrino,
    trajo mensaje divino
    y te dijo: ¡Ave María!
24. Desde que el mensaje oíste,
    humilde lo recibiste;
    luego, Virgen, concebiste
    al hijo que Dios envía.
25. En Belén acaeció
    el segundo; allí nació,
    sin dolor apareció
    de ti, Virgen, el Mesía.
26. El tercero es, según leyes [8]
    cuando adoraron los Reyes

a tu hijo y tú lo vees
en tu brazo, do yacía.
27. Le ofreció mirra [9] Gaspar,
    Melchor fue el incienso a
      dar,
    oro ofreció Baltasar
    al que Dios y hombre sería.
28. Alegría cuarta y buena
    fue cuando la Magdalena
    te dijo—gozo sin pena—
    que el hijo, Jesús, vivía.
29. El quinto placer tuviste
    cuando de tu hijo viste
    la ascensión y gracias diste
    a Dios, hacia el que subía.
30. Señora, es tu gozo sexto
    el Santo Espíritu impuesto [10]
    a los discípulos, presto,
    en tu santa compañía.
31. El séptimo, Madre santa,
    la Iglesia toda lo canta:
    subiste con gloria tanta
    al cielo y a su alegría.
32. Reinas con tu Hijo amado,
    Nuestro Señor venerado;
    que por nos sea gozado
    por su intercesión un día.

After another poem on the same subject, the author says more about the aim of his book: "Since at serious things nobody can laugh, I shall have to introduce a few little jokes; but whenever you hear them, don't argue over them or any but matters of versifying." And he goes on to warn us to meditate the essence of what he says, and understand him rightly before criticizing him for frivolity, lewdness, or other defect. To everyone he dedicates his book: "The wise, with good sense, will find wisdom therein; giddy young folk should guard themselves from foolish ways; always choose the best; you will

8. leyes: (here) *Scriptures*
9. mirra: *myrrh*
10. impuesto: *laid on*

*find hidden meanings in this Book of Good Love, so that, if you hit
upon them, perchance you will find sound advice where at first you
may see only evil, for where you think it false, there it tells the
greatest truth. I, the book, am like a musical instrument: depending
on how you play me you gain or lose; strum me well and you'll never
forget me."*

De cómo, por naturaleza, humanos y animales desean la compañia del sexo contrario, y de cómo se enamoró el Arcipreste

71. Aristóteles dijo,[11] y es cosa verdadera,
     que el hombre por dos cosas trabaja: la primera,
     por el sustentamiento,[12] y la segunda era
     por conseguir unión con hembra placentera.
72. Si lo dijera yo, se podría me tachar,
     mas lo dice un filósofo, no se me ha de culpar.
     De lo que dice el sabio no debemos dudar,
     pues con hechos se prueba su sabio razonar.
73. Que dice verdad el sabio claramente se prueba:
     hombres, aves y bestias, todo animal de cueva
     desea, por natura, siempre compaña nueva,
     y mucho más el hombre que otro ser [13] que se mueva.
74. Digo que más el hombre, pues otras criaturas
     tan sólo en una época se juntan,[14] por natura;
     el hombre, en todo tiempo, sin seso y sin mesura,
     siempre que quiere y puede hacer esa locura.
76. Yo, como soy humano y, por tal, pecador,
     sentí por las mujeres, a veces, gran amor.
     Que probemos las cosas no siempre es lo peor;
     el bien y el mal sabed, y escoged lo mejor.

*He proceeds to illustrate his thesis with his (pretended) own ex-
periences, the first of which is an attempt to win a noble lady, to
whom he sends a poem by an old woman. The latter adds persuasive
words, rebutted by the noble lady; in their conversation each cites*

11. *Politics*, Book I, ch. i, iii
12. sustentamiento: *sustenance*
13. que otro ser: *than any other creature*
14. juntarse: *to mate*

*fables to support her point—as occurs in many other arguments
through the book. The suitor fails in his attempt, and comments:*

Vanidad de las cosas del mundo y elogio de la mujer

105.   Dícenos Salomón, y dice la verdad,[15]
        que las cosas del mundo todas son vanidad,
        todas perecederas que se van con la edad;
        salvo el amor de Dios, todas son liviandad.[16]
106.   Cuando vi que la dama estaba tan cambiada,
        —Querer si no me quieren—dije—es buena bobada,[17]
        contestar si no llaman es simpleza [18] probada;
        apártome también, si ella está retirada.[19]
107.   Bien sabe Dios que a ésta y a cuantas damas vi
        siempre supe apreciarlas y siempre las serví;
        si no pude agradarlas, nunca las ofendí,
        de la mujer honesta siempre bien escribí.
108.   Muy villano sería y muy torpe payés [20]
        si de la mujer noble hablase de través,[21]
        pues en mujer lozana, placentera y cortés
        reside el bien del mundo y todo placer es.
109.   Si, después de crear al hombre, Dios supiera
        que la mujer sería su mal, no se la diera
        creada de su carne y como compañera;
        si para bien no fuera, tan noble no saliera.
110.   Si no quisiera bien el hombre a la mujer,
        el Amor no podría tantos presos tener;
        por muy santo y muy santa que se suponga ser,
        nadie sin compañía quiere permanecer.

Segunda dama: La casquivana [22] Cruz

112.   Yo, como estaba solo, sin tener compañía,
        codiciaba la que otro para sí mantenía:

15. The Book of Ecclesiastes was once believed to be the work of King Solo-
mon, hence the attribution here. See Eccles. I, 2; and XII, 8.
16. liviandad: *frivolity*
17. buena bobada: *a fine piece of idiocy*
18. simpleza: *act of a simpleton*
19. retirada: *aloof, withdrawn*
20. torpe payés: *uncouth peasant*
21. de través: *crosswise,* (here) *ill*
22. casquivana: *empty-headed*

eché el ojo a una dama, no santa; yo sentía
que la amaba y el otro de balde la tenía.

113. Y como, así las cosas, yo con ella no hablaba,
puse de mensajero, por ver si la ablandaba,
a un compañero mío; ¡buena ayuda me daba!
él se tragó la carne en tanto yo rumiaba.[23]

114. Hice, con este disgusto, esta copla cazurra; [24]
si una dama la oyere, en su enojo no incurra,[25]
pues debiera llamarme necio cual bestia burra
si este chasco [26] tan grande yo no tomase a burla.

115. Mis ojos no verán luz
pues perdido he a Cruz.[27]

116. Cruz cruzada, panadera,[28]
quise para compañera:
senda creí carretera
como si fuera andaluz.[29]

117. Con una embajada [30] mía
mandé a Fernando García
le rindiese pleitesía [31]
y me sirviese de duz.[32]

118. Dijo lo haría de grado:
de Cruz llegó a ser amado,

me obligó a rumiar sal-
vado [33]
y él se comió el pan más duz.

119. Le ofreció, por mi consejo,
mi trigo, que ya era añejo,[34]
y él le regaló un conejo [35]
¡el traidor, falso, marfuz! [36]

120. ¡Dios confunda al mensajero
tan astuto y tan ligero!
¡Dios no ayude al conejero [37]
que la caza no me aduz! [38]

23. rumiar: *to chew one's cud, ruminate*
24. cazurra: *sullen.* The word probably reflects Juan Ruiz's mood, which soon turns to mockery.
25. incurrir en: *to incur*
26. chasco: *disappointment*
27. The lady's name was Cruz, which opens the way for much punning, as in *copla* 121.
28. cruzada: *crusade,* (adj.) *crossed;* panadera: *baker's wife*
29. senda ... andaluz: *I thought [what was a] path [was] a highway* (that is, *I exaggerated things) as if I were an Andalusian.* According to Spaniards of other regions, Andalusians are given to exaggeration.
30. embajada: *message*
31. le ... pleitesía: *to lay my case before her*
32. duz: (here, from Lat. *dux*) *guide, leader.* In 118d it means *sweet*—both forms by poetic license, for rhyme.
33. salvado: *passed over*
34. añejo: *matured*
35. conejo: *rabbit*
36. marfuz: *deceiver*
37. conejero: [rabbit] *hound,* [rabbit] *giver*—another pun
38. aduz: *brings*

121.　Cuando la Cruz veía, yo siempre me humillaba;
　　　me santiguaba siempre, cuando me la encontraba;
　　　mi amigo, más de cerca a la Cruz adoraba.
　　　¡Traición en tal Cruzada yo no me recelaba! [39]

122.　Del escolar goloso, rival de mi cucaña,[40]
　　　escribí esta otra copla; que no os parezca extraña,
　　　pues ni antes ni después encontré yo en España
　　　nadie que me jugase una burla tamaña.

152.　Bajo el signo de Venus muchos nacen: su vida
　　　es amar las mujeres, nunca se les olvida;
　　　trabajan y se afanan sin tregua,[41] sin medida,
　　　y los más no consiguen la prenda tan querida.

153.　En este signo tal creo que yo nací;
　　　procuré servir siempre a las que conocí;
　　　el bien que me causaron no desagradecí,[42]
　　　y a muchas serví mucho y nada conseguí.

154.　Puesto que he comprobado ser mi destino tal,
　　　es servir a las damas mi aspiración total:
　　　aunque comer no pueda la pera del peral,[43]
　　　el sentarse a la sombra es placer comunal.

*Thus philosophically consoling himself for failure, Juan Ruiz
then launches into a eulogy of Love, its only flaw being that Amor
is a great liar. The next object of his affections is a virtuous, witty,
lovely, chaste lady, for love of whom, he says, "I made poems and
songs; I sowed with wild oats the bank of the Henares. The ancient
proverbs are ever exemplary: he who sows in sandy waste will thresh
no grain!" So he loses out again.*

*Amor, a handsome man, pays the Archpriest a visit. The latter
bursts into a diatribe against Love, attributing all the deadly sins to
it, illustrating each with one or more fables and Biblical stories. But
Amor, dignified and restrained, soothes him and advises:*

39. To help the student with the puns: Cuando ... recelaba! *When I saw* Cruz
(*the Cross*) *I always bowed low; I crossed myself whenever I came across her*
(*it*); *my friend worshipped closer to* Cruz (*the Cross*). *I did not suspect such
treachery on a* Crusade (Cruz *expedition*)!
40. Del ... cucaña: *About the greedy student, my rival for the prize*
41. se ... tregua: *they toil incessantly*
42. no desagradecí: *I was not ungrateful for*
43. peral: *pear tree*

431.   Busca mujer hermosa, atractiva y lozana,
        que no sea muy alta, pero tampoco enana; [44]
        si pudieres, no quieras amar mujer villana,
        pues de amor nada sabe, palurda y chabacana.[45]

432.   Busca mujer esbelta,[46] de cabeza pequeña,
        cabellos amarillos, no teñidos de alheña; [47]
        las cejas apartadas, largas, altas, en peña;
        ancheta de caderas, ésta es talla de dueña.[48]

433.   Ojos grandes, hermosos, expresivos, lucientes
        y con largas pestañas, bien claros y rientes;
        las orejas pequeñas, delgadas; para mientes [49]
        si tiene el cuello alto, así gusta a las gentes.

434.   La nariz afilada,[50] los dientes agudillos,[51]
        iguales y muy blancos, un poco apartadillos,
        las encías [52] bermejas, los dientes menudillos,
        los labios de su boca bermejos, angostillos.

435.   La su boca pequeña, así, de buena guisa,[53]
        su cara sea blanca, sin vello, clara y lisa;[54]
        conviene que la veas primero sin camisa,
        pues la forma del cuerpo te dirá: ¡esto aguisa! [55]

Here Amor introduces the trotaconventos, *later known as the* celestina—*the old woman go-between in love affairs, a type widely
known in literature. The two words derive from the present work
and from the* Tragicomedia de Calisto y Melibea, *of which more below.*

437.   Procura cuanto puedas que la tu mensajera
        sea razonadora, muy diestra y lisonjera,[56]

44. enana: *dwarf*
45. palurda y chabacana: *boorish and clumsy*
46. esbelta: *slender*
47. no ... alheña: *not dyed with henna* (bleached)
48. las cejas ... dueña: *well-separated eyebrows, long, high, arched; full-hipped,*
this is the configuration of a lady.
49. para mientes: *note especially*
50. afilada: *thin*
51. The *-illos* endings suggest "rather," "on the ——ish side (of the scale)*,*"
e.g., 434d recommends that her lips be "on the thinnish side."
52. encías: *gums*
53. de guisa: *in fine style*
54. vello ... lisa: *downy fuzz, clear and smooth*
55. ¡esto aguisa! *this is just right!*
56. sea ... lisonjera: *be persuasive, skillful, and flattering*

sepa mentir con gracia y seguir la carrera,
pues más hierve la olla bajo la tapadera.[57]

438.   Si parienta no tienes, toma una de las viejas
que andan por las iglesias y saben las callejas; [58]
con gran rosario al cuello saben muchas consejas,
con llanto de Moisés encantan las orejas.[59]

439.   Estas pavas ladinas [60] son de gran eficacia,
plazas y callejuelas recorren con audacia,
a Dios alzan rosarios, gimiendo [61] su desgracia;
¡ay! las pícaras tratan [62] el mal con perspicacia.

440.   Toma vieja que tenga oficio de herbolera,[63]
que va de casa en casa sirviendo de partera,[64]
con polvos, con afeites y con su alcoholera
mal de ojo hará a la moza, causará su ceguera.[65]

441.   Procura mensajera de esas negras pacatas [66]
que tratan mucho a frailes, a monjas y beatas; [67]
son grandes andariegas,[68] merecen sus zapatas,
esas trotaconventos hacen muchas contratas.

442.   Donde están tales viejas todo se ha de arreglar,
pocas mujeres pueden a su influjo escapar;
para que no te mientan las debes halagar,
pues tal encanto usan que saben engañar.

*Amor adds further advice, including a satiric passage on the
power of money: Be assiduous in attentions to your lady, and if you
have no gold in your pockets, let there be plenty on your tongue;
and don't be timid or easily disheartened by cool reception; also:*

57. Proverb: *The pot boils better with the top on.*
58. calleja, callejuela: *side street, alley*
59. Lines cd: That is, "such old women make a great show of religiosity with
prodigal display of rosaries and many a tale (*conseja*) to tell; the jingle of the
rosary beads (colloquial *llanto de Moisés*) charms the ears of credulous
women."
60. pavas ladinas: *crafty old hens*
61. gemir: *to bewail, moan*
62. tratan: *traffic in*
63. herbolera: *herbalist, gatherer of herbs for medicines, potions*
64. partera: *midwife*
65. con afeites ... ceguera: *with cosmetics and her container of kohl she'll be-
witch the girl, she'll cause her moral blindness*
66. negras pacatas: *black-clad gentle souls* (ironic?) . The phrase is variously interpreted.
67. beatas: *pious women*
68. andariegas: *gadabouts*

528.   Buenas costumbres debes en ti siempre tener,
procura, sobre todo, poco vino beber;
el vino hizo a Lot con sus hijas caer
en vergüenza ante el mundo y a su Dios ofender.[69]

548.   Es el vino excelente en su misma natura,
muchas bondades tiene, bebido con mesura;
mas, quien en él se excede, pierde toda cordura,[70]
toda maldad del mundo hace y toda locura.

Amor advises on gestures, expression, language, self-control, gambling (don't!), quarreling, vanity, jealousy, veracity, discretion, cleanliness, and so on. At the close of his long speech:

575.   Yo, Juan Ruiz, sobredicho Arcipreste de Hita,
aunque mi corazón de trovar no se quita,[71]
nunca encontré una dama como el Amor la pinta,
ni creo que la halle: en el mundo no habita.

After two more failures the Archpriest says that he fell sick. Recovering, in March he goes to the mountains, where he finds a series of mountain women who herd cows. The first is a strong-muscled girl, La Chata de Malangosto, who demands presents for her hospitality. The Archpriest composes some little poems about these mountain girls, or serranas; so the poems are called serranillas. *The second woman is a tougher wench, a third is a moron, but all serve as inspiration for* serranillas. *The fourth and last is La Fea Aldara of Tablada, whose ugliness is incredible. He catalogues her charms: "Her arms and legs and trunk were like those of a mare; anyone who had to fight her would find he could not knock her down. In the Apocalypse itself St. John never saw so horrible a sight; I wonder by what devil she is loved! Her head was huge and like nothing else; her hair, short and black as a crow; her eyes, red and sunken, and can see but poorly; her footprint, larger than a bear's. Her ears, larger than a donkey's; her neck, black, broad, furry, and short; her nostrils very fat, long, and shaped like a curlew's; her mouth, like a mastiff's, with great thick lips and teeth—long, broad, horsy, and protruding; her brows were wide and black. Longer than my own were her black whiskers. Her bones were thick, as were her ankles,*

---

69. Genesis, xix, tells the story.
70. quien ... cordura: *he who drinks to excess loses all sanity*
71. no ... quita: *never leaves off*

*and wider than my hand was her wrist, hairy and damp. She had a
deep, nasal voice that would give a man a headache—slow, hoarse,
tuneless, hollow. Her little finger was bigger than my thumb. . . ."*
(Coplas *1008–1021*) *But that suffices; the rest is even more repul-
sive. Contrast the foregoing details with the poetic delicacy of the
serranilla which Juan Ruiz composed about Ugly Aldara:*

1022. Cerca de Tablada,
      la sierra pasada,
      me hallé con Aldara
      a la madrugada.
1023. En lo alto del puerto
      temí caer muerto
      de nieve y de frío
      y de aquel rocío [72]
      y de gran helada.[73]
1024. En la descendida
      eché una corrida; [74]
      hallé una serrana
      hermosa y lozana
      y muy colorada.
1025. Hablé yo con ella:
      "—Humíllome, bella."
      Dijo: "—Tú que corres

aquí no demores,[75]
anda tu jornada."
1026. Dije: "—Frío tengo
      y por eso vengo
      a vos, hermosura;
      quered, por mesura,
      hoy darme posada."
1027. Díjome la moza:
      "—Pariente, en mi choza [76]
      aquel que allí posa
      conmigo desposa
      y me da soldada." [77]
1028. Dije: "—De buen grado,
      aunque soy casado
      aquí en Herreros;
      de los mis dineros
      os daré, amada."

*She gave him shelter and warmth at the fire, sooty rye bread, sour,
thin wine, and salt meat and goat cheese.*

1032. "—Huésped—dijo—al-
      muerza,
      bebe y toma fuerza,
      caliéntate y paga;
      que mal no se te haga
      hasta la tornada.

1033. Quien dádivas [78] diere
      como yo pidiere,
      tendrá buena cena,
      tendrá cama buena,
      sin que pague nada."

*With little urging she enumerates what gifts she wants: a red rib-
bon, a good shirt sewed to her liking, strings of tin beads, a lovely*

72. rocío: *dew*
73. helada: *frost*
74. eché ... corrida—*I broke into a run*
75. aquí ... demores: *don't linger here*
76. choza: *hut*
77. conmigo ... soldada: *marries and pays me*
78. dádivas: *gifts*

jewel of price and a fine fur, a striped kerchief, and a pair of high-topped shoes of tooled leather.

1039. "—Serrana señora,
tanta cosa ahora
no traje a esta altura;
haré fiadura [79]
para la tornada."
1040. Contestó la fea:
"—Donde no hay moneda
no hay mercadería,[80]
ni hay hermoso día,
ni faz halagada.

1041. No hay mercadero
bueno sin dinero,
y yo no me fío
si no dan lo mío
ni doy la posada.
1042. No basta homenaje [81]
para el hospedaje; [82]
por dineros hace
hombre cuanto place:
es cosa probada."

The Archpriest visits the Sanctuary of Santa María del Vado to pray; his prayer is given in verse. Lent is approaching; both the season and the place inspire two poems on the Passion of Our Lord and a long allegory on Lent. The normal human desire for good food and drink struggle with the fasting and self-denial requisite to the season, a combat personified in Don Carnal on one hand and Doña Cuaresma (Lent) on the other; the struggle continues, of course, from Ash Wednesday to the day before Easter. Don Carnal's armies consist of the delightful foods of non-Lenten time, armored in appropriate cooking utensils—the list reads like something out of Rabelais. Doña Cuaresma commands forces composed of leeks, sardines, dried salt eels, vegetables, and the like. She attacks at midnight after the feast enjoyed by Don Carnal on Shrove Tuesday (Mardi Gras) and takes Don Carnal prisoner. His jailer is Ayuno (Fasting), but Carnal manages to escape, gather another army, and challenge Doña Cuaresma. She flees, and on Easter Sunday the victorious Carnal and his new ally, Amor, triumph over Lent. They celebrate with music, played on a great variety of instruments enumerated by Juan Ruiz (whose profound love of music is evidenced in more than one passage).

Old Trotaconventos advises him to fall in love with a rich widow, but nothing comes of it (the old go-between hardly seems competent), and the Archpriest sums it up philosophically: "The widow

79. fiadura: *security*
80. mercadería: *merchandise* (mercadero: *merchant*)
81. homenaje: *fine talk*
82. hospedaje: *hospitality*

*didn't fall for it, so I did no sin; if I did little work, I got little out
of it, too." The twelfth lady spurns him and marries another. The
thirteenth is a nun, virtuous and saintly, who counters every plea of
Trotaconventos with a fable supporting her position. The nun re-
lents enough to ask what the Archpriest looks like, to which the old
woman replies:*

1485.   "—Señora—diz la vieja—yo le veo a menudo;
         el cuerpo tiene alto, piernas largas, membrudo,[83]
         la cabeza no chica, velloso, pescozudo,[84]
         el cuello no muy alto, pelinegro, orejudo.[85]
1486.   Las cejas apartadas, negras como el carbón,
         el andar muy erguido, así como el pavón,[86]
         el paso firme, airoso y de buena razón; [87]
         la su nariz es larga: esto le descompón'.[88]
1487.   Las encías bermejas, sonora voz tumbal,[89]
         la boca no pequeña; en los labios, tal cual,[90]
         más gruesos [91] que delgados, rojos como el coral;
         las espaldas muy anchas; las muñecas, igual.[92]
1488.   Ojos algo pequeños; de color morenazo;
         abombado su pecho [93] y poderoso el brazo;
         bien cumplidas las piernas; el pie, chico pedazo.
         Señora, no vi más; en su nombre os abrazo.
1489.   Es ligero, valiente, y muy joven en días;
         en música, maestro; sabe de juglarías;
         galante, muy alegre. ¡Por las zapatas mías!
         ¡Un hombre así no anda hoy por las travesías!" [94]
1503.   Aceptóme la dama por su buen servidor,[95]

83. membrudo: *burly*
84. velloso, pescozudo: *hairy, thick-necked*
85. pelinegro, orejudo: *black-haired, big-eared*
86. el andar ... pavón: *his bearing very erect, just like a peacock*
87. airoso ... razón: *graceful and elegant*
88. le descompón': *is a flaw in him, is out of proportion*
89. tumbal: (here) *resonant*
90. tal cual: *so-so*
91. más gruesos: *rather thick*
92. las ... igual: *his wrists, likewise*
93. abombado ... pecho: *barrel-chested*
94. travesías: *cross streets*
95. *Servidor* is a term much used in the thirteenth and fourteenth centuries
to designate a man who served his lady in courtly, chivalric love. So the nun
accepts the Archpriest on a purely Platonic basis, no doubt also obeying the
Biblical injunction, "Love thy neighbor as thyself."

siempre fui para ella un leal amador;
me hizo mucho bien en Dios su limpio amor,
mientras estuvo viva, Dios fue mi guiador.

1504.   En continua oración, a Dios por mí rogaba [96]
y, con sus abstinencias, a mi alma ayudaba;
su espíritu, tan limpio, en Dios se deleitaba,
en locuras del mundo su tiempo no ocupaba.

*His next goal is a Moorish woman; this permits him to display a
knowledge of Arabic and of musical instruments, if no other profit
is gained. Not long thereafter misfortune strikes.*

1518.   Un filósofo dijo y en su libro se anota:
con pesar y tristeza, el ingenio se embota.[97]
Yo, con pena tan grande, no puedo decir gota [98]
porque Trotaconventos ya no anda ni trota.

1519.   Así fue, ¡qué desgracia!, que mi vieja ya es muerta,
¡grande es mi desconsuelo! ¡murió mi vieja experta!
No sé decir mi pena, mas mucha buena puerta
que me ha sido cerrada, para mí estaba abierta.

*He curses Death for having snatched away his faithful (though
singularly unsuccessful) go-between, and he comes perilously close
to the ridiculous, if not the sacrilegious, in imagining that she has
taken her seat in Heaven along with the martyrs. And this is the
epitaph that he composed to her memory:*

1576.   "Urraca soy, que yazgo en esta sepultura;
cuando estuve en el mundo tuve halagos, soltura,[99]
a muchos bien casé, reprobé la locura.
¡Caí en una hora a tierra, de la altura!

1577.   Descuidada, prendióme la muerte, ya lo veis;
aquí, amigos, parientes, no me socorreréis.
Obrad bien en la vida o a Dios ofenderéis;
tal como yo morí, así vos moriréis.

96. The nun is the subject or point of reference in both these *coplas*.
97. The editor is unable to identify this quotation. Juan Ruiz usually means
Aristotle by "a philosopher," but Aristotle (as Robert Burton points out in his
Anatomy of Melancholy, 1621) says that melancholy men are the wittiest. Probably Juan Ruiz was thinking of the boredom inherent in monastery life, making
"the wits grow dull."
98. gota: *jot, whit, bit*
99. soltura: *ease*

1578.   Quien aquí se acercare, ¡así Dios le bendiga,
Dios le dé buen amor y el placer de una amiga!
que por mí, pecadora, un *Pater Noster* diga;
si no lo dice, al menos a mí no me maldiga."

*Here the Archpriest is reminded of the brevity of this life, and he
discusses the arms with which a good Christian must conquer the
world, the flesh, and the devil. He cites the seven deadly sins again,
opposing each with some Christian sacrament or virtue—in the
main, a technically theological discourse. Then, for contrast indeed,
the famous eulogy of little women:*

1606.   Quiero abreviar, señores, esta predicación,[100]
porque siempre gusté de pequeño sermón
y de mujer pequeña y de breve razón,
pues lo poco y bien dicho penetra el corazón.

1608.   De que alabe a las chicas el Amor me hizo ruego,
que cante sus noblezas: [101] voy a decirlas luego.
Loaré a las chiquitas, y lo tendréis por juego.
¡Son frías como nieve y arden más que el fuego! [102]

1610.   En pequeño jacinto [103] yace gran resplandor,
en azúcar muy poco yace mucho dulzor,
en la mujer pequeña yace muy gran amor—
pocas palabras bastan al buen entendedor.

1611.   Es muy pequeño el grano de la buena pimienta,[104]
pero más que la nuez reconforta [105] y calienta:
así, en mujer pequeña, si el amor se presenta,
no hay placer en el mundo que en ella no se sienta.

1612.   Como en la chica rosa está mucho color,
como en oro muy poco, gran precio y gran valor,
como en poco perfume yace muy buen olor,
así, mujer pequeña guarda muy gran amor.

1613.   Como rubí pequeño tiene mucha bondad,
color, virtud y precio, nobleza y claridad,
así, la mujer chica tiene mucha beldad,
hermosura y donaire, amor y lealtad.

100. predicación: *preachment*
101. nobleza: (here) *noble quality*
102. This paradox became a favorite among seventeenth century *culteranistas*
(cf. p. 249) .
103. jacinto: *jacinth*
104. pimienta: *pepper*
105. más ... reconforta: *more than the walnut it refreshes*

1614.   Chica es la calandria y chico el ruiseñor,
        pero más dulce cantan que otra ave mayor;
        la mujer, cuando es chica, por eso es aun mejor,
        en amor es más dulce que azúcar y que flor.

1616.   Para la mujer chica no hay comparación:
        terrenal paraíso y gran consolación,
        recreo y alegría, placer y bendición,
        mejor es en la prueba que en la salutación.

1617.   Siempre quise a la chica más que a grande o mayor;
        ¡escapar de un mal grande nunca ha sido un error!
        Del mal tomar lo menos, dícelo el sabidor,[106]
        por ello, entre mujeres, ¡la menor es mejor!

The Archpriest engages a fine young fellow named Hurón (Ferret) to perform the services once done by the late Urraca (Magpie). Hurón would have been the best fellow imaginable, says Juan Ruiz, but for fourteen faults he had: he was a liar, drunkard, thief, gossiper, cheat, brawler, glutton, troublemaker, scolder, soothsayer, and was filthy, superstitious, stupid, and lazy. Hurón prematurely spoiled the Archpriest's chances with another lady.

Juan Ruiz then reminds us how to understand his book:

1629.   Cualquiera que lo oiga, si hacer versos supiere,
        puede más añadir y enmendar, si quisiere;
        ande de mano en mano, téngalo quien pidiere,
        cual pelota entre niñas, cójalo quien pudiere.

1630.   Ya que es de Buen Amor, prestadlo de buen grado,
        que haga honor a su nombre, no lo hagáis reservado,[107]
        ni lo deis por dinero, vendido o alquilado,
        porque pierde su gracia el Buen Amor comprado.

1631.   El texto de este libro es chico, mas la glosa [108]
        no es palabra banal, antes bien, provechosa;
        toda fábula siempre nos enseña otra cosa
        además del relato [109] y de la frase hermosa.

1632.   Para la santidad es muy gran formulario,[110]
        de juegos y de burlas es chico breviario,

106. sabidor: *wise man*
107. reservado: *with any reservations*
108. *Glosa* here means the thoughtful interpretation by the hearer (or reader, nowadays) , and not the usual literal meaning.
109. relato: *narrative*
110. formulario: *manual*

por ello ya hago punto y se cierra mi armario; [111]
que de buen solaz sirva y recreo diario.
1633.   Señores, os he servido con poca sabiduría; [112]
para dar solaz a todos he hablado en juglaría.
Un galardón solo pido por Dios: que en la romería [113]
ofrezcáis un *Pater Noster* por mí y un *Ave María*.
1634.   Era de mil y trescientos y ochenta y un años [114]
fue compuesto este romance contra los males y daños
que causan muchos y muchas a otros con sus engaños,
y por mostrar a ignorantes dichos y versos extraños.

Two more poems on the Joys of Saint Mary follow (cf. coplas *20–*
32), then two poems for begging scholars; next a glosa *on the* Ave
María *(each stanza beginning with a phrase of the prayer in Latin*
and developing a thought inspired by the phrase), and four cantigas *on Praises of Saint Mary. All these poems are varied in meter*
and stanza form.

After a brief poetic plaint to Fortuna, *the Archpriest relates his*
embassy to the clergy of Talavera, and closes his book with two cantares de ciegos, *similar in tone to those composed for begging schol-*
ars. *Both types of* cantares *are further evidence of his wide sympa-*
thies and love of his fellow man.

111. armario: *storeroom, cupboard.* From his phrasing it would seem that Juan
Ruiz ended his book here. He may have, temporarily, but he revised it later
and added more.
112. sabiduría: *learning, erudition*
113. romería: *pilgrimage*
114. Era … años: In the Middle Ages dates are commonly given with reference to the Roman era. Spain having been officially declared a Roman province
in 38 B.C., one must subtract 38 from an "era" date to find the date Anno
Domini.

The Fifteenth Century

The romances

The somewhat primitive poems of the *mester de juglaría* apparently began to lose their appeal for the nobility, presumably in proportion as more sophisticated amusements developed and tastes changed. Without the continued financial support of the rich, the *juglares* gradually disappeared from the scene. The lower classes, who still delighted in *juglaresca* poetry, began to compose their own and to modify remembered bits of the old long narrative poems. By the end of the fourteenth century the earliest *romances* had appeared.

Not to be confused with the English word, *romances* (vernacular poems) are the Spanish equivalents of our ballads—relatively short narrative poems, epic or lyrical in subject and treatment. They were to be sung or chanted to instrumental accompaniment, either in choral dances or in gatherings for simple entertainment or as a means of lightening group labors. Two variants of form are seen: lines of eight syllables each, with even-numbered lines rhyming in assonance; or sixteen-syllable lines all assonated and with a caesura in the middle of each. If printed in the latter form, each hemistich must be scanned as if it were an eight-syllable line.

Nearly all the oldest *romances* known date from the fifteenth century, though a few are from the fourteenth. From the last half of the fourteenth century the composing and reworking of epic poems declined notably, and they were gradually forgotten. But the common people persisted in remembering many of the most interesting fragments, and chanted them as entities in themselves, apart from the rest of the poems from which these fragments came. Some *romances* are merely such fragments, but most are "edited" as needed to make them entities in their own right. As they are turned over in the mind, subjective and sentimental elements may be added, or an isolated episode recast, or details added or exaggerated to enhance the personality of a hero, national or foreign (particularly French and Moorish), and personages from the tales of knight-errantry.

Romances sang of current events, too, e.g., those concerning King Pedro el Cruel (1334–1369), so termed in most of them because the ballads were composed in the party of the Trastamaras, enemies of Don Pedro, who was also known as "the Just (*el Justiciero*)." Thus arose the frontier *romances* and the oldest Moorish ones, to publicize events in the wars against Granada, last stronghold of the Moors in Spain.

Romances possessed a fascination for all classes. In the fifteenth century so great a lord as the Marqués de Santillana composed some, and many a cultured poet of the sixteenth and seventeenth centuries did likewise. A great many *romances* of the sixteenth century contain incomplete action, incomplete not through any carelessness or forgetfulness but by design; and these often prove far more poetically beautiful than others, complete versions of the same incidents. The two best, given below, are examples. The masterpiece among *romances*, the "Infante (or, conde) Arnaldos" is the truncated version of a longer narrative complete in action; in this case the abrupt cut turned a commonplace sort of adventure tale into a fantastic mystery, making it a truly poetic creation.

A humanist like Juan de Valdés praised the naturalness of the *romances* "because in them I am delighted with that thread of speech that flows continuous and plain, so much, indeed, that I think they are called *romances* because they are very chaste in their *romance* (vernacular speech)"; and he set them off against the "base and plebeian speech" so annoying in many courtly poets' work.

Cultured poets of the sixteenth and seventeenth centuries created new *romances* that reflected the changing tastes of their times. The pastoral *romance* emerged, derived from the Renaissance pastoral romance; the idealization of now long-past happenings made the amorous Moorish *romance* the fashion, romanticizing events in the Granadine wars. As soon as the theater became national, it made use of *romances*. In 1579 for the first time a heroic traditional *romance* was used in a play (by Juan de la Cueva); a little later Lope de Vega wrote a play in which he employed a different *romance;* and for more than forty years the Golden Age drama continued to find inspiration in the genre. The novel also owes a debt to the *ro-*

mance, though less than does the drama; the *Quijote* itself is an example, but far from the only one.

It has been well said that the foreigner who travels in Spain should carry in his luggage a book of *romances* and a copy of the *Quijote* if he really wants to come to understand the country and its people. Phrases and lines from *romances* are still current in conversation and, without some knowledge of their source, are incomprehensible to the foreigner who hears them—and hear them he will.

El reino perdido

This treats the loss of Spain to the Moors in 711 and blames it on the last of the Visigothic kings, Rodrigo.

Las huestes [1] de don Rodrigo   desmayaban y huían
cuando en la octava batalla [2]   sus enemigos vencían.
Rodrigo deja sus tiendas   y del real se salía,
solo va el desventurado   sin ninguna compañía; [3]
el caballo de cansado   ya moverse no podía,   5
camina por donde quiere   sin que él le estorbe la vía. [4]
El rey va tan desmayado   que sentido no tenía;
muerto va de sed y hambre,   de verle era gran mancilla; [5]
iba tan tinto de sangre   que una brasa [6] parecía.
Las armas lleva abolladas,   que eran de gran pedrería; [7]   10
la espada lleva hecha sierra   de los golpes que tenía;
el almete de abollado [8]   en la cabeza se hundía;
la cara llevaba hinchada [9]   del trabajo que sufría.

1. huestes: *hosts*
2. The battle of the Guadalete lasted eight days, says the *Crónica general;* so the reference means the eighth day.
3. No one knows what became of him. Stories differ: (a) Rodrigo was killed in this battle, but his body never found; (b) he retreated in defeat but continued resistance for two years; (c) he fled, wandering in shame until he met a hermit, to whom he confessed his sins and who imposed the penance of placing himself in a pit of snakes, which killed him; and so on.
4. sin ... vía: i.e., Rodrigo made no attempt to direct his horse.
5. de verle ... mancilla: *he was pitiful to see*
6. brasa: *red-hot coal*
7. Las ... pedrería: *His armor was dented, it was studded with gems*
8. el ... abollado: *his helmet was so dented*
9. hinchada: *swollen*

   Subióse encima de un cerro,   el más alto que veía;
desde allí mira su gente   cómo iba de vencida;   15
de allí mira sus banderas   y estandartes que tenía,
cómo están todos pisados   que la tierra los cubría;
mira por los capitanes,   que ninguno parecía;
mira el campo tinto en sangre,   la cual arroyos corría.
El triste de ver aquesto   gran mancilla en sí tenía,   20
llorando de los sus ojos   desta manera decía:
"Ayer era rey de España,   hoy no lo soy de una villa;
ayer villas y castillos,   hoy ninguno poseía;
ayer tenía criados   y gente que me servía,
hoy no tengo ni una almena   que pueda decir que es mía.[10]   25
¡Desdichada fue la hora,   desdichado fue aquel día
en que nací y heredé   la tan grande señoría,
pues lo había de perder   todo junto y en un día!
¡Oh muerte! ¿por qué no vienes   y llevas esta alma mía
de aqueste cuerpo mezquino,   pues se te agradecería?"[11]   30

   The foregoing (fifteenth century) is one of the most famous of
the traditional ballads. In 1578, when the Portuguese king Sebastião
was setting forth on the disastrous expedition to conquer Africa for
his religion, a musician sang this *romance* to him. It was taken as a
gloomy forecast of the defeat at Alcázarquivir (eastern Morocco).
On the other hand, one result of that battle, where Sebastião died,
was the acquisition of Portugal by Spain; but no one seems to have
looked at it from this point of view.

Cómo el caballero novel Mudarra mató a Ruy Velázquez, el enemigo hermano de doña Sancha

   The legend of the *Siete Infantes de Lara* has been summarized
on page 45; its culminating event is given in this *romance*.

A caza va don Rodrigo,   ese que dicen de Lara;
perdido había el azor,   no hallaba ninguna caza;
con la gran siesta[12] que hace   arrimado se ha a una haya,

---

   10. In *Don Quijote*, Part II, chap. 26, Maese Pedro, on seeing Don Quijote slash
his puppets, bewails his loss in a paraphrase of this passage. The scene is superbly dramatized by the music of Manuel de Falla in his *El retablo de Maese
Pedro*.
   11. Understand *alma* as the subject of *agradecería*.
   12. siesta: *afternoon heat*

maldiciendo a Mudarrillo,   hijo de la renegada,[13]
que si a las manos le hubiese [14]   que le sacaría el alma.   5
  El señor estando en esto,   Mudarrillo que asomaba: [15]
"Dios te salve, buen señor,   debajo de la verde haya."
"Así haga a ti, caballero;   buena sea tu llegada."
"Dígasme, señor, tu nombre,   decirte he yo la mi gracia." [16]
"A mí llaman don Rodrigo,   y aun don Rodrigo de Lara,   10
cuñado de don Gonzalo,   hermano de doña Sancha;
por sobrinos me los hube   los siete infantes de Lara.
Maldigo aquí a Mudarrillo,   hijo de la renegada,
si delante lo tuviese,   yo le sacaría el alma."
"Si a ti dicen don Rodrigo,   y aun don Rodrigo de Lara,   15
a mí Mudarra González,   hijo de la renegada,
de Gonzalo Gustios hijo   y alnado [17] de doña Sancha;
por hermanos me los hube   los siete infantes de Lara;
tú los vendiste,[18] traidor,   en el val de Arabiana.
Mas si Dios ahora me ayuda   aquí dejarás el alma."   20
"Espéresme, don Mudarra,   iré a tomar las mis armas."
"El espera [19] que tú diste   a los infantes de Lara:
aquí morirás, traidor,   enemigo de doña Sancha."

*Another romance gives each man an army before which the two
men fight (Ruy, or Rodrigo, dies just the same). Then the Castilians stone the corpse and heap more than ten wagonloads of stones
upon it. And even today, the ballad says, all who pass that pile of
stones, instead of praying the usual* Pater Noster, *cast yet another
stone on top, saying,* "¡Mal siglo haya el alma del traidor, amén!"

The next two *romances* are historically related: they deal with
the assassination of Sancho II, of Castilla, and its consequences,
which touch the life of the Cid Campeador.

13. renegada: (here) *Moorish woman*
14. haber equivalent to *tener* in early Spanish
15. Common ellipsis: understand "behold, Mudarrillo . . ."
16. decirte ... gracia: *I'll tell you my name*
17. alnado: *stepson*
18. vendiste: *betrayed*
19. espera: *wait* (grace period). *El* was often used before any noun with initial
vowel, especially where meter demands an extra syllable.

*El caballero leal zamorano y Vellido Dolfos, que se
salió de Zamora para con falsedad hacerse vasallo del rey
don Sancho*

Sobre el muro de Zamora   vide [20] un caballero erguido;
al real de los castellanos   decía con grande grito:
"¡Guarte,[21] guarte, rey don Sancho,   no digas que no te aviso,
que del cerco de Zamora   un traidor ha salido:
Vellido Dolfos se llama,   hijo de Dolfos Vellido;   5
si gran traidor fue su padre,   mayor traidor es el hijo;
cuatro traiciones ha hecho,   y con ésta serán cinco!
Si te engaña, rey don Sancho,   no digas que no te aviso."
Gritos dan en el real: [22]   ¡A don Sancho han mal herido!
¡Muerto le ha Vellido Dolfos;   gran traición ha cometido!   10
Desque le tuviera muerto   metióse por un postigo; [23]
por las calles de Zamora   va dando voces y gritos:
"¡Tiempo era, doña Urraca,   de cumplir lo prometido!"

Then Diego Ordóñez takes it on himself to challenge the city:

El reto de Diego Ordóñez

Ya cabalga Diego Ordóñez,   ya del real había salido,
armado de piezas dobles,[24]   sobre un caballo morcillo; [25]
va a retar [26] los zamoranos,   por muerte del rey su primo.
Vido estar a Arias Gonzalo [27]   en el muro del castillo;
allí detuvo el caballo,   levantóse en los estribos: 5
"¡Yo os reto, los zamoranos,   por traidores fementidos! [28]
¡Reto a mancebos y viejos,   reto a mujeres y niños,
reto también a los muertos   y a los que aún no son nacidos;
reto la tierra que moran,   reto yerbas, panes, vinos,

20. vide: *I saw*
21. guarte = guárdate
22. Time and action are here greatly telescoped, obviously.
23. postigo: *postern gate*
24. piezas dobles: *heavy armor*
25. morcillo: *glossy black*
26. The *reto,* as distinguished from the *desafío* by the *Siete partidas,* was addressed only to one accused of treachery. If defeated in combat after being *retada,* Zamora would be eternally dishonored.
27. Vido ... Gonzalo: *He saw Arias Gonzalo stand.* This was doña Urraca's chief counselor.
28. fementidos: *faithless*

desde las hojas del monte   hasta las piedras del río,   10
pues fuisteis en [29] la traición   del alevoso Vellido!"
   Respondióle Arias Gonzalo,   como viejo comedido: [30]
"Si yo fuera cual tú dices,   no debiera ser nacido.
Bien hablas como valiente,   pero no como entendido.[31]
¿Qué culpa tienen los muertos   en lo que hacen los vivos?   15
Y en lo que los hombres hacen,   ¿qué culpa tienen los niños?
Dejéis en paz a los muertos,   sacad del reto a los niños,
y por todos los demás   yo habré de lidiar contigo.
Mas bien sabes que en España   antigua costumbre ha sido
que hombre que reta a concejo [32]   haya de lidiar con cinco,   20
y si uno de ellos le vence,   el concejo queda quito." [33]
   Don Diego cuando esto oyera,   algo fuera arrepentido;
mas sin mostrar cobardía,   dijo: "Afírmome a lo dicho."

*Arias Gonzalo's sons are chosen champions of the city; two Diego
kills, and wounds to death a third. But in the death throes the Za-
moran youth deals so great a blow that it cuts through Diego's
shoulder and half through his horse's head. The pain-maddened
animal dashes outside the field markers despite Diego's efforts, while
young Pedro hurls himself to the ground inside the boundary. The
judges rule it a draw: Diego Ordóñez has failed, technically, to hold
the field, and so failed to prove the city traitorous. Arias Gonzalo
in his bereavement takes comfort from his sons' heroic success in
protecting the city's honor.*

El infante (conde) Arnaldos

Probably late fifteenth-century, the work of a cultured poet, this is
the most highly praised of all *romances* for its haunting touch of
mystery. Longer versions lack this touch entirely—and the charm.

   ¡Quien hubiese [34] tal ventura   sobre las aguas del mar
como hubo el infante Arnaldos   la mañana de San Juan! [35]

29. fuisteis en: *you were all parties to*
30. comedido: *prudent, restrained*
31. entendido: *sensible man*
32. concejo: (city) *council*
33. quito: *acquitted*
34. ¡Quien hubiese: *Would that I had*
35. San Juan: June 24. The date is frequently mentioned in Spanish literature,
and has many superstitions connected with it.

Andando a buscar la caza   para su falcón cebar,[36]
vio venir una galera [37]   que a tierra quiere llegar;
las velas trae de seda,   la jarcia de oro torzal,[38]   5
áncoras tiene de plata,   tablas de fino coral.
Marinero que la guía,   diciendo viene un cantar,
que la mar ponía en calma,   los vientos hace amainar; [39]
los peces que andan al hondo,   arriba los hace andar;
las aves que van volando,   al mástil vienen posar.   10
Allí habló el infante Arnaldos,   bien oiréis lo que dirá:
"Por tu vida, el marinero,   dígasme ora [40] ese cantar."
Respondióle el marinero,   tal respuesta le fue a dar: [41]
"Yo no digo mi canción   sino a quien conmigo va."

El prisionero

A longer version adds: The prisoner's hair has grown long, as have his nails and beard; he longs for a talking (not singing) bird to carry his message to his wife Leonor. He wants her to send him a file and a pickax, the one for his shackles, the other for the wall; and though the message is never delivered, the last line says that the king heard him and ordered him set free. Let us ignore the prosaic tools and trite details of that version for the poetry of this one.

Que por mayo era, por mayo,   cuando hace la calor,
cuando los trigos encañan [42]   y están los campos en flor,
cuando canta la calandria   y responde el ruiseñor,
cuando los enamorados   van a servir al amor;
sino yo, triste, cuitado,[43]   que vivo en esta prisión;   5
que ni sé cuándo es de día   ni cuándo las noches son,
sino por una avecilla   que me cantaba al albor.
Matómela un ballestero; [44]   déle Dios mal galardón.

36. cebar: *to feed*
37. galera: *galley* (ship)
38. la ... torzal: *the rigging of golden cord*
39. amainar: *to die down*
40. ora = ahora
41. le ... dar = le dio
42. cuando ... encañan: *when the wheat forms stalks*
43. sino ... cuitado: *but not I, sad, forlorn*
44. ballestero: *crossbowman*

Abenámar

In 1431 Juan II of Castilla made war against Granada in alliance
with the Moorish prince Abenalmao, or Yusuf Ibn Alhamar, whom
the unknown poet here calls Abenámar. The *romance* evokes a
beautifully poetic vision of the city personified as a lovely lady [45]
desired by King Juan, who is the first to speak:

"Abenámar, Abenámar,   moro de la morería,[46]
el día que tú naciste   grandes señales había.
Estaba la mar en calma,   la luna estaba crecida;
moro que en tal signo nace   no debe decir mentira."
"No te la diré, señor,   aunque me cueste la vida."   5
"Yo te agradezco, Abenámar,   aquesta tu cortesía.
¿Qué castillos son aquéllos?   ¡Altos son y relucían!"
"El Alhambra [47] era, señor,   y la otra la mezquita;
los otros los Alixares,[48]   labrados a maravilla.
El moro que los labraba,   cien doblas ganaba al día,   10
y el día que no los labra,   otras tantas se perdía; [49]
desque los tuvo labrados   el rey le quitó la vida
porque no labre otros tales   al rey de Andalucía.[50]
El otro es Torres Bermejas,[51]   castillo de gran valía;
el otro, Generalife,[52]   huerta que par no tenía."   15
Allí hablara el rey don Juan,   bien oiréis lo que decía:
"Si tú quisieras, Granada,   contigo me casaría;
daréte en arras [53] y dote   a Córdoba y a Sevilla."
"Casada soy, rey don Juan,   casada soy, que no víuda;
el moro que a mí me tiene   muy grande bien me quería."   20

45. The poetic image of the city seen as a young lady to whose hand the be-
sieger aspires is found only in Spanish, among medieval literatures.
46. morería: *Moordom, land of the Moors*
47. Alhambra: (Arabic, "the red") palace built and elaborated 1248–1354,
with broad lands and buildings encircled by walls
48. The mosque and the Alixares palace no longer exist.
49. This detail of pay and forfeit is folkloric, found in tales from many lands
(as is the artisan's death and the reason for it).
50. Fernando III: Cf. Don Juan Manuel, n. 23, p. 56.
51. The Torres Bermejas, a castle or palace, stands below the Alhambra, on
the way down the hill to the city of Granada.
52. Generalife: (Arabic, "gardens of the architect") summer palace, completed
in 1319, higher up on the mountain above the Alhambra
53. arras: *marriage settlement*

THE MARQUÉS DE SANTILLANA
(1398–1458)

Born in Carrión de los Condes, the long-ago home of the Infantes in the *Poema de Mío Cid,* Íñigo López de Mendoza, first Marqués de Santillana, was, like Don Juan Manuel a century earlier, a political turncoat. He had to be, in such turbulent times. He won high honors in warring against the Moors. Even in so busy and complex a life he somehow managed to find time to collect a great personal library and to read all his books. He had translations made from the ancient classics, he knew firsthand the poetry of Italy, France, and Spain, and he left a critical commentary stating his literary ideology, together with a number of his own compositions. These include forty-two sonnets, the first ever written in Spanish; so the Marqués was the first Spanish poet to show in his own verse the influence of the Italian Renaissance. True, most of his efforts are not very successful and failed to impose the new form in Spain, but to him belongs the honor of being the first of his land to see and try to exploit the possibilities of the Italian eleven-syllable line.

In his critical commentary—a letter accompanying a copy of his works sent to the Condestable de Portugal—the Marqués categorizes poetry thus: The Greek and Latin classics are *sublimes,* poems in the vernacular languages are *mediocres,* and *ínfimos* (humblest) "are those who without any order, rule, or counting make those *romances* and songs that delight people of low and servile condition." It is curious that his own best work lies in such "humble" genres as *serranillas* and *villancicos,* even though his treatment of these "lowly" forms and themes is a great deal more polished and courtly than most. One need only compare his *serranillas* with those of the Archpriest of Hita to see the difference. His *Sonetos fechos al itálico modo* are more interesting historically than poetically, perhaps, but we shall read one of the best. The Marqués influenced the poetry of Jorge Manrique somewhat.

The language of these selections has been modernized only where necessary, and without affecting meter and rhyme. This leaves a few archaisms: *non* (*no*), *nin* (*ni*), initial *f-* for modern *h-*, *-edes* for modern *-éis,* combinations like *dellas* (*de ellas*) and *-ll-* for *-rl-* in infinitives with pronouns attached (e.g., *conocellas* for *conocerlas*). Other unusual details are explained in the manner already used.

Canción

One of his simplest poems. In language almost childish in its simplicity the lover's primary emotion is starkly bared, rising in intensity to ecstasy in the last stanza.

Si tú deseas a mí
yo non lo sé;
pero yo deseo a ti
en buena fe.
    Y non a ninguna más,   5
así lo ten: [1]
nin es, nin será jamás
otra mi bien.
En tan buena hora te vi
y te fablé,   10
que del todo te me di [2]
en buena fe.
    Yo soy tuyo, non lo dudes,
sin fallir; [3]

y non pienses al, nin cuides, [4]   15
sin mentir.
Después que te conocí
me cautivé,
y seso y saber perdí
en buena fe.   20
    A ti amo y amaré
toda sazón, [5]
y siempre te serviré
con gran razón;
pues la mejor escogí   25
y non finjo nin fingí
en buena fe.

Villancico a unas tres hijas suyas

Por una gentil floresta [6]
de lindas flores y rosas, [7]
vide tres damas fermosas
que de amores han recuesta. [8]

Yo, con voluntad muy presta,   5
me llegué a conocellas;
comenzó la una dellas
esta canción tan honesta:

1. así ... ten: *take it as true*
2. te ... di: *I surrendered to you*
3. fallir: *to fail, be false, deceive*
4. non ... cuides: *don't even think anything else*
5. toda sazón: *forever*
6. floresta: *grove*
7. The rose being queen of flowers, it is named separately.
8. de ... recuesta: *are in quest of love* (at the age to love). For his poetic purpose the author pretends to be a stranger.

"Aguardan a mí,
nunca tales guardas vi." 10
Por mirar su fermosura
destas tres gentiles damas,
yo cubríme con las ramas,
metíme so [9] la verdura.
La otra con gran tristura 15
comenzó de suspirar
y decir este cantar
con muy honesta mesura:
"La niña que amores ha,
sola, ¿cómo dormirá?" 20
Por non facer turbanza [10]
non quise ir más adelante
a las que con ordenanza [11]
cantaban tan consonante.[12]

La otra con buen semblante 25
dijo: "Señoras de estado,
pues las dos habéis cantado,
a mí conviene que cante:
'Dejadle al villano pene;
véngueme Dios delle.'" 30
Desque ya hubieron cantado
estas señoras que digo,
yo salí desconsolado,
como hombre sin abrigo.[13]
Ellas dijeron: "Amigo, 35
non sois vos el que buscamos;
mas cantad, pues que cantamos."
Suspirando iba la niña y non
por mí,
que yo bien se lo entendí. 40

Soneto V

In this sonnet the poet speaks on behalf of Prince don Enrique,
who grieves for the death of his wife, doña Catalina. Even though
vicarious sorrow, it is sincere, as if it were the poet's own loss. The
first eight lines form a unit of thought—forceful, vital; the sestet is
filled with yearning and sorrow pierced by tragic pathos in line 10
and completed with a Platonic image and a fine last line. Don Enrique (1397?–1445), prince of Aragon, married in 1420; he led a faction in one of the many internecine wars of the time and was supported by Santillana.

Non solamente al templo divino,[14]
donde yo creo seas receptada,[15]
según tu santo ánimo y benino,[16]
preclara [17] Infanta, mujer mucho amada;

9. so: *under*
10. Por ... turbanza: *So as not to disturb them. Por* indicates motive.
11. con ordenanza: *in orderly manner*
12. consonante: *harmoniously*
13. abrigo: *shelter.* The poet, thus realizing that his daughters are ready to
love others than their father, is saddened by the loss.
14. templo divino: *Heaven*
15. receptada = acogida
16. ánimo: *disposition;* benino = benigno
17. preclara: *most noble*

mas al abismo y centro malino [18]   5
te seguiría, si fuese otorgada
a caballero, por golpe ferrino,[19]
cortar la tela por Cloto filada.[20]
   No lloren la tu muerte, maguer [21] sea
en edad tierna y tiempo triunfante; [22]   10
mas la mi triste vida, que desea
   ir donde fueres, como fiel amante,
y conseguirte, dulce Idea [23] mía,
y mi dolor acerbo [24] e incesante.

Serranilla IX

This has been called the subtlest of Santillana's *serranillas*. The
"speaker" is a gentleman who has given up thoughts of love, which
he believes has passed him by. But encountering the *vaquera* from
Bores (all names herein are in Santander province), he changes his
mind. Her beauty even prompts him to address her as *Señora* and
to use allusions and language from courtly poetry that refine the
rustic setting, the names of rural villages, the lowing of the cattle,
and the country men and women. The denouement is quite unusual
in *serranillas*, and the last three lines are of high poetic beauty and
delicacy.

Mozuela de Bores,   como quien se había
allá do la Lama,   gran tiempo dejado
púsome en amores.   de tales dolores,
   Cuidé que olvidado   que más que la llama
amor me tenía,[25]   5 queman amadores.[26]   10

18. abismo ... malino: *Hell itself*
19. ferrino: (adj.) *iron*
20. por ... filada: *by Clotho spun.* Clotho is the Fate (of the three in mythology) who spins the thread of life.
21. maguer: *even though*
22. tiempo triunfante: *flower of youth*
23. Idea: Martineau says, "Ideas, in their pre-existence, are the *archetypes* of
created things; in their embodiment are the essences of things; and in their relation to us are what we know of things." Let the reader fit this as the text requires.
24. acerbo: *harsh, cruel*
25. Cuidé ... tenía = Creí que (el) amor me tenía olvidado
26. Lines 9–10 echo the fifteenth-century courtly *cancioneros*.

Mas vi la fermosa
de buen continente,
la cara placiente,
fresca como rosa,
de tales colores
cual nunca vi dama
nin otra,[27] señores.
    Por lo cual: "Señora
(le dije), en verdad
la vuestra beldad
saldrá desde agora
de entre estos alcores,[28]
pues merece fama
de grandes loores."
    Dijo: "Caballero,
tiradvos afuera,[29]
dejad la vaquera [30]
pasar al otero; [31]

ca dos labradores
me piden de Frama,[32]   30
entrambos pastores."
    "Señora, pastor
15 seré si queredes:
mandarme podedes,
como a servidor: [33]   35
mayores dulzores
será a mí la brama [34]
20 que oír ruiseñores."
    Así concluimos
el nuestro proceso [35]   40
sin facer exceso
y nos avenimos.[36]
25 Y fueron las flores
de cabe Espinama
los encubridores.[37]   45

The obvious differences between this *serranilla* and the one by
Juan Ruiz, already read, are probably due more to the tempera-
ments of the two poets than to any Renaissance tendency to idealize
reality in the way that Garcilaso de la Vega does (see p. 137). Juan
Ruiz, an earthy man, treats mountain women realistically, even
exaggerating their crudities for comic effect, though his verse is delicately poetic. The courtly Marqués avoids the brutal reality and
points up only physical beauty, poetizing it in equally beautiful
verse and ignoring all unpleasantly realistic aspects. In both there
is evident carnality, if glossed over in Santillana's poem.

27. nin otra: *nor any other woman.* The poet has specified *dama*, noble lady,
and now excludes other classes.
    28. alcor: *hill*
    29. tiradvos afuera: *get out of here*
    30. vaquera: *cowgirl*
    31. otero: *hillock*
    32. ca ... Frama: *for two farmers of Frama are asking for me* (in marriage)
    33. Cf. *Libro de buen amor*, n. 95, p. 70.
    34. brama: *lowing of cattle*
    35. proceso: *business, affair*
    36. avenirse: (here) *to reach an understanding*
    37. encubridores: *concealers, accessories* (after the fact)

JORGE MANRIQUE
(1440?–1479)

Great-nephew of the Marqués de Santillana, Jorge Manrique was killed in action fighting for Queen Isabel against the nobles who supported the pretender, Juana "la Beltraneja." (More about this below, p. 268.) He left only a small poetic legacy, of which by far the most important item is his "Coplas por la muerte de su padre." It is an elegy, as the title shows, inspired by love and respect for Don Rodrigo Manrique, who died in 1476. For his composition Jorge Manrique had innumerable models other than his great-uncle's *Diálogo de Bias contra Fortuna*. The most direct was an analogous poem by his uncle, Gómez Manrique, though another of the latter's poems deploring the passing of *his* uncle, the Marqués de Santillana, may well have suggested the idea to our poet. Not that the theme is new; *ubi sunt?* (where are they now?) is common in medieval Latin poems as well as in serious vernacular works. It had been used notably some fifteen years earlier by François Villon, for example.

Even though the theme is medieval and much used, the force and intensity expressed in Jorge Manrique's poem make it unique. The language is distinguished and unforgettable; the emotions are universal, appealing strongly to every individual's deeper self. But there is more: where the Marqués displays Renaissance influence in poetic form, writing the first sonnets in Spanish, Jorge Manrique a generation later expresses early Renaissance ideas in a style of impeccable elegance, though untouched by Italianate form (cf. lines 228–262).

Coplas por la muerte de su padre

The poet begins with a series of philosophical and general reflections on death and the ephemerality of human life.

Recuerde el alma dormida,　　cómo se pasa la vida,
avive el seso y despierte　　cómo se viene la muerte　　5
contemplando　　　　　　　tan callando;

cuán presto se va el placer,
cómo después, de acordado,
    da dolor,[1]
cómo a nuestro parecer
cualquier tiempo pasado   10
    fue mejor.
Pues si vemos lo presente
cómo en un punto se es ido
    y acabado,
si juzgamos sabiamente,
daremos lo no venido
    por pasado.[2]
No se engañe nadie, no,
pensando que ha de durar[3]
    lo que espera
más que duró lo que vio,
pues que todo ha de pasar
    por tal manera.
Nuestras vidas son los ríos[4]   25
que van a dar en la mar
    que es el morir;
allí van los señoríos
derechos a se acabar
    y consumir;
allí los ríos caudales,[5]
allí los otros, medianos
    y más chicos;
allegados, son iguales
los que viven por sus manos   35
    y los ricos.
Dejo las invocaciones
de los famosos poetas

y oradores;
no curo de sus ficciones,   40
que traen yerbas secretas
    sus sabores;[6]
a aquél sólo me encomiendo,
aquél sólo invoco yo
    de verdad;   45
que en el mundo viviendo,
el mundo no conoció   15
    su deidad.
Este mundo es el camino
para el otro, que es morada   50
    sin pesar;
mas cumple tener buen tino[7]   20
para andar esta jornada
    sin errar.
Partimos cuando nacemos,   55
andamos mientras vivimos,
    y llegamos
al tiempo que fenecemos;[8]
así que cuando morimos
    descansamos.   60
Este mundo bueno fue
si bien usásemos de él   30
    como debemos,
porque, según nuestra fe,
es para ganar aquél   65
    que atendemos.[9]
Y aun aquel Hijo de Dios,   35
para subirnos al cielo,
    descendió
a nacer acá entre nos,   70

1. Cf. Dante, *Inferno*, V, 121–123: "No greater woe than to remember happy
times in wretchedness."
2. daremos ... pasado: *we shall count the future as already past*
3. *lo que espera* is the subject of *ha de durar*
4. Often quoted, this is perhaps the best stanza, poetically.
5. caudales: (adj.) *great*
6. que ... sabores: *for their delights bear hidden drugs*
7. mas ... tino: *but it behooves us to take great care*
8. fenecer = morir
9. atender: (*here*) = esperar

y a vivir en este suelo
    do murió.
  Ved de cuán poco valor
son las cosas tras que andamos
    y corremos,   75
que, en este mundo traidor,
aun primero que muramos
    las perdemos:
de ellas deshace la edad,
de ellas casos desastrados   80
    que acaecen,[10]
de ellas por su calidad,
en los más altos estados

desfallecen.[11]
  Decidme: la hermosura,   85
la gentil frescura y tez[12]
    de la cara,
la color y la blancura,
cuando viene la vejez,
    ¿cuál se para?[13]   90
Las mañas y ligereza
y la fuerza corporal
    de juventud,
todo se torna graveza[14]
cuando llega al arrabal   95
    de senectud.[15]

*The poet then recalls the ancient great of Greece and Rome, pass-
ing on to matters of the century before his own; but this, he says, is
all too remote, and it is better to recall events of yesterday. He then
begins, as one treading on sure, familiar ground, his evocations of
Spanish history in chronological order from Juan II (1406–1454)
to the death of Don Rodrigo Manrique in 1476.*

¿Qué se hizo el rey don Juan?
Los infantes de Aragón,[16]
    ¿qué se hicieron?
¿Qué fue de tanto galán,[17]   100
qué de tanta invención[18]
    como trajeron?
Las justas y los torneos,
paramentos, bordaduras
    y cimeras,[19]   105

¿fueron sino devaneos?[20]
¿Qué fueron sino verduras
    de las eras?[21]
¿Qué se hicieron las damas,
sus tocados, sus vestidos,   110
    sus olores?
¿Qué se hicieron las llamas
de los fuegos encendidos
    de amadores?[22]

10. de ellas ... acaecen: *some of them time destroys; some, by disastrous events
that befall*
11. desfallecer: *to weaken and fall*
12. tez: *complexion*
13. ¿cuál ... para? *how does it all end?*
14. graveza: *heaviness*
15. arrabal ... senectud: *verge of old age*
16. ¿Qué se hizo (hicieron)? *What became of?* These Infantes were cousins and
enemies of Juan II.
17. Collective singular for plural meaning
18. invención: *innovations and compositions*
19. justas ... cimeras: *jousts and tourneys, ornaments, embroideries and crests*
20. ¿fueron ... devaneos? *were they but delirious dreams?*
21. verduras ... eras: *grass of the threshing floors* (i.e., vanished and gone)
22. For this image see Santillana, n. 26, p. 87.

¿Qué se hizo aquel trovar,　　115
las músicas acordadas
　　que tañían?
¿Qué se hizo aquel danzar,[23]
aquellas ropas chapadas [24]
　　que traían?　　　　　120

　Pues aquel gran Condestable,[25]
maestre que conocimos
　　tan privado,
no cumple que de él se hable,
sino sólo que lo vimos　　125
　　degollado.
Sus infinitos tesoros,
sus villas y sus lugares,
　　su mandar,
¿qué le fueron sino lloros?
¿qué fueron sino pesares　　130
　　al dejar?

　Aquél de buenos abrigo,[26]
amado por virtuoso

de la gente,　　　　　13[5]
el maestre don Rodrigo
Manrique, tanto famoso
　　y tan valiente;
sus grandes hechos y claros
no cumple que las alabe,　　14[0]
　　pues los vieron,
ni los quiero hacer caros,[27]
pues que el mundo todo sabe
　　cuáles fueron.
　¡Qué amigo de sus amigos!　　14[5]
¡Qué señor para criados
　　y parientes!
¡Qué enemigo de enemigos!
¡Qué maestro de esforzados
　　y valientes!　　　　　15[0]
¡Qué seso para discretos!
¡Qué gracia para donosos! [28]
　　¡Qué razón!
¡Qué benigno a los sujetos,
y a los bravos y dañosos　　15[5]
　　un león!

*Other qualities of Don Rodrigo are compared to outstanding Ro-
man examples, e.g., a Julius Caesar in war, a Trajan in goodness, a
Hadrian for eloquence, etc. All the qualities enumerated from line
133 are those of the ideal Renaissance courtier.*

No dejó grandes tesoros
ni alcanzó grandes riquezas
　　ni vajillas; [29]

mas hizo guerra a los moros,　　16[0]
ganando sus fortalezas
　　y sus villas;

23. danzar: *stately dancing*
24. chapadas: *embroidered in gold*
25. Don Álvaro de Luna—Condestable de Castilla, favorite of Juan II, and
probably the richest and most powerful noble in Spain—was opposed by the
Manriques and Santillana and finally ruined. He was beheaded (*degollado*) in
1453 in the Plaza Mayor of Valladolid. His spectacular rise and fall has become
symbolic in Spanish literature.
26. abrigo: *protector.* Here the poet begins specific reference to his father in
terms respectful and admiring as well as affectionate.
27. hacer caros: *to extol*
28. donosos: *witty*
29. vajillas: *gold and silver plate*

y en las lides que venció,
muchos moros y caballos
se perdieron;   165
y en este oficio ganó
las rentas y los vasallos
que le dieron.
Pues por su honra y estado,
en otros tiempos pasados   170
¿cómo se hubo? [30]
Quedando desamparado,
con hermanos y criados
se sostuvo.
Después que hechos famosos   175
hizo en esta misma guerra [31]
que hacía,
hizo tratos tan honrosos
que le dieron aun más tierra
que tenía.   180
Estas sus viejas historias
que con su brazo pintó
en juventud,
con otras nuevas victorias
agora las renovó   185
en senectud.
Por su gran habilidad,
por méritos y ancianía [32]
bien gastada,
alcanzó la dignidad   190
de la gran caballería
de la Espada.[33]

Y sus villas y sus tierras
ocupadas de tiranos
las halló;   195
mas por cercos y por guerras
y por fuerza de sus manos
las cobró.
Pues nuestro rey natural,[34]
si de las obras que obró   200
fue servido,
dígalo el de Portugal,[35]
y en Castilla quien siguió
su partido.
Después de puesta la vida   205
tantas veces por su ley
al tablero; [36]
después de tan bien servida
la corona de su rey verdadero;
después de tanta hazaña   210
a que no puede bastar
cuenta cierta,
en la su villa de Ocaña [37]
vino la Muerte a llamar
a su puerta,   215
diciendo: "Buen caballero,
dejad el mundo engañoso
y su halago;
vuestro corazón de acero
muestre su esfuerzo famoso   220
en este trago; [38]
y pues de vida y salud

30. ¿cómo ... hubo? *how did he comport himself?*
31. The war of succession referred to above, in which our poet himself was to die three years later
32. ancianía: *elder state*
33. caballería ... Espada: Order of Santiago, founded in the twelfth century
34. Since no woman had reigned before Isabel, *rey* was the only Castilian term for the crowned head, but the poet means Isabel here.
35. el ... Portugal: Alfonso of Portugal supported the pretender, Juana la Beltraneja.
36. puesta ... tablero: *having staked his life so often for his faith*
37. A town in Toledo province
38. trago: *draught* (from the cup of Death)

hiciste tan poca cuenta [39]
  por la fama,
esfuércese la virtud [40]   225
para sufrir esta afrenta [41]
  que os llama.
  No se os haga tan amarga
la batalla temerosa
  que esperáis,   230
pues otra vida más larga [42]
de fama tan gloriosa acá dejáis.
Aunque esta vida de honor
tampoco no es eternal
  ni verdadera;   235
mas con todo es muy mejor
que la otra temporal
  perecedera.
  El vivir que es perdurable [43]
no se gana con estados   240
  mundiales,
ni con vida deleitable
en que moran los pecados
  infernales;
mas los buenos religiosos   245
gánanlo con oraciones
  y con lloros,
los caballeros famosos
con trabajos y aflicciones
  contra moros.   250
  Y pues vos, claro varón,
tanta sangre derramasteis
  de paganos,
esperad el galardón
que en este mundo ganasteis   255
  por las manos;

y con esta confianza
y con la fe tan entera
  que tenéis,
partid con buena esperanza,   260
que esta otra vida tercera
  ganaréis."

(*Responde el Maestre:*)

"No gastemos tiempo ya
en esta vida mezquina
  por tal modo,   265
que mi voluntad está
conforme con la divina
  para todo;
y consiento en mi morir
con voluntad placentera,   270
  clara y pura,
que querer hombre vivir [44]
cuando Dios quiere que muera,
  es locura."

(*Oración*)

"Tú, que por nuestra maldad   275
tomaste forma servil
  y bajo nombre; [45]
Tú, que a tu divinidad
juntaste cosa tan vil
  como el hombre;   280
Tú, que tan grandes tormentos
sufriste sin resistencia
  en tu persona,
no por mis merecimientos
mas por tu sola clemencia   285
  me perdona."

39. hiciste ... cuenta: *you gave so little heed*
40. virtud: *courage* (Latin *virtu* is the real sense)
41. afrenta: (here) *summons*
42. An early Renaissance idea is expressed in this stanza.
43. perdurable: *lasting*
44. que ... vivir: *since for man to want to live*
45. forma ... nombre: *base* (i.e., *human*) *form and name*

Así, con tal entender
todos sentidos humanos
    conservados,[46]
cercado de su mujer
y de sus hijos y hermanos
    y criados,

dio el alma a quien se la dio
(el cual la ponga en el cielo
    y en su gloria),   295
290 y aunque la vida perdió,
nos dejó harto consuelo
    su memoria.

Despite occasional flaws, of which one is hardly aware (e.g., line 24 with five syllables, and 27 and 30 with four *agudas*, counting as five), the total effect is so impressive that it seems petty to dwell on the defects. The *copla de pie quebrado* (*pie quebrado* is the four-syllable line breaking the sequence of octosyllables) has stirred some critics to consider it inharmonious and disagreeable. Others believe that 160 such lines, a third of the total, are excessive because they make the flow stumble and drag as on a broken foot indeed; yet others regard its continual, regular recurrence as the tolling of a funeral bell or a plangent refrain. But one must remember that the poet has the right to choose the form he thinks most apt to his theme, and only results may be criticized. Manrique's genius has worked wonders here, justifying his choice of form beyond question. Individual taste may react subjectively, but the critic must essay objectivity. Juan de Valdés, who uttered a good many literary opinions in his *Diálogo de la lengua* about sixty years after Manrique's poem was written, remarks: "Y son mejores las [coplas] de Jorge Manrique que comienzan 'Recuerde el alma dormida,' las cuales a mi juicio son muy dignas de ser leídas y estimadas, así por la sentencia como por el estilo." Most modern critics agree.

46. entender: (here) *resignation*. The Maestre was conscious to the end.

PART II
The Modern Age

The Renaissance in Spain

The term Renaissance means that intellectually artistic, literary, and cultural period in European history that originated in fourteenth-century Italy. Medieval man had plenty of zest for worldly and not-always-pure pleasures (see Juan Ruiz, p. 57), and there was plenty of interest in classical antiquity and culture long before the Renaissance, but the interest of medieval man was different (witness the didactic aims of Juan Ruiz). That interest was guided by the problems of the relationship between God and man and sin and grace. The Renaissance differed in the manner in which human designs and actions conformed to an ideal system and were elevated to the status of a philosophical program of life here on earth. The new kind of interest in classical learning was encouraged by Byzantine scholars driven westward by the fall of Constantinople to Islam (1453) and by the invention of printing. The new freedom of ideas led to many excesses, exemplified in literature by what is called exuberance—a profusion, a proliferation, a superabundance not so much of books (although certainly there were more than ever) as in the nature of their contents. We shall see many examples of this.

In Spain, undeniably, the Renaissance took a turn different from its development in Italy, where art was elevated to supreme human values, or in Germany and England, where men broke with medieval religious and philosophic tradition. Spain maintained her Catholic tradition, her scholastic ideology, her strong nationalistic (mingled with religious) sentiment fortified in the long wars against the Moors. But the new Renaissance ideas permeated Spain, even though only after taking on a Spanish flavor—becoming naturalized, as it were. To the foreigner, therefore, it is not always clear that Spain had a Renaissance at all. Certainly her literature was strongly influenced by the national adherence to the Counter Reformation.

The originality of the Spanish Renaissance lies in the fusion of the new European mentality—vigorous individualism, lust for success and expression of self, intellectual restlessness and curiosity in

all things human, zest for living—with the medieval ideology familiar to Spain. Together with the adventurer Spaniard, athirst for
glory and riches, stood the missionary Spaniard, ready to give his
life in the defense of his faith. If scholastic theology continued to
rule intellectual life, the theologians read and imitated the poets of
antiquity and of Italy. If Spain lost the struggle to defend the old
order against the new scientific nationalism, she succeeded in creating a culture of her own which attained genuine originality and
great force in art and letters.

Some characteristics of the new period have been pointed out in
the poetry of the Marqués de Santillana (form) and that of Jorge
Manrique (thought); so it is fair to say that the Renaissance began
to manifest itself in Spain from the reign of Juan II, or about the
middle of the fifteenth century. These manifestations were confined
to the aristocracy and were only sporadic. Medieval qualities persisted, more than in other lands, until the end of the sixteenth century or even a little later, as will be seen in the selections below,
particularly those that illustrate the plebeian aspect of literature.

The Renaissance became plainly noticeable toward the end of the
fifteenth century, in the reign of the Catholic Monarchs, and most
in the 1490's. Isabel was unusually well educated for those times,
learning Latin from the great woman humanist, Beatriz Galindo,
sufficiently well to converse with ambassadors ignorant of Castilian
and to read books and dispatches in Latin. With all her superstition
and bigotry Isabel was a strong character and clearheaded enough
to see that she had to develop her intellect to keep pace with the
changing times. So, once the Granada campaign was over, she came
to support the Genoese adventurer in his fantastic project. To her
must be credited the organization of the territories discovered by
Columbus and colonized by Spain, the enactment of humane laws
for the protection not only of the colonists but also of the natives,
and, at home, the encouragement of commerce and industry and of
social and economic progress. So the Renaissance initiative and drive
of Isabel was a major factor in the establishment of Castilian as the
language of a tremendous empire.

Isabel's attitude also encouraged scholarship. One day at Salamanca, in that remarkable year 1492, the great humanist, Elio Antonio de Nebrija, presented to his queen a book he had just finished,
a Spanish grammar, the first grammar of any modern language.
When the queen wanted to know what it was for, she was told,

"When Your Highness has subjugated many foreign nations and peoples of strange tongues, they will have to receive the conqueror's laws, and with them our language." Nebrija wrote numerous other scholarly works, including a Latin grammar, collaborated on the *Biblia poliglota complutense,* and was a professor at Salamanca and Alcalá.

The fifteenth century saw an enormous increase in both production and diffusion of literary and scholarly books and a vastly accelerated development of new influences, both good and bad. The new and greater variety of themes and genres, particularly the mighty growth of the drama, reflects a greater ideological complexity. The predominance of the learned and aristocratic tendencies manifested in mythological allusions, Latinisms, and arbitrary transposition of word order modeled on Caesar's style (among others), and the constant presence of classical antiquity in general, demonstrate the influence of humanism in Renaissance letters. While many were employing Latin, others were writing in the vernacular of the country, consciously polishing and refining it and theorizing about its properties and about what was correct and what was not. This very preoccupation with linguistic detail caused a loss of freshness and spontaneity, turning literature into a channel of self-consciousness, making it excessively mannered in compensation for its diminished originality. A certain pedantry thus developed. Only the very greatest of Spain's Renaissance literature attains the highest level of quality without sacrifice of warmth. The stylistic tendencies that were to emerge in the *culteranismo* and the *conceptismo* of the seventeenth century (pp. 249 and 254) already existed embryonically in the early Renaissance.

A phrase much used by Isabel, *buen gusto,* was quickly adopted by the Italians and from them was imported by the French, thus coming to exert wide influence in manners. *Buen gusto* means the ability to sense what is good without having first learned in any formal way that it is supposed to be good—an almost instinctive faculty of choice for good manners in speech and action. Literally, it is something that leaves a "good taste in the mouth." Like this one, another term, *cortesano,* had been used in medieval Castilla long before Castiglione wrote his famous *Il Cortigiano* in Italy, a work so well translated by Boscán (p. 137) that it became the foundation of Renaissance Spanish prose. Garcilaso de la Vega, the high example of Renaissance poet and model of the perfect courtier, said that the

Courtier spoke no better in Italy, his birthplace, than he did in Spain, where he might well have been born.

If Nebrija was the first grammarian in Spanish, the most convincing exponent of the language was Juan de Valdés, whose *Diálogo de la lengua* appeared in the same year (1536) that Garcilaso was killed in battle. (The *Diálogo* circulated widely, but was not printed for another two centuries.) Often wrong in his theories, like any pioneer, Valdés is so often right that he merits attention; and his work gives us evidence of the Spanish pronunciation of his day. Where Nebrija adopts a consciously Latinized system of spelling, Valdés prefers the phonetic rendition of his contemporaries, taking his own habits as criteria—*sinificar* and *dino* for *significar* and *digno,* *acetar* for *aceptar,* etc. The Renaissance at first was an age of simplified spelling; the more historical orthography was restored by the Real Academia Española in the eighteenth century. Valdés' book is not only Renaissance philology but a work of literature in itself:

One afternoon in a villa near Naples two Italian friends succeed in drawing out Valdés about his language. He disclaims authority, for his knowledge comes from no formal study of Spanish, and thinks all vernaculars beneath Latin. He is forced to admit that the great Italian humanist, Bembo, did not consider it beneath his notice to write a book on "Tuscan" (i.e., Italian), and that Spanish is the equal of Italian except perhaps for Petrarch's and Boccaccio's works. He says that Spanish never had anyone who wrote with sufficient care to serve as an authority (little of Spain's literature prior to that of the fifteenth century was known at that time). Pacheco, another Spaniard present, reminds him of Nebrija's book for spelling and vocabulary, and of the *Amadís de Gaula* (a romance of chivalry) for style. Valdés retorts that Nebrija was Andalusian, not Castilian, and, moreover, was careless in his vocabulary. So, step by step, he is led on to expound his ideas of Castilian orthography, pronunciation (he believes the former should represent the latter, not its Latin origins), and style. On this last he utters several judgments, some of which have been quoted above and some will be cited where appropriate below. In the main, Valdés falls back upon proverbs to illustrate his points, using scores of them to show the purest of Castilian prose. One of these points, by the way, is that to spell correctly one must first know how to pronounce correctly.

He is as positive about style as about all other subjects: ". . . without any affectation whatever I write as I talk, only I take care to use words that mean just what I want to say, and I say it as plainly as it is possible for me to do, because in my opinion affectation is not a good thing in any language"—an attitude with which Cervantes heartily agreed later (*Don Quijote*, Part II, chapters 26 and 43); and "The whole matter of speaking Castilian well consists in saying what you want to say in the fewest words you can, so that . . . of the words you put into a clause or sentence, not one can be removed without harm to the sense or the emphasis or the elegance" (*Diálogo*, VI) —which is essentially the creed of Don Juan Manuel, stated almost exactly 200 years earlier in the prologue to his *Conde Lucanor*.

Valdés is induced to talk about Spanish writers and their works (VII), and a heterogeneous lot they may seem to the modern reader: he skips about from Juan de Mena (much admired long ago, but ignored now by all but specialists), to the poets of the *Cancionero general* (in much the same situation as Mena), to Jorge Manrique (on him we have seen Valdés' opinion), to Juan del Encina (see p. 195) and Torres Naharro (see p. 196), to translations from other languages (he disapproves of translations), to romances of knight-errantry (p. 162), and to the *Celestina* (below).

Juan de Valdés was apparently an outspoken man. He left Spain hurriedly when the Inquisition instituted proceedings against his *Diálogo de la doctrina cristiana,* eventually turned up in Rome, and remained in Italy until his death in 1541 (his birth date is unknown), most of the time in Naples. This city being under Spanish rule then, its educated classes found it expedient to learn Spanish; so the conversation he records in the *Diálogo de la lengua* is more plausibly realistic than it might at first appear.

FERNANDO DE ROJAS

La Celestina

At the very end of the fifteenth century there appeared a book that is one of the greatest in Spanish literature. It is the first great masterpiece of the Renaissance in Spain. Its longer title, *Tragicomedia de*

Calisto y Melibea, has given way to the shorter, because the personage of the later title, Celestina, is far more colorful, dominating,
and memorable than either of the other two, even though the latter
are the hero and the heroine of the action. Ostensibly a drama, being
written in the form of dialogue without narrative, it cannot be performed as a play because it is too long and too abrupt in changes of
scene. The *Celestina* is evidently intended to be read rather than
staged. It lacks the theatrical conventions (e.g., stage directions)
and is bound by no other laws than those of life itself and of freedom
—and life and freedom are not really to be confined between stage
flats. But it is essentially dramatic in its personages, turn of incident,
internal development, and dialogued language. And it is dramatic
because Rojas conceived the whole as communication between personages, not as narrative: *tú y yo,* not *él y ella.* So, in reading the
selections given, the student should try to imagine how the speeches
sound, as if the speakers were real beings.

Of the author we know little. He was of Jewish origin, born in the
province of Toledo, and became a lawyer and then chief magistrate
of Talavera de la Reina (116 kilometers southwest of Madrid). In
the first edition known (Burgos, 1499) no author's name appears; in
the next (Sevilla, 1501) some acrostic verses reveal that of Rojas. He
states in this edition that he found the first act, which someone else
(not identified) had composed, and in a fortnight of vacation he
"finished" the work. By this he probably means that he put the final
touches to it, not that he wrote the whole so quickly, although certain inconsistencies in the action sometimes make one wonder how
hastily he did write. The third edition (Sevilla, 1502) adds five
more acts, inserted after about one-third of the old Act XIV; the
rest of the earlier text follows this interpolation. Whether Rojas
wrote these five new acts is questionable, but he may have done so.

The additional acts prolong the love affair by a month. Aestheti-
cally this reduces the dramatic suddenness of the catastrophe, which
in the first edition occurs on the very night of Calisto's success with
Melibea. On the other hand, in the shorter version the catastrophe
is hardly motivated, happening as if by sheer chance and not as the
consequence of Calisto's acts. The beautiful love scene in the garden
takes place at the end of the interpolated acts. It is comparable in
beauty to the famous love scene in *Romeo and Juliet* (III, v),
where the lark "sang so out of tune" to the lovers' ears, and to omit
it would be to lessen the aesthetic value of the work as a whole. But

the greater part of the interpolation is not up to the level of the other sixteen acts. There are inexplicable and radical changes in the characterizations of Calisto, Elicia, and Areusa, to cite only one category.

With the *Celestina* a powerful stimulus was given to the theater through the exposition of medieval and Renaissance ideas contained in the work, as well as through its new manner of handling dramatic themes. The conflict between the medieval and the Renaissance concepts is resolved in the tragic deaths of Calisto and Melibea in highly dramatic scenes. The same two planes are maintained throughout the work as irreconcilable as they were to remain through all the culture of the Renaissance in Spain—on the one hand, the poetic, cultured, exquisite world of the two lovers; on the other, the baser, materialistic, realistic, plebeian world of the common people, led by Celestina herself. A touch of classic humanism is seen in certain names, e.g., Calisto ("most handsome") and Melibea ("she of the voice of honey"), both from the Greek. Morality, pessimism, renunciation, restraint of freedom are typical of the Middle Ages. But the joyous invitation to love, the attainment of that love, and the conception of beauty are all ideals of the Renaissance.

The figure of old Celestina, the go-between in love affairs, is nothing new, as we have seen in the *Libro de buen amor,* but as Rojas develops the character she excels her prototype immeasurably. Celestina must not be regarded as the incarnation of undiluted evil. She is simply a personage endowed with amazing realism, and there is nothing in her that is not material for art, nothing to be viewed with repugnance, if the reader approaches the book without prejudice and reads it objectively. The present selections are chosen primarily to focus on this, one of the great character creations in literature.

The great merit of Rojas' language and style lies in his combining the cultured tastes of the period in syntax and diction with the popular turn of phrase, idioms, proverbs, and diction to an extent and with a success never before achieved. Only one writer, and he a didactic, irascible cleric, had managed to convey the true flavor of the common people in his prose: the Archpriest of Talavera, whose *El Corbacho* or *The Lash* (so-called; he failed to give it a title) was composed about a century after that other Archpriest, he of Hita, wrote his *Good Love.* (How the titles reflect their authors!) But Rojas carries off the palm in *La Celestina.* Since servants naturally tend to ape their masters, the pompous-sounding speech of the learned humanists which is spoken by the aristocrats is also found at times in their servants. The common language is spoken by the multifarious individuals of the lower classes, of course, among themselves. At times, and to some degree always, both are mingled together into a resounding, showy, even pedantic whole as judged by our more sober taste, but entirely proper and natural to that exuberant period. The Renaissance was no era of academic sobriety but one of tumultuous fermentation—a prodigal, extravagant display of intellect and of the senses. Hardly a writer of that day is sober in language or style, or could have been.

Valdés remarks, apropos of the *Celestina:*

"I like the wit of the author who commenced it, and not so much that of him who finished it. . . . They expressed very well, in my opinion, the native conditions of the personages they introduced into their tragicomedy, maintaining the decorum from beginning to end. . . . The personage of Celestina, in my view, is perfect in all that pertains to a fine procuress . . . ; Calisto is not bad, and Melibea could be better . . . in that she allows herself to be won over very quickly, not only to love but to enjoy the illicit fruits of love. The style is well suited to the speaker. It is true that it sins in two ways, easily remedied, and anyone who would remedy them would do it a great service. One is the heaping up of words sometimes as out of place as the *Magnificat* at matins; [1] the other is that it puts in some words so Latin that they are not intelligible in Castilian, and in places where proper Castilian terms could be set, for these exist. These two matters in the *Celestina* being corrected, I am of the opinion that there is no book written in Castilian in which the language is more natural and proper and elegant."

Indeed, foreigners in those times generally used the *Celestina,* the *Epístolas* of Guevara, and the *Lazarillo de Tormes* as models of Spanish in learning the language.

In addition to editorial methods used in the foregoing selections, stage directions have been inserted to clarify abrupt changes of scene or situation and to indicate muttered asides not intended to be heard by the speaker's interlocutor. Otherwise the following passages are in the present editor's slightly modernized version, designed to simplify Renaissance complexity only to the extent believed essential for the student's comprehension.

---

[1] The *Magnificat* is a part of the evening church service; matins are morning prayers.

Acto Primero

Calisto, chasing a falcon of his that escaped, scales the walls of a private estate, finds Melibea in the garden, and, suddenly and overwhelmingly falling in love with her, tells her so in extravagant terms. A properly brought-up young lady, she dismisses him sharply, whereupon he dejectedly goes home. Presently he calls to his servant Sempronio to bring him a lute with which to beguile his love pangs. Among other things Calisto says that the fire consuming him is worse than the one Nero kindled to burn Rome. Sempronio mutters a disrespectful aside, then speaks up to ask how that can be.

CALISTO. Como de la apariencia a la existencia, como de lo vivo a lo pintado, como de la sombra a lo real,[2] tanta diferencia hay del fuego que dices al que me quema. Por cierto, si el del purgatorio es tal, preferiría que mi espíritu fuese con los de los brutos animales, a que fuese por medio de aquél a la gloria de los santos.   5

SEMPRONIO. (*aparte*) ¡Ya decía yo! A más ha de llegar esto. No basta [llamarle] loco, sino hereje.[3]

CALIS. ¿No te digo que hables alto cuando hablas? ¿Qué dices?

SEMPR. Digo que nunca Dios quiera tal: que es especie de herejía [3] lo que acabas de decir.   10

CALIS. ¿Por qué?

SEMPR. Porque lo que dices contradice la religión cristiana.

CALIS. ¿Qué tiene eso que ver conmigo?

SEMPR. ¿Tú no eres cristiano?

CALIS. ¿Yo? Melibeo soy,[4] y a Melibea adoro, y en Melibea creo, y a   15 Melibea amo.

He then launches into a description of Melibea's beauty and superlative qualities: besides the intangible ones, she has long golden hair, large green eyes, long lashes, thin arched eyebrows, medium nose, small mouth, small white teeth, red plump lips, oval face, skin

2. Three common phrases denoting extreme differences; the commonest is the second ("from the living [subject] to the painted [figure]").
3. hereje: *heretic;* herejía: *heresy*
4. Neoplatonic, idealistic concept of the loved one, which develops into the cult of beauty supreme; hence Calisto's pagan "creed," in which he calls himself Melibean, as another might say Moslem or Jew or Christian. Melibea represents the woman incarnate, not spiritual.

whiter than snow, smallish hands with long fingers tipped with long red nails ("rubies among pearls") .[5]

SEMPR. Aunque sea todo eso verdad, por ser tú hombre eres más digno.

CALIS. ¿En qué?

SEMPR. En que ella es imperfecta, por tal defecto desea y apetece a ti y a otro menor que tú. ¿No has leído el filósofo,[6] donde dice: "Así como la materia apetece la forma, así la mujer al varón"? 5

CALIS. ¡Oh triste, y cuándo veré yo eso entre mí y Melibea!

SEMPR. Posible es. ... Y porque no te desesperes, yo quiero tomar esta empresa de cumplir tu deseo. ...

CALIS. ¿Cómo has pensado hacer esa piedad? 10

SEMPR. Yo te lo diré. Desde hace mucho tiempo conozco en los límites de esta vecindad a una vieja barbuda que se dice Celestina, hechicera, astuta, sagaz en cuantas maldades hay. ... A las duras peñas provoca a lujuria,[7] si quiere.

CALIS. ¿Podría yo hablar con ella? 15

SEMPR. Yo te la traeré hasta acá. Por eso aparéjate, séle gracioso, séle franco. Estudia, mientras voy, cómo decirle tu pena tan bien que ella te dará el remedio.

CALIS. ¿Y [todavía] tardas?

SEMPR. Ya voy. Quede Dios contigo. 20

CALIS. Y contigo vaya.

(En casa de Celestina.)

CELESTINA. ¡Albricias, albricias, Elicia! ¡Sempronio, Sempronio!

ELICIA. ¡Ce, ce, ce! [8]

CELEST. ¿Por qué?

ELICIA. Porque Crito está aquí. 25

CELEST. ¡Mételo en la camarilla de las escobas! [9] ¡Presto! Dile que viene tu primo y mi familiar.

5. Moorish women painted their nails and tinted their hair with henna (*alheña*), and Spanish women adopted the custom. The total description coincides generally with the fictional "Spanish ideal of beauty." Cf., for example, *Libro de buen amor, coplas* 431–435, p. 65.

6. Aristotle, according to whom man represents action, idea, and form; woman, power and matter. Since matter seeks form and shape, it is imperfect, or it would not seek to be other than what it is; hence woman is imperfect, because as matter she seeks man (form) to perfect her.

7. lujuria: *lust*

8. She hisses to Celestina to be quiet.

9. camarilla ... escobas: *broom closet*

ELICIA. Crito, retráete ahí.[10] Mi primo viene. ¡Perdida estoy!

CRITO. Que me place.[11] No te congojes.

SEMPR. ¡Madre bendita! [12] ¡Qué deseo traigo [de verte]! ¡Gracias a Dios, que me dejó verte!

CELEST. ¡Hijo mío! ¡Rey mío! Me has turbado; [13] no te puedo hablar. 5 Torna y dame otro abrazo. ¿Y pudiste estar tres días sin vernos? ¡Elicia, Elicia, mírale aquí!

ELICIA. ¿A quién, madre?

CELEST. A Sempronio.

ELICIA. ¡Ay, triste! ¡Qué saltos me da el corazón! ¿Y qué es de él? 10

CELEST. Ya le ves aquí, ya le ves. Yo me le abrazaré, que no tú.

ELICIA. ¡Ay, maldito seas, traidor! Postema y landre te maten, y a manos de tus enemigos mueras, y por crímenes dignos de cruel muerte te veas en poder de rigurosa justicia.[14] ¡Ay, ay!

SEMPR. ¡Ji, ji, ji! [15] ¿Qué tienes, mi Elicia? ¿De qué te quejas? 15

ELICIA. Tres días ha que no me ves. ¡Nunca Dios te vea, nunca Dios te consuele ni te visite! ¡Ay de la triste que en ti tiene su esperanza y el fin de todo su bien!

SEMPR. Calla, señora mía. ¿Tú piensas que la distancia del lugar es [bastante] poderosa para apartar el entrañable [16] amor, el fuego 20 que está en mi corazón? Donde voy yo, conmigo vas, conmigo estás. No te aflijas ni me atormentes más de lo que he padecido. Mas di, ¿qué pasos suenan arriba?

ELICIA. ¿Quién? Un enamorado mío.

SEMPR. Pues lo creo. 25

ELICIA. ¡A la fe! Verdad es. Sube allá y le verás.

SEMPR. Voy.

CELEST. ¡Anda acá! Deja esa loca, que ella es liviana [17] y, turbada de

---

10. retráete ahí: *get in there*

11. Que ... place: *All right.*

12. The terms *madre, tía, hijo,* etc., must not be taken literally in such conversations; neither Sempronio nor Elicia is Celestina's child.

13. turbado: *flustered*

14. postema: *abscess.* This heaping up of epithets, insults, and curses is, technically, a Renaissance imitation of a Latin fashion, but is also a habit among the lower classes. Their talk, especially between individuals in intimate relationship, is interlarded with such terms apparently, in part, as terms of affection. Cf. analogous language in the Old West of our country.

15. A high giggle (Sempronio is flattered) ; pronounce according to Spanish phonetics to get the effect in English.

16. entrañable: *heartfelt*

17. liviana: *lightheaded*

tu ausencia, la sacas ahora de seso. Dirá mil locuras. Ven y hable-
mos; no dejemos pasar el tiempo en balde.

SEMPR. Pues ¿quién está arriba?

CELEST. ¿Lo quieres saber?

SEMPR. Quiero.   5

CELEST. Una moza que me encomendó un fraile.

SEMPR. ¿Qué fraile?

CELEST. No lo procures [saber].

SEMPR. Por mi vida, madre, ¿qué fraile?

CELEST. ¿Porfías? El ministro gordo.   10

SEMPR. ¡Oh, desventurada, y qué carga espera! ... Muéstramela.

ELICIA. ¡Ah, don malvado! ¿Verla quieres? ¡Los ojos te salten!, que
no te basta una ni otra. ¡Anda, vela y déjame a mí para siempre.

SEMPR. ¡Calla, Dios mío! ¿Y te enojas?, que ni la quiero ver a ella ni
a mujer nacida. A mi madre quiero hablar, y quédate adiós.   15

ELICIA. ¡Anda, anda! Vete, desconocido, y está otros tres años sin
volver a verme.

SEMPR. Madre mía, bien tendrás confianza y creerás que no te engaño. Toma el manto, y vamos, que por el camino sabrás lo que,
si aquí me tardase en decirte, impediría tu provecho y el mío.   20

*And he leads her toward Calisto's house, explaining the situation
as they go. The following scene is "split": Sempronio and Celestina
stand outside Calisto's street door; Calisto and Pármeno, his other
servant, are inside.*

CALISTO. Pármeno.

PÁRMENO. Señor.

CALIS. ¿No oyes, maldito sordo?

PÁRM. ¿Qué es, señor?

CALIS. A la puerta llaman; corre.   25

PÁRM. (*a la puerta*) ¿Quién es?

SEMPR. (*fuera*) Abre a mí y a esta dueña.

PÁRM. (*sin abrir, volviendo*) Señor, Sempronio y una puta vieja
alcoholada daban aquellas porradas.[18]

CALIS. Calla, calla, malvado, que es mi tía; corre, corre, abre. (*Para   30
sí*) Siempre lo vi, que por huir [el] hombre de un peligro cae en
otro mayor: por encubrir yo este hecho de Pármeno ... caí en la

18. Sempronio ... porradas: *Sempronio and a painted old prostitute were doing
that pounding.* Kohl was a favorite cosmetic in those days.

indignación de ésta, que no tiene menor poderío en mi vida que Dios.

PÁRM. ¿Por qué, señor, te matas? ¿Por qué, señor, te congojas? ¿Y tú piensas que es vituperio [19] en los oídos de ésta el nombre que la llamé? No lo creas, que así se glorifica en oírlo como tú cuando di- 5 cen: "¡Diestro caballero es Calisto!" Y además de esto, se la nombra y conoce por tal título. Si anda entre cien mujeres, y alguien dice: "¡Puta vieja!", sin ningún empacho luego vuelve la cabeza y responde con alegre cara ...

... *if she passes a bunch of dogs, their barking sounds like that word; if she is near birds, they sing no other chant; if she walks near sheep, they bleat it; if she comes close to beasts of burden, they bray the term; the frogs in the ponds croak it, the blacksmiths' hammers rap it out, the tools of carpenters, armorers, farriers, tinkers, wool beaters, all sound the word for her . . .*

... dondequiera que ella está, el tal 10 nombre representan. ¿Qué quieres más, sino que si una piedra topa con otra, luego suena *puta vieja?*

CALIS. Y tú, ¿cómo lo sabes y la conoces?

PÁRM. Lo sabrás. Mucho tiempo hace que mi madre, mujer pobre, moraba en su vecindad, la cual, rogada por esta Celestina, me dio 15 a ella por sirviente, aunque ella [ahora] no me conoce, por lo poco que la serví y por la mudanza que la edad ha hecho.

CALIS. ¿De qué la servías?

PÁRM. Señor, iba a la plaza y le traía de comer y la acompañaba; suplía en aquellos menesteres [para los] que mi tierna fuerza bas- 20 taba. Pero de aquel poco tiempo que la serví, recogía mi joven memoria lo que la vejez [20] no ha podido quitar. Tiene esta buena dueña al cabo de la ciudad, allá cerca de las tenerías, en la cuesta del río, una casa apartada, medio caída, poco compuesta y menos abastada.[21]   25

He lists her occupations, which include needlewoman, maker of perfumes and cosmetics, procuress, "and a bit of a witch." Under cover of the first-named, Celestina had many servant girls come to her house to do needlework. These would bring her food and wine

19. vituperio: *insult*
20. Pármeno is a youth; *vejez* is not to be taken literally.
21. abastada: *furnished.* From all this one would judge that Celestina's multifarious activities did not pay very well.

*filched from their employers, and other, greater thefts were con-
cealed there. Through the servant girls she got in touch with the
most sheltered young maidens, to gain her object with them. And
these respectable ladies, under cloak of religious processions, sta-
tions of the Cross, late and early Masses, would come to Celestina's;
and after them many men ostensibly penitent, barefoot, muffled to
the eyes, would come in "to weep their sins." She was known to all
and dealt with all. In her house she kept all sorts of things for purposes of black magic; obtaining something from the person involved
(e.g., nail parings), she would make wax hearts full of broken nee-
dles and other things of clay and lead, frightful to see. "Who could
tell you all that this old woman did? And it was all a mockery and
a lie."* [22]

*Not at all repelled by this warning, Calisto promises Pármeno re-
wards equal to Sempronio's if he will lend his aid to the project.
The two then go toward the door.*

CELEST. *(fuera, a Sempronio)* Pasos oigo; acá descienden. Haz, Sempronio, que [23] no los oyes; escucha, y déjame hablar lo que a ti y
a mí conviene.
SEMPR. Habla.
CELEST. *(en voz alta, para que la oigan Calisto y Pármeno)* No me   5
congojes, no me importunes, que sobrecargar [24] el cuidado es aguijar el animal congojoso. Así sientes la pena de tu amo Calisto,
que parece que tú eres él, y él, tú, y que los tormentos son de un
mismo sujeto. Pues cree que yo no vine acá por dejar este pleito
indeciso,[25] [que he de resolverlo] o morir en la demanda.   10
CALIS. *(al oír lo dicho)* Pármeno, detente, escucha lo que hablan éstos: ¡Oh notable mujer! ¡Oh bienes mundanos, indignos [26] de ser
poseídos de tan alto corazón! ¡Oh fiel y verdadero Sempronio!
¿Has visto, mi Pármeno? ¿Tengo razón? ¿Qué me dices?
PÁRM. ... cumpliendo con la fidelidad, hablaré. Óyeme, y no te en-   15
sorde el afecto,[27] ni la esperanza del deleite te ciegue. Aunque
soy mozo, bastantes cosas he visto, y el seso y la vista de las muchas

22. The very length of Pármeno's catalogue of Celestina's doings and magical
arts makes this a rather unconvincing sop to conventional, orthodox religion.
23. haz que: *pretend*
24. sobrecargar: *to overstress*
25. pleito indeciso: *matter up in the air* (unsettled)
26. indigno: *unworthy*
27. no ... afecto: *don't let love deafen you*

cosas demuestran la experiencia. De verte o de oírte descender por la escalera, hablan éstos lo que fingidamente han dicho, en cuyas falsas palabras pones el fin de tu deseo.

SEMPR. (a *Celestina*) Celestina, ruinmente suena lo que Pármeno dice. 5

CELEST. Calla que para mi santiguada,[28] de donde vino el asno vendrá la albarda.[29] Déjame tú a Pármeno, que yo le haré uno de nosotros; y de lo que cobremos démosle parte; que los bienes, si no son comunicados, no son bienes.[30] Ganemos todos, partamos todos, holguemos todos. Yo te le traeré manso a picar el pan en el 10 puño. ...[31]

CALIS. (a *través de la puerta*) Sempronio.

SEMPR. (*fuera*) Señor.

CALIS. ¿Qué haces, llave de mi vida? Abre. ¡Oh, Pármeno! Ya le veo: sano soy, vivo soy. ¡Mira qué reverenda persona, qué acata- 15 miento![32] ¡Oh, vejez virtuosa! ¡Oh, virtud envejecida! ¡Oh salud de mi pasión, reparo[33] de mi tormento, regeneración mía, vivificación de mi vida, resurrección de mi muerte! Deseo llegar a ti, codicio besar esas manos llenas de remedio. La indignidad[34] de mi persona lo impide. Desde aquí adoro la tierra que pisas, y en 20 reverencia tuya la beso.[35]

CELEST. (*aparte con ironía a Sempronio*) Sempronio, de aquellas [palabras] vivo yo. Los huesos que yo roí,[36] piensa este necio de tu amo darme de comer; pues otra cosa le sueño, al freír lo verá.[37] Dile que cierre la boca y comience a abrir la bolsa, que de las 25 obras dudo yo, cuanto más de las palabras. Jo, que te estriego, asna coja; más habías de madrugar.[38]

28. para ... santiguada: *by the rood!* (i.e., upon my word!)
29. albarda: *packsaddle*
30. A play on *bienes,* wealth; good things
31. Yo ... puño: *I'll have him eating out of my hand* (I'll bring him to you to peck bread from my fist) .
32. acatamiento: *praiseworthiness*
33. reparo: *remedy*
34. indignidad: *unworthiness*
35. Calisto's extravagant phraseology is one symptom of Renaissance exuberance referred to above.
36. roer: *to gnaw*
37. al ... verá: (proverb) *in the frying he'll see* (a rotten egg will be seen as such on trying to fry it)
38. Jo ... madrugar: (another proverb) *Whoa there, lame ass, I'm currying you; you'd have to get up earlier* [to get the better of me] (i.e., I'm being good to you, don't kick me for it.)

PÁRM. (*aparte*) ¡Ay de los oídos que tal oyen! ¡Perdido es quien tras perdido anda! ¡Oh Calisto desventurado, abatido,[39] ciego! Deshecho es, vencido es, caído es; no es capaz de ninguna redención, ni consejo, ni esfuerzo.

CALIS. ¿Qué decía la madre? Parece que pensaba que yo le ofrecía 5 palabras por escusar galardón.

SEMPR. Así lo entendí.

CALIS. Pues ven conmigo; trae las llaves, que yo sanaré su duda.

(*Salen los dos.*)

CELEST. Pláceme, Pármeno, que hemos tenido oportunidad para que conozcas el amor mío para contigo, y la parte que en mi [corazón] 10 tienes sin merecerla. Y digo sin merecer, por lo que te he oído decir, de lo cual no hago caso. Bien te oí, y no pienses que mi vejez haya perdido el oír con los otros exteriores sentidos; que no sólo lo que veo, oigo y conozco, sino lo intrínseco [40] penetro con los ojos intelectuales.[41] ... ¿Qué dirás a esto, Pármeno, neciuelo, lo- 15 quito, angelico, perlica, simplecico? [42] Llégate acá, putico, que no sabes nada del mundo ni de sus deleites. Mas mala rabia me mate si no te llego a mí, aunque vieja.

PÁRM. Calla, madre, no me culpes ni me tengas, aunque mozo, por ignorante. Amo a Calisto, porque le debo fidelidad por crianza, 20 por beneficios, por ser honrado y bien tratado de él, que es la mayor cadena que prende el amor del servidor al servicio del señor, y lo contrario [lo] aparta. Le veo perdido, y no hay cosa peor que ir tras deseos sin esperanza de buen fin; y especialmente pensando remediar su mal con vanos consejos y necias razones de 25 aquel bruto Sempronio. No lo puedo sufrir; lo digo y lloro.

CELEST. Pármeno, ¿tú no ves que es necedad o simpleza llorar por lo que con llorar no se puede remediar? ...

PÁRM. No hago caso de lo que dices, porque en los bienes mejor es el acto que la potencia; [43] y en los males es mejor la potencia que 30

---

39. abatido: *abject*

40. intrínseco: *innermost essentials* (contrasted with her "exteriores sentidos," *physical senses*, just before)

41. intelectuales: *of the mind*

42. These diminutives are semi-endearments, semi-scolding epithets, intended to wheedle Pármeno into a better humor: "silly honey, crazy darling, angel child, priceless pearl, sweet simpleton," and in the next sentence, "precious whoreson."

43. mejor ... potencia: *the actuality is better than the potentiality*

el acto. Así que mejor es ser sano que poderlo ser; y mejor es poder ser doliente que ser enfermo por acto. Y, por tanto, es mejor tener la potencia en el mal que el acto.

CELEST. ¡Oh malvado! Pues, burla, o di por verdad lo falso, y cree lo que quieras; que él es enfermo por acto, y el poder ser sano es 5 en mano de esta flaca vieja.

PÁRM. Más bien de esta flaca puta vieja.

CELEST. Bellaquillo, y ¿cómo te atreves?

PÁRM. Como te conozco ...

CELEST. ¿Quién eres tú?   10

PÁRM. ¿Quién? Pármeno, hijo de Alberto, tu compadre,[44] que estuvo contigo un mes, que te me dio mi madre, cuando morabas en la cuesta del río, cerca de las tenerías.

CELEST. ¡Jesú, Jesú, Jesú! ¿Y tú eres Pármeno, hijo de la Claudina?

PÁRM. ¡A la fe, yo![45]   15

CELEST. ¡Pues fuego malo te queme, que tan puta vieja era tu madre como yo! ¿Por qué me persigues, Parmenico? ¡Él es, él es, por los santos de Dios! Allégate a mí; ven acá, que mil azotes y puñadas[46] te di en este mundo, y otros tantos besos. ¿Te acuerdas de cuando dormías a mis pies, loquito?   20

PÁRM. Sí, en buena fe; y algunas veces, porque olías a vieja, me huía de ti.

CELEST. ¡Mala landre te mate, y cómo lo dice el desvergonzado! Dejadas burlas y pasatiempos,[47] oye ahora, mi hijo, y escucha ...

Skillfully the old woman inserts an entering wedge to turn Pármeno to her own ends. She reminds him that she has been like a mother to him, she wants only what is good for him, and she will get a lot of money for him, not to mention the affections of Areusa. Her persuasive talk begins to achieve its purpose. Nevertheless, Pármeno makes a last effort to warn his master that he has put himself into Celestina's power. Calisto admits this, but believes it impossible for him to speak personally again with Melibea, and must depend on the aid of Celestina.

Acts II and III add nothing to the action, although the dialogue enhances the characterizations, of course. In Act III Celestina per-

44. compadre: *crony.* For exact definition see Vocabulary.
45. ¡A ... yo! *That's me, all right!*
46. puñadas: *punches*
47. pasatiempos: *idle chit-chat*

*forms a magic spell, with details set forth. These are essentially like
the incantation found in Lucan (Latin poet, first century* A.D.*, born
in Córdoba) and are nothing unusual. Indeed Celestina's skills in
black magic seem unnecessarily dragged in. Her knowledge of what
we call psychology is adequate for all her needs without resorting to
dubious powers over Pluto, Lord of the Infernal Regions.*

Acto Cuarto

*Going to Melibea's house, Celestina mutters to herself her mode
of procedure, how best to succeed, what may happen to her if she
fails—which causes a shudder, but she musters up courage to go
ahead.*

CELEST. Todos los agüeros se aderezan favorables o yo no sé nada de
este arte. De cuatro hombres que he topado, a los tres llaman Jua-
nes, y los dos son cornudos.[48] La primera palabra que oí por la
calle fue de achaques [49] de amores. Nunca he tropezado como
otras veces. Ni perro me ha ladrado, ni ave negra he visto, tordo   5
ni cuervo ni otras nocturnas; [50] y lo mejor de todo es que veo a
Lucrecia a la puerta de Melibea. Prima es de Elicia: no me será
contraria.

*Celestina, ingratiating, and Lucrecia, cynically suspicious of her,
are overheard by Alisa, Melibea's mother.*

ALISA. ¿Con quién hablas?
LUCRECIA. Señora, con aquella vieja de la cuchillada [51] que solía vivir   10
en las tenerías, a la cuesta del río.
ALISA. Ahora la conozco menos ...
LUCR. ¡Jesú, señora! Más conocida es esta vieja que la ruda.[52] No sé
cómo no tienes memoria de la que empicotaron [53] por hechicera,
que vendía las mozas a los abades y descasaba mil casados.[54]   15
ALISA. Dime su nombre si lo sabes.

48. Juan is a name connoting in Spanish, besides its normally plain use, a simple, nice fellow too dumb to be bad, a credulous, easily imposed-upon man;
cornudo, literally "horned," is a cuckold.
49. achaque: *subject, topic*
50. tordo: *thrush;* cuervo: *raven.* See *Cid,* n. 8, p. 15, on ominous birds.
51. cuchillada: *knife slash.* Witches supposedly bore a mark of their master,
the devil—a half-moon or horn branded on the skin; this is toned down a little
by the author, but remains a clear hint.
52. ruda: *rue* (aromatic herb)
53. empicotaron: *pilloried*
54. descasaba ... casados: *broke up many a marriage*

LUCR. ¿Si lo sé, señora? No hay niño ni viejo en toda la ciudad que no lo sepa; ¿lo había yo de ignorar?

ALISA. Pues, ¿por qué no lo dices?

LUCR. Tengo vergüenza.

ALISA. Anda, boba,[55] dilo; no me indignes[56] con tu tardanza. 5

LUCR. Celestina, hablando con reverencia, es su nombre.

ALISA. ¡Ji, ji, ji! ¡Mala landre te mate, si no puedo menos de reír, viendo el desamor[57] que debes de tener a esa vieja, que tienes vergüenza de nombrar su nombre! Ya me voy recordando de ella. ... ¡Una buena pieza! No me digas más. Algo me vendrá a pedir; di 10 que suba.

LUCR. Sube, tía.

CELEST. (entrando adonde Alisa) Señora buena, la gracia de Dios sea contigo y con la noble hija. Mis enfermedades me han impedido visitar tu casa, como era razón; mas Dios conoce mis buenas 15 intenciones, mi verdadero amor, que la distancia de las moradas no despega[58] el querer de los corazones. Entre mis fortunas adversas, sobrevino[59] falta de dinero; no supe mejor remedio que vender un poco de hilado,[60] que tenía para hacer toquillas;[61] supe de tu criada que tenías necesidad de ello; aunque pobre, y no de 20 la merced de Dios,[62] lo ves aquí, si de ello y de mí quieres servirte.

ALISA. Vecina honrada, tu razón y ofrecimiento me mueven a compasión, y tanto, que más quisiera remediarte la falta [de dinero] que quitarte la tela. Lo dicho te agradezco; si el hilado es tal, te lo pagaré bien. 25

CELEST. ¿Tal, señora? Tal sea mi vida y mi vejez. ... Delgado como el pelo de la cabeza, recio como cuerdas de vihuela, blanco como el copo de la nieve, hilado todo por estos pulgares, aspado y aderezado. Lo ves aquí en madejitas; tres monedas me daban ayer por la onza, así goce de[63] esta alma pecadora. 30

55. boba: simpleton
56. indignar: to vex
57. desamor: detestation
58. despegar: to dislodge
59. sobrevenir: to supervene
60. hilado: thread
61. toquillas: kerchiefs
62. aunque ... Dios: although [I'm] poor and not in God's favor. Or, possibly: although [the thread is] poor [stuff] and not as God's mercy [would have it be].
63. cuerdas ... goce de: guitar strings, white as a snowflake, all spun by these thumbs, reeled and dressed. You see it here in skeins; yesterday I was getting three monedas an ounce, as God's my witness (literally, so may I enjoy)

ALISA. Hija Melibea, quédese esta mujer honrada contigo, que ya me parece que es tarde para ir a visitar a mi hermana, mujer de Cremes, que desde ayer no la he visto; y también que viene su paje a llamarme, que se le arreció el mal de un rato acá.[64]

Celestina, in an aside, mutters credit to her devil for thus getting Melibea's mother out of the way.

ALISA. ¿Qué dices, amiga?   5

CELEST. Señora, que maldito sea el diablo y mi pecado, porque en tal momento hubo de crecer el mal de tu hermana, que no habrá oportunidad para nuestro negocio. ¿Y qué mal es el suyo?

ALISA. Dolor de costado, y tal que, según el mozo, temo que sea mortal. Ruega tú a Dios, vecina, por amor mío, en tus devociones por   10 su salud.

CELEST. Yo te prometo, señora, que, yendo de aquí, me iré por esos monasterios donde tengo frailes devotos míos, y les daré el mismo encargo que tú me das. Y además de esto, antes que me desayune daré cuatro vueltas a mis cuentas.[65]   15

ALISA. Pues, Melibea, contenta a la vecina en todo lo que sea razonable darle por el hilado. Y tú, madre, perdóname, que otro día vendrá en que nos veamos más.

CELEST. Señora, el perdón sobraría donde el yerro falta; [66] de Dios seas perdonada, que buena compañía me queda: Dios le deje go-   20 zar su noble juventud y florida mocedad, que es el tiempo en que más placeres y mayores deleites se alcanzarán. (*Sale Alisa, y Celestina se dirige ahora a Melibea.*) Que, a mi fe, la vejez no es sino un mesón de enfermedades, posada de pensamientos, amiga de rencillas,[67] congoja continua, llaga [68] incurable, mancilla de lo pa-   25 sado, pena de lo presente, cuidado triste de lo por venir, vecina de la muerte, choza sin rama,[69] donde se llueve por cada parte, cayado de mimbre que con poca carga se doblega.[70]

MELIBEA. ¿Por qué dices, madre, tanto mal de lo que todo el mundo desea con tanta insistencia gozar y ver?   30

64. que se le ... acá: *for her sickness took a turn for the worse a little while ago*
65. daré ... cuentas: *I'll pray four rounds of my rosary beads*
66. donde ... falta: *where there's no offense*
67. rencilla: *bickering*
68. llaga: *sore*
69. choza ... rama: *unthatched hut*
70. cayado ... doblega: *a shepherd's crook of willow that bends under little burden*

CELEST. Desean harto mal para sí, desean harto trabajo. Desean llegar allá porque llegando viven, y el vivir es dulce, y viviendo envejecen. Así el niño desea ser mozo, y el mozo viejo y el viejo, más viejo, aunque con dolor; todo por vivir; porque, como dicen, viva la gallina con su pepita.[71] Pero ¿quién te podría contar, señora, sus daños, sus inconvenientes, sus fatigas, sus cuidados, sus enfermedades, su frío, su calor, su descontentamiento, su rencilla, su pesadumbre, aquel arrugar [72] de cara, aquel mudar de cabellos, aquel poco oír, aquel debilitado ver, puestos los ojos a la sombra; aquel hundimiento de boca, aquel caer de dientes, aquel carecer de fuerza, aquel flaco andar, aquel espacioso [73] comer. Pues, ¡ay, ay! señora, si lo dicho viene acompañado de pobreza, allí verás callar todos los otros trabajos, cuando sobra la gana y falta la provisión; que jamás sentí peor ahito [74] que de hambre.

MELIBEA. Bien conozco que cada uno dice de la feria según le va en ella; [75] así que otra canción cantarán los ricos.

CELEST. Señora, hija, a cada cabo hay tres leguas de mal quebranto.[76] A los ricos se les va la bienaventuranza,[77] la gloria y el descanso por otros albañales de asechanzas, que no se parecen, ladrillados por encima con lisonjas.[78] Cada rico tiene una docena de hijos y nietos que no rezan otra oración sino rogar a Dios que le saque de en medio; no ven la hora de [79] ponerle debajo de la tierra y lo suyo entre sus manos, y darle a poca costa su morada para siempre.

MELI. Madre, pues así es, gran pena tendrás por la edad que perdiste. ¿Querrías volver a la primera?

CELEST. Loco es, señora, el caminante [80] que, enojado del trabajo del día, quisiese volver a comenzar la jornada para tornar otra vez a aquel lugar. Que todas aquellas cosas cuya posesión no es agrada-

71. viva ... pepita: (proverb) *let the hen live on, even with the roup* (poultry disease)
72. arrugar: *wrinkling*
73. espacioso: *slow*
74. ahito: *indigestion*
75. cada ... ella: (proverb) *each man speaks of the fair according to how he does there*
76. a cada ... quebranto: (proverb) *at each end [of the journey] there are three leagues of rough going* (reluctance to begin, weariness at the end)
77. bienaventuranza: *good fortune*
78. albañales ... lisonjas: *gutters of snares and delusions, not apparent to the eye, being bricked over with flattery*
79. no ven ... de: *they can't wait*
80. caminante: *wayfarer*

ble, más vale poseerlas que esperarlas; porque más cerca está el
fin de ellas cuanto más andado del comienzo. No hay cosa más
dulce ni graciosa al muy cansado que el mesón; así que, aunque
la mocedad sea alegre, el verdadero viejo no la desea, porque el
que carece de razón y seso, casi otra cosa no ama sino lo que per- 5
dió.

MELI. Siquiera por vivir más, es bueno desear lo que digo.

CELEST. Tan presto, señora, se va el cordero como el carnero.[81] Ninguno es tan viejo que no puede vivir un año, ni tan mozo que no
pudiese morir hoy. Así que, en esto, poca ventaja nos lleváis.   10

MELI. Celestina, amiga, yo he recibido mucho placer en verte y co-
nocerte. ... Toma tu dinero y vete con Dios, que me parece que no
debes haber comido.

CELEST. ¡Oh angélica imagen, oh perla preciosa, y cómo lo dices!
Gozo me llena al verte hablar. ¿Y no sabes que por la divina boca 15
fue dicho contra aquel infernal tentador que no viviremos sólo
de pan?[82] Pues así es que no sólo el comer mantiene; mayormente
a mí, que me suelo estar uno o dos días negociando encomiendas[83] ajenas, sin comer: más que hacer por los buenos, morir por
ellos.[84] Esto tuve siempre, preferir trabajar sirviendo a otros a 20
holgar contentándome a mí. Pues si tú me das licencia, diréte la
necesitada[85] causa de mi venida, que es otra cosa que la que hasta
ahora has oído, y tal que todos perderíamos en mi partida sin que
la sepas.

MELI. Di, madre, todas tus necesidades, que si yo las puedo remediar, 25
de muy buen grado lo haré por el pasado conocimiento y vecindad, que pone obligación a los buenos.

CELEST. ¿Mías, señora? Antes ajenas, como tengo dicho; que las mías
me las paso de mi puerta adentro,[86] sin que las perciba todo el
mundo, comiendo cuando puedo, bebiendo cuando lo tengo; que 30
con mi pobreza jamás me ha faltado, a Dios gracias, una blanca
para pan y un cuarto[87] para vino, después que enviudé;[88] que

81. cordero: *lamb;* carnero: *ram*
82. tentador: *tempter* (Matthew IV, 3–4)
83. encomiendas: *errands, missions*
84. This (from the colon) is obscure in the original phrasing and variously
interpreted, but in general it must mean "more than just doing for good folks,
I'd die for them."
85. necesitada: *necessitous*
86. me las ... adentro: *I endure privately*
87. The *blanca* was worth approximately 1/11 of a *cuarto*.
88. enviudar: *to be widowed*

antes no tenía yo cuidado de buscarlo, porque sobrado estaba un cuero[89] en mi casa, uno lleno y otro vacío. Jamás me acosté sin comer una tostada[90] en vino y dos docenas de sorbos, por amor de la madre, tras cada sopa.[91] Ahora, como todo cuelga de mí,[92] en un jarrillo me lo traen en que no cabe dos azumbres.[93] Así que 5 donde no hay varón todo bien fallece: con mal está el huso cuando la barba no anda de suso.[94] Ha venido esto, señora, por lo que decía de las ajenas necesidades y no mías.

MELI. Pide lo que querrás, sea para quien sea.

CELEST. Doncella graciosa y de alto linaje, tu suave habla y alegre 10 gesto, junto con el aparejo de liberalidad que muestras con esta pobre vieja, me dan osadía a decírtelo. Yo dejo un enfermo a la muerte, que con una sola palabra salida de tu noble boca que le lleve yo metida en mi seno, estará seguro de sanar, según la mucha devoción que tiene a tu gentileza. 15

MELI. Vieja honrada, no te entiendo si no declaras más tu demanda. Por una parte me alteras y provocas a enojo; por otra me mueves a compasión. No sabría darte respuesta conveniente, según lo poco que he entendido de tu habla. Que yo soy dichosa si hay necesidad de mi palabra para la salud de algún cristiano. Porque ha- 20 cer beneficio es semejar a Dios: y el que lo da lo recibe, cuando a persona digna de él le hace. Y además de esto, dicen que el que pueda sanar al que padece, si no lo hace, le mata. Así, no ceses tu petición por empacho ni temor.

CELEST. El temor perdí mirando, señora, tu beldad; que no puedo 25 creer que en balde pintase Dios unos gestos más perfectos que otros, más dotados[95] de gracias, más hermosas facciones, si no para hacerlas almacén[96] de virtudes, de misericordia, de compasión; ministros de sus mercedes y dádivas,[97] como a ti, y pues que todos somos humanos, nacidos para morir, es cierto que no se 30 puede decir nacido el que nació para sí solo; porque sería seme-

89. sobrado ... cuero: *there was always an extra wineskin*
90. tostada: *slice of toast (dunked)*
91. sorbos ... sopa: *sips for my stomach's sake after every sop*
92. como ... mí: *as I must look out for myself*
93. en que ... azumbres: *that won't hold two* azumbres (i.e., slightly over a gallon)
94. con mal ... suso: (proverb) *with no man around, the spindle slows down* (a paraphrase to give the effect of the rhyming)
95. dotados: *endowed*
96. almacén: *storehouse*
97. dádivas: *gifts*

jante a los brutos animales, en los cuales aun hay algunos piadosos,[98] como se dice del unicornio, que se humilla a cualquier doncella.[99] ¿Por qué no daremos parte de nuestras gracias y personas
a los prójimos,[100] mayormente cuando están envueltos en secretas
enfermedades, y tales que de donde está la medicina salió la   5
causa de la enfermedad?

MELI. Por Dios, sin más dilatar me digas [101] quién es ese doliente que
sufre de mal tan misterioso que su enfermedad y su remedio salen
de una misma fuente.

CELEST. Bien tendrás, señora, noticia en esta ciudad de un caballero   10
mancebo, gentilhombre, de clara sangre, que llaman Calisto.

MELI. ¡Ya, ya, ya! Buena vieja, no me digas más, no pases adelante.
¿Ese es el doliente por quien has hecho tantos preámbulos en tu
demanda?, ¿por quien has venido a buscar la muerte para ti?, ¿por
quien has dado tan dañosos pasos, desvergonzada, barbuda? ¿Qué   15
siente ese perdido,[102] que con tanta pasión vienes? De locura será
su mal. ¿Qué te parece? ¡Si me hallaras sin sospecha de ese loco,
con qué palabras me entrabas! No se dice en vano que el más empecible [103] miembro del mal hombre o mujer es la lengua. Que-
mada seas, alcahueta, falsa, hechicera, enemiga de honestidad,   20
causadora de secretos yerros. ¡Jesú, Jesú! ¡Quítamela, Lucrecia,
de delante, que me muero, que no me ha dejado gota de sangre
en el cuerpo! Bien se lo merece esto y más, quien da oídos a estas
tales [mujeres]. Por cierto, si no mirase a mi honestidad, y por
publicar la osadía de ese atrevido, yo te hiciera, malvada, que tu   25
razón y tu vida acabaran en un mismo tiempo.

Celestina, in a muttered aside, summons her demon's aid.

MELI. ¿Aún hablas entre dientes delante de mí, para acrecentar [104]
mi enojo y doblar tu pena? ¿Querrías condenar mi honestidad
por dar vida a un loco, dejarme a mí triste por alegrarle a él y
llevar tú el provecho de mi perdición, el galardón de mi yerro,   30

98. piadosos: (here) *gentle*
99. According to medieval notions of this fabulous animal, it can be caught
only by placing a maiden near its haunts. No sooner does it see her than it runs
to lay its head at her feet or in her lap.
100. prójimos: *fellow men*
101. sin ... digas: *without more ado, tell me*
102. perdido: *wastrel, profligate*
103. empecible: *hurtful*
104. acrecentar: *to increase*

perder y destruir la casa y la honra de mi padre por ganar la de una vieja maldita como tú? ¿Piensas que no tengo sentidas tus pisadas [105] y entendido tu dañado mensaje? Pues yo te certifico que las albricias que saques de aquí no serán otra cosa sino estorbarte de ofender más a Dios, dando fin a tus días. Respóndeme, trai- 5 dora, ¿cómo osaste hacer tal cosa?

CELEST. El temor a ti, señora, ha impedido mi disculpa. Mi inocencia me da osadía, tu presencia me turba viéndote airada; y lo que más siento y me apena es recibir enojo sin razón ninguna. Por Dios, señora, déjame concluir mi dicho, que ni él quedará cul- 10 pado ni yo condenada; y verás cómo todo es más servicio de Dios que pasos deshonestos; más para dar salud al enfermo que para dañar la fama al médico. Si pensara, señora, que tan de ligero habías de conjeturar nocibles [106] sospechas de lo pasado, no bastara tu licencia para darme osadía a hablar en cosa que tocase a Ca- 15 listo ni a otro hombre.

MELI. ¡Jesú! No oiga yo mentar más ese loco, saltaparedes, fantasma de noche, luengo como cigüeña, figura de paramento mal pintado; [107] si no, aquí me caeré muerta. Éste es el que el otro día me vio y comenzó a desvariar conmigo en razones, haciendo mucho 20 del galán.[108] Le dirás, buena vieja, que si pensó que ya era todo suyo y quedaba el campo por él,[109] porque holgué más de consentir sus necedades que castigar su yerro, quise más dejarle por loco [110] que publicar su grande atrevimiento.[111] Pues avísale que se aparte de este propósito, y le será sano; si no, podrá ser que no 25 haya comprado tan cara habla en su vida. Pues sabe que no es vencido sino el que se cree serlo, y yo quedé bien segura y él ufano. De los locos es [natural] estimar a todos los otros de su condición; y tú tórnate con su mismo mensaje, que otra respuesta de mí no tendrás, ni la esperes; que por demás es ruego [112] a quien 30 no puede tener misericordia; y da gracias a Dios, pues tan libre

---

105. pisadas: *sneaky ways*
106. nocibles: *harmful*
107. saltaparedes ... pintado: *wall-jumper, night phantom, long as a stork, figgure in an ill-painted mural*
108. desvariar ... galán: *to overstep proper bounds in talking to me, playing the ladies' man*
109. quedaba ... él: *the battlefield won by him*
110. quise ... loco: *I preferred to let him go, as being crazy*
111. atrevimiento: *temerity*
112. que ... ruego: *for pleading is futile*

vas de esta feria. Bien me habían dicho quién tú eras y [me habían] avisado de tus propiedades,[113] aunque no te conocía.

CELEST. (aparte) Más fuerte estaba Troya, y aun otras más bravas he amansado;[114] ninguna tempestad mucho dura.

MELI. ¿Qué dices, enemiga? Habla [de modo] que te pueda oír. ¿Tienes disculpa alguna para satisfacer mi enojo y excusar tu yerro y osadía?

CELEST. Mientras viva tu ira, más dañará mi descargo;[115] que está rigurosa y no me maravillo, que la sangre nueva poca calor ha menester para hervir.

MELI. ¿Poca calor? ¿Poca la puedes llamar, pues quedaste tú viva y yo quejosa sobre tu gran atrevimiento? ¿Qué palabras podías tú querer para ese tal hombre, que estuviese bien a mí? Responde, pues dices que no has concluido: quizá pagarás lo pasado.

CELEST. Una oración, señora, que le dijeron que sabías de Santa Polonia[116] para el dolor de las muelas; asimismo, tu cordón,[117] que es fama que ha tocado todas las reliquias[118] que hay en Roma y Jerusalén. Aquel caballero que digo pena y muere de ellas.[119] Ésta fue [el motivo de] mi venida; pero puesto que estaba tu airada respuesta desdichada para mí, padézcase él su dolor en paga de buscar tan desdichada mensajera; que ya que me faltó piedad en tu mucha virtud, también me faltaría agua si me enviara al mar.

MELI. Si eso querías, ¿por qué no me lo expresaste en seguida? ¿Por qué me lo dijiste en tan pocas palabras?[120]

CELEST. Señora, porque mi limpio motivo me hizo creer que, aunque en menos [palabras] lo propusiera, no se había de sospechar mal;[121] que si faltó el debido preámbulo fue porque no es necesario que la verdad abunde de muchas colores. Compasión de su dolor, confianza en tu magnanimidad, ahogaron en mi boca la

---

113. propiedades: *faculties, properties*
114. amansar: *to tame*
115. descargo: (legal term) *answer to charges*
116. Saint Apollonia is the patron saint of those suffering from toothache.
117. cordón: *rope* (of fine material, e.g., braided silk, used as sash or girdle of dress)
118. Holy relics are the remains of saints, either part of their bodies or possessions.
119. ellas: (muelas)
120. Since obviously she has heard innumerable words from Celestina, this clause is obscure, possibly an erroneous copying from the original version now lost. If *no* is inserted before *me*, and *tan* removed, it makes sense.
121. no ... mal: *no evil would be suspected*

expresión de la causa; y pues conoces, señora, que el dolor turba, la turbación desmanda [122] y altera la lengua, la cual había de estar siempre atada con el seso, ¡por Dios! que no me culpes. Y si él ha hecho otro yerro, no redunde en [123] mi daño; pues no tengo otra culpa sino ser mensajera del culpado.[124] Ni es, señora, razón 5 que su atrevimiento acarree [125] mi perdición, que no es otro mi oficio que servir a los semejantes.[126] De esto vivo y de esto me arreo.[127] Nunca fue mi voluntad enojar a unos por agradar a otros, aunque hayan dicho a tu merced otra cosa en mi ausencia. Al fin, señora, a la firme verdad el viento del vulgo no la em- 10 pece.[128]

MELI. Por cierto, tantos y tales loores me han dicho de tus mañas, que no sé si crea que pedías oración.

CELEST. Nunca yo la rece, y si la rezo no sea oída, si otra cosa de mí se saca, aunque me diesen mil tormentos.   15

MELI. Mi pasada alteración me impide reír de tu disculpa; que bien sé que ni juramento ni tormento te torcerá a decir verdad, que no es en tu mano.

CELEST. Eres mi señora; tengo que callar ante ti, yo he de servirte, tú has de mandarme; tu mala palabra será víspera de una saya.[129] 20

MELI. (con ironía) Bien la has merecido.

CELEST. Si no la he ganado con la lengua, no la he perdido con la intención.

MELI. Tanto afirmas tu ignorancia que me hace creer que puede ser [como dices]. Quiero, pues, en tu dudosa disculpa tener la senten- 25 cia en peso [130] y no disponer de tu demanda a la luz de ligera interpretación. No te maravilles de mi pasado sentimiento, porque concurrieron dos cosas en tu habla, que cualquiera de ellas era bastante para sacarme de seso: nombrarme ese tu caballero, que conmigo se atrevió a hablar, y también pedirme palabra sin más 30

122. turbación desmanda: *perturbation looses*
123. no ... en: *let it not redound to*
124. She refers to the ancient idea that the messenger is not to blame for the news he bears. As the famous old *romance* of Bernaldo del Carpio puts it: "Mensajero eres, no mereces culpa, no." Sancho Panza paraphrases this slightly in *Don Quijote*, Part II, Ch. 10.
125. acarrear: *to cause*
126. semejantes: *fellow men*
127. arrearse: *to clothe oneself*
128. a la ... empece: *the breath of common gossip cannot harm firm truth*
129. será ... saya: *will be the prelude to a skirt* (as a gift or tip)
130. tener ... peso: *suspend sentence*

causa, que no se podía sospechar sino daño para mi honra. Pero, pues todo viene de buena parte, que haya perdón de lo pasado; que algo aliviado está mi corazón, viendo que es obra pía y santa sanar los afligidos y enfermos.

CELEST. ¡Y tal enfermo, señora! Por Dios, si bien lo conocieses, no le   5 juzgaras por el que has dicho y mostrado con tu ira. En Dios y mi alma, no tiene hiel;[131] gracias, dos mil [tiene]; en franqueza, Alejandro [es]; en esfuerzo, Héctor; [tiene] gesto de un rey; [es] gracioso, alegre: jamás reina tristeza en él; de noble sangre, como sabes; gran justador,[132] pues verlo armado [lo tomarías por] un   10 San Jorge; fuerza y esfuerzo, no tuvo Hércules tanto; la presencia y facciones, disposición, desenvoltura,[133] otra lengua había menester para contarlas; todo junto parece ángel del cielo. Por fe tengo que no era tan hermoso aquel gentil Narciso que se enamoró de su propia figura, cuando se vio en las aguas de la fuente. Ahora,   15 señora, le tiene derribado una sola muela [de tal modo] que jamás cesa de quejar.

MELI. ¿Y qué tanto tiempo ha?[134]

CELEST. Podrá ser, señora, de veintitrés años; que aquí está Celestina, que le vio nacer y le tomó a los pies de su madre.[135]   20

MELI. Ni te pregunto eso, ni tengo necesidad de saber su edad, sino qué tanto ha que tiene el mal.

CELEST. Señora, ocho días, que parece que ha un año en su flaqueza; y el mayor remedio que tiene es tomar una vihuela y tañer tantas canciones y tan lastimeras,[136] que no creo que fueran otras las que   25 compuso aquel emperador y gran músico Adriano,[137] de la partida del ánima, por sufrir sin desmayo la ya vecina muerte. Que aunque yo sé poco de música, parece que hace aquella vihuela hablar.

131. hiel: *bile, bitterness*
132. justador: *jouster*
133. desenvoltura: *ease of manner*
134. ¿Y ... ha? *And how long has it been?* But Celestina deliberately misunderstands in order to praise Calisto further. *Qué tanto* for *cuánto* is still widely current in Spanish America.
135. Remember that she is, among other things, a midwife, and she officiated at Calisto's birth (she claims).
136. lastimeras: *pitiful*
137. Hadrian, Emperor of Rome A.D. 117–138, born in Spain, was painter, sculptor, architect, orator (cf. Introduction), poet, and musician, as well as patron of the arts. The better to endure the prospect of imminent death, he composed a poem on the departure of the soul; it begins, "Animula, vagula, blandula ...," the diminutive endings lending the effect of a tenderly jesting tone: "Dear fleeting, gentle little soul. . . ."

Pues si acaso canta, de mejor gana se paran las aves a oírle, que a aquél de la antigüedad, de quien se dice que movía los árboles y las piedras con su canto. Siendo éste nacido, no alabarían a Orfeo. ¡Mira, señora, si una pobre vieja como yo se hallará dichosa en dar la vida a quien tiene tales gracias! Ninguna mujer le ve que 5 no alabe a Dios, que así lo pintó; pues, si le habla acaso, no es más señora de sí de lo que él ordena. Y pues tanta razón tengo, juzga, señora, por bueno mi propósito, mis pasos saludables y vacíos de sospecha.

MELI. ¡Oh, cuánto me pesa con mi falta de paciencia! Porque siendo 10 él ignorante y tú inocente, habéis padecido las alteraciones de mi airada lengua. Pero la mucha razón me relieva de culpa, la cual tu habla sospechosa causó. En pago de tu buen sufrimiento quiero cumplir tu demanda y darte luego mi cordón; y porque no habrá tiempo para escribir la oración antes que venga mi madre, si el 15 cordón no basta, ven mañana por ella muy secretamente.

LUCRECIA. (aparte) ¡Ya, ya, perdida está mi ama! ¿Secretamente quiere que venga Celestina? ¡Fraude hay! [138] ¡Más le querrá dar que lo dicho!

MELI. ¿Qué dices, Lucrecia? 20

LUCR. Señora, que baste lo dicho, que es tarde.

MELI. Pues, madre, no le des parte [139] a ese caballero de lo que pasó, porque no me tenga por cruel, o arrebatada, o deshonesta.

LUCR. (aparte) No miento yo, que mal va este hecho.

CELEST. Mucho me maravillo, señora Melibea, de la duda que tienes 25 de mi secreto. [140] No temas, que todo lo sé sufrir y encubrir. Yo voy con tu cordón tan alegre, que se me figura que allá está diciéndole su corazón la merced que nos hiciste, y que tengo de hallarlo aliviado.

MELI. Más haré por tu doliente, si es menester, en pago de lo su- 30 frido.

CELEST. (aparte) Más será menester, y más harás, y aunque no se te agradezca.

MELI. ¿Qué dices, madre, de agradecer?

CELEST. Digo, señora, que todos lo agradecemos y serviremos, y todos 35 quedamos obligados. (Aparte a Lucrecia.) ¡Hija Lucrecia, cel

138. ¡Fraude hay! *There's trickery here!*
139. dar parte: *to inform*
140. mi secreto: *my ability to keep a secret*

irás a casa y te daré una lejía [141] con la que pongas esos cabellos más que el oro. No lo digas a tu señora. Y aun te daré unos polvos para quitarte ese olor de la boca, que te huele un poco, que en el reino no los sabe hacer otra sino yo; y no hay cosa que parezca peor en la mujer.[142]

LUCR. ¡Oh, Dios te dé buena vejez! que más necesidad tenía de todo eso que de comer.

CELEST. Pues ¿por qué murmuras contra mí, loquilla? Calla, que no sabes si me necesitarás en cosa de más importancia. No provoques a ira a tu señora más de lo que ella ha estado; y déjame ir en paz.

MELI. ¿Qué le dices, madre?

CELEST. Señora, que te recuerde la oración, para que la mandes escribir, y que aprenda de mí a tener mesura en el tiempo de tu ira. Si algo con mi ruego he alcanzado para mi caballero, con la tardanza lo he dañado. Yo me parto para él, si licencia me das.

MELI. Ve con Dios, que ni tu mensaje me ha traído provecho, ni de tu ida [143] me puede venir daño.

ACTS V–XI. *Celestina goes homeward mumbling to herself (as usual when she has no one else to talk to), relieved at her escaping from the predicament just past, self-congratulatory on her cunning, thankful to her familiar demon, and gloating over the* cordón— *this last required for her spells to force Melibea to her will. She will not even stop to chat with Sempronio, whom she meets, for she must hurry to tell Calisto of her success; she wants all the credit, even if Sempronio is to get a "tiny part" of the profit. This expression provokes his protest and suspicions, and forecasts the subsequent quarrel over the spoils. Lucrecia goes to Celestina's house that night to beg the old woman to come to see Melibea, who feels faint and has a pain in her heart. The ensuing conversation between Melibea and Celestina, with skillful exposition through dialogue, elicits Melibea's confession of her love for Calisto. Overjoyed, Celestina immediately hurries to the latter with the news, assuring him that she has left Melibea pliable to his will. He reproves her for such disrespectful language, for "Melibea is my lady, Melibea is my god, Melibea is my life; I, her captive, her serf" (cf. n. 4, p. 107). He rewards Celestina with a gold chain, which stirs the cupidity of Sempronio and Pármeno, who expect to get their shares of its value.*

141. lejía: *bleach*
142. no hay ... mujer: She refers to the bad odor, not to her skill named.
143. ida: (n.) *going*

Acto Doceno

Calisto, accompanied by his two servants, goes to Melibea's at midnight; he outside, she inside the garden gate, they exchange fervent protestations of love and plan another visit for the next night. Back at Calisto's home, the two servants are dismissed for the night.

SEMPRONIO. Antes que venga el día, quiero yo ir a Celestina a cobrar mi parte de la cadena; no quiero darle tiempo para fabricar alguna ruindad con la que nos excluya.

PÁRMENO. Bien dices; lo había olvidado. Vamos entrambos, y si se pone en eso, espantémosla de manera que le pese; [144] que sobre dinero no hay amistad. 5

(Van a casa de Celestina, y llaman.)

SEMPR. ¡Ce, ce! Calla, que duerme cerca de esta ventana. Señora, Celestina, ábrenos.

CELEST. ¿Quién llama?

SEMPR. Abre, que son tus hijos. 10

CELEST. No tengo hijos que anden a tal hora.

SEMPR. Ábrenos a Pármeno y Sempronio, que nos venimos acá a almorzar contigo.

CELEST. ¡Oh locos traviesos! [145] Entrad, entrad. ¿Cómo venís a tal hora, que ya amanece? ¿Qué habéis hecho? ¿Qué os ha pasado? 15 ¿Se despidió la esperanza de Calisto, o vive todavía con ella, o cómo queda?

SEMPR. ¿Cómo, madre? Si no fuera por nosotros, ya anduviera su alma buscando posada para siempre. ...

He and Pármeno fabricate a great lie about the miscreants they have fought while Calisto was talking with Melibea, how their swords are left like saws from all the hacking and slashing and their armor dented. Celestina tells them to ask their master for new weapons and armor, since theirs were ruined in his service, not in hers.

CELEST. ¡Gracioso es el asno! Por mi vejez, si fuera sobre comer, dijera 20 que habíamos todos cargado demasiado. [146] ¿Estás en tu seso, Sem-

144. si se ... pese: *if she starts that sort of thing, let's scare her out of her wits*
145. ¡Oh ... traviesos! *Oh, you mad, harum-scarum lads!*
146. ¡Gracioso ... demasiado: *That's downright funny! On my old age, if this were after dinner I'd swear we had taken on too much of a load* (a drop too much) .

pronio? ¿Qué tiene que ver tu galardón con mi salario, o tu soldada [147] con mis mercedes? ¿Estoy yo obligada a soldar vuestras
armas, a cumplir vuestras faltas? Que me maten, si no te has asido
a una palabrilla [148] que te dije el otro día, viniendo por la calle,
que cuanto yo tenía era tuyo y que si Dios me diese buena [ayuda] 5
en lo de tu amo, tú no perderías nada. Pues ya sabes, Sempronio,
que estos ofrecimientos, estas palabras de buen amor, no obligan:
no ha de ser oro todo lo que reluce; si no, más barato valdría.[149]
Verás, aunque soy vieja, si acierto lo que tú puedes pensar. Yo di
a esta loca de Elicia, al llegar de tu casa, la cadenilla que traje, 10
para que se holgase con ella, y no se puede acordar de dónde la
puso; que en toda esta noche [ni] ella ni yo hemos dormido sueño,
de pesar: no por el valor de la cadena, que no era mucho, sino por
su mal guardar de ella y mi mala dicha. Entraron unos conocidos
y familiares míos entonces aquí: temo que la hayan llevado di- 15
ciendo "Si te vi, no me acuerdo, etc." [150] Así, hijos, ahora quiero
hablar con ambos: si vuestro amo a mí me dio algo, debéis mirar
que es mío, que de tu jubón de brocado [151] yo no te pedí parte ni
la quiero. Sirvamos todos, que a todos dará él, según vea que lo
merecen; que si me ha dado algo, dos veces he puesto la vida al 20
tablero por él.[152] Más herramienta se me ha gastado a mí [153] en su
servicio que a vosotros, y más materiales. Pues habéis de pensar,
hijos, que todo me cuesta dinero, y aun mi saber, que no lo he alcanzado holgando; de lo cual sería buen testigo la madre de Pármeno, Dios tenga su alma. Esto trabajé yo, a vosotros se os debe 25
lo otro; esto tengo yo por oficio y trabajo, vosotros por recreación
y deleite. Pues, así, vosotros no habéis de tener igual galardón que
yo: pero aun con todo lo dicho, no os despidáis, si mi cadena
parece, de sendos pares de calzas de grana,[154] que es el hábito que
mejor parece en los mancebos. Y si no [parece la cadena], recibid 30
la voluntad,[155] que yo me callaré con mi pérdida; y todo esto de
buen amor ... y si no os contentáis, de vuestro daño será.

147. Note the play on *soldada,* pay (wage) , and *soldar,* to solder.
148. si ... palabrilla: *if you haven't seized on some little trivial word*
149. si no ... valdría: *otherwise it'd be worth a lot less*
150. "Si ... etc.": *"If I ever saw you I don't recall it"* (meaning here "Finders keepers") .
151. Calisto did promise a brocade doublet to Sempronio.
152. dos ... por él: *twice I've risked my life for his sake*
153. Más ... mí: *More tools have been worn out by me*
154. no os ... grana: *don't say goodby to a pair of scarlet pantaloons apiece*
155. recibid ... voluntad: *take the will for the deed*

SEMPR. No es ésta la primera vez que yo he dicho cuánto reina este vicio de codicia en los viejos. Cuando pobre, franca; cuando rica, avarienta. ... Quien la oyó a esta vieja decir que me llevase todo el provecho, si quisiese, de este negocio, pensando que sería poco; ahora que lo ve crecido, no quiere dar nada, por cumplir el refrán 5 de los niños, que dicen: de lo poco, poco; de lo mucho, nada.

PÁRM. Que ella te dé lo que prometió o quitémosle todo. Harto te decía yo quién era esta vieja, si tú me creyeras.[156]

CELEST. Si tenéis mucho enojo, con vosotros o con vuestro amo o con vuestras armas, no lo quebréis en mí.[157] Bien sé dónde nace esto, 10 bien sé de qué pie cojeáis. No de la necesidad, por cierto, de lo que pedís, ni aun por la mucha codicia que tenéis, sino pensando que os he de tener toda vuestra vida atados y cautivos [158] con Elicia y Areusa, sin querer buscaros otras, me levantáis estas amenazas de dinero, me ponéis estos temores de la partición.[159] Pues callad, 15 que quien supo acarrearos [160] éstas, os dará otras diez ahora que hay más conocimiento, y más razón, y más merecimiento de vuestra parte. Y si sé cumplir lo que prometo en este caso, dígalo Pármeno; dilo, dilo, no tengas empacho de contar ...

SEMPR. Déjate de razones conmigo; a perro viejo cuz, cuz; [161] danos 20 las dos partes por cuenta de cuanto has recibido de Calisto; no quieras que se descubra quién eres ...

CELEST. ¿Quién soy yo, Sempronio? Calla tu lengua, no amengües mis canas,[162] que soy una vieja como Dios me hizo, no peor que todas. Vivo de mi oficio, como cada oficial del suyo, muy limpia- 25 mente. A quien no me quiere no le busco; de mi casa me vienen a sacar, en mi casa me ruegan. Si bien o mal vivo, Dios es el testigo de mi corazón. No pienses en tu ira maltratarme, que justicia hay para todos: a todos es igual: también yo seré oída, aunque mujer, como vosotros. Y tú, Pármeno, no pienses que soy tu cautiva por 30 saber mis secretos y mi pasada vida, y los casos que me acaecieron a mí y a la desdichada de tu madre. Y aun así me trataba ella, cuando Dios quería.

---

156. si ... creyeras: *if you'd only believed me*
157. no ... mí: *don't take it out on me*
158. atados ... cautivos: *bound to me*
159. partición: *sharing* (in the gold chain)
160. acarrear: (here) *to fetch*
161. a perro ... cuz: *you can't fool an old dog with fine talk*
162. no ... canas: *don't defame my gray hairs*

PÁRM. No me hinches las narices [163] con esas memorias; si no, te enviaré con nuevas a ella, donde te puedas quejar mejor.

CELEST. ¡Elicia, Elicia! Levántate de esa cama; dame mi manto presto, que por los santos de Dios me voy para aquella justicia bramando [164] como una loca. ¿Qué es esto? ¿Qué quieren decir 5 tales amenazas en mi casa? ¿Con una oveja mansa tenéis vosotros manos y braveza? [165] ¿Con una gallina atada? ¿Con una vieja de sesenta años? Allá, allá, con los hombres como vosotros, contra los que ciñen espada mostrad vuestras iras, no contra mi flaca rueca. [166]

SEMPR. ¡Oh vieja avarienta, garganta muerta de sed por dinero! ¿No 10 serás contenta con la tercia parte de lo ganado?

CELEST. ¿Qué tercia parte? Vete con Dios de mi casa tú; y ese otro no dé voces, no allegue la vecindad; no me hagáis salir de seso; no queráis que salgan a la plaza las cosas de Calisto y vuestras.

SEMPR. ¡Da voces o gritos, que tú cumplirás lo que prometiste, o 15 cumplirán hoy tus días!

ELICIA. ¡Mete la espada, por Dios! ¡Tenle, Pármeno, tenle, no la mate ese desvariado! [167]

CELEST. ¡Justicia, señores vecinos, justicia! ¡Que me matan en mi casa estos rufianes! 20

SEMPR. ¿Rufianes, o qué? Espera, doña hechicera, que yo te haré ir al inferno con cartas.

CELEST. ¡Ay, que me ha muerto! ¡Ay, ay, confesión, confesión!

PÁRM. Dale, dale, acábala, pues comenzaste, que nos sentirán. ¡Muera, muera! De los enemigos, los menos. [168] 25

CELEST. ¡Confesión!

ELICIA. ¡Oh crueles enemigos! En mal poder os veáis, ¿y para quién tuvisteis manos? Muerta es mi madre y mi bien todo.

SEMPR. ¡Huye, huye, Pármeno, que viene mucha gente! ¡Guarte, guarte, que viene el alguacil! [169] 30

PÁRM. ¡Oh pecador de mí! que no hay por donde nos vamos, que está tomada la puerta.

---

163. No ... narices: *Don't get me riled*
164. voy ... bramando: *I'll go bellowing to the police. Justicia* may refer to any step in the processes of justice: police, law, etc.
165. tenéis ... braveza? *you lay violent hands on ...?*
166. Allá ... rueca: *Be off with you, pick a fight with men like yourselves, show your anger against those who wear swords, not against my feeble distaff.*
167. desvariado: *raving madman*
168. De ... menos: (proverb) *Of enemies, the fewer [the better]*
169. ¡Guarte ... alguacil! *Look out, here comes the bailiff!*

SEMPR. Saltemos de estas ventanas; no muramos en poder de la justicia.

PÁRM. Salta, que tras ti voy.

ACT XIII. *Dramatic contrast: Calisto, waking in joyous mood over his good fortune and unaware of the dark events just past, is informed by Sosia, his stable boy, that Sempronio and Pármeno, badly injured in their leap from Celestina's windows, have been hastily beheaded in the public square, apparently in the attempt to carry out the law's punishment before Nature could finish the job. Calisto laments the loss of his servants and his go-between, but his principal worry is for his reputation and the publicizing of his love for Melibea. After all, he thinks, the dead servants were bound to come to a bad end, and so was the wicked, false old woman; it was divine justice in retribution for her many treacheries.*

Acto Catorceno

That night, Tristán and Sosia replacing the dead servants, Calisto scales the walls of Melibea's garden by means of a rope ladder. Hours later he prepares to leave. (Here begins the long interpolation of the five new acts described above.)

Tristán and Sosia, standing guard outside the walls, find themselves threatened by a gang of ruffians. Calisto, hearing them, must as a caballero *go to their aid. He swiftly mounts the ladder, only to miss his footing in his haste and fall to his death in the street.*

LUCRECIA. (*oyendo las voces que dan los mozos en la calle*) Escucha, escucha: ¡gran mal es éste! 5

MELI. ¿Qué es esto? ¿Qué oigo?, ¡amarga de mí!

TRISTÁN (*fuera*) ¡Oh mi señor y mi bien muerto! ¡Oh mi señor despeñado! [170] Coge, Sosia, esos sesos de esos cantos,[171] júntalos con la cabeza de nuestro desdichado amo. ¡Oh, día de aciago! [172] ¡Oh arrebatado fin! 10

MELI. ¡Oh desconsolada de mí! ¿Qué es esto? ¿Qué puede ser tan áspero acontecimiento como oigo? Ayúdame a subir, Lucrecia, por estas paredes; veré mi dolor; si no, hundiré con alaridos [173] la casa

---

170. despeñado: *fallen*
171. cantos: *stones*
172. aciago: *unlucky, ill-fated.* Now an adjective, originally it meant "bird of ill omen," hence *día de aciago* instead of *día aciago*, the modern phrase.
173. si no ... alaridos: *otherwise, I shall howl* [*the house*] *down*

de mi padre. ¡Mi bien y mi placer todo es ido en humo; mi alegría perdida; consumióse mi gloria!

LUCR. *(llamando)* Tristán, ¿qué dices, mi amor? ¿Qué es esto, que lloras tan sin mesura?

TRIST. ¡Lloro mi gran mal, lloro mis muchos dolores! Cayó mi señor 5 Calisto de la escala y es muerto; su cabeza está en tres partes; sin confesión pereció. Díselo a la triste y nueva amiga, que no espere más a su penado [174] amador. Toma, Sosia, de esos pies; llevemos el cuerpo de nuestro querido amo adonde no padezca su honor detrimento, aunque sea muerto en este lugar. Vaya con nosotros 10 llanto, acompáñenos soledad, síguenos desconsuelo, visítenos tristeza, cúbranos luto y dolorosa jerga.[175]

MELI. ¡Oh la más de las tristes triste! ¡Tan tarde alcanzado el placer, tan presto venido el dolor! [176]

LUCR. Señora, no rasgues [177] tu cara, ni meses tus cabellos. Ahora en 15 placer, ahora en tristeza ... ¿Qué poco corazón es éste? Levanta, por Dios, no seas hallada de tu padre en tan sospechoso lugar, que será sentida.[178] Señora, señora, ¿no me oyes? No te desmayes, por Dios. Ten esfuerzo para sufrir la pena, pues tuviste osadía para el placer. 20

MELI. ¿Oyes lo que aquellos mozos van hablando? ¿Oyes sus tristes cantares? ¡Rezando llevan mi bien todo! ¡Muerta llevan mi alegría! No es tiempo de yo vivir. ¿Cómo no gocé más del gozo? ¿Cómo tuve en tan poco la gloria que tuve entre mis manos? [179] ¡Oh ingratos mortales! ¡Jamás conocéis vuestros bienes sino 25 cuando carecéis de ellos!

LUCR. Avívate, aviva, que mayor daño será hallarte en el huerto que placer sentiste con la venida, ni pena con ver que es muerto. Entremos en la cámara; te acostarás; llamaré a tu padre, y fingiremos otro mal, pues éste no es para poderse encubrir. 30

---

174. penado: *penalized, convicted, punished,* and *afflicted, pining;* a perfectly chosen omnibus word for the situation

175. jerga: a dark cloth for mourning garments

176. Two great and touching exclamations, the only ones artistically possible for her in the circumstances; she finds it hard to speak at all in the stress of her emotion. The second is strongly reminiscent of Jorge Manrique's "Coplas . . . ," lines 7–9, p. 90 (and n. 1 there).

177. rasgar: *to tear*

178. sentida: (here) *found out*

179. gocé–gozo, tuve (en poco) –tuve (entre ... manos) : Two examples of Renaissance wordplay, of which many more will be seen in *Lazarillo de Tormes.*

Los Dos Últimos Actos. *Pleberio, informed that his daughter is sick, distractedly begs her to tell him what ails her, so that he can take steps to relieve her pain. She is all but delirious, and incoherent, but manages to handle both her father and Lucrecia so that she goes to the topmost point of the house and gets her father to come to the foot of the tower. Then she confesses the truth, and casts herself to earth, to die in the manner of her lover's death and so join him in the Renaissance, neo-Platonic heaven reserved for lovers (sphere of Venus). All thought of Christian doctrine is ignored here. (Cf. Garcilaso de la Vega's "Égloga I," lines 182–189, p. 146). Pleberio's grief-stricken lament in the final act is hardly surpassed anywhere for sheer pathos.*

Lyric Poetry of the Renaissance

Italian Influence and Traditional Forms

The first half of the sixteenth century saw a bitter struggle between the innovators who believed in the merits of the Italian meters and the die-hard poets who stuck to the old ways. It might be called the battle between the hendecasyllable and the octosyllable, though this is oversimplification, to be sure, for other meters were involved. Heading the traditionalists stands Cristóbal de Castillejo (1490?–1550). His opponents are numerous indeed, and of the first quality, while his adherents seem few and, generally speaking, inferior. It was only natural that the innovators should prevail. But their success in faithfully reproducing the classical and Italian models was to fade somewhat into the subsequent fusion of the classical concepts and Italian style with the Spanish patriotic nationalism and religious fervor. A major result is that poetry tends to depart from its former realistic attitude (direct transcription and interpretation of reality) to take a long step beyond reality, either by idealizing it, by escaping from it, or by converting it into metaphorical abstraction. We shall see examples of all these.

In the struggle, so briefly stated above, we can once again see reflected the duality of Spanish literature—the popular (of the common people) in the traditional verse and the cultured in the Italianate meters. The charm of the traditional shines through the apparent simplicity of many a poem by cultured poets who find inspiration in the beauties of the life about them and express those beauties in octosyllables. But it is the new poetry that holds the greatest artistry and turns Spanish verse into enduring channels.

GARCILASO DE LA VEGA
(1501?–1536)

Garcilaso has been called "the perfect Renaissance poet" and he richly deserves the epithet. His personality, like his work, is typical of the epoch. Born into a family among whose members are numbered men of letters, warriors, courtiers, and even saints, in his person he represented all the spirit of his ancestors (but probably less that of the saints). He was poet, soldier, courtier, musician, and cultured gentleman of great charm. Thanks to his upbringing at court, where intellectual curiosity was the vogue, his mind was awakened to the new learning and the new influences from Italy. Through travel abroad on diplomatic and military missions, particularly in Italy, Garcilaso learned Italian and read widely in that literature.

His great friend, the Catalan poet Juan Boscán, interested him in attempting in Castilian verse the forms already developed in Italian. Boscán's own limitations held him to merely technical success in constructing a sonnet. Garcilaso, prepared for the task in every intellectual respect and possessed of the requisite poetic genius, even so could hardly have achieved his aim without genuine inspiration. This he found in his Platonic, though most impassioned (and apparently unrequited), love for Isabel Freire, who married another and died in childbirth. Late in life Garcilaso seems to have found a less ethereal inspiration in a mysterious Neapolitan lady, but this affair was short-lived (as was the poet himself, killed in an assault on a fortress in southern France). Nowhere in his work is there any trace of his wife, which is natural, for he married her for reasons of state. His finest poems spring from his grief over Isabel, and their music testifies to the poet's attainments in both music and poetry.

With Garcilaso a new concept of poetic reality is revealed—reality as it ought to be, not as it is. He creates an ideal world in which he can find spiritual solace or esthetic joy that is impossible among the imperfections of the real world. He takes material reality and human sentiments, but he purges them of all their dross, refining away every inartistic and imperfect element. For the communication of his po-

etic experiences he chooses as models both classic and Italian authors
—the bucolic pastoral forms used by Sannazaro (1458–1530) in his
Neapolitan eclogues and *Arcadia* (and by Virgil more than 1,500
years earlier in his *Eclogues,* a collection of ten pastoral poems written in 41–39 B.C.), and the love poems, especially the sonnets, of
Petrarch (1304–1374).

Like Petrarch, Garcilaso places the rhythmic stress on the sixth
and tenth syllables, predominantly, and on the fourth, eighth, and
tenth less frequently. For the former, see the first line of "Égloga I,"
but the latter is harder to find in the selections given. There are, of
course, variations to avoid monotony.

But mere innovation cannot raise a poet to enduring heights.
Garcilaso's verse, however exquisite and technically perfect, would
be cold without the expression of authentic, sincere sentiment within
genuine poetic experience. This experience is always the product of
his inner life—his love for Isabel and his disillusionment before external reality. Love is the central, almost the only, theme of his
poems—a Renaissance kind of love, a new exaltation of idealized,
Platonic love and adoration of beauty for its own sake. (Calisto's
was in part the same, but included the carnal aspect, which led to
his death.) If the object of such a love is of flesh and blood, her appearance under the names of Galatea and Elisa evokes no crudely
carnal passion; but however Platonic the expression, his love is no
less sincerely felt. Again like one of his poetic idols, Petrarch, Garcilaso introspectively examines and analyzes both amorous experience
and the melancholy caused by the impossibility of physical consummation. His spiritual frustration in the face of the real world's limitations finds its perfect formula of expression in his "Égloga I."

(A parenthetical explanation, the better to understand Spanish
poems of personal emotion: With comparatively few exceptions,
Spaniards are reticent about displaying their inmost sentiments to
the public, an attitude of inherent dignity. So when a Spanish poet
composes a lyric based on his own experience, he usually finds some
way to cloak the fact, perhaps most commonly using a third-person
frame of reference. That is, he puts his own emotions into the mouth
of a fictitious personage. The effect is one of tremendous restraint.)

Garcilaso's poetic legacy is small but rich indeed. Besides a few
poems in Latin, his Castilian verse includes three eclogues, two
elegies in *terza rima* (the form immortalized by Dante in his *Divina
Commedia*), an *epístola* (to Boscán), five *canciones* (a term His-

panized from the Italian *canzone* for the meter and stanza form),
and thirty-eight sonnets. A dozen of the sonnets are magnificent, but
we shall here confine ourselves to part of one eclogue and the whole
of one sonnet, both of them among the finest of his production.

ÉGLOGA I
Dirigida al Virrey de Nápoles

A pastoral lament on the loss of his love, this eclogue treats a
double loss: she married another, and she died. Two shepherds,
Salicio and Nemoroso, grieve respectively over the inconstancy of
Galatea and the death of Elisa, thus representing the poet in the two
aspects of his grief; and the two women, of course, represent Isabel's
dual relationship to Garcilaso. Note their names: Elisa is a nearly
perfect anagram of Isabel; Nemoroso (from Latin *nemus,* which is
Spanish *vega*) suggests the poet's surname, and Salicio is composed
of letters from his Christian name. Since more than half the poem
has been omitted here, preventing the student from judging for himself, the classically balanced proportion in the poem should be remarked. The introduction, in which the poet states his subject and
pays tribute to his patron, the Viceroy of Naples, is made in three
stanzas (lines 7–42 omitted). The fourth stanza sets the scene and
introduces Salicio, who in twelve more stanzas laments his failure
to win Galatea (the name suggests stony-hearted, being the name of
Pygmalion's statue in mythology). The seventeenth serves as inter-
lude and transition to Nemoroso's lamentation, which like Salicio's
runs to twelve stanzas, and, after he falls silent, a final stanza closes
the eclogue. Each stanza consists of fourteen lines, thus: six of eleven
syllables, three of seven, three of eleven, and one each of seven and
eleven—the whole rhyming A-B-C-B-A-C-c-d-d-E-E-F-e-F. Two breaks
in this pattern will be noted below.

El dulce lamentar de dos pastores,
Salicio juntamente y Nemoroso,[1]
he de contar, sus quejas imitando;
cuyas ovejas al cantar sabroso
estaban muy atentas, los amores,   5
de pacer olvidadas, escuchando.[2]

. . . .

1. Word order: Salicio y Nemoroso juntamente
2. los ... escuchando: *i.e.,* escuchando los amores, olvidando de pacer

Saliendo de las ondas encendido,[3]
rayaba de los montes el altura
el sol, cuando Salicio, recostado [4]
al pie de una alta haya, en la verdura,   10
por donde un agua clara con sonido
atravesaba el fresco y verde prado.
Él, con canto acordado
al rumor [5] que sonaba
del agua que pasaba,   15
se quejaba tan dulce y blandamente
como si no estuviera de allí ausente
la que de su dolor culpa tenía;
y así, como presente,
razonando con ella, le decía: 20
    ¡Oh más dura que mármol a mis quejas,
y al encendido fuego en que me quemo
más helada que nieve, Galatea!
Estoy muriendo, y aún la vida temo;
témola con razón, pues tú me dejas;   25
que no hay, sin ti, el vivir para qué sea.[6]
Vergüenza he [7] que me vea
ninguno en tal estado,
de ti desamparado,
y de mí mismo yo me corro agora.[8]   30
¿De un alma te desdeñas por señora,
donde siempre moraste, no pudiendo
della salir un hora?
Salid sin duelo,[9] lágrimas, corriendo.

. . .

3. Lines 7-9: *el sol* is the subject of *saliendo* and *rayaba* and is modified by
encendido.
4. A verb is needed here; for *recostado* understand *se recostó:* "Salicio leaned
back [against the tree]."
5. rumor: *murmur.* This harmony between human mood and Nature about
him sets the key for the poem.
6. que no hay ... sea: *for without you there is no purpose in living*
7. Vergüenza he = Tengo vergüenza
8. agora = ahora. His embarrassment is due to his disclosure of such unre-
strained and intimate emotion.
9. sin duelo: *abundantly, unchecked*

Por ti el silencio de la selva umbrosa,[10]   35
por ti la esquividad y apartamiento [11]
del solitario monte me agradaba;
por ti la verde hierba, el fresco viento,
el blanco lirio [12] y colorada rosa
y dulce primavera deseaba.   40
¡Ay, cuánto me engañaba!
¡Ay, cuán diferente era
y cuán de otra manera
lo que en tu falso pecho se escondía!
Bien claro con su voz me lo decía   45
la siniestra corneja,[13] repitiendo
la desventura mía.
Salid sin duelo, lágrimas, corriendo.

. . . .

*Nemoroso is now heard. It is in this elegy that Garcilaso attains
universal emotional appeal and highest beauty of verse. The shepherd opens with words addressed to the various aspects of Nature
about him, as if they were beings capable of comprehending his ideas.*

Corrientes aguas puras, cristalinas;
árboles que estáis mirando en ellas;
verde prado de fresca sombra lleno;   50
aves que aquí sembráis vuestras querellas; [14]
hiedra [15] que por los árboles caminas,
torciendo el paso por su verde seno:
yo me vi tan ajeno   55
del grave mal que siento
que de puro contento
con vuestra soledad me recreaba,
donde con dulce sueño reposaba,
o con el pensamiento discurría   60
por donde no hallaba
sino memorias llenas de alegría.

10. selva umbrosa: *shady forest*
11. esquividad y apartamiento: *remoteness and isolation*
12. lirio: *lily;* colorada: *red*
13. Cf. *Cid,* n. 8, p. 15, and *Celestina,* n. 50, p. 116.
14. aves ... querellas: *you birds that scatter here your plaintive songs*
15. hiedra: *ivy*

Y en este triste valle, donde agora
me entristezco y me canso en el reposo,
estuve ya contento y descansado.   65
¡Oh bien caduco, vano y presuroso! [16]
Acuérdome durmiendo aquí algún hora,
que despertando, a Elisa vi a mi lado.
¡Oh miserable hado!
¡Oh tela delicada,   70
antes de tiempo dada
a los agudos filos de la muerte! [17]
Más convenible suerte [18]
a los cansados años de mi vida,
que es más que el hierro fuerte,   75
pues no la ha quebrantado tu partida.
    ¿Dó están agora [19] aquellos claros ojos
que llevaban tras sí, como colgada,
mi alma, doquier [20] que ellos se volvían?
¿Dó está la blanca mano delicada,   80
llena de vencimientos [21] y despojos
que de mí mis sentidos le ofrecían?
Los cabellos que vían [22]
con gran desprecio el oro
como a menor tesoro,   85
¿adónde están? ¿Adónde el blanco pecho?
¿Dó la columna que el dorado techo
con presunción graciosa sostenía? [23]
Aquesto todo agora ya se encierra,[24]

16. ¡Oh ... presuroso! *Oh, fragile, vain and fleeting happiness!*
17. Lines 69–72: *Oh, wretched fate! Oh, delicate web [of life], untimely surrendered to the sharp edges* (shears) *of Death!* A beautiful reference to the ancient myth of Atropos, the Fate who cuts the thread of life. Cf. Santillana, n. 20,
p. 87.
18. An irregular line (it should have eleven syllables) ; the break in the pattern
at this point suggests uncontrollable emotion in Nemoroso.
19. Note the "Ubi sunt?" theme running through the lines 77–88, and cf.
Jorge Manrique's "Coplas . . ." lines 85 and following, p. 91.
20. doquier: *wherever*
21. vencimientos: *[Love's] conquests*
22. vían: (by poetic license for) *veían*
23. *que* is subject, *techo* is object, of *sostenía*; presunción: *conceit*
24. Verse 89 is an even more evident irregularity than verse 73. The poet inserts an extra line, which adds also an extra rhyme. Again the break in pattern
suggests overpowering emotion, this time built up by the "Ubi sunt?" device.

por desventura mía,   90
en la fría, desierta y dura tierra.
    ¿Quién me dijera, Elisa, vida mía,[25]
cuando en aqueste valle al fresco viento
andábamos cogiendo tiernas flores,
que había de ver con largo apartamiento [26]   95
venir el triste y solitario día
que diese amargo fin a mis amores?
El cielo en mis dolores
cargó la mano tanto,[27]
que a sempiterno [28] llanto   100
y a triste soledad me ha condenado;
y lo que siento más es verme atado
a la pesada vida y enojosa,
solo, desamparado,
ciego, sin lumbre en cárcel tenebrosa.   105
    Después que nos dejaste, nunca pace
en hartura el ganado ya, ni acude
el campo al labrador con mano llena.[29]
No hay bien que en mal no se convierta y mude:
la mala hierba al trigo ahoga, y nace   110
en su lugar la infelice avena.[30]
La tierra, que de buena
gana nos producía
flores con que solía
quitar en sólo verlas mil enojos,[31]   115
produce agora en cambio estos abrojos,
ya de rigor de espinas intratable; [32]
yo hago con mis ojos
crecer, lloviendo, el fruto miserable.

---

25. vida mía: *dearest love.* Nemoroso, having thus effectively evoked the image
of Elisa, addresses her directly from here on.

26. apartamiento: *separation*

27. cargó ... tanto: *laid so heavy a hand*

28. sempiterno: *everlasting*

29. nunca ... llena: *the sheep no longer graze their fill, nor does the field produce so liberally for the farmer*

30. avena: *oats*

31. con que ... enojos: *the mere sight of which used to banish many a vexation*

32. abrojos ... intratable: *thistles and brambles, [the land] now untillable
from this plague of thorns*

Como al partir del sol la sombra crece,[33]   1

y en cayendo su rayo se levanta

la negra oscuridad que el mundo cubre,

de do viene el temor que nos espanta,

y la medrosa forma en que se ofrece

aquélla [34] que la noche nos encubre,   1

hasta que el sol descubre

su luz pura y hermosa;

tal es la tenebrosa

noche de tu partir,[35] en que he quedado

de sombra y de temor atormentado,   1

hasta que muerte el tiempo determine

que a ver el deseado

sol de tu clara vista me encamine.[36]

Cual suele el ruiseñor con triste canto [37]

quejarse, entre las hojas escondido,   1

del duro labrador, que cautamente [38]

le despojó su caro y dulce nido

de los tiernos hijuelos, entretanto

que del amado ramo estaba ausente,

y aquel dolor que siente   1

con diferencia tanta

por la dulce garganta

despide [39] y a su canto el aire suena,

y la callada noche no refrena

su lamentable oficio y sus querellas,[40]   1

trayendo de su pena

al cielo por testigo y las estrellas; [41]

desta manera suelto ya la rienda

33. Another of the many evidences of Italian influence, the simile here employed is clearly inspired by Ariosto's *Orlando furioso*, itself a Renaissance product on classical lines (Canto XLV, stanza 36).

34. aquélla = aquella [sombra]

35. partir: *departing* (i.e., death)

36. Lines 131–3: i.e., hasta que [la] muerte determine el tiempo que me encamine a ver el deseado sol de tu clara vista (*eyes*, or *face*)

37. The nightingale simile derives from Petrarch's Sonnet 311 and ultimately from Virgil's *Georgics*, IV, 511–515 (a great poem on farming).

38. cautamente: *craftily*

39. despide: *utters*

40. no ... querellas: *does not check his doleful dirge and plaintive songs*

41. i.e., trayendo al cielo y las estrellas por testigo de su pena

a mi dolor, y así me quejo en vano
de la dureza de la muerte airada.   150
Ella en mi corazón metió la mano,
y de allí me llevó la dulce prenda,
que aquél será su nido y su morada.
¡Ay, muerte arrebatada!
Por ti me estoy quejando   155
al cielo y enojando
con importuno llanto al mundo todo.
El desigual dolor no sufre modo.[42]
No me podrán quitar el dolorido
sentir, si ya del todo   160
primero no me quitan el sentido.
    Tengo una parte aquí de tus cabellos,[43]
Elisa, envueltos en un blanco paño,
que nunca de mi seno se me apartan.
Descójolos,[44] y de un dolor tamaño   165
enternecerme siento, que sobre ellos
nunca mis ojos de llorar se hartan.[45]
Sin que de allí se partan,
con suspiros calientes,
más que la llama ardientes,   170
los enjugo del llanto, y de consuno
casi los paso y cuento uno a uno; [46]
juntándolos, con un cordón los ato.
Tras esto el importuno
dolor me deja descansar un rato.   175

*In the next two stanzas he speaks of Elisa's death in childbirth,
saying that she called on Lucina (i.e., Diana, protectress of women
in labor) for aid; and he addresses the latter, "And you, rustic god-
dess, where were you?" to charge her with having been too busy elsewhere to respond to Elisa's plea.*

42. El ... modo: *Unequalled grief admits no moderation.*
43. The rather commonplace (but human) theme of the lock of hair serves to
lessen the preceding emotional tension. It is probably inspired by Sannazaro's
"Égloga 12," lines 19–21, 313–318, and undoubtedly is the point of reference for
Garcilaso's "Soneto X."
44. Descójolos: *I unfold them*
45. se hartan: *get their fill*
46. los enjugo ... uno: *I dry them of my tears, and together I review and count
them one by one*

*Nemoroso's final stanza, the finest of the poem, an ecstatic vision
of perfect bliss in a pastoral heaven far removed from the crass reali-
ties of this earth, now begins:*

Divina Elisa, pues agora el cielo
con inmortales pies pisas y mides,
y su mudanza [47] ves, estando queda,
¿por qué de mí te olvidas, y no pides
que se apresure el tiempo en que este velo [48]   180
rompa del cuerpo, y verme libre pueda,
y en la tercera rueda [49]
contigo mano a mano
busquemos otro llano,
busquemos otros montes y otros ríos,   185
otros valles floridos y sombríos,
donde descanse y siempre pueda verte
ante los ojos míos,
sin miedo y sobresalto de perderte? [50]

FIN

Nunca pusieran [51] fin al triste lloro   190
los pastores, ni fueran acabadas
las canciones que sólo el monte oía,
si, mirando las nubes coloradas,
al tramontar del sol bordadas de oro,[52]
no vieran que era ya pasado el día.   195
La sombra se veía

47. su mudanza: *its* (heaven's) *motion*—movement of the heavenly bodies; *tú*
must be understood as subject of *estando.*
48. velo: *veil* (of corporeal life)
49. tercera rueda: *third sphere.* A classical reference (as are the others) : the
celestial circle of Venus, where lovers find their paradise
50. The mystic poets later in the sixteenth century employed analogous visions,
similar in form but transmuted into Christian, rather than pagan, conception
and expressed in terms more suited to that religion. Here the classical influence
is plain.
51. *pusieran* (and *fueran* in 191) are examples of the past subjunctive *-ra* form
used for conditional indicative, often found in literature. Note in this stanza the
classical harmony of Nature with the humans within it: as the day ends, so does
the elegy; the growing darkness is fitting background to the grieving shepherds'
somber mood on rousing themselves from their reveries of bygone love and
beauty. Cf. the opening lines of Thomas Gray's "Elegy Written in a Country
Churchyard" in the neoclassic days of the eighteenth century.
52. al ... oro: *at the setting of the sun embroidered in gold*

venir corriendo apriesa
ya por la falda espesa
del altísimo monte, y recordando
ambos como de sueño, y, acabando   200
el fugitivo sol, de luz escaso,
su ganado llevando,
se fueron recogiendo paso a paso.

Soneto IX

Note the symmetrical construction and logically developed argument of the first eight lines, ending with *diferente* to link with the *diferencia* of the sestet's first line. Despite the octave's perfection, which might convey an impression of coolly calculated technique, there is real (if restrained) passion here, threatening to burst through the phrasing: the eleventh line is uttered from the heart. Garcilaso hammers home the poetic thought with a new, paradoxical idea in the last line.

Señora mía, si de vos yo ausente
en esta vida turo [53] y no me muero,
paréceme que ofendo a lo que os quiero,[54]
y al bien de que gozaba en ser presente.
    Tras éste, luego siento otro accidente,[55]   5
que es ver que, si de vida desespero,
yo pierdo cuanto bien de vos espero,
y así ando en lo que siento diferente.[56]
    En esta diferencia mis sentidos
están en vuestra ausencia y en porfía.   10
no sé ya qué hacerme en mal tamaño.
    Nunca entre sí los veo sino reñidos;
de tal arte pelean noche y día,
que sólo se conciertan en mi daño.

53. turo: (archaic) *I live on*
54. a ... quiero: *all my love for you*
55. accidente: *aspect* (of the matter)
56. diferente: *variable*—shifting from one point to another in feeling. The antitheses here reflect the conflict in the poet's emotions, which sway hither and thither according to the trend his mind takes; hence *ando ... diferente* and the paradox in the last line.

FRAY LUIS DE LEÓN
(1527–1591)

An outstanding disciple of Garcilaso de la Vega, Luis de León entered the Augustinian order while a student at Salamanca, where he spent nearly the rest of his life, some thirty years of it as professor in the university. A brilliant lecturer and great classical, Biblical, and Hebrew scholar, philosopher and theologian, he won appointments to the most important chairs (professors, then as now, had to compete in public for the vacancies in Spain's universities), which naturally made enemies for him. Although by temperament a silent, introspective man, his outspoken opinions, his easily fired anger at injustice, and his impatience with stupidity won him still more enemies. At forty-five he was haled before the Inquisition on charges of heterodoxy, of having criticized the accuracy of the Vulgate translation of the Bible, and of having translated the Song of Songs into Spanish without permission. He survived the nearly five-year imprisonment and interrogations, was acquitted, and resumed his lecturing in the university with, as tradition has it, the noncommittal words (in Latin, for lectures were given in that language), "We were saying yesterday. . . ." His scholarly accomplishments have faded into the background as his more lasting poetic reputation grows.

Some of his poems are simple, clear, lovely translations of Biblical verses, such as Psalm I translated in *lira* form; [1] some are translations from classic poets like Horace (Luis de León has been called "the Christian Horace") ; the rest are original compositions, the best being *liras:* "Vida retirada," "A Francisco Salinas," "Noche serena," "A Felipe Ruiz," "En la Ascensión," "De la vida del cielo," etc. Their precision, technical perfection, and depth of meaning (while not all equal in all poems, of course) place Fray Luis at the unquestioned head of the "Salamancan school" of sixteenth-century poets; indeed,

---

1. The term originated in Garcilaso's "Canción V," which begins *Si de mi baja lira* ("If from my poor lyre"). A *lira* usually consists of five-line stanzas. Lines 1, 3, 4 have seven syllables, and 2, 5 have eleven; but in the seventeenth century it was subject to variation in both length of stanza and rhyme scheme (e.g., with a sixth line of eleven syllables added) .

for many critics he is the greatest of Spain's lyric poets. Certainly he is the most intellectual writer, in both prose and poetry, of those classed, however loosely, as mystics. Idea and form, culture and prosaic life, humanism and religion, appreciation of beauty and austerity of moral conception in him are completely blended. Hence the widely accepted view of Fray Luis as the incarnation of maximum harmony achieved by the Spanish Renaissance in its maturity.

A Francisco Salinas

Here is one of the greatest poems, if not the very greatest, on music ever written in Spanish. Music lovers who read it will agree that it constitutes a fervent effort to describe the author's personally experienced sensations on listening to his friend's playing, and those perceptive readers will find themselves carried along in sympathy. The poem dates from 1577–1580, Luis de León's last and best period. (Salinas was blind, but wrote a famous treatise on music, *De Musica libri septem*, 1577, summing up all the musical knowledge of his time and including many folk songs as well as others. He was professor of music at Salamanca.)

El aire se serena
y viste de hermosura y luz no usada,[2]
Salinas, cuando suena
la música extremada
por vuestra sabia mano gobernada.   5
    A cuyo son divino
mi alma, que en olvido está sumida,[3]
torna a cobrar el tino[4]
y memoria perdida
de su origen primera esclarecida.[5]   10
    Y como se conoce[6]
en suerte y pensamientos se mejora:
el oro desconoce[7]

2. no usada: *extraordinary*
3. en ... sumida: *is sunk in oblivion*
4. tino: *consciousness*
5. de ... esclarecida: *of its* (the soul's) *high, divine origin.* The "first origin" being God, "divine" is the sense here.
6. se conoce: *it becomes conscious*
7. desconoce: *it disowns, disregards*

que el vulgo vil adora,
la belleza caduca [8] engañadora.   15
Traspasa [9] el aire todo
hasta llegar a la más alta esfera,
y oye allí otro modo
de no perecedera
música, que es la fuente y la primera.[10]   20
Y como está compuesta
de números concordes,[11] luego envía
consonante respuesta,
y entre ambos a porfía
se mezcla una dulcísima armonía.   25
Aquí la alma navega
por un mar de dulzura, y finalmente
en él así se anega,[12]
que ningún accidente
extraño o peregrino oye o siente.[13]   30
¡Oh desmayo dichoso!
¡oh muerte que das vida! ¡oh dulce olvido!
¡durase [14] en tu reposo
sin ser restituido
jamás aqueste bajo y vil sentido!   35
A este bien os llamo,
gloria del Apolíneo sacro coro,[15]
amigos a quien amo
sobre todo tesoro,
que todo lo visible es triste lloro.[16]   40

8. caduca: *fleeting, unstable*
9. traspasa: *it soars up through*
10. no ... primera: *imperishable music, the source and first [of all music]*
11. This divinely primal music is composed of "harmonic numbers"—the Pythagorean numbers, forming the essence of things. This music, then, "sends [celestially] harmonic response" to the poet's soul, which, like the universe, is composed of Pythagorean numbers, too, and so it is attuned to receive such response.
12. se anega: *drowns*
13. que ... siente: *[so] that it neither hears nor senses any strange or even extraordinary thing that may happen*
14. durase: *would that I might live on*
15. A ... coro: *To this great good I summon you, glories of Apollo's sacred choir* (i.e., poets all). Apollo is the god of music and poetry; *gloria*, although singular, is in apposition with *os* and *amigos*.
16. Here the poet is delicately alluding to Salinas' blindness.

¡Oh! suene de contino,[17]
Salinas, vuestro son en mis oídos,
por quien [18] al bien divino
despiertan los sentidos,
quedando a lo demás adormecidos.[19]   45

En la Ascensión

The elegiac tone of this poem seems to deny St. Luke (XXIV, 51–2): "And it came to pass, while he blessed them, he was parted from them, and carried up into heaven. And they worshipped him, and returned to Jerusalem with great joy." But a man of such individual turn of mind as Luis de León will respond to that great occasion in his own way. Here he seems to begin speaking to the Holy Shepherd out of the midst of meditation, not from its start, as though continuing a train of thought already formed in his mind. With all its deep emotion, the ode reflects powerful restraint of both imagination and feeling, and intensifies the elegiac mood with the dying fall of the last lines.

¿Y dejas, Pastor santo,
tu grey [20] en este valle hondo, oscuro,
con soledad y llanto;
y tú, rompiendo el puro
aire, te vas al inmortal seguro? [21]   5
    Los antes bienhadados,[22]
y los agora tristes y afligidos,
a tus pechos criados,[23]
de ti desposeídos,[24]
¿a dó convertirán ya sus sentidos? [25]   10

17. de contino: *continuously*
18. quien = el que (refers to "son" in line 42)
19. adormecidos: *oblivious*
20. grey: *flock*
21. seguro: *refuge, haven*
22. bienhadados: *blessed*
23. a ... criados: *nurtured in Thy bosom.* This line, in sense, belongs in sequence to line 6, while line 7 is linked with line 9.
24. desposeídos: *abandoned* (because Christ has left them on earth)
25. ¿a ... sentidos? *where will they now turn their senses* (their whole attention) ?

¿Qué mirarán los ojos
que vieron de tu rostro la hermosura,
que no les sea enojos?
Quien oyó tu dulzura
¿qué no tendrá por sordo y desventura? [26]   15
    Aqueste mar turbado,
¿quién le pondrá ya freno? ¿quién concierto [27]
al viento fiero, airado?
Estando tú encubierto,[28]
¿qué norte [29] guiará la nave al puerto?   20
    ¡Ay! nube envidiosa [30]
aun deste breve gozo, ¿qué te aquejas?
¿Dó vuelas presurosa?
¡Cuán rica tú te alejas! [31]
¡Cuán pobres y cuán ciegos, ay, nos dejas!   25

Anonymous

A Cristo crucificado

Some unknown genius, fired with profoundly Christian inspiration, composed this sonnet, the most famous of its kind in Spanish.
(It has been translated many times into English, and an adaptation
has been set to music for the Episcopal hymnal: Number 456.) Attributed to various poets, but never proved the work of any one,
it stands on its own merits. Its simplicity and its deep sincerity, reflected with extraordinary skill in language and versification (al-

26. sordo ... desventura: dull and obnoxious (in comparison with "Thy sweet
music")
27. i.e., ¿quién [pondrá] concierto: who will calm?
28. encubierto: hidden [in Heaven]
29. norte: North star
30. nube: The cloud usually pictured bearing Christ upward, in representa-
tions of the Ascension. But why "envious even of this brief joy"? Perhaps "jealous" would make more sense than "envious." The joy is brief, of course, because Christ is so soon to be set down in Heaven.
31. The poet's sense of loss is summed up in the antithesis of the final two
lines.

though there are defects in the sounds of the last line and of the repeated *aunque*) , are notable. The key word is obviously *mueve:* the
first quatrain states the negative, the second the affirmative, and the
first tercet is linked to the quatrains with "*Muévesme* ...":

No me mueve, mi Dios, para quererte,
el cielo que me tienes prometido,
ni me mueve el infierno tan temido
para dejar por eso de ofenderte.

Tú me mueves, Señor; muéveme el verte   5
clavado en esa cruz y escarnecido;
muéveme el ver tu cuerpo tan herido;
muévenme tus afrentas y tu muerte.

Muévesme al tu amor en tal manera
que, aunque no hubiera cielo, yo te amara,[1]   10
y, aunque no hubiera infierno, te temiera.

No me tienes que dar porque te quiera;
que, aunque cuanto espero no esperara,
lo mismo que te quiero te quisiera.

SAN JUAN DE LA CRUZ
(1542–1591)

The greatest of all the mystic poets and one of the greatest of all
lyric poets the world has known was born into a humble family in
the vicinity of Ávila. He entered the Carmelite order, took a degree
at Salamanca, and joined the strict reform of his order recently initiated by Santa Teresa de Jesús. One December night in 1577 he was
kidnaped by some unreformed friars who did not sympathize with
or relish his zeal (he led a life of extreme asceticism, with much
fasting, prayer, contemplation, and self-scourging) and held prisoner
for some nine months in Toledo. Here he began to try his hand at
verse and after several compositions started on the "Cántico espiritual," composing the first thirty stanzas in his prison. A vision of the
Virgin Mary showed him how to escape. That poem, completed after

1. *amara, temiera, quisiera:* again the -ra past subjunctive for the conditional

he regained his freedom, together with his "Noche oscura" and "Llama de amor viva," will stand beside the finest lyric poems in the world's literatures.

Now let us try to define mysticism, the better to understand the selections from San Juan de la Cruz and appreciate their beauties. What the term meant to the sixteenth-century Spaniard is much more immediate and personal than the definition in Webster's Unabridged Dictionary. To a Spaniard of that day mysticism was not merely a doctrine or a theory, but an actual, existent, experienced state attained by a very few individuals on numerous occasions. It meant, to them, a contemplative yearning upward toward, and the achievement of, an ineffable union with God. Santa Teresa de Jesús has left records of her experiences, one of which is here translated (for she is far from easy for the foreigner to read):

"I had been in that state [contemplative, spiritually receptive] only a short time when there came to me a spiritual ecstasy of such vehemence that there was no resisting it. I thought I was set in Heaven: . . . and [I saw] such great things in so short a time as it would take to say an *Ave Maria,* that I was completely lost to myself, and thought it far too great a boon. . . . I was afraid lest it might be an illusion, but . . . it did not seem to be. . . . With the passage of time the Lord continued to show me further great secrets: sometimes He does so still. The soul may wish to see more than is presented to it, but there is no way for it to do so, nor is it possible; so I never saw on any occasion more than the Lord was pleased to show me. But this was so great that the smallest part of it was sufficient to leave my soul astounded and to do it so much good that it esteemed all the things of this life as of little value. I wish I could make intelligible at least the tiniest part of what I perceived, but when I seek to find a way to do so I find that it is impossible; for, while the light we see here and that other light are both light, there is no comparison [between] the two, because the brightness of the sun seems quite dull [compared to that other]. In short, however subtle the imagination, it will not succeed in picturing or describing what that light is like, nor a single one of those things which I learned from the Lord with a joy so supreme as to be indescribable. For all the senses rejoice in such high degree with a sweetness impossible to describe. . . . This experience, in which God bears away the spirit in these transports and reveals such excellent things to it, seems to me very much like that in which the soul leaves the body; for it finds itself in possession of all these good things in an instant. We may ignore the pains of the moment of its flight, to which no great importance need be attached: to those who love God in truth and have put aside the things of this earth death must come very gently." (*Libro de su vida,* cap. XXXVIII)

Note how she reiterates the impossibility of describing such experiences. This is the ineffability of the mystic ecstasy in which the soul reaches up and up until, for a brief instant, it merges into and becomes as one with God. We cannot doubt that she did experience such a transport, and when we read San Juan de la Cruz on the subject—whose manner of treating it is naturally very different from that of Santa Teresa, as poetry differs from prose—we may catch a partial comprehension of what mysticism is. Bear in mind, however, that San Juan de la Cruz, humblest of men, does not seek to describe the experience itself. His rapturous spiritual joy overflows spontaneously in poetic lyricism, so that his verse does not directly state, but rather suggests and stimulates the imagination.

With exquisite artistic sensibility this poet transforms his metaphysical vision into the only medium capable of expressing something of the superhuman love that permeates his being, because God is not susceptible of rational comprehension, but only of spiritual and emotional sensing, by mortals. Men cannot understand Him, but they can love Him. Hence the image of the soul enamored of God as a maiden in quest of her loved one, experiencing analogous desires and anguished longing, but on an infinitely higher plane, more transcendental, until the soul attains its final union in the spiritual marriage with the divine Beloved. These, then, are love poems of the most passionate yet delicate kind.

Spaniards rarely write such poems to women, because the national sense of propriety and dignity usually forbids open and public expression of intimate sentiment for human beings. Tenderness and utter self-abandonment to and delight in love are ordinarily reserved for religious themes. Even though verse is only an intuitive means of expressing the ineffable mystic experience, there must be adequate technical mastery of the medium. San Juan de la Cruz naturally employs the forms current in his day, choosing the *lira* (like Garcilaso, but vastly better, and like Luis de León, but also superior to him) for two of his poems, and a variant of the *lira* for the third. So in the verses of the greatest mystic poet, rivaling the poetry of Fray Luis de León (apart from the mystic qualities), can be found a blend of Renaissance form and inherently national feeling, for mysticism is clearly natural to Spaniards—a blend also of spiritual emotion and sensory image, of the man of action (in his practical work for the Carmelite order) and the man of contemplation, of humanistic erudition and the theological sort, of the classical influence and the natively religious influence.

For clarification and elaboration of many passages too symbolic and condensed for our full comprehension, San Juan de la Cruz left long prose commentaries on his three greatest poems, two of which poems we shall read, and from those commentaries pertinent excerpts are quoted in the notes.

Noche oscura

The full title is long; the one here used is the usual title, taken from the first line of the poem. Strongly suggestive of that escape from imprisonment mentioned above, the poem must have been composed after he had recovered his old serenity, for it is the most nearly perfect of his compositions, with art more conscious, its melody purer, its emotion more restrained than is the case with the very long "Cántico espiritual." The construction is perfect in its precision. The emotional tone rises steadily, constantly, to reach its climax in lines 21–25, then continues on a sustained, though lower, level to line 35, thereafter sinking to rest and ending on a perfect period. Note especially the interweaving of darkness and light, culminating in stanza five; and above all, the content—the poetic account of the soul's journey upward to union with God. In this San Juan comes nearer than anyone else to expressing the ineffable.

En una noche oscura,
con ansias en amores inflamada,
¡oh dichosa ventura!
salí ¹ sin ser notada,
estando ya mi casa sosegada.   5
    A escuras,² y segura,
por la secreta escala disfrazada,³
¡oh dichosa ventura!
a escuras, y en celada,⁴
estando ya mi casa sosegada.   1c
    En la noche dichosa,
en secreto, que nadie me veía,

1. The speaker, the "I" of the poem, is the soul (described by *inflamada* in line 2), and the "house" is, of course, the body.
2. A ... escuras: *in the dark*
3. disfrazada: *disguised* (the soul, not the ladder). San Juan says that the disguise was a white, green, and red tunic, the colors symbolic of the three theological virtues (faith, hope, charity) with which the soul could free itself from its enemies (the world, the flesh, and the devil). The first three stanzas parallel also his escape from the dungeon.
4. celada: *concealment*

ni yo miraba cosa,
sin otra luz y guía
sino la que·en el corazón ardía.   15
   Aquesta me guiaba
más cierto que la luz del mediodía,
a donde me esperaba
quien yo bien me sabía,[5]
en parte donde nadie parecía.   20
   ¡Oh noche, que guiaste,
oh noche amable más que el alborada:
oh noche, que juntaste
Amado con amada,[6]
amada en el Amado transformada!   25
   En mi pecho florido,
que entero para él solo se guardaba,
allí quedó dormido,
y yo le regalaba,
y el ventalle de cedros [7] aire daba.   30
   El aire de la almena,
cuando yo sus cabellos esparcía,[8]
con su mano serena
en mi cuello hería,
y todos mis sentidos suspendía.   35
   Quedéme,[9] y olvidéme,
el rostro recliné sobre el Amado.
Cesó todo, y dejéme,
dejando mi cuidado
entre las azucenas [10] olvidado.   40

Llama de amor viva

Again we use the short title. The theme is the soul's experience
of the most intimate and complete communion with God, and the
poet, in his striving to express the ineffable, piles image upon
image. Where, in the upward progress of the soul on its journey

5. quien ... sabía: *one who I well knew* [*was awaiting me*]
6. Amado: *Beloved* (Christ) ; amada: *loved one* (soul)
7. ventalle ... cedros: *fan of cedar trees*
8. esparcir: *to spread out*
9. Quedéme, dejéme (line 38) : *I yielded myself utterly*
10. azucenas: *lilies*

toward that union, the darkness and the light were interwoven ("Noche oscura"), now in the divine union the images are of light and fire—the soul bursts into living flame (*llama viva*) ignited by the fire of divine love.

¡Oh llama de amor viva,
que tiernamente hieres
de mi alma en el más profundo centro!
Pues ya no eres esquiva,[11]
acaba ya si quieres,   5
rompe la tela deste dulce encuentro![12]
  ¡Oh cauterio [13] suave!
¡Oh regalada llaga! [14]
¡Oh mano blanda! ¡Oh toque delicado,
que a eterna vida sabe,[15]   10
y toda deuda paga!
Matando, muerte en vida la has trocado.
  ¡Oh lámparas de fuego,
en cuyos resplandores
las profundas cavernas del sentido,   15
que estaba oscuro y ciego,
con extraños primores [16]
calor y luz dan junto a su querido! [17]
  ¡Cuán manso y amoroso
recuerdas en mi seno,   20
donde secretamente solo moras!
Y en tu aspirar [18] sabroso,
de bien y glorias lleno,
¡cuán delicadamente me enamoras!

11. esquiva: *elusive*
12. The poet makes a parallel here between the divine consummation of union with God and that of human marriage. Note the masculine force of *rompe* (imperative) contrasted to the femininity of *dulce encuentro*: San Juan again and again demonstrates his sensitivity to both sides of humanity. (Also, note the sixth line added in this variant form of the *lira*.)
13. cauterio: *burn*
14. llaga: *wound*
15. sabe a: *savors of*. After the burn from the fire of divine love, and the past troubles suffered, now the delicate touch of divine love recompenses, and by slaying earthly life has turned death into [eternal] life.
16. primores: *beauties*
17. The divine flame is also light, and, having illuminated the soul with the lamp of fire, is now reflected back in warmth and light to the soul's Beloved.
18. aspirar: *breath*

Mystic Prose

Fray Luis de Granada (1504–1588)

The fact that his mother was a washerwoman did not prevent him from rising to fame as a preacher, counselor, and confessor to nobles and to the monarchs of Portugal; these activities have been specialties of the Dominican order, to which he belonged, since its founding in the thirteenth century. Of his numerous works the two best are the *Guía de pecadores* (1556) and the *Introducción del símbolo de la Fe* (1582). The former is both doctrinal treatise and manual for confession, the ascetic book par excellence, in which Fray Luis de Granada shows himself as the organizer, or systematizer, of moral ideas. As imaginative artist, his best writing is in the latter work, in which he describes Nature's wonders as both the creation and the reflection of divine beauty. His poetic essay on the pomegranate is an example:

"How it declares to us the beauty and craftsmanship of the Creator! First, He clothed it externally with a garment made to its measure, which encloses it wholly and defends it from the extremes of sun and wind; . . . inside, the grains [tiny containers of the juice] are distributed and set in such orderliness that no space, however small, is left unoccupied and empty. The whole fruit is arranged in various sections, and between section and section is spread a texture more delicate than silken gauze. . . . And so that nothing be lacking in the grace of this fruit, the whole is capped with a royal crown . . . in which matter it seems that the Creator wished to demonstrate that this was the queen of fruits. Because it is a pleasure to the eye, sweet to the palate, savory to the healthy, and healthful to the sick. . . ."

Santa Teresa de Jesús (1515–1582)

Born in Ávila, member of the Carmelites, she represents the humanization of mysticism. She led an active life despite her many spells of sickness. She founded thirty-two convents of her Order and instituted many reforms within it, and she wrote innumerable letters as well as several books, nearly all her writings in prose. Her autobiography, *Libro de su vida,* and her *Libro de las fundaciones,* in which she recounts her labors for the Order, are secondary in purely literary value to her mystic works: *Camino de perfección, Conceptos del amor de Dios,* and *El castillo interior o las moradas,* all three published posthumously. In the last-named she narrates the ascent of her soul through the seven chambers (*moradas*) of the mystic castle (*castillo interior*) to complete union with God. But all her books are autobiographical in some degree, and all contain some account of experiences connected with mysticism. She wrote few poems (only seven are authenticated). They are very simple, direct, even prosaic, except perhaps for one, which resembles a minor poem of San Juan de la Cruz. Her most attractive book is her most personal, the *Libro de su vida,* which has been excessively praised as "a model of Castilian prose." In fact, its style is most informal, elliptical, colloquial, not easy even for Spaniards to read nowadays. Certainly it is no model for writing; but it is one of the world's great autobiographies of intimate experience, comparable (within its genre) to the *Confessions* of Saint Augustine. Her use of natural, everyday language and detail (she evidently wrote exactly as she talked) has its attraction, but its difficulty makes it unusable herein; hence the translated passage given above on p. 154.

Fray Luis de León (1527–1591)

We have seen a little of his poetic work. Although poetry is by far the better medium for him, he merits fame for his prose as well. His language is a model of superb balance and proportion. He takes the popular speech and ennobles it, molds it to the nature of his subject and avails himself of its every shade of meaning and all the subtleties of the cultured Castilian. His fundamental prose work is *De los nombres de Cristo,* a dialogue between three interlocutors at the Augustinian retreat of La Flecha near Salamanca. The dialogue is in the Platonic manner and concerns the content and meaning of the various names of Christ in the Scriptures. It is difficult to read because one must know a great deal of orthodox theology and possess a fund of humanistic lore to understand it. Fray Luis's other major prose work is *La perfecta casada,* meritorious for its psychological insight into the feminine mind and heart, its Solomonic wisdom, and its vivid descriptions of many contemporary customs.

San Juan de la Cruz (1542–1591)

Much younger than Santa Teresa, he was her most active collaborator in the reformation of the Carmelite order and her greatest disciple (Luis de Léon also admired her, and edited her works). A man of action in the Order, San Juan de la Cruz completely dissociates his external life from his inner meditations in both prose and poetic works. Indeed, we have mentioned his prose already, with his verse, because his four greatest prose treatises stem from his three major poems, and three of the four bear titles identical with the poems (see above). The fourth, *Subida del monte Carmelo,* is also based on the poem "Noche oscura del alma." These treatises are a profound exposition of the metaphysics of mysticism. As literature their worth lies in the beauty of the prose and in their explanatory commentaries on the spiritual and esthetic meaning of the terms employed in his poems; our notes to his verse are taken from these commentaries.

Imaginative Fiction

Romances of Chivalry, Pastoral Romances, Historical Fiction

The most popular genre in sixteenth-century prose fiction was the chivalric romance, or tale of knights-errant and their adventures. In England Sir Thomas Malory's *Morte d'Arthur* (published 1471) is analogous to the romance of chivalry in Spain. Early in the fourteenth century such a book had been written (published 1512) — *El caballero Cifar*, a fantastic mixture of various elements in four books, or parts, the last of which is the most nearly chivalric. It is chiefly memorable for the personage Ribaldo, whose addiction to proverbs, whose rustic character and ironic talk have led some to see in him (with slight basis indeed) an ancestor or prototype of Sancho Panza. Late in the fifteenth century a Catalan, Martorell, wrote a story called *Tirant lo Blanch* (Spanish, *Tirante el Blanco*) published in Barcelona in 1490 and translated into Spanish in 1511. It holds considerable interest for its realistic descriptions of contemporary life mingled with its fantastic adventures. In 1508 Spain's first romance of knighthood appeared, *Amadís de Gaula,* of which Juan de Valdés (already quoted elsewhere) says: "Among those who have written things out of their heads [he means creative or imaginative writing] it is commonly held that the man who wrote . . . *Amadís de Gaula* has the best style, and I think that is right, although in many parts he is too affected and in others very careless; sometimes he elevates his style to the sky and at others he drags it to the ground. . . ." On the whole, Valdés rates the *Amadís* above all other romances of chivalry, but even so does not rate it high. These tales had a wide vogue and much undue influence on the national mind in their day. Their very popularity prompted many a writer to imitate or invent continuations of the prototypes; so as time went on the successors to the earlier romances got worse and worse, the adventures wilder and wilder, until they sank to the level of the modern comic book—and remained about as popular, too. While this vogue was still high, though losing out in the upper classes, another genre rose to favor. The pastoral romance, a highly artificial narrative of the complicated loves of shepherds and shepherdesses in equally artificial, idyllic pastoral settings, was initiated by Jorge de Montemayor's *Diana* (1558). The personages of such books are usually nobles who take to the rustic, simple life—shorn of all its unpleasantly realistic aspects, naturally—where they lead an idealized kind of existence far from the turmoil of court and city. Montemayor, under the spell of Sannazaro's *Arcadia* (1504), was merely imitating Italian tastes. (Near the end of the century Sir Philip Sidney was to imitate the same *Arcadia*, even to the title.) But the genre goes much farther back in literature; it has roots in classical authors, which added to its esteem in the Renaissance and which perhaps accounts for much of its vogue in Spain. Certainly it is hardly in accord with the fundamentals of Spanish character, which takes even its idealism with a strong tinge of realism. The welcome given the *Diana* led to a better work, *Diana enamorada* (1564), by the Valencian Gaspar Gil Polo; and the vogue of the pastoral, with the fascination it held for them, caused Cervantes (1585) and Lope de Vega (1598) to publish their examples of it. The pastoral tales, however, were as incapable of enduring as were the romances of chivalry, both genres being utterly alien to reality, and by the early seventeenth century neither was really alive in Spain.

Historical fiction also found a popular reception, especially stories based on the Granadine wars and on Moorish life. The first of these, *El Abencerraje* (or *Historia de Abindarráez y Jarifa*), by an unknown author, appears in some editions of the *Diana* and in *El inventario*, a miscellany published by Antonio de Villegas. The story concerns the love of Abindarráez, of the noble Abencerrajes of Granada, and the lovely Jarifa. Defeated in single combat by Rodrigo de Narváez, a Spanish captain, Abindarráez in confinement turns melancholy. Don Rodrigo presses him for the cause and learns that the Moor was on his way to a secret marriage to Jarifa when captured. Moved by the story, Narváez sets him free on condition that he return to captivity after the wedding, and even urges Jarifa's father to give his consent to the marriage. All goes well and the

Moor returns as promised, but accompanied by his bride, who refused to leave him. The generous Narváez, enchanted by such love and fidelity as well as the prisoner's integrity, not only frees them both but gives them costly presents. On their return home the newlyweds reciprocate still more lavishly. An atmosphere of high courtesy, gentleness, and chivalric conduct of the finest permeates the tale, which has been much utilized by subsequent writers, including the dramatists of the Golden Age.

The major historical fiction is Ginés Pérez de Hita's *Guerras civiles de Granada*, Parte I (1595), a fictionalized account of the fighting between the Zegríes and the Abencerrajes, opposing factions in Granada, with descriptions of the brilliant pageantry and picturesque customs in that city in the late fifteenth century. The narrative is filled with *romances fronterizos*, jousts and tourneys (again the chivalric element), lovely ladies, brave and handsome nobles, and is presented in idealized fashion—in short (despite the anachronism) a romantic tale in all senses of the term. Like the *Abencerraje*, this book furnished much material to later writers in all genres.

Notwithstanding the great popularity of the idealistic kinds of fiction, these do not contain elements of lasting value or interest, nor are they the ones which influenced the development of the novel in the modern world. The influential ones could only be realistic, treating the life of humanity on a broader and more profound scale than "escape literature" could ever do. We have seen a fusion of the ideal with the real in the *Celestina*. Its realistic side lured many a writer of fiction into producing imitations or continuations of it, while the Italian *novella* (short prose fiction) inspired others; and both sources led to productions containing many an episode of the seamier sides of life. A well-known example is *La lozana andaluza* (1527), by Francisco Delicado (who belied his name in his book). The main point here is that the realistic trend in prose fiction existed side by side and contemporary with the idealistic, even though it failed to match the latter in popularity or in quality until the *Vida de Lazarillo de Tormes*, whose author is still unidentified, came out in 1554, four years before Montemayor's *Diana*.

With the *Lazarillo* begins the genre known as picaresque, truly indigenous to Spain and growing out of Spain's economic and sociological conditions in the first half of the sixteenth century.

Lazarillo de Tormes
(Anonymous. 1554)

Lazarillo, the protagonist, relates his life to a gentleman whom he addresses only as "vuestra merced," but who is evidently his benefactor. The narrative fills seven *tratados* or chapters of very uneven length, each corresponding roughly to a stage in the boy's career, and the whole is linked together only by the central figure's presence and by his first-person form of narration. This last factor suggests another—the protagonist's main, almost his sole, concern is for himself and his self-interest. It is an unconscious, inherent, all but instinctive selfishness instilled into him by the circumstances of his life; and this is the factor that makes one of his experiences the more remarkable, as will be seen below.

Lazarillo belongs to the lowest strata of society. Such personages had been occasionally used in the sixteenth century as instruments for satire against the nobility, the socially privileged, and the values they represented. And Lazarillo says, not surprisingly, at the end of his prologue that he has decided to tell his story "so that those who have inherited noble rank may consider how little credit is due to them, since fortune has been partial to them, and how much more those have done who, with fortune contrary to them, by rowing hard and skillfully have reached a safe harbor." But the satiric note is not belabored; it emerges implicit in various aspects of the book.

If we compare the *Lazarillo* to the romances of chivalry, the key to the satire springs to hand. The chivalric hero is a knight, a nobleman; the protagonist (no hero) of the *Lazarillo* is a *pícaro* (hence "picaresque"), though that word does not occur in the book —a nobody, an individual of the lowest classes. The knight is motivated by high ideals and behaves according to a rigid code of honor; the *pícaro* is motivated by the instinct of self-preservation, in order to keep body and soul together, and he behaves accordingly, without scruples—in short, his motivation is hunger, not quest for glory. The knight wanders (hence "knight-*errant*") through usually im-

aginary or vaguely identified lands in search of adventure for its
own sake or for the sake of his lady, or in quest of some idealistic
goal (e.g., the Holy Grail). The *picaro* also wanders, but only in
quest of food, and from one specifically named place to another
equally real, his highest aim being to gain somehow, someday,
enough to provide a little margin between himself and starvation.
The *picaro*, then, is the antithesis of the knight-errant—an anti-
hero. Invert everything in the chivalric tale and you get a picaresque
novel, which is also true of the pastoral versus the picaresque.
Authors of picaresque novels had no need to underline the satiric
element, obviously.

This anti-hero, as Américo Castro has remarked, has a complete
awareness of himself and his own will, and that will is capable of
sustaining itself in the face of the harshest adversity. The *picaro*
interprets all he sees in the light of his own personality, guides his
individual life by his own free decisions, and meets each new situation without (relatively speaking) a predetermined frame of mind.
Therefore he is not confined by a concrete plot imposed upon him
by his author. He is free to develop if he is capable of developing—
something inherently impossible to the fictional personages up to
this time, but a *sine qua non* in what we regard as the modern
novel. The picaresque, then, contains the germ of the modern novel
and so stands as the genre which gave a new direction to the development of the novel in the western world. Another point: its autobiographical form opened new avenues for the development of techniques in fiction. Up to this time the author took, as it were, the
point of view of an aloof, disinterested spectator outside the action
of the story he was telling. Now, with *Lazarillo*, the anonymous
author gives us the illusion of being, ourselves, a kind of super-
spectator while he, in the person of the protagonist, lays bare the
inner consciousness of that chief personage and so makes us see
with the participant's own eyes.

Despite this device, the reader will remember that, whoever the
author may have been, it is not Lazarillo but the author who narrates the story. Only an educated man could have written in the
Renaissance style we find in the book—alliteration, repetition of
words with like roots but different meaning, and references hardly
within the knowledge of a fellow like Lazarillo.

It is curious that forty-five years elapsed between the *Lazarillo*
and the next example of the genre, *Guzmán de Alfarache* (1599),

by Mateo Alemán. The Inquisition's censorship may be part of the reason, but its next *Index* * appeared some five years after *Lazarillo,* and imitations of popular books could have been written and printed in that time. Still, no other answer suggests itself; and it is probably not just coincidence that the *Guzmán* came out only after Felipe II, that austere monarch, died. This new novel is the first to be called a *novela picaresca,* and indeed was known as *El Pícaro* in its own day. Many others followed in the seventeenth century, varied in style and detail according to the authors, who included some of the finest living writers. Nevertheless, they all owe tremendous debt to the prototype, *Lazarillo de Tormes,* of which we shall read a little.

TRATADO PRIMERO

Cuenta Lázaro su vida ...

He tells his protector that he is the son of Tomé González and Antoña Pérez, natives of Tejares (a village about a mile from Salamanca) ; that he was born in a mill standing in the river; that when he was eight, his father was accused and convicted of pilfering grain from his customers' sacks, "and he confessed, and denied not, and suffered persecution for justice's sake (or, by the law)"—a manifestly ironic imitation of New Testament language. His father, being exiled, went off on a crusade against the Moors and there perished.

His mother, widowed, moved to Salamanca to cook for students and wash clothes for the stablemen of a Church prelate. Out of this resulted a half-brother to Lázaro and more trouble to the family; so when a blind beggar took a fancy to the boy, thinking he would make a handy guide, Lázaro's mother with many tears gave him to the blind man, who thus became the first of Lázaro's masters.

Salimos de Salamanca y, llegando a la puente,[1] a la entrada de ella está un animal de piedra, que casi tiene forma de un toro, y el

---

* Carlos V had asked the University of Louvain to draw one up in 1546; this was taken over by the Spanish Inquisition and published at Valladolid in 1551. An *Appendix* was added in 1554, but contained nothing but fifty-odd editions of the Bible. In 1559 the second *Index* was published, that being the first date of possible prohibition of the *Lazarillo.*

1. Over the river Tormes. Part of the bridge is Roman, the rest a patchwork of restorations and renovations over the centuries.

ciego mandóme que llegase cerca del animal. Y allí puesto, me dijo:
—Lázaro, llega el oído a este toro, y oirás gran ruido dentro
de él.

Yo simplemente llegué, creyendo ser así. Y como sintió la cabeza
par de la piedra, afirmó recio la mano y diome una gran calaba- 5
zada[2] en el diablo del toro, que más de tres días me duró el dolor
de la cornada,[3] y díjome:
—Necio, aprende que el mozo del ciego ha de saber un punto más
que el diablo.— Y rió mucho la burla.

Parecióme que en aquel instante desperté de la simpleza en que 10
como niño estaba dormido. Dije entre mí: "Verdad dice éste, que
me cumple avivar el ojo y avisar,[4] pues solo soy, y pensar cómo me
sepa valer."[5] Comenzamos nuestro camino, y en muy pocos días me
mostró jerigonza,[6] y como me viese de buen ingenio, holgábase
mucho y decía: 15
—Yo no puedo darte oro ni plata, mas avisos para vivir, muchos
te mostraré.

Y fue así; que después de Dios, éste me dio la vida y, siendo ciego,
me alumbró y adestró[7] en la carrera de vivir.

Huelgo de contar a vuestra merced estas niñerías,[8] para mostrar 20
cuánta virtud sea saber los hombres subir, siendo bajos, y cuánto
vicio dejarse bajar, siendo altos.[9]

Pues, tornando al bueno de mi ciego y contando sus cosas, vuestra
merced sepa que, desde que Dios creó el mundo, ninguno formó
[Él] más astuto y sagaz. En su oficio era un águila.[10] Ciento y tantas 25
oraciones sabía de coro.[11] Un tono bajo, reposado y muy sonable,[12]
que hacía resonar la iglesia donde rezaba, un rostro humilde y devoto que con muy buen continente ponía cuando rezaba, sin hacer
gestos y visajes[13] con boca ni ojos, como otros suelen hacer.

---

2. calabazada: *butting, blow with the head*
3. cornada: *goring* (here used figuratively, of course, but appropriately)
4. avisar: (here) *to be alert*
5. cómo ... valer: *how I can take care of myself*
6. jerigonza: *jargon* (of beggars, *picaros*, etc., used to communicate secretly among them)
7. me ... adestró: *he instructed and trained me*
8. niñerías: *trivial things*
9. Cf. quotation from the prologue in the second paragraph on p. 165.
10. águila: *wonder, "whiz"*
11. de coro: *by heart*
12. reposado ... sonable: *calm and resonant*
13. gestos ... visajes: *grimaces*

Allende de esto, tenía otras mil formas y maneras para sacar dinero. Decía saber oraciones para muchos y diversos efectos: [14] para mujeres que no parían, para las que estaban de parto,[15] para las que eran mal casadas, que sus maridos las quisiesen bien. Echaba pronósticos [16] a las preñadas, si traían hijo o hija. Pues en caso de medicina, decía que Galeno [17] no supo la mitad que él para muelas, desmayos, males de madre.[18] Finalmente, nadie le decía padecer alguna enfermedad, que luego no le decía: "Haced esto, haréis esto otro, coged tal hierba,[19] tomad tal raíz." 5

Con esto andábase todo el mundo tras él, especialmente mujeres, que creían cuanto les decía. De éstas sacaba él grandes provechos con las artes que digo, y ganaba más en un mes que cien ciegos en un año. 10

Mas también quiero que sepa vuestra merced que, con todo lo que adquiría y tenía, jamás vi hombre tan avariento y mezquino, tanto que me mataba a mí de hambre, y así no me demediaba de lo necesario.[20] Digo verdad: si con mi sutileza [21] y buenas mañas no me supiera remediar, muchas veces me finara [22] de hambre. Mas con todo su saber y aviso, le contraminaba [23] de tal suerte que siempre, o las más veces, me cabía lo más y mejor. Para esto le hacía burlas endiabladas, de las cuales contaré algunas, aunque no todas a mi salvo. 15 / 20

Él traía el pan y todas las otras cosas en un fardel de lienzo que se cerraba por la boca con una argolla [24] de hierro y su candado y llave; y al meter y sacar de las cosas, era con tanta vigilancia y tan por contadero [25] que no bastara todo el mundo hacerle menos una migaja.[26] Mas yo tomaba aquella laceria que él me daba, la cual en menos de dos bocados era despachada. 25

Después que cerraba el candado y se descuidaba, pensando que

14. Cf. *Celestina*, n. 116, p. 124.
15. de parto: *in labor*
16. echaba pronóstico: *he would predict*
17. Galen, the Greek physician born A.D. 131, was Emperor Marcus Aurelius' doctor.
18. males ... madre: *female sickness*
19. tal hierba: *such and such an herb*
20. no ... necesario: *he didn't give me half what I needed*
21. sutileza: *cunning*
22. finarse: *to die*
23. contraminar: *to countermine*
24. argolla: *ring, hoop*
25. tan ... contadero: *so carefully counted out*
26. hacerle ... migaja: *to sneak a crumb from him*

yo estaba ocupado con otras cosas, yo, por un poco de costura que muchas veces descosía[27] y tornaba a coser en un lado del saco, sangraba el avariento fardel, sacando pan, no por tasa, mas buenos pedazos, torreznos y longaniza.[28] Todo lo que podía sisar[29] y hurtar, traía en medias blancas. Y cuando le mandaban rezar y le daban blancas, como él carecía de vista, no había el que se la daba amagado con ella,[30] cuando yo la tenía lanzada en la boca y la media [blanca] aparejada; que por presto que él echaba la mano, ya iba de mi cambio aniquilada en la mitad del justo precio.[31] Quejábaseme el mal ciego, porque al tiento luego conocía y sentía que no era blanca entera, y decía:

—¿Qué diablo es esto, que después que estás tú conmigo, no me dan sino medias blancas, y de antes una blanca, y hartas veces un maravedí, me pagaban? En ti debe estar esta desdicha.

También él abreviaba el rezar, y no acababa la mitad de la oración, porque me tenía mandado que, en yéndose el que la mandaba rezar, le tirase por cabo del capuz.[32] Yo así lo hacía. Luego él tornaba a dar voces, diciendo: "¿Mandan rezar tal y tal oración?"[33] como suelen decir.

Usaba poner cabe sí un jarrillo de vino cuando comíamos. Yo muy de presto lo asía[34] y daba un par de besos callados y tornábale a su lugar. Mas duróme poco, que en los tragos conocía su falta y, por reservar su vino más a salvo, nunca después desamparaba el jarro, antes lo tenía asido por el asa.[35] Mas no había piedra imán[36] que así trajese a sí como yo con una paja larga de centeno[37] que tenía hecha para aquel menester. La cual, metiéndola en la boca del jarro, chupando el vino lo dejaba a buenas noches.[38] Mas, como fuese el traidor tan astuto, pienso que me sintió. Y de allí en adelante mudó propósito, y asentaba su jarro entre las piernas, y tapábale con la mano, y así bebía seguro.

27. por ... descosía: *through a bit of seam I often unstitched*
28. no ... longaniza: *not carefully measured, but good hunks, bacon strips and sausage*
29. sisar: *to pilfer*
30. no había ... ella: *hardly had the giver started to give it*
31. aniquilada ... precio: *cut by half its true value*
32. capuz: *hooded cloak*
33. ¿Mandan ... oración? *Anybody want such and such a prayer said?*
34. asir: *to seize*
35. asa: *handle*
36. piedra imán: *magnet*
37. centeno: *rye*
38. chupando ... noches: *I'd suck up the wine to a fare-thee-well*

Yo, como estaba hecho al vino, moría por él. Y viendo que aquel remedio de la paja no me valía, acordé hacerle en el suelo [39] del jarro una fuentecilla y agujero sutil,[40] y delicadamente taparlo con una muy delgada tortilla [41] de cera. Y al tiempo de comer, fingiendo tener frío, metíame entre las piernas del triste [42] ciego a calentarme en la pobrecilla lumbre que teníamos, y al calor de ella luego derretida [43] la cera, por ser muy poca, comenzaba la fuentecilla a destilarme [44] en la boca, la cual yo ponía de tal manera que maldita [45] la gota se perdía. Cuando el pobre iba a beber, no hallaba nada. Espantábase, maldecíase, daba al diablo el jarro y el vino, no sabiendo qué podía ser.

—No diréis, tío, que os lo bebo yo—decía yo—pues no le quitáis de la mano.

Tantas vueltas y tientos dio al jarro que halló la fuente y cayó en la burla; mas así lo disimuló como si no lo hubiera sentido.

Y luego otro día, estando yo rezumando [46] mi jarro como solía, no pensando el daño que me estaba aparejado, ni que el mal ciego me sentía, sentéme como solía, estando recibiendo aquellos dulces tragos, mi cara puesta hacia el cielo, los ojos un poco cerrados por mejor gustar el sabroso licor. Sintió el desesperado ciego que ahora tenía ocasión de tomar venganza de mí, y, con toda su fuerza, alzando con dos manos aquel dulce y amargo [47] jarro, le dejó caer sobre mi boca, ayudándose (como digo) con todo su poder, de manera que el pobre Lázaro, que de nada de esto se guardaba, antes, como otras veces, estaba descuidado y gozoso, verdaderamente me pareció que el cielo, con todo lo que hay en él, me había caído encima. Fue tal el golpecillo que me desatinó y sacó de sentido,[48] y el jarrazo tan grande que los pedazos de él se me metieron por la cara,

39. suelo: (here) *bottom*
40. sutil: *fine*
41. tortilla: *wafer*
42. triste: *sorry* (in the derogatory sense, not "sad"). Before the noun, *triste* has a metaphorical sense, not literal. Cf. *Caballero de la Triste Figura*, applied to Don Quijote: he is not a sad man.
43. derretida: *melted*
44. destilar: *to drip*
45. maldita: *not a blessed*
46. rezumando: *oozing, seeping*. (The intransitive verb is here made transitive for comic effect.)
47. Such antitheses were favorite devices in the Renaissance—*dulce* as to contents and pleasure therein, *amargo* in the consequences.
48. me ... sentido: *it stunned and knocked me out*

rompiéndomela por muchas partes, y me quebró los dientes, sin los cuales me he quedado hasta hoy día.

Desde aquella hora quise mal [49] al mal ciego y, aunque me quería y regalaba y me curaba, bien vi que se había holgado del cruel castigo. Lavóme con vino las roturas, que con los pedazos del jarro me había hecho, y sonriéndose decía: 5

—¿Qué te parece, Lázaro? Lo que te enfermó te sana y da salud— y otros donaires que no eran a mi gusto.

Ya que estuve medio bueno de mi negra trepa y cardenales,[50] considerando que a pocos golpes tales el cruel ciego ahorraría de mí,[51] quise yo ahorrar de él; mas no lo hice tan presto por hacerlo 10 más a mi salvo y provecho. Aunque yo quisiera asentar mi corazón y perdonarle el jarrazo, no daba lugar el mal tratamiento que el mal ciego desde allí adelante me hacía, que sin causa ni razón me hería, dándome coscorrones y repelándome.[52] Y si alguno le decía 15 por qué me trataba tan mal, luego contaba el cuento del jarro, diciendo:

—¿Pensaréis que este mi mozo es algún inocente? Pues oíd si el demonio ensayara otra tal hazaña.

Santiguándose los que lo oían, decían: —Mira, ¡quién pensara tal 20 ruindad de un muchacho tan pequeño!

Y reían mucho el artificio, y decíanle: —Castigadlo, castigadlo, que de Dios lo tendréis.[53]

Y él con aquello nunca hacía otra cosa.

Y en esto yo siempre le llevaba por los peores caminos, y adrede,[54] 25 por hacerle mal y daño. Si había piedras, por ellas; si lodo, por lo más hondo; que, aunque yo no iba por lo más enjuto, holgábame a mí de quebrar un ojo por quebrar dos al que ninguno tenía.[55] Con esto siempre con el cabo alto del tiento me atentaba el colodrillo, el cual siempre traía lleno de tolondrones y pelado de sus 30

---

49. quise mal: *I detested*
50. mi ... cardenales: *my awful battering and weals*
51. ahorrar de: *to be (get) rid of*
52. dándome ... repelándome: *knocking me about and yanking my hair out*
53. que ... tendréis: *for you'll get your reward from God*
54. adrede: *on purpose*
55. holgábame ... tenía: *it did me good to suffer something just to make him suffer more.* The saying derives from the medieval tale about the devil's offering an envious man anything he wanted, provided a neighbor could have double that amount: the envious man asked to have one eye put out!

manos.[56] Y aunque yo juraba no hacerlo con malicia, sino por no hallar mejor camino, no me aprovechaba, ni me creía más: tal era el sentido y el grandísimo entendimiento del traidor.

Y porque vea vuestra merced a cuánto se extendía el ingenio de este astuto ciego, contaré un caso de muchos que me acaecieron con 5 él, en el cual me parece que dio bien a entender su gran astucia. Cuando salimos de Salamanca, su motivo fue venir a tierra de Toledo, porque decían que la gente era más rica, aunque no muy limosnera. Arrimábase a este refrán: "Más da el duro que el desnudo." Y vinimos a este camino por los mejores lugares. Donde 10 hallaba buena acogida y ganancia, deteníamos; donde no, a tercer día hacíamos San Juan.[57] Acaeció que llegando a un lugar que llaman Almorox, al tiempo que cogían las uvas, un vendimiador [58] le dio un racimo de ellas en limosna. Y como suelen ir los cestos maltratados, y también porque 15 la uva en aquel tiempo está muy madura, desgranábase [59] el racimo en la mano. Para echarlo en el fardel tornábase mosto, y lo que a él se llegaba.[60] Acordó de hacer un banquete, así por no poder llevarlo como por contentarme, que aquel día me había dado muchos rodillazos y golpes. Sentámonos en un valladar,[61] y dijo: 20

—Ahora quiero usar de una liberalidad contigo, y es que ambos comamos este racimo de uvas, y que tengas de él tanta parte como yo. Lo partiremos de esta manera: tú picarás una vez y yo otra, con tal que me prometas no tomar cada vez más de una uva. Yo haré lo mismo, hasta que lo acabemos, y de esta suerte no habrá engaño. 25

Hecho así el concierto, comenzamos. Mas luego al segundo lance [62] el traidor mudó propósito y comenzó a tomar de dos en dos, considerando que yo debería hacer lo mismo. Como vi que él quebraba el acuerdo, no me contenté ir a la par con él, mas aun pasaba adelante: dos a dos, y tres a tres, y como podía, las comía. Acabado 30

56. con el cabo ... manos: *with the end of his staff he kept poking the back of my head, which always stayed full of lumps and plucked and rubbed bald at his hands*
57. hacíamos ... Juan: *we moved on*. San Juan, June 24, is the customary day for moving.
58. vendimiador: *grape harvester*
59. desgranábase: *was disintegrating*
60. Para ... llegaba. *To put it into the bag would turn it to must* (new-pressed juice) , *and* [*ruin*] *whatever touched it.*
61. valladar: *fence*
62. lance: *round*

el racimo, estuvo un poco con el escobajo [63] en la mano y, meneando la cabeza, dijo:

—Lázaro, me has engañado. Juraré a Dios que tú has comido las uvas tres a tres.

—No comí—dije yo—mas ¿por qué sospecháis eso?   5
Respondió el sagacísimo ciego:

—¿Sabes en qué veo que las comiste tres a tres? En que comía yo dos a dos, y callabas.

Reíme entre mí y, aunque muchacho, noté mucho la discreta consideración del ciego.   10

Mas, por no ser prolijo, dejo de contar muchas cosas, así graciosas como de notar, que me acaecieron con este mi primer amo; y quiero decir el despidiente [64] y con él acabar.

Lázaro then tells at some length how he tricked the blind man out of a sausage, leaving an overripe turnip in its place. The trick discovered, the blind man nearly kills Lázaro in rage, then bathes the wounds with wine, making jesting remarks about this.

Visto esto y las malas burlas que el mal ciego burlaba de mí, determiné de todo en todo dejarle y, como lo traía pensado y lo tenía   15
en voluntad, con este postrer juego que me hizo, afirmélo más. Y fue así, que luego otro día salimos por la villa a pedir limosna. Y había llovido mucho la noche antes; y porque el día también llovía, andaba rezando debajo de unos portales,[65] que había en aquel pueblo, donde no nos mojamos. Mas como la noche se venía, y el llover   20
no cesaba, díjome el ciego:

—Lázaro, esta agua es muy porfiada, y cuanto más cierra la noche, más recia. Acojámonos a la posada con tiempo.

Para ir allá, habíamos de pasar un arroyo,[66] que con la mucha agua, iba grande. Yo le dije: 25

—Tío, el arroyo va muy ancho; mas, si queréis, yo veo por donde

63. escobajo: *stalk*
64. despidiente: *farewell trick*
65. portales: *arcades*. In Spain and Spanish America many buildings overhang the sidewalk, especially around public squares, with columns or pillars rising from the curb to the overhang (*saledizo*). Stalls where small objects are sold frequently occupy the space between pillars.
66. arroyo: (here) *gutter*. In old towns streets sloped gradually to the middle from each side, the lowest point being in the center where overflow water drained away in an uneven stream. The narrowness of the street facilitated Lázaro's vengeance.

atravesemos más aína [67] sin mojarnos, porque se estrecha [68] mucho allí, y saltando pasaremos a pie enjuto.

Parecióle buen consejo, y dijo:

—Discreto eres, y por esto te quiero bien. Llévame a ese lugar donde el arroyo se ensangosta, que ahora es invierno y sabe mal el agua, y más llevar los pies mojados.

Yo que vi el aparejo a mi deseo, saquéle de debajo de los portales, y llevélo derecho de [69] un pilar o poste de piedra que estaba en la plaza, sobre el cual y sobre otros cargaban saledizos de aquellas casas, y díjele:

—Tío, éste es el paso más angosto que hay en el arroyo.

Como llovía recio, y el triste se mojaba, y con la prisa que llevábamos de salir del agua que nos caía encima, y lo más principal, porque Dios le cegó a aquella hora el entendimiento,[70] por darme venganza de él, creyóse de mí, y dijo:

—Ponme bien derecho, y salta tú el arroyo.

Yo le puse bien derecho enfrente del pilar, y doy un salto y póngome detrás del poste, como quien espera tope [71] de toro, y díjele:

—¡Sus! saltad todo lo que podáis, porque deis de este cabo [72] del agua.

Apenas lo había acabado de decir, cuando se abalanza el pobre ciego como cabrón,[73] y arremete de toda su fuerza, tomando un paso atrás de la corrida para hacer mayor salto, y da con la cabeza en el poste, que sonó tan recio como si diera con una gran calabaza,[74] y cayó luego para atrás, medio muerto y hendida la cabeza.

—¡Cómo! ¿Y oliste la longaniza [75] y no el poste? ¡Oled, oled!—le dije yo, y déjole en poder de mucha gente que lo había ido a socorrer.

Y tomo la puerta de la villa en los pies de un trote,[76] y antes que

67. más aína: *more easily*
68. estrecharse, ensangostarse: *to narrow*
69. derecho de: *straight across from*
70. le ... entendimiento: *blinded his natural good sense and wits*
71. tope: *charge*
72. ¡Sus! ... cabo: *Hup! Jump as hard as you can, so you'll land this side*
73. se ... cabrón: *the poor blind man dashes headlong, like a billy goat*
74. calabaza: *gourd*. The word reminds us of the *calabazada* given to Lázaro by the blind man at the outset (see opening lines) and neatly rounds off the chapter.
75. longaniza: *sausage*. Lázaro is referring to the episode last summarized above, his substitution of a turnip for the sausage.
76. tomo ... trote: *I made the town gates at a trot*

la noche viniese di conmigo en Torrijos. No supe más lo que Dios
hizo de él, ni curé de saberlo.

*Lázaro next enters the service of a priest, compared with whom
the blind man was the soul of liberality. After starving and pilfering to keep alive, Lázaro's tricks get him another awful beating, and
as soon as he can walk, the priest throws him out, saying that the
boy must have been servant to a blind man to be so cunning. Crossing himself, the priest slams the door on Lázaro, who is still weak.*

TRATADO TERCERO

De cómo Lázaro se asentó con un escudero,[77] y de lo que le acaeció con él

De esta manera me fue forzado sacar fuerzas de flaqueza,[78] y poco
a poco, con ayuda de las buenas gentes, di conmigo en esta insigne
ciudad de Toledo, donde, con la merced de Dios, de allí a quince
días se me cerró la herida. Y mientras estaba malo, siempre me
daban alguna limosna; mas, después que estuve sano, todos me decían:

—Tú, bellaco y gallofero [79] eres. Busca, busca un amo a quien sir-
vas.

"¿Y adónde se hallará ése?—decía yo entre mí—si Dios ahora
no lo crease de nuevo, como creó el mundo?"

Andando así discurriendo de puerta en puerta, con harto poco
remedio, porque la caridad ya se subió al cielo,[80] topóme Dios con
un escudero que iba por la calle, con razonable vestido, bien pei-
nado, su paso y compás en orden.[81] Miróme, y yo a él, y díjome:

—Muchacho, ¿buscas amo?

—Sí, señor.

—Pues, vente tras mí—me respondió—que Dios te ha hecho merced en topar conmigo. Alguna buena oración rezaste hoy.

77. *Escudero* no longer meant in the sixteenth century what it did in the
twelfth (see *Cid*, n. 1, p. 10) except that it still indicated a man of the upper
classes, however poor he might be.
78. me ... flaqueza: *I was forced to draw strength out of weakness.* Note the alliteration and the pairing of *forzado* and *fuerzas.* Such pairings for witty or humorous effect become more frequent from this point on.
79. gallofero: *loafer*
80. Since he found no charity on earth, it must have gone up to heaven, its
source and origin.
81. su ... orden: *his gait and bearing neat and proper*

Y seguíle, dando gracias a Dios por lo que le oí, y también me parecía, según su hábito y continente, ser el que yo había menester. Era de mañana cuando topé este mi tercer amo. Y llevóme tras sí gran parte de la ciudad. Pasábamos por las plazas donde se vendía pan y otras provisiones. Yo pensaba, y aun deseaba, que allí me quería cargar de lo que se vendía, porque ésta era propia hora cuando se suele proveer de lo necesario; mas muy a tendido paso[82] pasaba por estas cosas. "Por ventura no lo ve aquí a su contento—decía yo —y querrá que lo compremos en otro lugar."

De esta manera anduvimos hasta que dieron las once. Entonces se entró en la iglesia mayor, y yo tras él, y muy devotamente le vi oír misa y los otros oficios divinos, hasta que todo fue acabado y la gente ida. Entonces salimos de la iglesia.

A buen paso tendido comenzamos a ir por una calle abajo. Yo iba el más alegre del mundo en ver que no nos habíamos ocupado en buscar de comer. Bien consideré que mi nuevo amo debía ser hombre que se proveía en junto,[83] y que ya la comida estaría a punto,[84] y tal como yo la deseaba y aun la había menester.

En este tiempo dio el reloj la una después de mediodía, y llegamos a una casa ante la cual mi amo se paró, y yo con él. Y derribando el cabo de la capa sobre el hombro izquierdo,[85] sacó una llave de la manga, y abrió la puerta, y entramos en casa. La cual tenía la entrada obscura y lóbrega de tal manera que parecía que ponía temor a los que entraban en ella, aunque dentro de la casa estaba un patio pequeño y razonables cámaras.

Después que hubimos entrado, quita de sobre sí la capa y, preguntándome si tenía las manos limpias, la sacudimos y doblamos y, muy limpiamente soplando[86] un poyo que estaba allí, la puso en él. Y hecho esto, sentóse cabe de ella, preguntándome muy por extenso de dónde era y cómo había venido a aquella ciudad.

Y yo le di más larga cuenta que quisiera, porque me parecía más conveniente hora de mandar poner la mesa y escudillar[87] la olla que de lo que me pedía. Con todo eso, yo le satisfice de mi persona lo mejor que supe mentir, diciendo mis bienes y callando lo demás

---

82. a tendido paso: *with long stride*
83. en junto: *in quantity*
84. a punto: *ready*
85. derribando ... izquierdo: *tossing back his cape over his left shoulder*
86. soplar: *to puff, blow [away dust]*
87. escudillar: *to dish up*

porque me parecía no ser para en cámara.[88] Esto hecho, estuvo así un poco, y yo luego vi mala señal, por ser ya casi las dos y no le ver más aliento de comer que a un muerto.[89] Después de esto, consideraba aquel tener cerrada la puerta con llave, ni sentir arriba ni abajo pasos de viva persona por la casa. Todo lo que había visto eran paredes, sin ver en la casa silleta, ni tajo,[90] ni banco, ni mesa, ni aun tal arcaz como el de marras.[91] Finalmente, ella parecía casa encantada. Estando así, díjome:

—Tú, mozo, ¿has comido?

—No, señor—dije yo—que aún no eran dadas las ocho cuando encontré con vuestra merced.

—Pues, aunque de mañana, yo había almorzado, y, cuando así como algo, hágote saber que me estoy así hasta la noche. Por eso, pásate como pudieres, que después cenaremos.

Vuestra merced crea, cuando le oí esto, que estuve en poco de caer de mi estado,[92] no tanto de hambre como por conocer de todo en todo la fortuna serme adversa. Allí se me representaron mis fatigas, y torné a llorar mis trabajos. Allí se me vino a la memoria la consideración que hacía cuando pensaba irme del clérigo, diciendo que, aunque aquél era desventurado y mísero, por ventura toparía con peor. Finalmente, allí lloré mi trabajosa vida y mi cercana muerte venidera.

Y con todo, disimulando lo mejor que pude, le dije:

—Señor, mozo soy que no me fatigo mucho por comer, bendito Dios. De eso podré alabarme entre todos mis iguales por de mejor garganta,[93] y así fui loado de ella, hasta hoy día, de los amos que he tenido.

—Virtud es ésa—dijo él—y por eso te querré yo más. Porque el hartar es de los puercos,[94] y el comer regladamente [95] es de los hombres de bien.

88. no ser ... cámara: *unsuitable for polite society*

89. y no le ... muerto: *and I could see in him no more sign of eating than in a corpse*

90. silleta ... tajo: *stool, or chopping block.* In the kitchen of an hidalgo, with a numerous household, there would be a block on which to chop and cut meat.

91. tal ... marras: *such a chest as the aforementioned* (in the priest's house)

92. en poco ... estado: *on the verge of falling over*

93. por de ... garganta: *for having the best throat.* Lázaro ironically has a double meaning.

94. el hartar ... puercos: *stuffing is for pigs*

95. regladamente: *temperately*

"¡Bien te he entendido!—dije yo entre mí—¡maldita tanta medicina y bondad como hallan en el hambre estos amos que yo hallo!"

Púseme a un cabo del portal, y saqué unos pedazos de pan del seno, que me habían quedado de los de por Dios.[96] Él, que vio esto, díjome:

—Ven acá, mozo. ¿Qué comes?

Yo lleguéme a él y mostréle el pan. Tomóme él un pedazo, de tres que eran, el mejor y más grande. Y díjome:

—Por mi vida, que parece éste buen pan.

—¡Y cómo! ¿Ahora—dije yo—señor, es bueno?

—Sí, a fe—dijo él.—¿Adónde lo tuviste? ¿Si es amasado de manos limpias?[97]

—No sé yo eso—le dije—mas a mí no me pone asco[98] el sabor de él.

—Así plega a Dios—dijo el pobre de mi amo. Y llevándolo a la boca, comenzó a dar en él tan fieros bocados[99] como yo en lo otro.

—Sabrosísimo pan está—dijo—por Dios.

Y como le sentí de qué pie cojeaba, dime prisa. Porque le vi en disposición, si acababa antes que yo, de comedirse a ayudarme a lo que me quedase. Y con esto acabamos casi a una.[100] Comenzó a sacudir con las manos unas pocas migajas,[101] y bien menudas, que se le habían quedado en los pechos. Y entró en una camareta que estaba allí, y sacó un jarro desbocado[102] y no muy nuevo y, después que hubo bebido, convidóme con él. Yo, por hacer del continente,[103] dije:

—Señor, no bebo vino.

—Agua es—me respondió.—Bien puedes beber.

Entonces tomé el jarro y bebí. No mucho, porque mi congoja no era de sed.

Así estuvimos hasta la noche, hablando en cosas que me preguntaba, a las cuales yo le respondí lo mejor que supe. En este tiempo

96. de los ... Dios: *of those I'd begged*
97. ¿Si ... limpias? *I wonder if it was kneaded by clean hands.*
98. a mí ... asco: *I'm not nauseated by*
99. bocados: (here) *bites*
100. a una: *in a tie, at the same time*
101. migajas: *crumbs*
102. desbocado: *broken-lipped*
103. por ... continente: *to act abstemious*

metióme en la cámara donde estaba el jarro del que bebimos, y díjome:

—Mozo, párate allí, y verás cómo hacemos esta cama, para que
la sepas hacer de aquí adelante.

Púseme de un cabo y él del otro, e hicimos la negra cama. En la 5
cual no había mucho que hacer, porque ella tenía sobre unos ban-
cos un cañizo,[104] sobre el cual estaba tendida la ropa encima de un
negro colchón, que, por no estar muy continuada a lavarse,[105] no
parecía colchón, aunque servía de tal, con harta menos lana que era
menester. Aquél tendimos, haciendo cuenta de ablandarle.[106] Lo 1
cual era imposible, porque de lo duro, mal se puede hacer blando.
El diablo del enjalma,[107] maldita la cosa tenía dentro de sí. Que
puesto sobre el cañizo, todas las cañas se señalaban, y parecían el
mismo entrecuesto de flaquísimo puerco.[108] Y sobre aquel hambriento colchón un alfamar del mismo jaez,[109] del cual yo no pude 1
alcanzar el color. Hecha la cama y la noche venida, díjome:

—Lázaro, ya es tarde, y de aquí a la plaza hay gran trecho. También, en esta ciudad andan muchos ladrones que capean siendo de
noche.[110] Pasemos como podamos, y mañana, venido el día, Dios
hará merced. Porque yo por estar solo no estoy proveído; antes he 2
comido estos días por allá fuera. Mas ahora lo haremos de otra manera.

—Señor, de mí—dije yo—ninguna pena tenga vuestra merced,
que bien sé pasar una noche, y aun más si es menester, sin comer.

—Vivirás más y más sano—me respondió—porque, como decía- 2
mos hoy, no hay tal cosa en el mundo para vivir mucho que comer
poco.

"Si por esa vía es—dije entre mí—nunca yo moriré, que siempre
he guardado esa regla por fuerza, y aun espero en mi desdicha te-
nerla toda mi vida." 3

Y acostóse en la cama, poniendo por cabecera las calzas y el jubón. Y mandóme echar a sus pies, lo cual yo hice. Mas ¡maldito el
sueño que yo dormí! Porque las cañas y mis salidos huesos en toda

---

104. cañizo: *network of interlaced reeds*
105. por ... lavarse: *because it wasn't washed regularly*
106. haciendo ... ablandarle: *trying to plump it up* (soften it)
107. enjalma, alfamar: *pad* (as for a saddle)
108. parecían ... puerco: *they looked like the very backbone of a mighty skinny pig*
109. jaez: *kind, quality*
110. capean ... noche: *snatch capes by night*

la noche dejaron de rifar y encenderse.[111] Que con mis trabajos, males y hambre, pienso que no había libra de carne. Y también, como aquel día no había comido casi nada, rabiaba de hambre, la cual con el sueño no tenía amistad. Maldíjeme mil veces (¡Dios me lo perdone!), y a mi ruin fortuna, allí lo más de la noche y, lo peor, no 5
osándome revolver por no despertarle, pedí a Dios muchas veces la muerte.

La mañana venida, levantámonos, y él comienza a limpiar y sacudir sus calzas y jubón, sayo y capa ... y vístese muy a su placer despacio. Echéle aguamanos, peinóse,[112] y púsose la espada en el tala- 10
barte [113] y, al tiempo que la ponía, díjome:

—¡Oh, si supieses, mozo, qué pieza es ésta! No hay marco de oro en el mundo por que yo la diese. Mas así, ninguna de cuantas hizo Antonio, no acertó a ponerle los aceros tan prestos como ésta los tiene.[114]   15

Y sacóla de la vaina,[115] y tentóle [116] con los dedos, diciendo:

—¿Vesla aquí? Yo me obligo con ella a cercenar un copo de lana.[117] Y yo dije entre mí: "Y yo con mis dientes, aunque no son de acero, un pan de cuatro libras."

Tornóla a meter, y ciñósela, y un sartal de cuentas gruesas [118] del 20
talabarte. Y con un paso sosegado y el cuerpo derecho, haciendo con él y con la cabeza muy gentiles meneos, echando el cabo de la capa sobre el hombro y a veces debajo del brazo, y poniendo la mano derecha en el costado, salió por la puerta, diciendo:

—Lázaro, mira por la casa en tanto que voy a oír misa, y haz la 25
cama, y ve por la vasija [119] de agua al río, que aquí bajo está, y cierra la puerta con llave por que no nos hurten alguna cosa, y ponla aquí al quicio,[120] para que pueda yo entrar si vuelvo en tanto estés ausente.

111. en ... encenderse: *all night long never stopped fighting and quarreling.* Such phrases as *en toda la noche, en mi vida,* etc., are strongly negative when they precede the verb.

112. Echéle ... peinóse: *I poured water into the basin for him, he spruced up*

113. talabarte: *sword belt*

114. ninguna ... tiene: [*in*] *none of all that Antonio made did he succeed in putting in steel as sharp as this one has.* Antonio was a famous armorer of Toledo, where the finest blades were forged.

115. vaina: *scabbard*

116. tentóle: *felt it*

117. cercenar ... lana: *to slice a bit of fluff*

118. sartal ... gruesas: *rosary of fat beads*

119. vasija: *receptacle*

120. quicio: *doorframe*

Y súbese por la calle arriba con tan gentil semblante y continente que quien no le conociera pensara ser muy cercano pariente al conde de Arcos o, a lo menos, camarero que le daba de vestir.[121]

"¡Bendito seáis Vos, Señor—quedé yo diciendo—que dais la enfermedad y ponéis el remedio! ¿Quién encontrará a aquel mi señor que no piense, según el contento de sí lleva,[122] haber cenado bien anoche y dormido en buena cama y, aunque ahora es de mañana, no le cuenten por bien almorzado? ¡Grandes secretos son, Señor, los que Vos hacéis y las gentes ignoran! ¿A quién no engañara aquella buena disposición y razonable capa y sayo? ¿Y quién pensara que aquel gentil hombre se pasó todo el día de ayer con el mendrugo de pan[123] que su criado Lázaro llevó un día y una noche en el arca[124] de su seno, donde no se le podía pegar mucha limpieza; y hoy, lavándose las manos y cara, a falta de paño de manos,[125] se hacía servir de la falda del sayo? Nadie por cierto lo sospecharía. ¡Oh, Señor, y cuántos de aquéstos debéis Vos tener derramados por el mundo quienes padecen, por la negra [cosa] que llaman honra, lo que no sufrirían por Vos!"

Así estaba yo a la puerta, mirando y considerando estas cosas, hasta que el señor mi amo traspuso[126] la larga y angosta calle. Tornéme a entrar en casa, y en un credo[127] la anduve toda, alto y bajo, sin hacer represa ni hallar en qué.[128] Hago la negra dura cama, y tomo el jarro, y doy conmigo en el río, donde en una huerta vi a mi amo en gran recuesta con dos rebozadas mujeres,[129] al parecer de las que no hacen falta en aquel lugar. Antes muchas suelen irse por las mañanas del verano a refrescar, y almorzar sin llevar qué, por aquellas frescas riberas, con confianza que no ha de faltar quien se lo dé, según las tienen puestas en esa costumbre aquellos hidalgos del lugar.

121. The count and his valet are personages in an old ballad; the count swaggered about in fine clothes, and the valet handed him the garments to put on.
122. según ... lleva: *so self-satisfied he is*
123. mendrugo ... pan: *piece of stale bread*
124. arca: *storeroom*
125. paño ... manos: *towel*
126. traspuso: *traversed*
127. credo: *"jiffy"*
128. sin ... qué: *without halting or finding any reason to.* This use of qué is common (usually *en qué, con qué, sin qué,* etc.) ; being elliptical, it would require in translating some such thing as "reason," "wherewithal," or the like as the context demands.
129. en gran ... mujeres: *deep in amorous talk with two veiled women*

Y como digo, él estaba entre ellas, hecho un Macías,[130] diciéndo-
les más dulzuras que Ovidio escribió.[131] Pero como sintieron de él
que estaba bien enternecido, no se les hizo de vergüenza[132] pedirle
de almorzar, con el acostumbrado pago.

Él, sintiéndose tan frío de bolsa como caliente del estómago, to-   5
móle tal calofrío[133] que le robó el color de la cara, y comenzó a tur-
barse en la plática y a poner excusas no válidas.

Ellas, que debían ser bien instituidas,[134] como le sintieron la enfermedad, dejáronle para el que era.

Yo, que estaba comiendo unos tronchos de berzas,[135] con los cua-   10
les me desayuné, con mucha diligencia, como mozo nuevo, sin ser
visto de mi amo, torné a casa. De la cual pensé barrer[136] alguna
parte, que bien era menester; mas no hallé con qué. Púseme a pensar
qué haría, y parecióme esperar a mi amo hasta que el día demediase,[137] y si viniese y por ventura trajese algo que comiésemos; mas   15
en vano fue mi experiencia.

Cuando vi que eran las dos, y no venía, y el hambre me aquejaba,[138] cierro mi puerta y pongo la llave donde mandó, y tórnome a
mi oficio. Con baja y enferma voz, e inclinadas mis manos en los senos, puesto Dios ante mis ojos y la lengua en su nombre, comienzo   20
a pedir pan por las puertas y casas más grandes que me parecía. Mas,
como yo este oficio lo hubiese mamado[139] en la leche, quiero decir
que lo aprendí con el gran maestro, el ciego, tan suficiente discípulo
salí que, aunque en este pueblo no había caridad, ni el año fuese
muy abundante, tan buena maña me di que, antes que el reloj diese   25
las cuatro, yo ya tenía otras tantas libras de pan ensiladas[140] en el
cuerpo, y más de otras dos en las mangas y senos.

Volvíme a la posada, y al pasar por la tripería,[141] pedí a una de

130. Macías, a fourteenth-century troubadour, is the subject of romantic legend typifying the perfect lover; hecho, "turned into"
131. Ovidio: Publius Ovidius Naso (43 B.C.–A.D. 18), author of the Art of Love,
the Metamorphoses, etc.
132. bien ... vergüenza: quite softened up, they were not slow in
133. calofrío: chill
134. instituida: experienced
135. tronchos ... berzas: cabbage stalks
136. barrer: to sweep
137. el día demediase: noon
138. me aquejaba: was assailing me
139. mamar: to suckle
140. ensiladas: stored up
141. tripería: tripe shop

aquellas mujeres, y diome un pedazo de uña de vaca con otras pocas de tripas cocidas.[142]

Cuando llegué a casa, ya el bueno de mi amo estaba en ella, doblada su capa y puesta en el poyo, y él paseándose por el patio. Como entré, vínose para mí. Pensé que me quería reñir por la tardanza; mas mejor lo hizo Dios. Preguntóme de dónde venía. Yo le dije:

—Señor, hasta que dieron las dos, estuve aquí y, cuando vi que vuestra merced no venía, fuime por esa ciudad a encomendarme a las buenas gentes, y me han dado esto que veis.

Mostréle el pan y las tripas que traía en un cabo de la falda, a lo cual él mostró buen semblante, y dijo:

—Pues, te he esperado a comer y, cuando vi que no viniste, comí. Mas tú haces como hombre de bien en eso, que más vale pedirlo por Dios que hurtarlo, y así Él me ayude como ello me parece bien. Y solamente te encomiendo que no sepan que vives conmigo, por lo que toca a mi honra, aunque bien creo que será secreto según lo poco que en este pueblo soy conocido. ¡Nunca a él yo hubiera de venir! [143]

—Pierda cuidado, señor, de eso—le dije—que maldito aquel [cuidado] que ninguno tiene de pedirme esa cuenta, ni yo de darla.

—Ahora pues, come, pecador. Que, si a Dios place, presto nos veremos sin necesidad, aunque te digo que, después que entré en esta casa, nunca me ha ido bien. Debe de ser de mal suelo.[144] Que hay casas desdichadas y de mal pie, que pegan la desdicha a los que viven en ellas. Ésta debe de ser sin duda una de ellas; mas yo te prometo, acabado el mes, no quede en ella, aunque me la den por mía.

Sentéme al cabo del poyo y, porque no me tuviese por glotón,[145] callé la merienda.[146] Y comienzo a cenar y morder en mis tripas y pan, y disimuladamente [147] miraba al desventurado señor mío, que no partía los ojos de mis faldas que a aquella sazón servían de plato. Tanta lástima tenga Dios de mí como yo tenía de él, porque sentí lo que sentía, y muchas veces había pasado por ello, y pasaba cada día. Pensaba si sería bien comedirme a convidarle; mas, por haberme dicho que había comido, temíame no aceptaría el convite. Final-

142. cocidas: *boiled*
143. ¡Nunca ... venir! *Would I had never come to it!*
144. de mal suelo, de mal pie: *unlucky*
145. glotón: *glutton*
146. merienda: *snack*
147. disimuladamente: *covertly*

mente, yo deseaba que el pecador ayudase a su trabajo del mío,[148] y se desayunase como hizo el día antes, pues había mejor aparejo, por ser mejor la vianda y menos mi hambre. Quiso Dios cumplir mi deseo, y aun pienso que el suyo. Porque, como comencé a comer y él se andaba paseando, llegóse a mí y dijo: 5

—Dígote, Lázaro, que tienes en comer la mejor gracia que en mi vida vi a hombre, y que nadie te ve hacerlo que no le pongas gana aunque no la tenga.

"La muy buena que tú tienes—dije yo entre mí—te hace parecer la mía hermosa."   10

Con todo, parecióme ayudarle, pues se ayudaba y me abría camino para ello, y díjele:

—Señor, el buen aparejo hace buen artífice. Este pan está sabrosísimo, y esta uña de vaca tan bien cocida y sazonada que no habrá a quien no convide con su sabor.   15

—¿Uña de vaca es?

—Sí, señor.

—Dígote que es el mejor bocado del mundo, y que no hay faisán[149] que así me sepa.

—Pues pruebe, señor, y verá qué tal está.   20

Póngole en las uñas la otra,[150] y tres o cuatro raciones de pan, de lo más blanco. Y asentóseme al lado, y comienza a comer, como aquel que tenía gana de ello, royendo[151] cada huesecillo de aquéllos mejor que un galgo hiciera lo suyo.

—Con almodrote—decía—es éste singular manjar.[152]   25

"Con mejor salsa[153] lo comes tú"—respondí yo paso.

—Por Dios, que me ha sabido como si no hubiera comido hoy bocado.

"¡Así me vengan los buenos años como es ello!"[153a]—dije yo entre mí.

Pidióme el jarro de agua, y díselo como lo había traído. Es señal   30 que, pues no le faltaba el agua, a mi amo no le había sobrado la comida.

148. ayudase ... mío: *to help out* (ease) *his trouble with* [*the fruit of*] *mine* (my work)
149. faisán: *pheasant*
150. Untranslatable pun: *I place in his claws the other* (the cow's hoof)
151. royendo: *gnawing*
152. Con ... manjar: *With garlic sauce this is a wonderful dish.*
153. Lázaro is referring to the proverb, "Hunger is the best sauce."
153a. ¡Así ... ello!: *May I prosper as sure as that's the truth!*

Bebimos, y muy contentos nos fuimos a dormir como la noche pasada.

Y por evitar prolijidad, de esta manera estuvimos ocho o diez días, yéndose el pecador en la mañana con aquel contento y paso contado a papar aire por las calles, teniendo en el pobre Lázaro una 5 cabeza de lobo.[154]

Contemplaba muchas veces mi desastre que, escapando de los amos ruines que había tenido, y buscando mejoría, viniese a topar con quien no sólo no me mantuviese, mas a quien yo había de mantener. Con todo, le quería bien con ver que no tenía ni podía más. 10 Y antes le tenía lástima que enemistad, y muchas veces, por llevar a la posada con qué él lo pasase, yo lo pasaba mal.

Porque una mañana, levantándose el triste en camisa, subió a lo alto de la casa y, en tanto, yo, por salir de sospecha, desenvolvíle[155] el jubón y las calzas que dejó a la cabecera, y hallé una bolsilla de 15 terciopelo raso, hecha cien dobleces,[156] y sin maldita la blanca ni señal que la hubiese tenido mucho tiempo.

"Éste—decía yo—es pobre, y nadie da lo que no tiene. Mas el avariento ciego y el malaventurado[157] mezquino clérigo que, con dárselo Dios a ambos, al uno de mano besada y al otro de lengua 20 suelta,[158] me mataban de hambre, a aquéllos es justo desamar,[159] y aquéste es de haber mancilla."

Dios me es testigo que hoy día, cuando topo con alguno de su hábito con aquel paso y pompa, le tengo lástima, con pensar si padece lo que a aquél vi sufrir. Al cual, con toda su pobreza, holgaría más 25 de servir que a los otros, por lo que he dicho. Sólo tenía de él un poco de descontento: que quisiera yo que no tuviera tanta presunción,[160] mas que abajara un poco su fantasía con lo mucho que subía su necesidad.[161] Mas, según me parece, es regla ya entre ellos usada y guardada: aunque no haya cornado de trueco, ha de andar el birrete en 30

---

154. paso … lobo: *deliberate pace to idle about the streets, having in poor Lázaro a cat's-paw*

155. desenvolver: *to unfold*

156. una … dobleces: *a threadbare velvet purse crumpled into a hundred wrinkles*

157. malaventurado: *ill-fated*

158. con … suelta: *with God giving plenty to both, to one freely and without his working for it* (de mano besada) *and to the other through his glib tongue*

159. desamar … mancilla: *to detest, and this one is to be pitied*

160. presunción: *conceit*

161. que abajara … necesidad: *to bring down, just a little, his presumption to meet his growing, rising need*

su lugar.[162] El Señor lo remedie, que ya con este mal han de morir.

Pues, estando yo en tal estado, pasando la vida que digo, quiso mi mala fortuna (que no era satisfecha de perseguirme) que no durase en aquella trabajosa y vergonzosa vivienda.[163] Y fue, como el año en esta tierra fuese estéril de pan, acordaron el Ayuntamiento [164] que todos los pobres extranjeros [165] se fuesen de la ciudad, con pregón que el que de allí adelante topasen fuese punido con azotes. Y así, ejecutando la ley, cuatro días después que se dio el pregón, vi llevar una procesión de pobres azotando por las Cuatro Calles,[166] lo cual me puso tan gran espanto que nunca osé desmandarme a demandar.[167]

Aquí viera, quien verlo pudiera, la abstinencia de mi casa y la tristeza y silencio de los moradores de ella, tanto, que nos acaeció estar dos o tres días sin comer bocado ni hablar palabra. A mí diéronme la vida unas mujercillas hilanderas [168] de algodón que hacían bonetes y vivían par de nosotros, con las cuales yo tuve vecindad y conocimiento. Que de la laceria que les traían [sus clientes] me daban alguna cosilla, con la cual muy pasado me pasaba.[169]

Y no tenía tanta lástima de mí como del lastimado de mi amo, que en ocho días maldito el bocado que comió. A lo menos en casa bien los estuvimos sin comer. No sé yo cómo o adónde andaba, y qué comía. ¡Y verle venir a mediodía la calle abajo, más largo que galgo de buena casta! [170] Y por lo que toca a su negra que dicen honra, tomaba una paja, de las que no había aun bastantes en casa, y salía a la puerta escarbando [171] los que nada tenían entre sí, quejándose todavía de aquel mal solar, diciendo:

—Malo está de ver que la desdicha de esta vivienda lo hace.[172] Como ves, es lóbrega, triste, obscura. Mientras aquí estemos, hemos de padecer. Ya deseo que se acabe este mes por salir de ella.

Pues, estando en esta afligida y hambrienta persecución, un día,

162. aunque ... lugar: *even though there's not a penny in change* [*in his pocket*], *his hat must be proudly cocked on his head*
163. vivienda: *dwelling*
164. Ayuntamiento: *city administration*
165. extranjeros: (here) *non-Toledans*
166. A plaza in Toledo
167. desmandarme: *be so imprudent as* [*to*]. The pairing of similar words is untranslatable.
168. hilandera: *spinner*
169. muy ... pasaba: *I just barely got along*
170. más ... casta: *with freer stride than a purebred greyhound*
171. escarbando: *picking* (teeth)
172. Malo ... hace: *It's evil to see how this house's bad luck causes it* (i.e., evil) .

no sé por qué dicha o ventura, en el pobre poder de mi amo entró
un real. Con el cual vino a casa tan ufano como si tuviera el tesoro
de Venecia y, con gesto muy alegre y risueño, me lo dio, diciendo:
—Toma, Lázaro, que Dios ya va abriendo su mano. Ve a la plaza
y compra pan y vino y carne; ¡quebremos el ojo al diablo! [173] Y más   5
te hago saber, porque te huelgues, que he alquilado otra casa, y en
esta desastrada [174] no hemos de estar más que cumplido el mes. ¡Maldita sea ella y el que en ella puso la primera teja,[175] que con mal
[pie] entré en ella! Por nuestro Señor, cuanto ha que en ella vivo,
gota de vino ni bocado de carne no he comido, ni he tenido descanso   10
alguno; mas, ¡tal vista tiene y tal obscuridad y tristeza! Ve y ven
presto, y comamos hoy como condes.

Tomo mi real y jarro y, dándoles prisa a los pies, comienzo a subir
mi calle, encaminando mis pasos para la plaza, muy contento y alegre. Mas ¿qué me aprovecha, si está constituido en mi triste fortuna   15
que ningún gozo me venga sin zozobra? [176] Y así fue éste. Porque,
yendo la calle arriba, echando mi cuenta [177] en lo que le emplearía,
porque fuese mejor y más provechosamente gastado, dando infinitas
gracias a Dios que a mi amo había hecho con dinero, a deshora [178]
me vino al encuentro un muerto que traían muchos clérigos y gente   20
por la calle abajo.

Arriméme a la pared, por darles lugar,[179] y, cuando el cuerpo pasó,
venía par de las andas [180] una que debía ser la mujer del difunto,
cargada de luto (y con ella otras muchas mujeres), la cual iba llorando a grandes voces y diciendo: 25
—Marido y señor mío, ¿adónde os me llevan? ¡A la casa triste y
desdichada, a la casa lóbrega y obscura, a la casa donde nunca comen ni beben!

Yo que oí aquello, juntóseme el cielo con la tierra,[181] y dije:
"¡Oh desdichado de mí, para mi casa llevan este muerto!"   30
Dejo el camino que llevaba, y hendí por medio de la gente, y
vuelvo por la calle abajo a todo el más correr que pude para mi casa.

173. ¡quebremos ... diablo! *let's put the devil's eye out!* The expression is colloquial but not as slangy as "Let's shoot the works!"
174. desastrada: *disastrous*
175. teja: *tile* (of roof)
176. zozobra: *anxiety, worry*
177. echar cuenta: *to figure*
178. a deshora: *inopportunely*
179. Most of Toledo's streets are extremely narrow, and Lázaro had to squeeze
close to the wall to let the procession by.
180. andas: *litter, bier*
181. juntóseme ... tierra: *it was as if the heavens had fallen on me*

Y entrando en ella, cierro a grande prisa, invocando el auxilio y favor de mi amo, abrazándome de él, que me venga a ayudar y defender la entrada. El cual algo alterado, pensando que fuese otra cosa, me dijo:

—¿Qué es eso, mozo? ¿Qué voces das? ¿Qué tienes? ¿Por qué cierras 5 la puerta con tal furia?

—¡Oh señor!—dije yo—¡acuda aquí, que nos traen acá un muerto!

—¿Cómo así?—respondió él.

—Aquí arriba los encontré, y venía diciendo su mujer: "Marido y señor mío, ¿adónde os llevan? ¡A la casa lóbrega y obscura, a la 10 casa triste y desdichada, a la casa donde nunca comen ni beben!" Acá, señor, nos le traen.

Y ciertamente, cuando mi amo oyó esto, aunque no tenía por qué estar muy risueño, rió tanto que muy gran rato estuvo sin poder hablar. En este tiempo tenía yo echada la aldaba [182] a la puerta, y 15 puesto el hombro en ella por más defensa. Pasó la gente con su muerto, y yo todavía me recelaba que nos le habían de meter en casa. Y cuando fue ya más harto de reír que de comer, el bueno de mi amo díjome:

—Verdad es, Lázaro, según la viuda lo va diciendo, tú tuviste 20 razón de pensar lo que pensaste; mas, pues Dios lo ha hecho mejor y pasan adelante, abre, abre, y ve por de comer.

—Déjalos, señor, que acaben de pasar la calle—dije yo.

Al fin vino mi amo a la puerta de la calle, y ábrela esforzándome,[183] que bien era menester, según el miedo y alteración, y me 25 torno a encaminar.

Mas, aunque comimos bien aquel día, maldito el gusto yo tomaba en ello, ni en aquellos tres días torné en mi color. Y mi amo muy risueño todas las veces que se le acordaba aquella mi consideración.

De esta manera estuve con mi tercero y pobre amo, que fue este 30 escudero, algunos días, y en todos deseando saber la intención de su venida y estada [184] en esta tierra. Porque, desde el primer día que asenté con él, le conocí ser extranjero, por el poco conocimiento y trato que tenía con los naturales de ella.

Al fin se cumplió mi deseo y supe lo que deseaba. Porque un día 35 que habíamos comido razonablemente y estaba algo contento, contóme su hacienda [185] y díjome ser de Castilla la Vieja, y que había

182. aldaba: *bolt* (on door)
183. esforzándome: *forcing me aside*
184. estada: *stay, residence*
185. hacienda: (here) *background*

dejado su tierra no más de por no quitar el bonete a un caballero, su vecino.[186]

—Señor—dije yo—si él era lo que decís, y tenía más que vos, no errabais en quitárselo primero, pues decís que él también os lo quitaba.   5

—Sí es, y sí tiene, y también me lo quitaba a mí. Mas, de cuantas veces yo se le quitaba primero, no fuera malo comedirse él alguna [vez] y ganarme por la mano.[187]

—Paréceme, señor—le dije yo—que yo no mirara en eso, mayormente con mis mayores que yo y que tienen más.   10

—Eres muchacho—me respondió—y no sientes las cosas de la honra, en que el día de hoy está todo el caudal de los hombres de bien. Pues, hágote saber que yo soy, como ves, un escudero; mas vótote a Dios, si al conde topo en la calle y no me quita muy bien quitado del todo el bonete, que la próxima vez que venga, me sepa   15
yo entrar en una casa, fingiendo yo en ella algún negocio, o atravesar otra calle, si la hay, antes que llegue a mí, por no quitárselo. Que un hidalgo no debe nada a otro que a Dios y al rey, ni es justo, siendo hombre de bien, que se descuide un punto de tener en mucho su persona. Acuérdome que deshonré [188] en mi tierra a un oficial, y   20
quise poner en él las manos, porque cada vez que me topaba me decía: "Mantenga Dios a vuestra merced." "Vos, don villano ruin— le dije yo—¿por qué no sois bien criado? ¿'Manténgaos Dios' me habéis de decir, como si fuese quienquiera?" [189] De allí adelante, de aquí acullá me quitaba el bonete, y hablaba como debía.   25

—¿Y no es buena manera de saludar un hombre o otro—dije yo —decirle que le mantenga Dios?

—¡Mira mucho de enhoramala! [190] —dijo él. —A los hombres de poca arte [191] dicen eso; mas a los más altos, como yo, no les han de hablar menos de: "Beso las manos de vuestra merced," o por lo   30
menos: "Bésoos, señor, las manos," si el que me habla es caballero. Y

---

186. no más ... vecino: *for no better reason than not to doff his hat to a* caballero *neighbor of his*

187. ganarme ... mano: *do it first*

188. deshonré: *I dishonored.* He uses the word to express the sixteenth-century point of view; we should understand, more objectively, "snubbed" or "slighted." The whole passage is a satire on the hypersensitivity toward the concept of honor, emphasizing the triviality of much of it.

189. quienquiera: *a nobody*

190. enhoramala: *confound it all!*

191. arte: (here) *standing, rank*

así, a aquél de mi tierra que me atestaba [192] de mantenimiento, nunca más le quise sufrir, ni sufriría, ni sufriré a hombre del mundo, del rey abajo, que me diga "Manténgaos Dios."
"Pecador de mí—dije yo entre mí—por eso tiene tan poco cuidado de mantenerte, pues no sufres que nadie se lo ruegue."   5
—Mayormente—dijo—que no soy tan pobre que no tengo en mi tierra un solar de casas, que a estar [193] ellas en pie y bien labradas (diez y seis leguas de donde nací, en aquella costanilla [194] de Valladolid), valdrían más de doscientos mil maravedíes, según se podrían hacer grandes y buenas. Y tengo un palomar que, a no estar derri- 10 bado como está, daría cada año más de doscientos palominos. Y otras cosas, que me callo, que dejé por lo que tocaba a mi honra.

He says further that he came to Toledo seeking honorable position with some great noble or prelate (thus affording occasion for another satiric passage, this on courtiers and clergy). His landlord comes to collect the rent, and an old woman the rent of the bed; the escudero *tells them to come back that afternoon, by which time he will have the right change. But by the afternoon the* escudero *had vanished.*

Así, como he contado, me dejó mi pobre tercer amo, de lo que acabé de conocer mi ruin dicha. Pues, señalándose todo lo que podía contra mí, hacía mis negocios tan al revés [195] que los amos, que suelen 15 ser dejados de los mozos, en mí no fuese así, mas que mi amo me dejase y huyese de mí.

The fourth and shortest chapter of the book mentions Lázaro's next master, a Mercedarian friar, a very poor specimen of the order. His fifth master was a pardoner (cf. Chaucer's Canterbury Tales, *"The Pardoner") whose ingenuity in selling papal indulgences was unsurpassed. Lázaro relates some of his tricks observed in the four months of his stay, and then moves on to serve a master drum painter, only to abandon him for a chaplain who outfitted him with a donkey, some water jugs, and a whip, and sent him out to sell drinking water. It was, according to Lázaro, his first step toward attaining "the good life," because his mouth got its measure, as he*

192. atestar: *to cram full*
193. a estar, a no estar: *if they were, if it were not. A* plus infinitive equals *si* plus past subjunctive in many contexts.
194. costanilla: *a steep, narrow street*
195. al revés: *backwards, reversed*

puts it. So well did he do with this job that in four years he saved enough to dress well in secondhand clothes and even a cape and a sword. Having reached this dizzy height of prosperity, he returned the donkey, etc., to his master and quit his job.

TRATADO SÉPTIMO

Cómo Lázaro se asentó con un alguacil, y de lo que le acaeció con él [y luego con el Arcipreste]

Despedido del capellán, asenté por hombre de justicia con un alguacil. Mas muy poco viví con él, por parecerme oficio peligroso. Mayormente, que una noche nos corrieron a mí y a mi amo a pedradas y a palos unos retraídos.[196] Y a mi amo, que esperó, trataron mal; mas a mí no me alcanzaron. Con esto renegué[197] del trato. 5

Y pensando en qué modo de vivir haría mi asiento[198] por tener descanso y ganar algo para la vejez, quiso Dios alumbrarme[199] y ponerme en camino y manera provechosa.[200] Y con favor que tuve de amigos y señores, todos mis trabajos y fatigas, hasta entonces pasados, fueron pagados con alcanzar lo que procuré, que fue un oficio 10 real,[201] viendo que no hay nadie que medre, sino los que le tienen. En el cual el día de hoy vivo y resido a servicio de Dios y de vuestra merced. Y es que tengo cargo de pregonar los vinos que se venden en esta ciudad, y en almonedas,[202] y cosas perdidas, acompañar a los que padecen persecuciones por justicia,[203] y declarar a voces sus deli- 15 tos: pregonero, hablando en buen romance.

Hame sucedido tan bien, y yo le he usado tan fácilmente, que casi todas las cosas tocantes al oficio pasan por mi mano. Tanto, que en toda la ciudad el que ha de echar vino a vender, u otra cosa, si

196. retraídos: *malefactors*
197. renegué: *I reneged*
198. haría ... asiento: *I should settle on*
199. alumbrarme: *to light my way*
200. Both nouns are modified by *provechosa*.
201. oficio real: *government job*—the goal of many a Spaniard. As will be seen, it was the post of town crier (*pregonero*), which ranked only slightly above that of hangman, the lowest (and with which the crier's work was connected) in public opinion.
202. almonedas: *auctions*
203. An echo from *Tratado Primero*, where he uses the same phrase. See first paragraph of that chapter, p. 167.

Lázaro de Tormes no entiende en ello, hacen cuenta de [204] no sacar provecho.

En este tiempo, viendo mi habilidad y buen vivir, teniendo noticia de mi persona, el señor Arcipreste de San Salvador,[205] mi señor, y servidor y amigo de vuestra merced, porque le pregonaba sus vinos, 5 procuró casarme con una criada suya. Y visto por mí que de tal persona no podía venir sino bien y favor, acordé de hacerlo.

Y así me casé con ella, y hasta ahora no estoy arrepentido. Porque, además de ser buena hija y diligente, servicial,[206] tengo en mi señor arcipreste todo favor y ayuda. Y siempre en el año le da en 10 veces al pie de [207] una carga de trigo, por las pascuas [208] su carne, y cuando el par de los bodigos,[209] las calzas viejas que deja. E hízonos alquilar una casilla par de la suya. Los domingos y fiestas, casi todas, comíamos en su casa.

Mas malas lenguas, que nunca faltaron ni faltarán, no nos dejan 15 vivir, diciendo no sé qué, y sí sé, que ven a mi mujer ir a hacerle la cama, y guisarle de comer.[210] Y mejor les ayude Dios que ellos dicen la verdad. Porque, además de no ser ella mujer que tome gusto de estas burlas, mi señor me ha prometido lo que pienso cumplirá. Que él me habló un día muy largo delante de ella, y me dijo: 20

—Lázaro de Tormes, quien ha de mirar a dichos de malas lenguas, nunca medrará. Digo esto porque no me maravillaría alguno,[211] viendo a tu mujer entrar en mi casa y salir de ella. Ella entra muy a tu honra y suya, y esto te lo prometo. Por tanto, no mires a lo que pueden decir, sino a lo que te toca, digo, a tu provecho. 25

—Señor—le dije—yo determiné de arrimarme a los buenos. Verdad es que algunos de mis amigos me han dicho algo de eso, y aun por más de tres veces me han certificado que, antes que casase conmigo, había parido tres veces, hablando con reverencia de vuestra merced, porque ella está delante. 30

---

204. no ... de: *hasn't a hand in it, they can count on*
205. Name of a parish and church in Toledo
206. servicial: *obliging*
207. en el año ... de: *in the course of the year he gives her now and then something like*
208. pascuas: Major feast days: Easter, Whitsuntide (Pentecost), Christmas, Epiphany (Jan. 6); also, period between Christmas and Epiphany.
209. y ... bodigos: *and now and then a couple of votive loaves* (fine quality bread offered in gratitude for answer to prayer)
210. guisarle de comer: *to cook for him*
211. alguno: i.e., *if someone did gossip*

Entonces mi mujer echó juramentos sobre sí,[212] que yo pensé la casa se hundiera con nosotros. Y después tornóse a llorar y a echar maldiciones sobre quien la había casado conmigo. En tal manera que [yo] quisiera ser muerto, antes que se me hubiera soltado aquella palabra de la boca. Mas yo de un lado, y mi señor del otro, tanto le 5 dijimos y otorgamos que cesó su llanto, con juramento, que le hice, de nunca más en mi vida mentarle nada de aquello, y que yo holgaba y tenía por bien de que ella entrase y saliese, de noche y de día, pues estaba bien seguro de su bondad. Y así quedamos todos tres bien conformes. 10

Hasta el día de hoy nunca nadie nos oyó sobre el caso; antes, cuando siento que alguno quiere decir algo de ella, le atajo y le digo:

—Mira, si sois mi amigo, no me digáis cosa con que me pese, que no tengo por mi amigo al que me hace pesar. Mayormente, si me quieren meter mal con mi mujer. Que es la cosa del mundo que yo 15 más quiero, y la amo más que a mí. Y me hace Dios con ella mil mercedes y más bien que yo merezco. Que yo juraré sobre la hostia consagrada [213] que es tan buena mujer como vive dentro de las puertas de Toledo. Y quien me diga otra cosa, yo me mataré con él.[214]

De esta manera no me dicen nada, y yo tengo paz en mi casa. 20

Esto fue el mismo año que nuestro victorioso emperador entró en esta insigne ciudad de Toledo y tuvo en ella cortes, y se hicieron grandes regocijos y fiestas,[215] como vuestra merced habrá oído.

Pues en este tiempo estaba en mi prosperidad, y en la cumbre [216] de toda buena fortuna. 25

212. echó ... sí: *swore and cursed so*
213. hostia consagrada: *consecrated Host* (wafer or bread of Communion)
214. yo ... él: *I'll fight him*
215. Carlos V held court in Toledo in both 1525 and 1538. The former is more probable, especially if *victorioso* is literally meant. In that year the Spanish armies won the battle of Pavia (Italy) and took Francis I of France prisoner, "causing great rejoicing and celebrations."
216. cumbre: *peak*. If Lázaro considers these circumstances the peak of good fortune, his standards are so low that the statement is profoundly ironic.

The Theater Before Lope de Vega

The earliest plays in Spanish (we exclude here the many written in Latin for schools and universities and churches) were liturgical and Biblical in theme. They have disappeared in the course of the centuries, with only a fragment of one remaining, the *Auto de los Reyes Magos* (*ca.* 1200), in some 147 lines. The title reveals the subject—the coming of the three wise men to worship the infant Jesus, guided by the star to Bethlehem. Little else is known of those old plays than brief mention, in the *Siete partidas* of Alfonso el Sabio, of mystery plays and farces (*juegos de escarnio*); the latter were slapstick, low comedy playlets based on peasant life and the like, and were performed both inside and outside of churches.

Juan del Encina (*ca.* 1469–1529)

This is the first dramatic author known by name. Born about the time Fernando and Isabel were married, he graduated from Salamanca, and then entered the service of the Duke of Alba as musician and poet. In the ducal palace at Alba de Tormes, not far from where Lázaro says he was born and also not far from the Augustinian retreat of "La Flecha" so beloved of Luis de León (born near the end of Encina's life), Juan del Encina presented two little playlets, which he calls "eclogues," on Christmas Eve in 1492. They are simple dialogues between two shepherds, without dramatic action; the first *égloga* serves as introduction to the second, which depicts the rejoicing of the shepherds at the news of Christ's birth and their departure for Bethlehem to worship Him. As may be inferred, Encina's secularization of the drama was still a compromise. His pieces have religious themes, but are performed before a lay audience in a noble palace, not in church. The drama is not yet a public spectacle.

All but three of Encina's plays end with music, song, and dance; nearly all contain shepherd personages (and none but shepherds in most), and these pastoral folk are authentic and real in feeling and in language. Each new piece represents an advance over its predecessors, and as a whole Encina's dramatic production holds at least the germs of the major themes to be developed by other and greater men.

Bartolomé de Torres Naharro

Virtually nothing is known of his life, except that he lived for about nineteen years in Rome and Naples. Some say that he died about 1524, others put it at 1531, but no one has risked even a fantastic guess on his birth date. Shipwrecked once and captured by pirates, he was held prisoner in Algiers, as Cervantes was to be a half-century later. Finally ransomed, he was ordained and began his residence in Italy. His first work, *Propaladia* (i.e., First Fruits of Pallas—his muse), was published in Naples in 1517. It contains several pieces, but its *Proemio* is best known because it amounts to a statement of dramatic principles, and Torres Naharro was the first Spaniard to theorize on the subject.

His ideas are based on classical models, particularly on Horace (Torres Naharro was an erudite Renaissance scholar). The comedy must have a happy ending, five acts, from six to twelve characters ("not so few as to make the piece seem dull, nor so many as to create confusion"); and of course it must conform to the classical unities of time and place.[1] His plays, by the way, do not always reflect full adherence to his own theories. But they do possess, as a rule, carefully worked-out plot, good characterization, fidelity to reality, human interest in dramatic action, real humor (and the original creation of the *gracioso*, a type so important in the Golden Age theater), and genuine motivation. Torres Naharro was the first true dramatic genius of Spain. In several of his plays he anticipated the *comedia de capa y espada* of the next century. So this man brought truly dramatic action to the stage, using materials taken from reality and recreated in a way that, at least in those early days of the theater, gave the illusion of watching real life on the boards.

This realistic tradition is the one destined to triumph over the

---

1. Aristotle specifies only one, that of Action. He also remarks, simply as an observed fact and not as a rule laid down, that tragedy tries to keep within a single circuit of the sun. It was the Italian translators and commentators of Aristotle's *Poetics* in the sixteenth century who originated the notion of the "Unities of Time and Place," not the ancient Greek philosopher and critic.

high-flown kind of play that appealed only to the self-consciously sophisticated intellectuals. The stage was still in a primitive state, so bare and lacking in what we are accustomed to consider the essentials that it seems surprising to find even a few good plays before the mid-sixteenth century.

Lope de Rueda (died 1565)

Perhaps before 1550, but at latest in the 1550's, he rose to fame in theatrical circles by his troupe of actors, and to more enduring fame through his plays. In his day no theater building existed; all public performances took place in a patio or a vacant lot, or at the dead end of a street or in a public square. In Sevilla and Madrid Lope de Rueda and his company would set up a platform supported on barrelheads or trestles, and with their very scanty material equipment would present his *comedias,* with a *paso* in the intervals between the acts of the longer play. A famous witness of these performances, Miguel de Cervantes, has left an account of his experience as a boy of ten or twelve, when he stood in the public square of Valladolid to watch the popular actor-manager-author. Long after the event the great novelist wrote in the preface to his *Ocho comedias y ocho entremeses* (1615) the words here translated:

"In the time of this celebrated Spaniard all the properties of a theatrical manager could be contained in a sack, and consisted of four [2] white pelisses [coats with fur or fleece outside] trimmed with gilded leather, and four beards and wigs, and four staffs, more or less. They were set off and expanded by two or three interludes [*pasos,* which in Cervantes' time were called *entremeses*], either the 'Negress' or the 'Ruffian' or the 'Fool' or the 'Biscayan,' for these four characters and many others the said Lope acted with the greatest skill and propriety that one can imagine. At that time there were no *tramoyas* [pieces of stage machinery], nor battles of Moors and Christians, afoot or ahorse; there was no figure that came out, or seemed to, from the center of the earth through the hollow of the stage [i.e., from under the stage through a hole in it], which at that time consisted of four benches arranged in a square with four to six planks upon them, raised about a yard above the ground, nor did clouds with angels and souls descend from the heavens. The furnishings of the stage were an old woolen blanket drawn from one side to the other by two cords, forming what is called a dressing room, behind which were the musicians singing some old ballad without a guitar. . . .

"Lope de Rueda was succeeded by Navarro, a native of Toledo, famous

2. When a Spaniard says "four," he usually means vaguely "just a few."

in the role of the cowardly ruffian; this man improved somewhat the furnishings of the plays, and instead of the sack of costumes used coffers and
trunks; he brought the musicians out from behind the curtain [3] . . . upon
the stage; he removed the players' beards (for up to that time no actor
appeared on the stage without a false beard), except for those who played
old men or other roles requiring facial disguise; he also invented stage
machinery, clouds, thunder and lightning,[4] challenges and combats; but
all this did not attain the sublime excellence of today."

Although Lope de Rueda's company was small, it was among the
largest known at that time. The *juglar* of the Middle Ages was now
replaced by the actor as the purveyor of public entertainment. Individual entertainers recited dramatic pieces, acting out the parts in
a one-man show; and there were groups of two, four, five, or more
(even as many as a score in a company) making the rounds of Spanish towns and cities. It is interesting to note that by the middle of
the sixteenth century women were taking part in public theatrical
performances in Spain, whereas the earliest known appearance of
an actress on the English stage was in 1656, a century later.

Rueda's longer plays, *comedias,* are of less interest now than they
were then. They contributed nothing to the development of the
Spanish drama; but his one-act farces, *pasos,* are excellent. Comic
in nature, these are vivid scenes from the everyday life of humble
folk, with realistic characterization and language and real humor.
The best known, the *Paso de las aceitunas,* is typical: a simple, elderly peasant and his stubbornly opinionated wife argue about an
olive slip he has just planted. She says it will bear superlative olives
in six or seven years, and he will take the six or eight bushels of
olives to market, where their daughter will sell them at a very good
price. He retorts that the price she mentions is sheer robbery and
will cost him a fine. The wife makes the daughter agree to sell the
olives at her price, the father presses her to sell at his figure, and in
the arguing the girl gets a beating from both parents. The noise
brings in a neighbor, the case is put to him, he offers to buy the
olives at a reasonable price and asks to see them. Astonished when
he learns the facts, he points out their idiocy and imposes peace in
the family.

3. The curtain here mentioned was at the left or right, or both sides, of the
stage; there was no forecurtain separating actors from audience until the eighteenth century.
4. Thunder was made by rolling a barrel filled with stones, beneath the platform, and lightning by setting off a rocket. Cervantes' own plays contain explicit
stage directions in detail, e.g., claret to be used for blood.

In his creation of such farces, full of life and humor, Lope de Rueda initiated what came to be called the *género chico* (*género grande* is the term for the full-length plays), traditional and popular ever since in Spain. In the seventeenth century, with great advances in technique, such playlets were known by the word *entremés* (cf. Cervantes' book mentioned above); in the eighteenth, with adaptation to changing customs, it became the *sainete,* and continues today in various forms.

Lope de Rueda, then, brought the drama into the public marketplace for all to see, regardless of rank and privilege. The enthusiasm engendered by his little plays stimulated such production of dramas and farces as had never before been known in his country.

Juan de la Cueva (*ca.* 1550–1620)

A Sevillan, he was the first to dramatize some of Spain's national legends. Already nearly all full-length plays were written in verse, and he broadened the range of verse forms in the drama. He was the first to mingle tragic and comic elements on the stage (we cannot count the *Celestina* here) and noble with commoner, as well as the first to present scenes of real violence in public (beheadings, murders, and mayhem). Popular and full of novelty as his plays were, they are awkward by comparison with those of Lope de Vega at the end of the century.

Miguel de Cervantes Saavedra (1547–1616)

The great novelist wrote a number of plays in the classical manner, and not bad ones either, but was never successful with them, largely because tastes were changing under the guidance of Lope de Vega. Cervantes' *entremeses* are among the best of the kind, but all his writings in various genres, except the *Quijote,* are so overshadowed by that novel that little attention can be spared them here. His views on the theater were too conservative for his work therein to have influenced dramatic development.

Establishment of the First Permanent Theaters

The royal court moved from Valladolid to Madrid in 1561, to remain there except for a brief return to Valladolid early in the seventeenth century. Madrid had of course seen companies of strolling players before 1560, but now, with the rapid growth of the city in consequence of becoming the national capital, the demand for public entertainment and particularly for theatrical performances increased to the point where it became necessary to have some fixed site for them. There was no building in Spain designed for indoor performances, but only *corrales* of the various kinds mentioned in the first paragraph on Lope de Rueda, above.[5] The establishment of permanent theaters in Madrid, as in London some years later, originated in the needs of charitable organizations.

Some citizens of Madrid in 1565 founded a *cofradía* (brotherhood) for the purpose of feeding and clothing the poor; its scope was soon broadened to include a hospital for poor women, and, as usual, funds proved inadequate. The *cofradía* was granted the monopolistic privilege of supplying a suitable place for the presentation of all plays in the capital and of using for its philanthropic aims the funds thus obtained. Three *corrales* were prepared. The *corral* was a vacant lot between two buildings and backing against the rear of a third, and construction was limited to a fixed stage at the latter point. Benches filled part of the open space in front of the stage, with standing room behind them; the wealthier patrons could sit at the balcony windows of the adjacent houses, the owners of which paid annual sums to the *corral* management. Actors' dressing rooms were formed simply by curtains at either side of the stage.

As for the stage itself, little need be said. It was bare of scenery, with a curtain at each side and a wall at the back, and with a door or two (usually two) and a window or so, the latter barred by the customary *reja*. As the action of the play required, a personage might eavesdrop on others from behind one of the side curtains, which in turn might represent the foliage of a forest, or a wall, or anything else needed by the author's imagination. Whatever the setting, as a rule some lines of the speeches would indicate its nature. If, for example, two men are supposed to be strolling along a street and then are to turn into another, their conversation will so inform the audience (for the actors merely move slowly across the stage and remain in full view); if they enter a house and the next scene must be inside that house, they go offstage by one door and emerge

5. The first building designed for indoor theatrical spectacles was erected by Andrea Palladio in Vicenza, Italy, in 1580. It was long before any other edifice for such purposes was built in Europe.

through the other, mentioning as they reappear that they are now inside. The student must bear in mind one invariable convention: whenever the stage was cleared of all actors, it was understood that the following scene would be in some different place from the preceding. As long as one or more personages remained on the stage, the locale remained the same. With such demands for the audience's collaboration with the author and his actors, it is not surprising that the spectator felt himself drawn more intimately into the play and thereby more personally involved. The result was a heightening of the public's love of the theater.

The "theater" had no roof, and so was subject to the inclemencies of the weather. Profits declined, naturally, when performances were rained out. Nevertheless, the *cofradía* was reluctant to incur the added expense of any kind of roof. Only the popularity of an Italian company, whose director, Ganassa, insisted on the protection of a roof for his actors, forced the erection of a cover over the stage. Even the addition of an awning over part of the patio was hardly adequate. A better theater was constructed some five years later (1579) in the Calle de la Cruz, taking its name, Corral de la Cruz, from the street name. The old Corral de la Pacheca, when rebuilt on the former site in the Calle del Príncipe, became the Corral del Príncipe. As can be inferred, the term *corral*, originally meaning the open lot where the stage was set up, came to be used in our sense of "theater"; *teatro* in those days meant merely the stage, and did not replace *corral* in the meaning of "theater" until late in the seventeenth century. So by 1580, when Palladio built his Teatro Olimpico in Vicenza, Madrid had two *corrales de comedias,* neither one a building, actually. Other Spanish cities had similar locales for similar purposes—one or two, depending on the size of the city and its demand for dramatic entertainment.[6] Such was the situation found by Lope de Vega when he entered on his incredible career in 1585, opening a new era in the Spanish drama—which we shall look at a little later.

6. In the little city of Almagro (which turns up in the play by Lope de Vega which we shall read), in the province of Ciudad Real to the south of Toledo, there stands a reconstructed late-sixteenth-century *corral de comedias* in which Golden Age plays have been successfully presented.

Cervantes and the Modern Novel

Miguel de Cervantes was born at Alcalá de Henares in 1547, to a family that was poor, although of good blood. His father was a surgeon—not a highly respected calling in those days—and in quest of more comfortable circumstances he moved from city to city. So the boy's education was irregular—in Valladolid, in Sevilla, later in the school of the celebrated Juan López de Hoyos in Madrid. By all accounts he had a lively curiosity and read everything he encountered, even papers he picked up in the streets.

He went to Italy in 1569, as a member of Cardinal Acquaviva's retinue, learned Italian and read widely in that literature, a mental broadening which had its influence in his subsequent literary productions, and which is reflected in his many references to Italian authors. He must have learned a great deal more about human nature than he would have done staying at home. His service in the Spanish forces in Italy (1570–1575) seems not to have hindered such pursuits.

He took part in the battle of Lepanto (1571, off the Greek islands; long regarded as one of the major decisive battles of history) even though he was sick of a fever and had been ordered to stay below decks, and he was wounded in the chest and the left hand. The more dangerous wound healed, but his hand was left permanently crippled, affording him great pride in the epithet "el manco de Lepanto," having won his scars, he says, "en la más alta y memorable ocasión que vieron los siglos pasados ni esperan ver los venideros." Out of hospital after six months, he participated also in expeditions against Corfu, Navarino, and Tunis.

Provided with eulogistic letters from both Don Juan de Austria, his commander-in-chief at Lepanto, and the viceroy of Sicily, Miguel and his brother Rodrigo sailed for home in 1575, Miguel planning to raise a company of soldiers and continue his military career. But en route their ship was captured by pirates and the travelers taken as prisoners to Algiers. Rodrigo was ransomed after only two years, but Miguel's letters caused the pirates to overestimate his value, and the Cervantes family was incapable of scraping together half the sum demanded.

Cervantes attempted escape on several occasions, assuming all blame when his efforts failed and he and his companions were caught. Sold as an intractable slave to the Pasha Hassan of Algiers, he was treated better, and was even shown respect for his bravery, dignity, and intelligence—qualities highly valued by the Moors. Just as the Pasha was about to move to Constantinople, the Trinitarian friars managed to secure his release by partial payment. Cervantes was back at home in 1580.

He had been away too long; his gallant exploits had been forgotten, and he found it impossible to get even the meanest of government jobs. So he turned to writing as a last resort to earn a living.

Cervantes thought of literature as many a new writer has done—a means of expressing ideal states and aims, not a vehicle for familiar experience. He wrote some plays, but with little profit. In 1585 he published a pastoral romance called *La Galatea*. This was natural, for the current of taste was momentarily running against realism; romances of knights-errant and of shepherds were in vogue, and idealistic "escape fiction" suited the ex-soldier's own temperament. He wrote considerable poetry as well, but lacked the true poetic genius necessary to compete in that field—Spain was full of superb poets then. In short, literature, as he was practicing it, did not pay.

At last he did get a government job, if rather a poor sort. He became a kind of tax gatherer with the duty of collecting supplies, materials, and money to outfit the Spanish navy for the expedition against England. His pay was small and irregular, but he gained a far greater profit than money from this work. It took him all through southern Spain and brought him into contact with all sorts of people, of all classes, ranks, and occupations, legitimate and otherwise; so he acquired a knowledge of human motivations second to none among writers, and this paid dividends later. At the time he suffered too much to appreciate such intangibles, no doubt. For seizing grain belonging to the Sevillan Council he was excommunicated; for shortages in his accounts (he never could keep books, a sordid trade for an officer of Don Juan de Austria) he was once jailed, and again for having deposited government moneys with a banker who failed; and during the whole of this period he was forced to endure want and continual troubles.

Moving to Valladolid for a time, he found no escape from his ill luck. A gentleman was killed near his doorstep, and because Cervantes was first on the scene he was jailed as a suspect (1605), but released when the real culprit was found. He was getting on in years, and had neither found his niche in life nor prospered in any undertaking. For nearly twenty years he had published nothing, but the lure of letters was still strong in him, and he must have been writing, off and on, throughout those years. Certainly he had begun, some time before, the book which was to become his masterpiece, *Don Quijote,* the first part of which was published in Madrid in 1605. The greater part, certainly the best, of his literary production appeared in his last years.

Part Two of *Don Quijote,* the *Novelas ejemplares,* the *Viaje del Parnaso,* and the *Ocho comedias y ocho entremeses* (the best of these are in prose) were all published in the last three years of his life. *Persiles y Sigismunda* came out the year after he died, but it may not be entirely, if at all, the product of his maturest years.

It is commonly said that if Cervantes had not written *Don Quijote* he would yet rank among the finest novelists for his *Novelas ejemplares.* These are a dozen short novels of various kinds, designed for the recreation and calming of afflicted spirits unable to busy themselves constantly in prayer or in any other affairs without relaxation. They are exemplary (remember the *ejemplos* of Don Juan Manuel's *Conde Lucanor*), that is, they serve as a pattern of behavior and a warning against doing evil; and, in the author's words, "No hay ninguna de quien [la que] no se pueda sacar algún ejemplo provechoso." In some of them Cervantes relates tales of love and fortune inspired by the Italian *novella* as created by Boccaccio and much imitated thereafter, but in others he goes beyond the Italian model with innovations of his own. In the best ones Cervantes draws his material from life and reality, which he recreates artistically, blending various elements together so that they open new vistas to the potentialities of the novel. Two of the stories interpolated in Part One of the *Quijote* are similar to the *Novelas ejemplares,* which, wonderful as they are, must yield place to the great novel.

MIGUEL DE CERVANTES SAAVEDRA
(1547–1616)

El ingenioso hidalgo, don Quijote de la Mancha

Probably no one writing on the subject of this novel has been completely objective. It never fails to impress the thoughtful (and often even the thoughtless) reader, pro or con. He may like it or dislike it, he may like one part and not another, but he can hardly remain indifferent to it.

This implies, of course, that we have here one of the greatest novels of all time in all literature. It stimulates the wits, enlarges the mind, and deepens the capacity for human sympathy of the intelligent reader. But it is no solemn, serious tome. One may, and indeed for a long time people did, read it for sheer entertainment and appreciation of its humor. With the changes in tastes and attitudes (including concepts of humor) over the generations and centuries, perceptions have grown keener, or at least different, so that each later age has found in the book what it sought there: the Romantics discovered a melancholy and pessimism in it which not every reader can accept; the nineteenth century's growth of scientific research led to delving into numerous aspects of Cervantes' language and into the social, psychological, and esthetic considerations of what he wrote, as well as into bibliographical problems, tending often to obscure the vivid humanity of the characters in scholarly preoccupation with the mechanics of scientific investigation. So the library of books and articles on this one novel is incredibly enormous, which is in itself proof that *Don Quijote* contains characters, action, and other material nearly infinite in its appeal and its susceptibility to interpretation; and this is further attested by the more than 600 editions of the work (as of the last count) and by its translation into more than forty languages. The first English translation was made in 1608, three years after Part One was published

in Spain; many subsequent translations to English have been made
in both England and the United States. But however good the translation, it can never take the place of the original, any more than
discussion of a book can equal the reading of it; and there are serious flaws in the translations which inevitably misinterpret what
Cervantes meant to say. Nevertheless, some preliminary words may
help the student to appreciate it more than he might on first reading
without such introduction.

Cervantes tells us in his Prologue that his book is an invective
against the romances of chivalry and their prestige among the common people. Indeed, the *Quijote* takes the superficial form of a romance of knight-errantry—its principal character determines to
make himself a knight in order to right wrongs and perform the
feats attributed to knights-errant, because he believes it necessary to
revive the institution of chivalry.[1] Now this protagonist is a man
well along in years, roughly the age of the author when he began
Part One, and one who has lost his *juicio*—his power of rational
judgment (a term much used in the novel) —from excessive reading
of all the chivalric romances he could lay hands on. How ridiculous
for a man of fifty-odd to undertake so strenuous a project! Lacking
any more exact term to fit his case, his contemporaries naturally
called him *loco*. So the book begins to look like a parody of a chivalric romance. There is more. Our hidalgo is dubbed knight in a farci-
cal ceremony by a mere innkeeper (whose inn is taken by Don
Quijote for a castle and the keeper for its castellan, therefore a
knight) ;[2] he rides a broken-down old nag, his squire (a stout, ignorant peasant) rides an ass, and so on. But note his motivations: he
thought it fitting and necessary to the augmenting of his honor and
the service of his country to assume the role of knight-errant, and
hoped to win eternal fame and renown.

Here is a typically Spanish trait—the driving urge to perpetuate
one's name beyond the end of mortal existence (cf. Manrique's

1. On several occasions Don Quijote shows that he is quite aware that the age
of chivalry is past and that he is out of his proper time in trying to be a knight,
e.g., Part I, chap. 38: "And so, considering [this devilish invention of artillery], I
am inclined to say that it grieves me to my soul to have taken up this practice of
knight-errantry in such a detestable age as this in which we are living."
2. Alfonso X laid down the rule, which remained in force, that "He may not
be a knight who once had received the order of knighthood by *escarnio*—mockery, ridicule, farce." (*Partida Segunda, Titulo* XXI, *Ley* xii.) And one ineligible
for knighthood may not dub anyone knight.

"Coplas," lines 231–239 and 251–256, p. 94). In the achievement of this aim Don Quijote obviously needs injustice in the world. He is out to right wrongs by the might of his good right arm in order to become famous; he is not a reformer bent on destroying injustice in society. He is often called *loco,* but he is not so mad as all that; he has lost his *juicio,* yes, but he is not so crazy as to think he can change the world. He seeks adventure, but not just any sort; he needs a specific kind, the kind that will yield him the maximum glory. Now if Don Quijote is really mad, even in a limited degree, his adventures must be unreal—not that they do not exist, or that they are hallucinations, for Don Quijote never escapes from the reality of the material world about him (and knows that he does not) or from the consequences of his adventures. But the situations that he thinks are adventures appropriate to a knight-errant are other than what he believes. Their reality differs from his reality, and more than once he recognizes this fact, albeit belatedly as a rule.

What *is* reality? The question has preoccupied many a writer, perhaps every serious writer, down the ages. Pirandello once wrote a play called *Così è, se vi pare:* approximately, *You're Right if You Think You Are.* Don Quijote not only thinks he is right, he is convinced of it; his indomitable will is a reality, however you look at it, and that will is determined upon adventure. He therefore finds adventure, even where normal minds could not see it. Herein lies the departure of Don Quijote's mind from the "normal": he sees what he wishes to see in the reality about him, and it chances that what he wishes to see is "conditioned" by his addiction to reading romances of chivalry. What is real to him, then, will probably not be so to another. Hence the reason for calling him "mad," since neither the concept of abnormal psychology nor the terminology for it had been invented at the time.

On the other hand, Sancho Panza, by the limitations of his nature, can see nothing beyond the superficially real. He has no visions and no ambitions other than stuffing his belly and sleeping heavily and keeping his skin whole, until he enters into association with Don Quijote. After long wanderings and many and varied experiences and conversations together, Sancho has gradually become "quixotized" by the end of the story. So it is a mistake to see in him only a foil to the knight, the embodiment of the real set off against the incarnation of the ideal. Sancho in the end is a part of Don Quijote and Don Quijote most assuredly a part of Sancho Panza; they are one, an entity, not a duality. They are two component parts of a whole, neither complete without the other, as any normal man of any epoch is a complex personality composed of good and evil, of the ideal and the real. Don Quijote and Sancho merge, intercommunicate in thought and deed, in a way quite distinct from the relationships between either or both of them and any other character or characters in the novel.

This complex character develops throughout the novel, growing, changing, dwindling here and broadening there under the impact of experience and contact with other humans. It never remains static; it is different at the end from what it was at the beginning. In this factor, brand-new in the world except for the glimmering of the same in *Lazarillo de Tormes,* we have a fundamental principle of the modern novel. *Don Quijote,* therefore, stands unique: the first modern novel.

Now it is clear that, despite Cervantes' words about the nature of his book, it is far more than a satire. But while it is unquestionably a very great novel, it has many defects. One need only glance at certain parts to conclude that in the beginning Cervantes was undecided about how to proceed because he was not sure what his book was to be. The would-be knight sallies forth alone, but is soon fetched home again. His creator must have realized quickly that the narrative of one man's adventures could not be long sustained. His hero required a counterpart, a companion with whom to talk, to argue, through whose eyes a contrasting point of view could be valuable in judging events. So Sancho Panza is found to accompany Don Quijote on the second sally. But even here there seems little advance planning. At the end of the second chapter of this sally the whole action is broken off, like a film that snaps in the projector, and is not resumed until, apparently, more definite planning has been done. Once resumed, the story seems to march a little more surely, as though Cervantes now had a better notion of the marvelous potentialities of his work, as though he had begun with the idea of writing another *novela ejemplar* and enlarged the scope of his vision only gradually as he proceeded.

The book was written in fragments over a period of years of much wandering by Cervantes; so it is not surprising, with all the interruptions, that the story is marred by certain oversights and inconsistencies resulting from those circumstances. If he failed to revise and correct the manuscript before giving it to the printer, he had good reason, considering contemporary literary standards. The highest of the literary arts was, of course, poetry. Prose was good only for religious and other didactic works, pastoral romances (which usually are poetically treated), and tales of chivalry—all these being regarded as idealistic or morally instructive—and for histories and other such factual writing. The highest fiction, then, was the most poetic. Realistic narrative, if not factual, was held in low esteem by the cultured. Therefore Cervantes was doubtful of the reception, though assuredly not of the worth, of his story, so different from anything ever before attempted. It could hardly have seemed to him worth devoting many days to revising the manuscript, especially when he had so little leisure time for the purpose. Moreover, *Don Quijote* was to be a "history" (*historia* is the author's own term, much repeated), written in expository, pseudo-factual style, not clothed in the poetic dress appropriate to the pastoral or the chivalric romances, but an account of actions of everyday human beings related in everyday language. Revision might have spoiled its spontaneity—who knows? In any case, the defects remaining are a small price to pay for so invaluable a masterpiece of human genius. While intensely Spanish, and of late sixteenth-century Spain at that, the *Quijote* has turned out to be a universally appealing and significant novel, the great exception among Spanish letters and the prototype for the development of the novelistic genre in the modern world.

It is obviously impossible to do justice to so panoramic a novel by offering random passages; it must be read complete to be appreciated, even in translation if necessary. Here we must compromise on the dilemma by brief introductions and presentations of the major personages. Since the student will hardly be interested in identifying now-obscure sources of quotations and references to books of chivalry, notes on such details are intentionally omitted. Let it suffice the student here to remember that Cervantes knew the romances of knight-errantry, and does not invent the knights he names or the language he quotes, but simply draws on memory and perhaps a renewed reading of those romances for his material.

CAPÍTULO PRIMERO

*Que trata de la condición y ejercicio del famoso
hidalgo don Quijote de la Mancha*

*"In a village of La Mancha, the name of which I will not recall,"
Cervantes begins, "not long ago there lived a gentleman of the class*

with lance in rack, ancient shield, lean nag and swift greyhound."
Then he describes summarily the gentleman's routine life, his weekly
menu, and his clothing, and goes on:

Tenía en su casa una ama que pasaba de los cuarenta, y una
sobrina que no llegaba a los veinte, y un mozo de campo y plaza,
que así ensillaba el rocín como tomaba la podadera.[3] Frisaba[4] la
edad de nuestro hidalgo con los cincuenta años; era de complexión
recia, seco de carnes, enjuto de rostro, gran madrugador y amigo de   5
la caza. Quieren decir que tenía el sobrenombre de Quijada, o
Quesada, que en esto hay alguna diferencia en los autores que deste
caso escriben;[5] aunque por conjeturas verosímiles[6] se deja entender
que se llamaba Quejana. Pero esto importa poco a nuestro cuento:
basta que en la narración de él no se salga un punto de la verdad.   10

Es, pues, de saber que este sobredicho hidalgo, los ratos que estaba
ocioso[7] (que eran los más del año), se daba a leer libros de caballerías con tanta afición y gusto, que olvidó casi de todo punto el
ejercicio de la caza, y aun la administración de su hacienda; y llegó
a tanto su curiosidad y desatino[8] en esto, que vendió muchas fanegas   15
de tierra de sembradura[9] para comprar libros de caballerías en que
leer, y así, llevó a su casa todos cuantos pudo haber de ellos; y de
todos, ningunos le parecían tan bien como los que compuso el famoso Feliciano de Silva; porque la claridad de su prosa y aquellas
intricadas razones suyas le parecían de perlas, y más cuando llegaba   20
a leer aquellos requiebros y cartas de desafíos,[10] donde en muchas
partes hallaba escrito: "La razón de la sinrazón que a mi razón se
hace, de tal manera mi razón enflaquece, que con razón me quejo de
la vuestra fermosura."[11] Y también cuando leía: "... los altos cielos

3. mozo ... podadera: *man of all work, whose job was to saddle the nag or take
up the pruning hook* (i.e., stable work and field cultivation). Neither he nor
the greyhound is mentioned again; neither is needed in the action, but both are
normal adjuncts for such a gentleman, and so are listed.
4. frisar con: *to border on*
5. Note Cervantes' device (with variations hereafter) to lend an air of authentic fact to the story. *Cuento* means "narrative" here.
6. verosímiles: *plausible*
7. ocioso: *idle*
8. desatino: *folly*
9. fanegas ... sembradura: *many acres of arable land.* The *fanega* is about 1.6
acres.
10. desafío: *challenge to combat*
11. *"The reason of the unreason which is done to my reason so weakens my
reason that with reason I complain of your beauty."* Neither quotation makes
much sense, which is why they were selected, of course.

que de vuestra divinidad divinamente con las estrellas os fortifican, y os hacen merecedora del merecimiento que merece la vuestra grandeza."[12]

Con estas razones perdía el pobre caballero el juicio, y desvelábase[13] por entenderlas y desentrañarles[14] el sentido, que no lo sacara ni las entendiera el mismo Aristóteles, si resucitara[15] para sólo ello. No estaba muy bien con[16] las heridas que don Belianís daba y recibía, porque se imaginaba que, por grandes maestros le hubiesen curado, no dejaría de tener el rostro y todo el cuerpo lleno de cicatrices y señales.[17] Pero, con todo, alababa en su autor aquel acabar su libro con la promesa de aquella inacabable aventura,[18] y muchas veces le vino deseo de tomar la pluma y darle fin al pie de la letra, como allí se promete; y sin duda alguna lo hiciera, y aun saliera con ello, si otros mayores y continuos pensamientos no se lo estorbaran. Tuvo muchas veces competencia[19] con el cura del lugar (que era hombre docto, graduado en Sigüenza[20]), sobre cuál había sido mejor caballero: Palmerín de Ingalaterra, o Amadís de Gaula; mas maese Nicolás, barbero del mismo lugar, decía que ninguno llegaba al Caballero del Febo, y que si alguno se le podía comparar era don Galaor, hermano de Amadís de Gaula, porque tenía muy acomodada condición para todo, que no era caballero melindroso, ni tan llorón como su hermano, y que en lo de la valentía no le iba en zaga.

En resolución, él se enfrascó[21] tanto en su lectura, que se le pasaban las noches leyendo de claro en claro y los días de turbio en turbio;[22] y así, del poco dormir y del mucho leer se le secó el cerebro, de manera, que vino a perder el juicio. Llenósele la fantasía de todo

12. ". . . the high heavens which of your divinity divinely fortify you with the stars and render you meritorious of the merit that your greatness merits."

13. desvelábase: racked his brains

14. desentrañar: to dig out

15. resucitar: to return to life

16. No ... con: He was dubious about (estar bien con: to be on good terms with, be easy in one's mind about)

17. cicatrices y señales: scars

18. The author of the romance on Belianís says it is left unfinished because the rest is lost; he asks anyone who finds it to round out the narrative. (Note Cervantes' pairing and echoing of words—as in Lazarillo.)

19. competencia: argument

20. docto: learned. Sigüenza was one of the minor national universities often made the butt of jokes.

21. se enfrascó: immersed himself

22. leyendo ... turbio: reading from sunset to sunrise and his days from pre-dawn to dusk

aquello que leía en los libros, así de encantamentos como de pen-
dencias, batallas, desafíos, heridas, requiebros, amores, tormentas y
disparates imposibles; y asentósele de tal modo en la imaginación
que era verdad toda aquella máquina de todas aquellas soñadas in-
venciones que leía, que para él no había otra historia más cierta en   5
el mundo. Decía él que el Cid Ruy Díaz había sido muy buen caballero; pero que no tenía que ver [23] con el Caballero de la Ardiente
Espada, que de sólo un revés [24] había partido por medio dos fieros
y descomunales [25] gigantes. Mejor estaba con Bernardo del Carpio,
porque en Roncesvalles había muerto a Roldán el encantado, va-   10
liéndose de la industria de Hércules, cuando ahogó a Anteo,[26] el
hijo de la Tierra, entre los brazos. Decía mucho bien del gigante
Morgante,[27] porque, con ser de aquella generación gigantea, que
todos son soberbios y descomedidos,[28] él solo era afable y bien criado.
Pero, sobre todos, estaba bien con Reinaldos de Montalbán, y más   15
cuando le veía salir de su castillo y robar cuantos topaba, y cuando
en allende robó aquel ídolo de Mahoma,[29] que era todo de oro, según dice su historia. Diera él, por dar una mano de coces al traidor
Galalón,[30] al ama que tenía, y aun a su sobrina de añadidura.[31]

En efecto, rematado ya su juicio, vino a dar en el más extraño   20
pensamiento que jamás dio loco en el mundo, y fue que le pareció
convenible y necesario, así para el aumento de su honra como para
el servicio de su república, hacerse caballero andante, e irse por
todo el mundo con sus armas y caballo a buscar las aventuras y a
ejercitarse en [32] todo aquello que él había leído que los caballeros   25
andantes se ejercitaban, deshaciendo todo género de agravios y po-

23. no ... ver: (here) *he could not compare*
24. revés: *backhanded stroke*
25. descomunal: *enormous*
26. The mythological giant Antaeus was invulnerable to weapons; so Hercules
picked him up and squeezed him to death, the only possible method because
thus Antaeus lost contact with his mother, Earth, from which he derived his
strength.
27. Morgante is a personage in Pulci's *Morgante maggiore,* a burlesque heroic
poem of the fifteenth century in Italy; this is one of many examples of Cervantes'
familiarity with Italian literature.
28. descomedidos: *discourteous*
29. Mahomet in his Koran leaves no room for doubt that idols are forbidden to
Islam; so no "idol of Mahomet" existed among the faithful.
30. por ... Galalón: *to kick that traitor Ganelon soundly* (Ganelon, in the
French epic, the *Song of Roland*) .
31. de añadidura: *to boot*
32. ejercitarse [en]: *to practice*

niéndose en ocasiones y peligros donde, acabándolos, cobrase eterno
nombre y fama. Imaginábase el pobre ya coronado por el valor de
su brazo, por lo menos del imperio de Trapisonda; [33] y así, con estos
tan agradables pensamientos, llevado del extraño gusto que en ellos
sentía, se dio prisa a poner en efecto lo que deseaba. Y lo primero 5
que hizo fue limpiar unas armas que habían sido de sus bisabue-
los, que tomadas de orín y llenas de moho,[34] luengos siglos había
que estaban puestas y olvidadas en un rincón. Limpiólas y aderezó-
las lo mejor que pudo; pero vio que tenían una gran falta, y era
que no tenían celada de encaje, sino morrión simple; mas a esto su- 10
plía su industria, porque de cartones hizo un modo de media celada, que, encajada con el morrión, hacían una apariencia de celada
entera. Es verdad que para probar si era fuerte y podía estar al
riesgo de una cuchillada,[35] sacó su espada y le dio dos golpes, y con
el primero y en un punto deshizo lo que había hecho en una se- 15
mana; y no dejó de parecerle mal la facilidad con que la había hecho pedazos, y, por asegurarse de este peligro, la tornó a hacer de
nuevo, poniéndole unas barras de hierro por de dentro, de tal manera que él quedó satisfecho de su fortaleza y, sin querer hacer
nueva experiencia de ella, la diputó [36] y tuvo por celada finísima 20
de encaje.

Fue luego a ver su rocín, y aunque tenía más cuartos que un
real [37] y más tachas que el caballo de Gonela,[38] que *tantum pellis et
ossa fuit* [fue todo piel y huesos], le pareció que ni el Bucéfalo de
Alejandro ni Babieca el del Cid con él se igualaban. Cuatro días se 25
le pasaron en imaginar qué nombre le pondría; porque (según él
se decía a sí mismo) no era razón que caballo de caballero tan famoso, y tan bueno él por sí, estuviese sin nombre conocido; y así,
procuraba acomodársele de manera que declarase quién había sido
antes que fuese de caballero andante, y lo que era entonces; pues 30
estaba muy puesto en razón que, mudando su señor estado, mudase

33. Trebizond, on the Black Sea, was capital of the empire of the same name,
one of the four parts of the Greek empire.
34. armas ... moho: *armor that had belonged to his great-grandfathers, which,
eaten by rust and covered with mold*
35. podía ... cuchillada: *could withstand a swordcut*
36. diputar por: *to esteem as*
37. cuarto: (wordplay) *crack in a hoof*, and *one-fourth of a real* (coin variable
in value)
38. Gonela, court jester to Duke Borso of Ferrara (fifteenth century), bet the
duke that his sorry nag could jump farther than the duke's best horse, and, placing his animal before an upstairs window, he shoved it out.

él también el nombre, y le cobrase famoso y de estruendo,[39] como convenía a la nueva orden y al nuevo ejercicio que ya profesaba; y así, después de muchos nombres que formó, borró [40] y quitó, añadió, deshizo y tornó a hacer en su memoria e imaginación, al fin le vino a llamarle *Rocinante,* nombre, a su parecer, alto, sonoro y significativo de lo que había sido cuando fue *rocín, antes* de lo que ahora era, que era *antes* y primero de todos los *rocines* del mundo.[41]

Puesto nombre, y tan a su gusto, a su caballo, quiso ponérselo a sí mismo, y en este pensamiento duró otros ocho días, y al cabo se vino a llamar *don Quijote;* de donde, como queda dicho, tomaron ocasión los autores de esta tan verdadera historia que, sin duda, se debía de llamar Quijada, y no Quesada, como otros quisieron decir. Pero, acordándose que el valeroso Amadís no sólo [no] se había contentado con llamarse *Amadís* a secas, sino que añadió el nombre de su reino y patria, por hacerla famosa, y se llamó *Amadís de Gaula,* así quiso, como buen caballero, añadir al suyo el nombre de la suya y llamarse *don Quijote de la Mancha,* con que, a su parecer, declaraba muy al vivo su linaje y patria, y la honraba con tomar el sobrenombre de ella.

Limpias, pues, sus armas, hecho del morrión celada, puesto nombre a su rocín y confirmádose [42] a sí mismo, se dio a entender que no le faltaba otra cosa sino buscar una dama de quien enamorarse: porque el caballero andante sin amores era árbol sin hojas y sin fruto y cuerpo sin alma. Decíase él: "Si yo, por malos de mis pecados, o por mi buena suerte, me encuentro por ahí con algún gigante, como de ordinario les acontece a los caballeros andantes, y le derribo de un encuentro,[43] o le parto por mitad del cuerpo, o, finalmente, le venzo y le rindo, ¿no será bien tener a quien enviarle presentado, y que entre [44] y se hinque de rodillas ante mi dulce señora, y diga con voz humilde y rendida: [45] 'Yo, señora, soy el gigante Caraculiambro, señor de la ínsula [46] Malindrania, a quien venció en

39. le ... estruendo: *should win a famous and resounding one*
40. borrar: *to strike out, erase*
41. Also, one might add, *Rocinante* resembles *rocín andante* (as, *caballero andante*) . English forms (Rosinante, etc.) of the name make no sense at all.
42. confirmádose: [*having*] *christened himself*
43. encuentro: *charge*
44. y que entre, se hinque, diga: *and have him enter, kneel down . . . say*
45. rendida: *submissive*
46. ínsula: the Latinized form of *isla* used in the books of chivalry, hence naturally used by Don Quijote.

singular batalla [47] el jamás como se debe alabado caballero don Quijote de la Mancha, el cual me mandó que me presentase ante vuestra merced, para que la vuestra grandeza disponga de mí a su talante'?" ¡Oh, cómo se holgó nuestro buen caballero cuando hubo hecho este discurso, y más cuando halló a quien dar nombre de su   5 dama! Y fue, a lo que [48] se cree, que en un lugar cerca del suyo había una moza labradora de muy buen parecer, de quien él un tiempo anduvo enamorado, aunque, según se entiende, ella jamás lo supo ni se dio cuenta de ello. Llamábase Aldonza Lorenzo, y a ésta le pareció ser bien darle título de señora de sus pensamientos; y,   10 buscándole nombre que no desdijese mucho del suyo y que tirase y encaminase [49] al de princesa y gran señora, vino a llamarla *Dulcinea del Toboso*, porque era natural del Toboso: nombre, a su parecer, músico, y peregrino, y significativo, como todos los demás que a él y a sus cosas había puesto.   15

CAPÍTULO VII

De la segunda salida de nuestro buen caballero don Quijote de la Mancha

En este tiempo solicitó [50] don Quijote a un labrador vecino suyo, hombre de bien (si es que este título se puede dar al que es pobre [51]), pero de muy poca sal en la mollera. [52] En resolución, tanto le dijo, tanto le persuadió y prometió, que el pobre villano se determinó de salirse con él y servirle de escudero. Decíale, entre otras cosas,   20 don Quijote que se dispusiese a ir con él de buena gana, porque tal vez le podía suceder aventura [en] que ganase, en quítame allá esas pajas, [53] alguna ínsula, y le dejase a él por gobernador de ella. Con estas promesas y otras tales, Sancho Panza, que así se llamaba el labrador, dejó su mujer e hijos y asentó por escudero de su vecino.   25

47. singular batalla: *single combat*
48. a lo que: según
49. que no desdijese ... encaminase: *that would not be incongruous with his own, and would hint at and indicate*
50. solicitó: *worked upon*
51. Cervantes seldom shows bitterness over the scurvy way life treated him, but here is one of those rare remarks. Chapter 37 has another: "*Quien es pobre no tiene cosa buena.*"
52. mollera: *top part of the head*
53. en ... pajas: *in a jiffy*

Dio luego don Quijote orden en buscar dineros, y, vendiendo una cosa y empeñando otra, y malbaratándolas todas, llegó [54] una razonable cantidad. Acomodóse asimismo de una rodela, que pidió prestada [55] a un su amigo, y, pertrechando [56] su rota celada lo mejor que pudo, avisó a su escudero Sancho del día y la hora que pensaba ponerse en camino, para que él se acomodase de lo que viese que más le era menester; sobre todo, le encargó que llevase alforjas. Él dijo que sí llevaría, y que asimismo pensaba llevar un asno que tenía muy bueno, porque él no estaba ducho [57] a andar mucho a pie. En lo del asno reparó un poco don Quijote,[58] imaginando si se le acordaba si algún caballero andante había traído escudero caballero asnalmente; [59] pero nunca le vino alguno a la memoria; mas, con todo esto, determinó que le llevase, con presupuesto de acomodarle de más honrada caballería en habiendo [60] ocasión para ello, quitándole el caballo al primer descortés caballero que topase. Proveyóse de camisas y de las demás cosas que él pudo, conforme al consejo que el ventero le había dado; [61] todo lo cual hecho y cumplido, sin despedirse Panza de sus hijos y mujer, ni don Quijote de su ama y [su] sobrina, una noche se salieron del lugar sin que persona los viese; en la cual caminaron tanto, que al amanecer se tuvieron por seguros de que no los hallarían aunque los buscasen.

Iba Sancho Panza sobre su jumento como un patriarca, con sus alforjas y su bota,[62] y con mucho deseo de verse ya gobernador de la ínsula que su amo le había prometido. Acertó don Quijote a tomar la misma derrota y camino que había tomado en su primer viaje, que fue por el campo de Montiel, por el cual caminaba con menos pesadumbre que la vez pasada, porque, por ser la hora de la mañana y herirlos a soslayo [63] los rayos del sol, no les fatigaban. Dijo en esto Sancho Panza a su amo:

—Mire vuestra merced, señor caballero andante, que no se le ol-

54. malbaratándolas ... llegó: *losing on all of them, he got together*
55. pidió prestada: *he borrowed*
56. pertrechando: *patching up*
57. ducho: *experienced*
58. En ... don Quijote: *About the ass, Don Quijote hesitated a little*
59. había ... asnalmente: *had had a squire mounted so asininely*
60. presupuesto ... habiendo: *the intention of outfitting him with a more dignified mount whenever there was*
61. This is the innkeeper who performed the burlesque ceremony of dubbing Don Quijote knight (see n. 2) and advised him on practical matters as indicated.
62. bota: *wineskin*
63. a soslayo: *slantingly* (not straight down)

vide lo que de la ínsula me tiene prometido; que yo la sabré gobernar, por grande que sea.

A lo cual respondió don Quijote:

—Has de saber, amigo Sancho Panza, que fue costumbre muy usada de los caballeros andantes antiguos hacer gobernadores a sus 5 escuderos de las ínsulas o reinos que ganaban, y yo tengo determinado de que por mí no falte tan agradecida usanza; [64] antes pienso aventajarme [65] en ella: porque ellos algunas veces, y quizá las más, esperaban a que sus escuderos fuesen viejos, y ya después de hartos de servir y de llevar malos días y peores noches, les daban algún tí- 10 tulo de conde, o, por lo mucho,[66] de marqués, de algún valle o provincia de poco más a menos; pero si tú vives y yo vivo, bien podría ser que antes de seis días ganase yo tal reino, que tuviese otros a él adherentes, que viniesen de molde [67] para coronarte rey de uno de ellos. Y no lo tengas a mucho; que cosas y casos acontecen a los tales 15 caballeros, por modos tan nunca vistos ni pensados, que con facilidad te podría dar aun más de lo que te prometo.

—De esa manera—respondió Sancho Panza—si yo fuese rey por algún milagro de los que vuestra merced dice, por lo menos Juana Gutiérrez mi oíslo [68] vendría a ser reina, y mis hijos infantes. 20

—Pues ¿quién lo duda?—respondió don Quijote.

—Yo lo dudo—replicó Sancho Panza—porque tengo para mí que, aunque lloviese Dios reinos sobre la tierra, ninguno asentaría bien sobre la cabeza de Mari Gutiérrez. Sepa, señor, que no vale dos maravedís para reina; condesa le caería mejor, y aun Dios y ayuda.[69] 25

—Encomiéndalo tú a Dios, Sancho—respondió don Quijote— que Él dará lo que más te convenga; pero no apoques [70] tu ánimo tanto, que te vengas a contentar con menos que con ser adelantado.[71]

—No haré, señor mío—respondió Sancho—y más teniendo tan 30 principal amo en vuestra merced, que me sabrá dar todo aquello que me esté bien y yo pueda llevar.

64. usanza: *custom*
65. aventajarme: *to go even further*
66. por ... mucho: *at most*
67. de molde: *just right*
68. oíslo: *wife*
69. y aun ... ayuda: *and God helping her even in that.* Cervantes forgets exactly what name he has given Sancho's wife, using half a dozen combinations in the course of the novel.
70. apocar: *to humble*
71. adelantado: *royal governor*

CAPÍTULO VIII

*Del buen suceso que el valeroso don Quijote tuvo en la
espantable y jamás imaginada aventura de los molinos
de viento*

En esto, descubrieron treinta o cuarenta molinos de viento [72] que
hay en aquel campo, y así como don Quijote los vio, dijo a su escudero:

—La ventura va guiando nuestras cosas mejor de lo que acertára-
mos a desear; porque ves allí, amigo Sancho Panza, donde se descu-   5
bren treinta, o pocos más, desaforados gigantes,[73] con quienes
pienso hacer batalla y quitarles a todos las vidas, con cuyos despojos
comenzaremos a enriquecer; [74] que ésta es buena guerra, y es gran
servicio de Dios quitar tan mala simiente [75] de sobre la faz de la
tierra.   10

—¿Qué gigantes?—dijo Sancho Panza.

—Aquéllos que allí ves—respondió su amo—de los brazos largos,
que suelen algunos tenerlos de casi dos leguas.

—Mire vuestra merced—respondió Sancho—que aquéllos que allí
se parecen no son gigantes, sino molinos de viento, y lo que en ellos   15
parecen brazos son las aspas, que, volteadas [76] del viento, hacen andar la piedra del molino.

—Bien parece—respondió don Quijote—que no estás cursado [77]
en esto de las aventuras: ellos son gigantes; y si tienes miedo, quítate
de ahí, y ponte en oración en el espacio que yo voy a entrar con   20
ellos en fiera y desigual batalla.

Y diciendo esto, dio de espuelas a su caballo Rocinante, sin atender a las voces que su escudero Sancho le daba, advirtiéndole que
sin duda alguna eran molinos de viento, y no gigantes, aquéllos que

72. Thirty years or so before the *Quijote* was published, and close to the probable time of its action, Manchegan streams had begun to diminish, reducing the
water power necessary for turning the wheels of the mills then in use (*aceñas;*
Lazarillo de Tormes claimed he was born in one of these). It was then that, for
the first time in Spain, windmills like those of the Low Countries were introduced. So *molinos de viento* were still relatively unfamiliar in La Mancha, which
lends some plausibility to Don Quijote's mistaking them for giants.

73. Thirty colossal (*desaforados*) giants were clearly not too many against Don
Quijote's courage; he adds disdainfully "or a few more."

74. enriquecer: *to grow rich*

75. simiente: *seed* (race of beings)

76. aspas ... volteadas: *the sails, which, turned round*

77. cursado: *versed, experienced*

iba a acometer. Pero él iba tan puesto en que eran gigantes, que ni oía las voces de su escudero Sancho, ni echaba de ver, aunque estaba ya bien cerca, lo que eran; antes iba diciendo en voces altas:

—Non fuyádes,[78] cobardes y viles criaturas; que un solo caballero es el que os acomete.   5

Levantóse en esto un poco de viento, y las grandes aspas comenzaron a moverse, lo cual visto por don Quijote, dijo:

—Pues aunque mováis más brazos que los del gigante Briareo,[79] me lo habéis de pagar.

Y en diciendo esto, y encomendándose de todo corazón a su se- 10
ñora Dulcinea, pidiéndole que en tal trance le socorriese, bien cubierto de su rodela, con la lanza en el ristre,[80] arremetió a todo el galope de Rocinante y embistió con [81] el primer molino que estaba delante; y dándole una lanzada [82] en el aspa, la volvió el viento con tanta furia, que hizo la lanza pedazos, llevándose tras sí al caballo y 15
al caballero, que fue rodando muy maltrecho [83] por el campo. Acudió Sancho Panza a socorrerle, a todo el correr de su asno, y cuando llegó, halló que no se podía menear, tal fue el golpe que dio con él Rocinante.

—¡Válame Dios!—dijo Sancho. —¿No le dije yo a vuestra merced 20
que mirase bien lo que hacía, que no eran sino molinos de viento, y no lo podía ignorar sino quien llevase otros tales en la cabeza?

—Calla, amigo Sancho—respondió don Quijote—que las cosas de la guerra, más que otras, están sujetas a continua mudanza; cuanto más que yo pienso, y es así verdad, que aquel sabio Frestón que me 25
robó el aposento y los libros [84] ha vuelto estos gigantes en molinos

78. Embarking on an adventure such as he had read about, Don Quijote naturally reverts to the archaic language of his books, with initial *f-* for modern *h-*, *non* for *no*, and verb forms like *fuyades* (*huyáis*), *habedes* (*habéis*), *semejábades* (*semejabais*), *érades* (*érais*), *veníades* (*veníais*), and so on, when the fit is on him.

79. Briareus (mythology) was one of the Titans who fought against the gods; he had 100 arms.

80. ristre: *rest* (a hook-shaped projection from the right breastplate to support the butt of the lance)

81. embestir con: *to attack, fall upon*

82. lanzada: *thrust* (of the lance)

83. maltrecho: *battered*

84. The priest and the barber, hoping thus to remove the cause of his madness, burned many of his books, carried away the rest, and walled up the room. When Don Quijote sought to read more, his niece told him that a magician had stolen room and all. Thenceforth, any mistake of reality for illusion is "explained" by Don Quijote in similar terms.

por quitarme la gloria de su vencimiento; tal es la enemistad que me tiene; mas, al cabo al cabo, han de poder [85] poco sus malas artes contra la bondad de mi espada.

—Dios lo haga como puede—respondió Sancho Panza.

Y, ayudándole a levantar, tornó a subir sobre Rocinante, que 5 medio despaldado estaba.[86] Y, hablando en la pasada aventura, siguieron el camino del Puerto Lápice.

CAPÍTULO XVI

De lo que le sucedió al ingenioso hidalgo en la venta que él imaginaba ser castillo

El ventero, que vio a don Quijote atravesado en el asno,[87] preguntó a Sancho qué mal traía. Sancho le respondió que no era nada, sino que había dado una caída de una peña abajo, y que venía algo 10 brumadas [88] las costillas. Tenía el ventero por mujer a una, no de la condición que suelen tener las de semejante trato, porque naturalmente era caritativa [89] y se dolía de las calamidades de sus prójimos; y así, acudió luego a curar a don Quijote, e hizo que una hija suya doncella, muchacha y de muy buen parecer, la ayudase a curar a su 15 huésped. Servía en la venta asimismo una moza asturiana,[90] ancha de cara, llana de cogote, de nariz roma,[91] del un ojo tuerta y del otro no muy sana. Verdad es que la gallardía de su cuerpo suplía las demás faltas: no tenía siete palmos [92] de los pies a la cabeza, y las espaldas, que algún tanto le cargaban, la hacían mirar al suelo más 20 de lo que ella quisiera. Esta gentil moza, pues, ayudó a la doncella, y las dos hicieron una muy mala cama a don Quijote. ...

It was in a garret formerly used as a hayloft, in which a muleteer was lodged also, with a bed just beyond don Quijote's. The latter's bed is described in pitiless detail.

85. han de poder: (here) *will avail*
86. que ... estaba: *who had a shoulder nearly dislocated*
87. An episode here omitted has left both men painfully injured, and Sancho has loaded his master across the ass's back and led him to the inn.
88. brumadas: *sore*
89. caritativa: *charitable*
90. Asturians (and also people of other regions) are often the butt of Castilian jest.
91. llana ... roma: *flat-headed* (flat on the back of the head) , *flat-nosed*
92. palmo: *span* (8 inches)

En esta maldita cama se acostó don Quijote, y luego la ventera y su hija le emplastaron de arriba abajo, alumbrándoles Maritornes,[93] que así se llamaba la asturiana; y como al bizmalle [94] viese la ventera tan acardenalado a partes [95] a don Quijote, dijo que aquello más parecían golpes que caída.

—No fueron golpes—dijo Sancho—sino que la peña tenía muchos picos y tropezones,[96] y que cada uno había hecho su cardenal.

Y también le dijo: —Haga vuestra merced, señora, de manera que queden algunas estopas,[97] que no faltará quien las haya menester; que también me duelen a mí un poco los lomos.[98]

—De esa manera—respondió la ventera—también debisteis vos de caer.

—No caí—dijo Sancho Panza—sino que del sobresalto que tomé de ver caer a mi amo, de tal manera me duele a mí el cuerpo, que me parece que me han dado mil palos.

—Bien podrá ser eso—dijo la doncella—que a mí me ha acontecido muchas veces soñar que caí de una torre abajo, y que nunca acababa de llegar al suelo, y cuando despertaba del sueño, hallarme tan molida [99] y quebrantada como si verdaderamente hubiera caído.

—Ahí está el toque,[100] señora—respondió Sancho Panza—que yo, sin soñar nada, sino estando más despierto que ahora estoy, me hallo con pocos menos cardenales que mi señor don Quijote.

—¿Cómo se llama este caballero?—preguntó la asturiana Maritornes.

—Don Quijote de la Mancha—respondió Sancho—y es caballero aventurero, y de los mejores y más fuertes que de luengos tiempos acá se han visto en el mundo.

—¿Qué es caballero aventurero?—replicó la moza.

—¿Tan nueva sois en el mundo, que no lo sabéis vos?—respondió Sancho Panza. —Pues sabed, hermana mía, que caballero aventu-

---

93. le ... Maritornes: *they poulticed him from top to bottom, Maritornes holding a light for them.* "Maritornes" has long been current in Spain as a name for any common, ugly, unfeminine woman, hence a natural choice for this one.

94. al bizmalle: *in applying poultices*

95. tan ... partes: *so black and blue here and there*

96. picos ... tropezones: *sharp points and bumps*

97. estopas: *unguents*

98. lomos: *ribs*

99. molida: *bruised and sore*

100. toque: *point* (of the question)

rero es una cosa que en dos palabras se ve apaleado [101] y emperador:
hoy está la más desdichada criatura del mundo y la más meneste-
rosa, y mañana tendrá dos o tres coronas de reinos que dar a su
escudero.

—Pues ¿cómo vos, siéndolo de este tan buen señor—dijo la ven- 5
tera—no tenéis, a lo que parece, siquiera algún condado?

—Aún es temprano—respondió Sancho—porque no ha sino un
mes [102] que andamos buscando las aventuras, y hasta ahora no hemos topado con ninguna que lo sea. Y tal vez hay [*i.e.*, es] que se
busca una cosa y se halla otra. Verdad es que si mi señor don Qui- 10
jote sana de esta herida o caída y yo no quedo contrahecho de ella,
no trocaría mis esperanzas con el mejor título de España.

Todas estas pláticas estaba escuchando muy atento don Quijote,
y sentándose en la cama como pudo, tomando de la mano a la ven-
tera, le dijo: 15

—Creedme, fermosa señora, que os podéis llamar venturosa por
haber alojado en este vuestro castillo a mi persona, que es tal, que
si yo no la alabo, es por lo que suele decirse que la alabanza propia
envilece; pero mi escudero os dirá quién soy. Sólo os digo que tendré eternamente escrito en mi memoria el servicio que me habedes 20
fecho, para agradecéroslo mientras la vida me dure; y pluguiera a
los altos cielos que el amor no me tuviera tan rendido y tan sujeto
a sus leyes, y los ojos de aquella hermosa ingrata que digo entre mis
dientes; [103] que los desta fermosa doncella fueran señores de mi libertad.   25

Confusas estaban la ventera y su hija y la buena de Maritornes
oyendo las razones del andante caballero, que así las entendían
como si hablara en griego, aunque bien alcanzaron que todas se en-
caminaban a ofrecimiento y requiebros; y, como no usadas a semejante lenguaje, mirábanle y admirábanse, y parecíales otro hombre 30
de los que se usaban; [104] y, agradeciéndole con venteriles [105] razones
sus ofrecimientos, le dejaron, y la asturiana Maritornes curó a Sancho, que no menos lo había menester que su amo.

---

101. apaleado: *beaten, cudgeled*
102. Cervantes' statements about elapsed time must be disregarded. He paid
little heed to such details and considered them unimportant.
103. The subject of *no me tuviera* is not only *el amor*, but its "synonym" *los
ojos ... dientes*.
104. otro ... usaban: *no ordinary man*
105. venteriles: *inn-ish* (an adjective coined from *venta*, inn)

CAPÍTULO XIX

De la aventura que le sucedió con un cuerpo muerto, con otros acontecimientos famosos

... les tomó la noche en mitad del camino, sin tener ni descubrir donde aquella noche se recogiesen, y lo que no había de bueno en ello era que perecían de hambre; que con la falta de las alforjas [106] les faltó toda la despensa y matalotaje.[107] Y para acabar de confir-mar esta desgracia, les sucedió una aventura, que, sin artificio al- 5 guno, verdaderamente lo parecía. Y fue que la noche cerró con al-guna obscuridad; pero, con todo esto, caminaban, creyendo Sancho que, pues aquel camino era real,[108] a una o dos leguas, de buena razón [109] hallaría en él alguna venta. Yendo, pues, de esta manera, la noche obscura, el escudero hambriento y el amo con gana de comer, 10 vieron que por el mismo camino que iban venían hacia ellos gran multitud de lumbres, que no parecían sino estrellas que se movían. Pasmóse [110] Sancho en viéndolas, y don Quijote no las tuvo todas consigo; [111] tiró el uno del cabestro [112] a su asno y el otro de las rien-das a su rocín, y estuvieron quedos, mirando atentamente lo que 15 podía ser aquello, y vieron que las lumbres se iban acercando a ellos, y mientras más se llegaban, mayores parecían; a cuya vista Sancho comenzó a temblar como un azogado,[113] y los cabellos de la cabeza se le erizaron [114] a don Quijote, el cual, animándose un poco, dijo: 20

—Esta, sin duda, Sancho, debe de ser grandísima y peligrosísima aventura, donde será necesario que yo muestre todo mi valor y es-fuerzo.

—¡Desdichado de mí!—respondió Sancho—si acaso esta aventura fuese de fantasmas, como me lo va pareciendo, ¿adónde habrá costi- 25 llas que la sufran?

---

106. At the last inn, the innkeeper had kept Sancho's saddlebags in lieu of pay-ment for their lodging.
107. despensa ... matalotaje: *larder and supplies*
108. camino real: [*main*] *highway*
109. de ... razón: *surely*
110. Pasmóse: *was stricken numb*
111. no ... consigo: *was not altogether easy in his mind*
112. cabestro: *halter*
113. azogado: *man overdosed with mercury*
114. se ... erizaron: *stood on end* (bristled)

—Por más fantasmas que sean—dijo don Quijote—no consentiré
yo que te toquen en el pelo de la ropa; que si la otra vez se burla-
ron contigo,[115] fue porque no pude yo saltar las paredes del corral;
pero ahora estamos en campo raso,[116] donde podré yo como quiera
esgrimir [117] mi espada.   5

—Y si le encantan y entumecen,[118] como la otra vez lo hicieron—
dijo Sancho—¿qué aprovechará estar en campo abierto o no?

—Con todo eso—replicó don Quijote—te ruego, Sancho, que tengas buen ánimo; que la experiencia te dará a entender el que yo
tengo.   10

—Sí tendré, si a Dios place—respondió Sancho.

Y apartándose los dos a un lado del camino, tornaron a mirar
atentamente lo que podía ser aquello de aquellas lumbres que caminaban, y de allí a muy poco descubrieron muchos encamisados,[119]
cuya temerosa visión de todo punto remató el ánimo de Sancho   15
Panza, el cual comenzó a dar diente con diente, como quien tiene
frío de cuartana,[120] y creció más el batir y dentellear [121] cuando dis-
tintamente vieron lo que era; porque descubrieron hasta veinte encamisados, todos a caballo, con sus hachas encendidas en las manos,
detrás de los cuales venía una litera cubierto de luto, a la cual se-   20
guían otros seis de a caballo, enlutados hasta los pies de las mulas;
que bien vieron que no eran caballos en el sosiego con que caminaban. Iban los encamisados murmurando entre sí, con una voz baja
y compasiva.[122] Esta extraña visión, a tales horas y en tal despoblado,[123] bien bastaba para poner miedo en el corazón de Sancho,   25
y aun en el de su amo (y así fuera [124] en cuanto a don Quijote);
que ya Sancho había dado al través con todo su esfuerzo.[125] Lo con-

115. Besides being forced to leave his saddlebags (n. 106), Sancho was tossed
roughly in a blanket while his master, on Rocinante outside the walls, had to
look on helplessly. Sancho seldom thereafter missed a chance to complain of the
physical mistreatment he got at that inn.

116. campo raso = campo abierto

117. esgrimir: *to wield*

118. entumecen: *benumb*

119. encamisados: *men in long white robes*

120. cuartana: *quartain fever, ague* (with chills)

121. batir ... dentellear: *teeth chattering*

122. compasiva: *compassionate*

123. despoblado: *lonely spot*

124. así fuera: *would it had been so* (i.e., if Don Quijote had been frightened,
he would have avoided all the ensuing trouble)

125. Sancho ... esfuerzo: *all Sancho's courage had quite collapsed*

trario le avino [126] a su amo, al cual en aquel punto se le representó en su imaginación al vivo que aquélla era una de las aventuras de sus libros.

Figurósele que la litera era andas,[127] donde debía de ir algún mal herido o muerto caballero, cuya venganza a él solo estaba reser- 5 vada, y, sin hacer otro discurso, enristró su lanzón, púsose bien en la silla, y con gentil brío y continente se puso en la mitad del camino por donde los encamisados forzosamente habían de pasar, y cuando los vio cerca, alzó la voz y dijo:

—Deteneos, caballeros, o quienquiera que seáis, y dadme cuenta 10 de quién sois, de dónde venís, adónde vais, qué es lo que en aque- llas andas lleváis; que, según las muestras,[128] o vosotros habéis he- cho, o vos han hecho, algún desaguisado,[129] y conviene y es menester que yo lo sepa, o bien para castigaros del mal que hicisteis, o bien para vengaros del tuerto que vos hicieron. 15

—Vamos de prisa—respondió uno de los encamisados—y está la venta lejos, y no nos podemos detener a dar tanta cuenta como pedís.

Y picando la mula, pasó adelante. Sintióse [130] de esta respuesta grandemente don Quijote, y trabando [131] del freno, dijo: 20

—Deteneos, y sed más bien criado, y dadme cuenta de lo que os he preguntado; si no, conmigo sois todos en batalla.

Era la mula asombradiza,[132] y al tomarla del freno se espantó de manera, que, alzándose en los pies, dio con su dueño por las ancas [133] en el suelo. Un mozo que iba a pie, viendo caer el encamisado, co- 25 menzó a denostar [134] a don Quijote; el cual, ya encolerizado,[135] sin esperar más, enristrando su lanzón, arremetió a uno de los enluta- dos, y mal herido dio con él en tierra; y revolviéndose por los de- más, era cosa de ver la presteza con que los acometía y desbara- taba,[136] que no parecía sino que en aquel instante le habían nacido 30 alas a Rocinante, según andaba de ligero y orgulloso. Todos los en-

126. avino: *happened*
127. la ... andas: *the litter was a bier*
128. muestras: *signs*
129. desaguisado: *injury, wrong*
130. Sintióse: *was provoked*
131. trabando de: *seizing*
132. asombradiza: *skittish*
133. ancas: *haunches*
134. denostar: *to revile*
135. encolerizado: *angered*
136. desbarataba: *routed*

camisados era gente medrosa y sin armas, y así, con facilidad en un
momento dejaron la refriega [137] y comenzaron a correr por aquel
campo, con las hachas encendidas, que no parecían sino a los de las
máscaras [138] que en noche de regocijo [139] y fiesta corren. Los enlutados asimismo, revueltos y envueltos en sus faldamentos y lobas,[140]   5
no se podían mover; así que, muy a su salvo, don Quijote los apaleó
a todos, y les hizo dejar el sitio mal de su grado, porque todos pensaron que aquél no era hombre, sino diablo del infierno, que les
salía a quitar el cuerpo muerto que en la litera llevaban.[141]

Todo lo miraba Sancho, admirado del ardimiento [142] de su señor,   10
y decía entre sí: "Sin duda, este mi amo es tan valiente y esforzado
como él dice." Estaba una hacha ardiendo en el suelo, junto al primero que derribó la mula, a cuya luz le pudo ver don Quijote; y,
llegándose a él, le puso la punta del lanzón en el rostro, diciéndole
que se rindiese; si no, que le mataría. A lo cual respondió el caído: 15

—Harto rendido [143] estoy, pues no me puedo mover; que tengo
una pierna quebrada: suplico a vuestra merced, si es caballero cristiano, que no me mate; que cometerá un gran sacrilegio: que soy
licenciado y tengo las primeras órdenes.[144]   20

—Pues ¿quién diablos os ha traído aquí—dijo don Quijote—
siendo hombre de Iglesia?

—¿Quién, señor?—replicó el caído. —Mi desventura.

137. refriega: *affray*
138. los ... máscaras: *the masked men*
139. regocijo: *celebration*
140. faldamentos ... lobas: *clerical skirts and robes*
141. Cervantes' use of contemporary events is here exemplified (as well as his
use of *romances* of chivalry, which commonly included an adventure with a
corpse). In 1593 the body of San Juan de la Cruz, buried at Úbeda (some five
miles east of Baeza), was secretly disinterred and transported by night to Segovia
for permanent burial—secretly, for the Úbedans would have violently objected to
the removal of so valued a religious relic. En route, the escort saw a man suddenly appear and demand to know where they were taking the saint; then as
they were crossing an open field another stranger suddenly appeared to demand
an account of what they were doing. Another account attributes the encounter
to the devil himself—and to the *encamisados* and *enlutados* in the novel Don
Quijote must have seemed a devil.
142. ardimiento: *intrepidity*
143. Pun on *rendirse* and *rendido* ("to surrender," and "worn out")
144. que soy ... órdenes: *for I am a licentiate and have been ordained.* Anyone
who wore clothes indicative of a university education might claim to be a graduate in canonical or civil law (*licenciado*); note his reduction of this claim a few
lines below. A *bachiller* holds only the first degree obtainable; the *licenciado* has
the next higher, with license to practice a profession.

—Pues otra mayor os amenaza—dijo don Quijote—si no me satis-
facéis a todo cuanto primero os pregunté.

—Con facilidad será vuestra merced satisfecho—respondió el licenciado—y así, sabrá vuestra merced que, aunque denantes [145] dije
que yo era licenciado, no soy sino bachiller, y llámome Alonso Ló- 5
pez; soy natural de Alcobendas; vengo de la ciudad de Baeza con
otros once sacerdotes, que son los que huyeron con las hachas; vamos a la ciudad de Segovia acompañando un cuerpo muerto, que
va en aquella litera, que es de un caballero que murió en Baeza,
donde fue depositado, y ahora, como digo, llevábamos sus huesos a 10
su sepultura, que está en Segovia, de donde es natural.

—¿Y quién le mató?—preguntó don Quijote.

—Dios, por medio de unas calenturas pestilentes que le dieron—
respondió el bachiller.

—De esa suerte [146]—dijo don Quijote—me ha quitado nuestro Se- 15
ñor el trabajo que había de tomar si otro alguno le hubiera muerto;
pero, habiéndole muerto quien le mató, no hay sino callar y enco-
ger los hombros, porque lo mismo hiciera si a mí mismo me matara.
Y quiero que sepa vuestra reverencia que yo soy un caballero de la
Mancha, llamado don Quijote, y es mi oficio y ejercicio andar por 20
el mundo enderezando tuertos y deshaciendo agravios.

—No sé cómo pueda ser eso de enderezar tuertos—dijo el bachiller—pues a mí de derecho me habéis vuelto tuerto,[147] dejándome
una pierna quebrada, la cual no se verá derecha en todos los días
de su vida; y el agravio que en mí habéis deshecho ha sido dejarme 25
agraviado de manera, que me quedaré agraviado para siempre; y
harta desventura ha sido topar con vos, que vais buscando aventuras.

—No todas las cosas—respondió don Quijote—suceden de un
mismo modo. El daño estuvo, señor bachiller Alonso López, en ve- 30
nir, como veníades, de noche, vestidos con aquellas sobrepellices,[148]
con las hachas encendidas, rezando, cubiertos de luto, que propia-
mente semejábades cosa mala y del otro mundo; y así, yo no pude

145. denantes (archaic) = antes
146. de esa suerte: *in that case*
147. The victim was either a truly stoic man or else not suffering as much as
he claimed, if he could use words so wittily. He plays on the meanings of *tuerto*
(injury; wrong; and irregular past participle of *torcer*, twisted) ; and also on
agravio, agraviado, and, in his next speech, on *andante, andanza* (the latter
meaning "luck," "fortune") . Cf. also n. 143.
148. sobrepellices: *surplices*

dejar de cumplir con mi obligación acometiéndoos, y os acometiera aunque verdaderamente supiera que érades los mismos satanases [149] del infierno; que por tales os juzgué y tuve siempre.

—Ya que así lo ha querido mi suerte—dijo el bachiller—suplico a vuestra merced, señor caballero andante (que tan mala andanza me ha dado), me ayude a salir de debajo de esta mula, que me tiene tomada una pierna entre el estribo y la silla.

—¡Hablara yo para mañana! [150]—dijo don Quijote. —Y ¿hasta cuándo aguardábades a decirme vuestro afán?

Dio luego voces a Sancho Panza que viniese; pero él no se curó de [151] venir, porque andaba ocupado desvalijando una acémila de repuesto,[152] que traían aquellos buenos señores, bien abastecida de cosas de comer. Hizo Sancho costal de su gabán [153] y, recogiendo todo lo que pudo y cupo en el talego,[154] cargó su jumento, y luego acudió a las voces de su amo, y ayudó a sacar al señor bachiller de la opresión de la mula, y poniéndole encima de ella, le dio su hacha; y don Quijote le dijo que siguiese la derrota de sus compañeros, a quien de su parte pidiese perdón del agravio que no había sido en su mano de dejar de haberles hecho. Díjole también Sancho:

—Si acaso quisieren saber esos señores quién ha sido el valeroso que tales los puso, diráles vuestra merced que es el famoso don Quijote de la Mancha, que por otro nombre se llama el *Caballero de la Triste Figura*.[155]

Con esto, se fue el bachiller, y don Quijote preguntó a Sancho que qué le había movido a llamarle el *Caballero de la Triste Figura*, más entonces que nunca.

—Yo se lo diré—respondió Sancho—porque le he estado mirando un rato a la luz de aquella hacha que llevaba aquel malandante,[156] y verdaderamente tiene vuestra merced la más mala figura, de poco

149. satanases: *devils*
150. An expression both ironic and indicative of surprise, meaning, "Well, why did it take you so long (to mention it)?"
151. no ... curó: *would not*
152. desvalijando ... repuesto: *stripping a spare pack mule*
153. costal ... gabán: *a sack out of his overcoat*
154. talego = costal
155. Despite Sancho's explicit statement below, the term *triste* has often been mistranslated by some equivalent of "sad." Our colloquial "sorry" (as in "sorry-looking") is closer to the Spanish; or (more standard) "rueful," "lamentable." *Triste* has its usual meaning of "melancholy," "sorrowful," if it follows the noun.
156. malandante: *luckless fellow*

acá, que jamás he visto; y débelo de haber causado, o ya el cansancio de este combate, o ya la falta de las muelas y dientes.[157]

—No es eso—respondió don Quijote—sino que el sabio a cuyo cargo debe de estar el escribir la historia de mis hazañas [158] le habrá parecido que será bien que yo tome algún nombre apelativo, **5** como lo tomaban todos los caballeros pasados: cuál [159] se llamaba *el de la Ardiente Espada;* cuál, *el del Unicornio;* ... y por estos nombres e insignias eran conocidos por toda la redondez de la tierra. Y así, digo, que el sabio ya dicho te habrá puesto en la lengua y en el pensamiento ahora que me llamases el *Caballero de la Triste* **10** *Figura,* como pienso llamarme desde hoy en adelante; y para que mejor me cuadre [160] tal nombre, determino de hacer pintar, cuando haya lugar,[161] en mi escudo una muy triste figura.

—No hay para qué gastar tiempo y dineros en hacer esa figura— dijo Sancho—sino lo que se ha de hacer es que vuestra merced des- **15** cubra la suya y dé rostro [162] a los que le miren; que, sin más ni más,[163] y sin otra imagen ni escudo, le llamarán *el de la Triste Figura,* y créame, que le digo verdad: porque le prometo a vuestra merced, señor (y esto sea dicho en burlas), que le hace tan mala cara la hambre y la falta de muelas que, como ya tengo dicho, se **20** podrá muy bien excusar la triste pintura.

Rióse don Quijote del donaire de Sancho; pero, con todo, propuso de llamarse de aquel nombre, en pudiendo [164] pintar su escudo, o rodela, como había imaginado. Y díjole [que entendía que quedaba descomulgado [165] por haber atacado a gente santa, pero]: **25**

— ... yo no pensé que ofendía a sacerdotes ni a cosas de la Iglesia, a quien respeto y adoro como católico y fiel cristiano que soy, sino a fantasmas y vestiglos del otro mundo.[166]

157. o ya ... o ya ... : *either . . . or . . . :* He had had several knocked out in the episode of the flocks of sheep which he took for armies.
158. Here is a forecast of the device Cervantes will adopt much later, when (Part II) the knight finds that a book has been written about him.
159. cuál ... cuál ... : *this one . . . that one . . .*
160. cuadrar: *to fit*
161. lugar: (here) *opportunity*
162. dar rostro: *to face*
163. sin ... más: *without further ado*
164. en pudiendo: *as soon as he could*
165. descomulgado: *excommunicated*
166. Quite probably Cervantes was here remembering his own treatment for having seized, on government orders, grain owned partly by the Church and partly in the City Council of Sevilla, during his work as *comisario* (cf. last paragraph, p. 203) .

Quisiera don Quijote mirar si el cuerpo que venía en la litera eran huesos o no; pero no lo consintió Sancho, diciéndole:

—Señor, vuestra merced ha acabado esta peligrosa aventura lo más a su salvo de todas las que yo he visto; esta gente, aunque vencida y desbaratada, podría ser que cayese en la cuenta de que los venció sola una persona, y, corridos y avergonzados de esto, volviesen a rehacerse [167] y a buscarnos, y nos diesen en qué entender. [168] El jumento está como conviene; la montaña, cerca; la hambre carga: no hay que hacer sino retirarnos con gentil compás de pies, [169] y, como dicen, váyase el muerto a la sepultura y el vivo a la hogaza. [170]

Y antecogiendo [171] su asno, rogó a su señor que le siguiese; el cual, pareciéndole que Sancho tenía razón, sin volver a replicarle le siguió. Y a poco trecho que caminaban por entre dos montañuelas, se hallaron en un espacioso y escondido valle, donde se apearon, y Sancho alivió el jumento, y tendidos sobre la verde hierba, con la salsa de su hambre, almorzaron, comieron, merendaron y cenaron a un mismo punto, satisfaciendo sus estómagos con más de una fiambrera [172] que los señores clérigos del difunto (que pocas veces se dejan mal pasar) en la acémila de su repuesto [173] traían. Mas sucedióles otra desgracia, que Sancho tuvo por la peor de todas, y fue que no tenían vino que beber, ni aun agua que llevar a la boca. ...

CAPÍTULO XXI

Que trata de la alta aventura y rica ganancia del yelmo de Mambrino ...

De allí a poco, descubrió don Quijote un hombre a caballo, que traía en la cabeza una cosa que relumbraba como si fuera de oro, y apenas le hubo visto, cuando se volvió a Sancho y le dijo:

167. rehacerse: *to regroup* (military term)
168. nos ... entender: *give us something to think about*
169. con ... pies: *with dignified pace* (i.e., at a smart pace, but not quite at a run; Sancho's native irony crops out again here)
170. váyase ... hogaza: *let the dead go to the grave and the living to the loaf* [*and eat*]. After twelve chapters in which Sancho figures, only now does he begin to show evidence of what is to become a major characteristic of his—the stringing of proverbs together. A further proof that Cervantes was still building up his novel as he went along.
171. antecogiendo: *driving forward*
172. fiambrera: *cold meat*
173. acémila de repuesto: *spare pack mule*

—Paréceme, Sancho, que no hay refrán que no sea verdadero, porque todos son sentencias sacadas de la misma experiencia, madre de las ciencias todas, especialmente aquél que dice: "Donde una puerta se cierra, otra se abre." Dígolo porque si anoche nos cerró la ventura la puerta de la que buscábamos, engañándonos con los ba- 5
tanes,[174] ahora nos abre de par en par otra, para otra mejor y más cierta aventura, que si yo no acertare a entrar por ella, mía será la culpa, sin que la pueda dar a la obscuridad de la noche. Digo esto porque, si no me engaño, hacia nosotros viene uno que trae en la cabeza puesto el yelmo de Mambrino, sobre que yo hice el jura- 10
mento que sabes.[175]

—Mire vuestra merced bien lo que dice, y mejor lo que hace— dijo Sancho—que no querría que fuesen otros batanes, que nos aca- basen de abatanar y aporrear [176] el sentido.

—¡Válate el diablo por hombre!—replicó don Quijote. —¿Qué 15
va [177] de yelmos a batanes?

—No sé nada—respondió Sancho—mas a fe que si yo pudiera hablar tanto como solía, que quizá diera tales razones, que vuestra merced viera que se engañaba en lo que dice.

—¿Cómo me puedo engañar en lo que digo, traidor escrupuloso? 20
—dijo don Quijote. —Dime, ¿no ves aquel caballero que hacia no- sotros viene, sobre un caballo rucio rodado, que trae puesto en la cabeza un yelmo de oro?

—Lo que yo veo y columbro [178]—respondió Sancho—no es sino un hombre sobre un asno, pardo como el mío, que trae sobre la cabeza 25
una cosa que relumbra.

—Pues ése es el yelmo de Mambrino—dijo don Quijote. —Apár- tate a una parte y déjame con él a solas; verás cuán sin hablar pala- bra, por ahorrar del tiempo, concluyo esta aventura, y queda por mío el yelmo que tanto he deseado. 30

---

174. He refers to the adventure of the fulling mills (*batanes*), which he was eager to undertake but from which he was held back by the frightened Sancho.

175. He had vowed not to do certain things (a conventional chivalric oath) un- til he had defeated some knight and won from him a helmet as good as his own (!); and he mentioned the enchanted helmet of Mambrino, a fictional inven- tion of Boiardo (*Orlando innamorato*, fifteenth century) carried on by Ariosto (*Orlando furioso*, Canto XVIII, published 1516). On Ariosto, see Garcilaso, n. 33, p. 144.

176. abatanar ... aporrear: *fulling and pounding*

177. ¡Válate ... va: *Devil take the man! What's the connection . . .*

178. columbro: *can make out*

—Yo me tengo en cuidado el apartarme—replicó Sancho—mas quiera Dios, torno a decir, que orégano sea, y no batanes.[179]

—Ya os he dicho, hermano, que no me mentéis, ni por pienso,[180] más eso de los batanes—dijo don Quijote—que voto ... que os batanee el alma.[181]

Calló Sancho, con temor que su amo cumpliese el voto que le había echado, redondo como una bola.

Es, pues, el caso que el yelmo, y el caballo y caballero que don Quijote veía, era esto: que en aquel contorno [182] había dos lugares, el uno tan pequeño, que ni tenía botica ni barbero, y el otro, que estaba junto a él, sí; y así, el barbero del mayor servía al menor, en el cual tuvo necesidad un enfermo de sangrarse, y otro de hacerse la barba, para lo cual venía el barbero, y traía una bacía de azófar; [183] y quiso la suerte que, al tiempo que venía, comenzó a llover, y porque no se le manchase el sombrero, que debía de ser nuevo, se puso la bacía sobre la cabeza; y, como estaba limpia, desde media legua relumbraba. Venía sobre un asno pardo, como Sancho dijo, y ésta fue la ocasión que a don Quijote le pareció caballo rucio rodado, y caballero, y yelmo de oro; que todas las cosas que veía, con mucha facilidad las acomodaba a sus desvariadas caballerías y malandantes [184] pensamientos. Y cuando él vio que el pobre caballero llegaba cerca, sin ponerse con él en razones, a todo correr de Rocinante le enristró con el lanzón bajo, llevando intención de pasarle parte a parte; mas cuando a él llegaba, sin detener la furia de su carrera, le dijo:

—Defiéndete, cautiva [185] criatura, o entrégame de tu voluntad lo que con tanta razón se me debe.

El barbero, que tan sin pensarlo ni temerlo vio venir aquella fantasma sobre sí, no tuvo otro remedio para poder guardarse del golpe de la lanza sino fue el dejarse caer del asno abajo; y no hubo tocado

179. Sancho paraphrases a proverb (*Quiera Dios que orégano sea, y no se nos vuelva alcaravea:* God will that it be wild marjoram and not turn out caraway for us) , substituting *batanes* because the fulling mills adventure is still uppermost in his mind.
180. ni ... pienso: *on any account whatever*
181. voto ... alma: *I vow I'll "full" your very soul*
182. contorno: *region, vicinity*
183. azófar: *brass* (or brasslike alloy)
184. desvariadas ... malandantes: *crazy chivalric notions and aberrant* (pun on *andantes*—errant as in "knight-errant"—and aberrant)
185. cautiva: *caitiff, wretched*

al suelo, cuando se levantó más ligero que un gamo,[186] y comenzó a correr por aquel llano, que no se le alcanzara el viento. Dejóse la bacía en el suelo, con la cual se contentó don Quijote, y dijo que el pagano había andado discreto. ... Mandó a Sancho que alzase el yelmo; el cual, tomándolo en las manos, dijo:

—Por Dios que la bacía es buena, y que vale un real de a ocho [187] como un maravedí.

Y dándosela a su amo, [éste] se la puso luego en la cabeza, rodeándola a una parte y a otra, buscándole el encaje; y como no se le hallaba, dijo:

—Sin duda el pagano a cuya medida se forjó [188] primero esta famosa celada debía de tener grandísima cabeza; y lo peor de ello es que le falta la mitad.

Cuando Sancho oyó llamar a la bacía celada no pudo tener la risa; mas vínosele a las mientes la cólera de su amo, y calló en la mitad de ella.

—¿De qué te ríes, Sancho?—dijo don Quijote.

—Ríome—respondió él—de considerar la gran cabeza que tenía el pagano dueño de este almete, que no semeja sino una bacía de barbero pintiparada.[189]

—¿Sabes qué imagino, Sancho? Que esta famosa pieza de este encantado yelmo por algún extraño accidente debió de venir a manos de quien no supo conocer ni estimar su valor, y, sin saber lo que hacía, viéndola de oro purísimo, debió de fundir [190] la otra mitad para aprovecharse del precio, y de la otra mitad hizo esta que parece bacía de barbero, como tú dices. Pero sea lo que fuere; que para mí que la conozco no hace al caso [191] su transmutación; que yo la aderezaré en el primer lugar donde haya herrero,[192] y de suerte que no le haga ventaja, ni aun le llegue, la que hizo y forjó el dios de las herrerías para el dios de las batallas; [193] y en este entretanto la

---

186. gamo: *buck* (fallow deer)

187. real de a ocho: *a silver coin worth eight silver* reales; maravedí: *a copper coin worth about* 1/34 *of a* real

188. forjar: *to forge* (iron)

189. pintiparada: *exactly like*

190. fundir: *to melt down*

191. no ... caso: *makes no difference*

192. herrero: *smith, ironworker*

193. For those unfamiliar with mythology: Vulcan is the god of smithies (*herrerías*) ; Mars, of battle.

traeré como pueda, que más vale algo que no nada; cuanto más,
que bien será bastante para defenderme de alguna pedrada.

. . . .

—Pero dejando esto aparte—dijo Sancho—dígame vuestra merced qué haremos de este caballo rucio rodado, que parece asno
pardo, que dejó aquí desamparado aquel Martino [194] que vuestra   5
merced derribó; que, según él puso los pies en polvorosa y cogió las
de Villadiego,[195] no lleva noción de volver por él jamás. ¡Y para mis
barbas si no es bueno el rucio!

—Nunca yo acostumbro—dijo don Quijote—despojar a los que
venzo, ni es uso de caballería quitarles los caballos y dejarles a pie,   10
si ya no fuese que el vencedor hubiese perdido en la pendencia el
suyo; que en tal caso, lícito es tomar el del vencido, como ganado
en guerra lícita. Así que, Sancho, deja ese caballo, o asno, o lo que
tú quieras que sea; que como su dueño nos vea alejados de aquí vol-
verá por él.   15

—Dios sabe si quisiera llevarle—replicó Sancho—o, por lo menos,
trocarle con éste mío, que no me parece tan bueno. Verdaderamente que son estrechas las leyes de caballería, pues no se extien-
den a dejar trocar un asno por otro; y querría saber si podría trocar los aparejos siquiera.   20

—En eso no estoy muy cierto—respondió don Quijote—y en caso
de duda, hasta estar mejor informado, digo que los trueques, si es
que tienes de ellos necesidad extrema.

—Tan extrema es—respondió Sancho—que si fueran para mi
misma persona no los hubiera menester más.   25

Y luego, habilitado con aquella licencia, hizo *mutatio capparum*,
y puso su jumento a las mil lindezas, dejándolo mejorado en tercio
y quinto.[196]

* * * *

One of the most controversial personages in the novel, if not the
most controversial in several respects, is Dulcinea del Toboso. Cervantes contradicts himself several times in details about her, or

194. Martino is Sancho's confusion of Marte and Mambrino.
195. según ... Villadiego: *the way he took to his heels and beat it*
196. Y ... quinto: *And immediately, thus authorized, he made the change, and
rigged out his donkey in great style, leaving it a hundred per cent improved.* The
Latin *mutatio capparum* means the seasonal change from fur-lined winter hoods
to summer silk ones, or vice versa, by the Cardinals of the Church. *En tercio y
quinto* is an ancient legal term which loses entirely in translation; its general sense
is given.

about Aldonza Lorenzo; e.g., about how well Don Quijote actually knew the farm girl, or whether he ever saw her in his life. Moreover, if we consider Dulcinea herself, we are immediately faced with the fact that she never "appears" in the book; nor, for that matter, do we ever see Aldonza "in person," for all we know (the peasant woman whom Sancho presents as Dulcinea is not demonstrably even Aldonza). Are the two really the same person? Is Dulcinea the idealization of Aldonza, or is there any relation whatever between the two in fact? Or is Dulcinea so idealized beyond reality that the flesh-and-blood Aldonza cannot be considered even the starting point for her? Does Dulcinea exist as Aldonza does, within the confines of the novelistic action; or does she exist on a different plane of reality? Perhaps the following selections may help to formulate subjective conclusions, at least. (And note the last of Chapter I, p. 215, on Dulcinea.)

Don Quijote, in conversation with a gentleman he chances to encounter on the road (I, 13), replies thus to a remark by the latter:

—Yo no podré afirmar si la dulce mi enemiga [197] gusta o no de que el mundo sepa que yo la sirvo; sólo sé decir,[198] respondiendo a lo que con tanto comedimiento [199] se me pide, que su nombre es Dulcinea; su patria, el Toboso, un lugar de la Mancha; su calidad, por lo menos, ha de ser princesa, pues es reina y señora mía; su her- 5 mosura, sobrehumana, pues en ella se vienen a hacer verdaderos todos los imposibles y quiméricos [200] atributos de la belleza que los poetas dan a sus damas.

Now Don Quijote is preparing to send Sancho with a message to Dulcinea (I, 25), but, finding himself without writing materials, has Sancho memorize the message, for, after all, . . .

... a lo que yo me sé acordar, Dulcinea no sabe escribir ni leer, y en toda su vida ha visto letra mía [201] ni carta mía, porque mis amores 1⟩

197. Again the phrasing common to chivalric romances: the lady of the knight's heart is "enemy" because she so often shows disdain or indifference to him, thus causing his decline and "death" (his word).
198. Cervantes frequently uses *saber* plus infinitive like this; the closest English would be "can."
199. comedimiento: *politeness*
200. quiméricos: *fabulous, purely imaginary*
201. Illiteracy was no blemish in a lady in those days. (Remember *en ... vida* before the verb makes a negative; Cf. *Lazarillo*, n. 111, p. 181.)

y los suyos han sido siempre platónicos, sin extenderse a más que
a un honesto mirar. Y aun esto, tan de cuando en cuando, que osaré
jurar con verdad que en doce años que ha que la quiero [202] más que
a la lumbre de estos ojos que han de comer la tierra,[203] no la he
visto cuatro veces; y aun podrá ser que de estas cuatro veces no [5]
hubiese ella echado de ver la una que la miraba: [204] tal es el recato
y encerramiento [205] con que su padre Lorenzo Corchuelo y su madre Aldonza Nogales la han criado.

—¡Ta, ta! [206]—dijo Sancho. —¿Que la hija de Lorenzo Corchuelo
es la señora Dulcinea del Toboso, llamada por otro nombre Al- [10]
donza Lorenzo? [207]

—Ésa es—dijo don Quijote—y es la que merece ser señora de
todo el universo.

—Bien la conozco—dijo Sancho—y sé decir que tira tan bien
una barra [208] como el más forzudo [209] zagal de todo el pueblo. ¡Vive [15]
el Dador, que es moza de chapa, hecha y derecha y de pelo en pecho, y que puede sacar la barba del lodo [210] a cualquier caballero
andante, o por andar, que la tuviere por señora! ¡Oh, hideputa,[211]
qué rejo [212] que tiene, y qué voz! Sé decir que se puso un día encima del campanario [213] de la aldea a llamar unos zagales suyos que [20]

202. Obviously (to one who reads the whole novel) this is hyperbole; but
Cervantes was not bothered by strict consistency in such details.

203. When a Spaniard refers to his own bodily members, he frequently adds
such a token of awareness that the flesh is but mortal.

204. no hubiese ... miraba: *she did not notice the one [time] I was looking at
her*

205. recato ... encerramiento: *prudence and seclusion*

206. ¡Ta, ta! *Aha!*

207. An old custom: the father's Christian name was taken as the child's surname, with patronymic ending in most cases; e.g., Sancho's son might be surnamed *Sánchez* (the Cid's father was Diego, so the son was Ruy *Díaz;* the latter's
son would be surnamed *Ruiz* or *Rodríguez*). But the custom was not universal
among the peasantry.

208. *tirar la barra* is a contest similar to javelin throwing, but the *barra* (bar)
is of iron, not wood

209. forzudo: *lusty*

210. ¡Vive ... lodo: *Praise the Giver [of all good things], she's a sturdy wench,
fit as a fiddle and right in the middle with hair on her chest, and can measure
up to* . . . An expression normally used for a man, of course; *hecho y derecho.*
rhyming with *pecho.*

211. A very vulgar word nowadays and, in some contexts, in those days, but
then it was much used as a sign of admiration; here it merely reinforces Sancho's
expression of enthusiasm.

212. rejo: *vigor*

213. campanario: *bell tower*

andaban en un barbecho [214] de su padre, y aunque estaban de allí más de media legua, así la oyeron como si estuvieran al pie de la torre. Y lo mejor que tiene es que no es nada melindrosa, porque tiene mucho de cortesana: [215] con todos se burla y de todo hace mueca y donaire.[216] Ahora digo, señor Caballero de la Triste Figura, que no solamente puede y debe vuestra merced hacer locuras por ella,[217] sino que con justo título puede desesperarse y ahorcarse; [218] que nadie habrá que lo sepa que no diga que hizo muy bien, aunque le lleve el diablo. Y querría ya verme en camino, sólo por verla; que ha muchos días que no la veo,[219] y debe de estar ya trocada, porque gasta mucho la faz de las mujeres andar siempre al campo, al sol y al aire. Y confieso a vuestra merced una verdad, señor don Quijote: que hasta aquí he estado en una gran ignorancia; que pensaba bien y fielmente que la señora Dulcinea debía de ser alguna princesa de quien vuestra merced estaba enamorado, o alguna persona tal, que mereciese los ricos presentes que vuestra merced la ha enviado, así el del Vizcaíno como el de los Galeotes,[220] y otros muchos que deben ser, según deben ser muchas las victorias que vuestra merced ha ganado y ganó en el tiempo que yo aún no era su escudero. Pero bien considerado, ¿qué se le ha de dar [221] a la señora Aldonza Lorenzo, digo, a la señora Dulcinea del Toboso, que se le vayan a hincar de rodillas delante de ella los vencidos que vuestra merced le envía y ha de enviar? Porque podría ser que al tiempo que ellos llegasen estuviese ella rastrillando lino, o trillando en las eras,[222] y ellos se corriesen de verla, y ella se riese y enfadase del presente.

—Ya te tengo dicho antes de ahora muchas veces, Sancho—dijo

214. barbecho: *field*
215. cortesana: *courtly lady*. It is doubtful that Sancho knew any other meaning.
216. de todo ... donaire: *she has a grin and a jest for everything*
217. Reference to Don Quijote's avowed intention of playing the madman in imitation of Orlando (in *Orlando furioso*, Cantos XXIII, etc.) , who went mad for love of Angelica of Cathay. Here we have a unique case—a *loco* who feigns *locura*.
218. ahorcarse: *to hang oneself*
219. This may be so, but later (II, 9–10) Sancho is ignorant of where she lives and of her home town's topography.
220. Reference to two past adventures (I, 8–9 and 22) : with the Biscayan and with criminals sentenced to the galleys
221. ¿qué ... dar: *what earthly good is it*
222. rastrillando ... eras: *dressing flax or threshing grain on the threshing floors*. Even today the ancient way of threshing grain is common in southern Spain.

don Quijote—que eres muy grande hablador y que, aunque de ingenio boto, muchas veces despuntas de agudo.[223] ... Por lo que yo
quiero a Dulcinea del Toboso, tanto vale como la más alta princesa
de la tierra. Sí, que no todos los poetas que alaban damas debajo
de un nombre que ellos a su albedrío [224] les ponen es verdad que las   5
tienen. ¿Piensas tú que las Amarilis, las Filis ... y otras tales de que
los libros, los romances, las tiendas de los barberos, los teatros de
las comedias están llenos fueron verdaderamente damas de carne y
hueso, y de aquellos que las celebran y celebraron? No, por cierto,
sino que las más se las fingen, por dar subjeto a sus versos, y porque   10
los tengan por enamorados y por hombres que tienen valor para
serlo. Y así, bástame a mí pensar y creer que la buena de Aldonza
Lorenzo es hermosa y honesta, y en lo del linaje, importa poco; que
no han de ir a hacer la información de él para darle algún hábito,[225]
y yo me hago cuenta que es la más alta princesa del mundo. Porque   15
has de saber, Sancho, si no lo sabes, que dos cosas solas incitan a
amar más que otras; que son la mucha hermosura y la buena fama,
y estas dos cosas se hallan consumadamente en Dulcinea, porque en
ser hermosa, ninguna le iguala; y en la buena fama, pocas le llegan.
Y para concluir con todo, yo imagino que todo lo que digo es así,   20
sin que sobre ni falte nada, y píntola en mi imaginación como la
deseo, así en la belleza como en la principalidad, y ni la llega
Elena,[226] ni la alcanza Lucrecia, ni otra alguna de las famosas mujeres de las edades pretéritas,[227] griega, bárbara, o latina. Y diga cada
uno lo que quiera; que si por esto fuere reprehendido de los igno-   25
rantes, no seré castigado por los rigurosos.

—Digo que en todo tiene vuestra merced razón—respondió
Sancho—y que yo soy un asno. Mas no sé yo para qué nombro asno
en mi boca, pues no se ha de mentar la soga en casa del ahorcado.[228]

*Now Sancho is supposed to guide Don Quijote to Dulcinea's
house in El Toboso (II, 9-10), since presumably he has earlier (I,
25) taken a letter from his master to her there; but, as he never*

223. aunque ... agudo: *although dull of wits, you often show signs of sharpness*
224. albedrío: (here) *fancy, caprice*
225. That is, investigate her lineage to make sure she qualifies for some order
of nobility.
226. Elena ... Lucrecia: Helen of Troy represents supreme beauty; Lucretia of
Rome, supreme virtue.
227. pretéritas: *past*
228. Proverb: *The rope should not be mentioned in the hanged man's house.*
Sancho applies it personally, recalling the theft of his own *asno*.

*made the trip (a fact kept from his master), he now finds himself
in a tight spot, unable to find the way yet unwilling to confess the
truth.*

—¿Con qué paciencia podré llevar que quiera vuestra merced [229]
que de sola una vez que vi la casa de nuestra ama, la haya de saber
siempre y hallarla a medianoche, no hallándola vuesa merced, que
la debe de haber visto millares de veces?

—Tú me harás desesperar, Sancho—dijo don Quijote. —Ven acá, 5
hereje: no te he dicho mil veces que en todos los días de mi vida no
he visto a la sin par Dulcinea, ni jamás atravesé los umbrales de su
palacio, y que sólo estoy enamorado de oídas [230] y de la gran fama
que tiene de hermosa y discreta?

*Sancho squirms out of the predicament for the moment, persuad-
ing his master to wait under some trees until he can go make in-
quiries in the town, suggesting that in daylight they may do better.
Once out of sight of Don Quijote, Sancho dismounts and, taking a
seat at the foot of a tree, argues with himself thus:*

—Sepamos ahora, Sancho hermano, adónde va vuesa merced. ¿Va 10
a buscar algún jumento que se le haya perdido? —No, por cierto.
—Pues ¿qué va a buscar? —Voy a buscar, como quien no dice nada,
a una princesa, y en ella al sol de la hermosura y a todo el cielo
junto. —Y ¿adónde pensáis hallar eso que decís, Sancho? —¿Adónde?
En la gran ciudad del Toboso. —Y bien: y ¿de parte de quién la 15
vais a buscar? —De parte del famoso caballero don Quijote de la
Mancha, que desface los tuertos, y da de comer al que ha sed, y de
beber al que ha hambre.[231] —Todo eso está muy bien. Y ¿sabéis su
casa, Sancho? —Mi amo dice que han de ser unos reales palacios o
unos soberbios alcázares. —Y ¿habéisla visto algún día por ventura? 20
—Ni yo ni mi amo la habemos visto jamás. —Y ¿paréceos que fuera
acertado y bien hecho que si los del Toboso supiesen que estáis vos
aquí con intención de ir a sonsacarles sus princesas y a desasosegarles

229. ¿Con ... merced: *How can I bear patiently that your honor expects.* The
archaic form, *vuestra merced,* used by peasants to address their superiors, is often
contracted to *vuesa merced* (e.g., in the same sentence spoken by Sancho), and
to even more corrupted forms.

230. de oídas: *by hearsay*

231. It is often open to question whether Sancho twists things thus with ironic
intent, or simply lets his tongue wag ungoverned.

sus damas,[232] viniesen y os moliesen [233] las costillas a puros palos y
no os dejasen hueso sano?—En verdad que tendrían mucha razón,
cuando no considerasen que soy mandado, y que "Mensajero sois,
amigo, non merecéis culpa, non." [234] —No os fiéis en eso, Sancho;
porque la gente manchega [235] es tan colérica como honrada y no
consiente cosquillas [236] de nadie. ¡Vive Dios que si os huele, os mando
mala ventura! [237] —¡Oxte, puto! ¡Allá darás, rayo! [238] ¡No, sino ándeme yo buscando tres pies al gato por el gusto ajeno! [239] Y más, que
sería buscar a Dulcinea por el Toboso como a Marica por Ravena o
al Bachiller en Salamanca! [240] ¡El diablo, el diablo me ha metido en
esto, que otro no!

Este soliloquio pasó consigo Sancho, y lo que sacó de él fue que
volvió a decirse: —Ahora bien, todas las cosas tienen remedio, si no
es la muerte, debajo de cuyo yugo [241] hemos de pasar todos, mal que
nos pese,[242] al acabar de la vida. Este mi amo por mil señales he visto
que es un loco de atar, y aun también yo no le quedo en zaga, pues
soy más mentecato [243] que él, pues le sigo y le sirvo, si es verdadero
el refrán que dice: "Dime con quién andas, te diré quién eres," y el
otro de "No con quién naces, sino con quién paces." Siendo, pues,
loco, como lo es, y de locura que las más veces toma unas cosas por
otras y juzga lo blanco por negro y lo negro por blanco, como se pareció cuando dijo que los molinos de viento eran gigantes, y las mulas
de los religiosos dromedarios, y las manadas de carneros [244] ejércitos
de enemigos, y otras muchas cosas a este tono, no será muy difícil
hacerle creer que una labradora, la primera que me tope por aquí, es
la señora Dulcinea; y cuando él no lo crea, juraré yo; y si él jura,

232. sonsacarles ... damas: *to lure away their princesses and upset their ladies*
233. moliesen: *pulverize, grind*
234. This is the old *romance* line referred to in *Celestina,* n. 124, p. 125.
235. manchega: *Manchegan, of La Mancha*
236. cosquillas: *nonsense*
237. ¡Vive ... ventura! *As God lives, if they catch scent of you, I can foresee trouble!*
238. ¡Oxte ... rayo! *Away with you, so-and-so! Go strike some other house, light-ning!*
239. ¡No ... ajeno! *Why should I go hunting for trouble just to please someone else!* The customary version of the proverb says "five feet on the cat," not "three" as here.
240. Two proverbs, the first Italian (*cercare Maria per Ravenna*); both mean the same thing—"to hunt one item among thousands just like it."
241. yugo: *yoke*
242. mal ... pese: *whether we like it or not*
243. mentecato: *fool*
244. manadas ... carneros: *flocks of sheep*

tornaré yo a jurar; y si porfía, porfiaré más, y de manera, que tengo de tener la mía siempre sobre el hito,[245] venga lo que viniere. Quizá con esta porfía acabaré con él que no me envíe otra vez a semejantes mensajerías,[246] viendo cuán mal recado le traigo de ellas, o quizá pensará, como yo imagino, que algún mal encantador de éstos que él dice que le quieren mal la habrá mudado la figura por hacerle mal y daño.

Having thus settled things in his mind, Sancho feels relieved, and stays where he is for as long as he estimates it would take him to go to El Toboso and back. Just as he is preparing to return to Don Quijote, he sees three farm women riding toward him on three donkeys; so he sets off at top speed to inform his master that Dulcinea and two ladies in waiting are coming to see him. The two ride forth to meet "Dulcinea," Don Quijote's heart beating high.

Ya en esto salieron de la selva [247] y descubrieron cerca a las tres aldeanas. Tendió don Quijote los ojos por todo el camino del Toboso, y como no vio sino a las tres labradoras, turbóse todo, y preguntó a Sancho si las había dejado fuera de la ciudad.

—¿Cómo fuera de la ciudad?—respondió. —¿Por ventura tiene vuesa merced los ojos en el colodrillo,[248] que no ve que son éstas, las que vienen aquí, resplandecientes como el mismo sol a mediodía?

—Yo no veo, Sancho—dijo don Quijote—sino a tres labradoras sobre tres borricos.

—¡Ahora me libre Dios del diablo!—respondió Sancho. —Y ¿es posible que tres hacaneas,[249] o cómo se llaman, blancas como el ampo [250] de la nieve, le parezcan a vuesa merced borricos? ¡Vive el Señor que me pele [251] estas barbas si tal fuese verdad!

—Pues yo te digo, Sancho amigo—dijo don Quijote—que es tan verdad que son borricos, o borricas, como yo soy don Quijote de la Mancha y tú Sancho Panza; a lo menos, a mí tales me parecen.

—Calle, señor—dijo Sancho—no diga la tal palabra, sino despabile [252] esos ojos y venga a hacer reverencia a la señora de sus pensamientos, que ya llega cerca.

245. tengo ... hito: *I'll have it my way*
246. acabaré ... mensajerías: *I'll put a stop to his sending me on such errands*
247. selva: *woods*
248. colodrillo: *back of the neck*
249. hacaneas: *hackneys* (fine horses)
250. ampo: *pure whiteness*
251. ¡Vive ... pele: *As the Lord lives, I'd yank out*
252. despabile: *open, wake up*

Y diciendo esto, se adelantó a recibir a las tres aldeanas, y apeándose del rucio, tuvo del cabestro al jumento de una de las tres aldeanas y, hincando ambas rodillas en el suelo, dijo:

—Reina y princesa y duquesa de la hermosura, vuestra altivez y grandeza sea servida [253] de recibir en su gracia y buen talante al cautivo caballero vuestro, que allí está hecho piedra mármol,[254] todo turbado y sin pulsos,[255] de verse ante vuestra magnífica presencia. Yo soy Sancho Panza su escudero, y él es el asendereado [256] caballero don Quijote de la Mancha, llamado por otro nombre el Caballero de la Triste Figura.

A esta sazón ya se había puesto don Quijote de hinojos [257] junto a Sancho, y miraba con ojos desencajados [258] y vista turbada a la que Sancho llamaba reina y señora; y como no descubría en ella sino una moza aldeana, y no de muy buen rostro, porque era carirredonda y chata,[259] estaba suspenso y admirado, sin osar desplegar [260] los labios. Las labradoras estaban asimismo atónitas, viendo aquellos dos hombres tan diferentes hincados de rodillas, que no dejaban pasar adelante a su compañera; pero rompiendo el silencio la detenida, toda desgraciada y mohina,[261] dijo:

—Apártense nora en tal [262] del camino, y déjenmos pasar, que vamos de priesa.

A lo que respondió Sancho:

—¡Oh princesa y señora universal del Toboso! ¿Cómo vuestro magnánimo corazón no se enternece viendo arrodillado ante vuestra sublimada presencia a la columna y sustento de la andante caballería?

Oyendo lo cual, otra de las dos dijo:

—Mas ¡jo, que te estrego, burra de mi suegro! [263] ¡Mirad con qué se vienen los señoricos ahora a hacer burla de las aldeanas, como si

---

253. vuestra ... servida: *let your haughtiness and grandeur be pleased*
254. hecho ... mármol: *turned into marble*
255. sin pulsos: *bemused*
256. asendereado: *travel-weary*
257. de hinojos: *on his knees*
258. desencajados: *starting from their sockets*
259. carirredonda y chata: *round-faced and snub-nosed*
260. desplegar: *to open*
261. desgraciada y mohina: *ungracious and surly*
262. nora en tal: *bad luck to you*
263. See *Celestina*, n. 38, p. 113, for a variant of this phrase, which came to be an almost automatic retort by village women to anyone importuning them with words they take as insincere. The present one is, "You'll not catch me with your fine words, and the same to you!"

aquí no supiésemos echar pullas [264] como ellos! Vayan su camino y déjenmos pasar el nueso, y les será sano.

—Levántate, Sancho—dijo a este punto don Quijote—que ya veo que la Fortuna, de mi mal no harta, tiene tomados los caminos todos por donde pueda venir algún contento a esta ánima mezquina [265] que tengo en las carnes. Y tú ¡oh extremo del valor que puede desearse, término de la humana gentileza, único remedio de este afligido corazón que te adora! ya que el maligno encantador me persigue, y ha puesto nubes y cataratas en mis ojos,[266] y para sólo ellos y no para otros ha mudado y transformado tu sin igual hermosura y rostro en el de una labradora pobre, si ya también el mío no le ha cambiado en el de algún vestiglo para hacerle aborrecible a tus ojos, no dejes de mirarme blanda y amorosamente, echando de ver en esta sumisión y arrodillamiento que a tu contrahecha hermosura hago la humildad con que mi alma te adora.

—¡Tomá qué, mi agüelo! [267]—respondió la aldeana.—¡Amiguita soy yo de oír resquebrajos! [268] Apártense y déjenmos ir y se lo agradeceremos.

Apartóse Sancho y dejóla ir, contentísimo de haber salido bien de su enredo.[269] Apenas se vio libre la aldeana que había hecho la figura de Dulcinea, cuando, picando a su *cananea* con un aguijón [270] que en un palo traía, dio a correr por el prado adelante. Todas picaron tras ella y dispararon a correr,[271] sin volver la cabeza atrás por

264. pullas: *wise cracks* (the Spanish word means a witty but dirty remark). Her language is that of an illiterate woman, hence such corruptions as *déjenmos* for *déjennos* and *nueso* for *nuestro.*

265. Cervantes here clearly had in mind (as several commentators have noted) two passages from Garcilaso de la Vega, whose "Égloga III" has the line "Mas la fortuna, de mi mal no harta"; and whose "Égloga I" has "esta ánima mezquina" twice (lines 81 and 368, neither included in our selection).

266. Note that he expressly states it is not Dulcinea but himself who is enchanted; nevertheless, a little later he states just as plainly that it is she, and this is the point of view which affects subsequent developments in the novelistic action.

267. ¡Tomá ... agüelo! *I will, my grandpop!* Interjections like this, with *mi padre* or *mi madre* or the like, indicate amazement and rejection of what is heard.

268. ¡Amiguita ... resquebrajos! *I'm so fond of listening to cracks, ain't I?* She uses *resquebrajos,* literally "cracks," for *requiebros.*

269. enredo: *hoax*

270. picando ... aguijón: *prodding her "cackney" (hackney) with a goad.* Sancho, in announcing Dulcinea's coming, had used *cananea* for *hacanea;* hence the humorous effect in Spanish here.

271. disparararon a correr: *set off running*

espacio de más de media legua. Siguiólas don Quijote con la vista, y
cuando vio que no parecían,[272] volviéndose a Sancho, le dijo:

—Sancho, ¿qué te parece cuán mal quisto [273] soy de encantadores?
Y mira hasta dónde se extiende su malicia y la ojeriza [274] que me
tienen, pues me han querido privar del contento que pudiera darme
ver en su ser a mi señora. Y has también de advertir, Sancho, que no
se contentaron estos traidores de haber vuelto y transformado a mi
Dulcinea, sino que la transformaron y volvieron en una figura tan
baja y tan fea como la de aquella aldeana, y juntamente le quitaron
lo que es tan suyo de las principales señoras, que es el buen olor,
por andar siempre entre ámbares [275] y flores. Porque te hago saber,
Sancho, que cuando llegué a Dulcinea, me dio un olor de ajos cru-
dos, que me encalabrinó y atosigó el alma.[276]

—¡Oh canalla!—gritó a esta sazón Sancho. —¡Oh encantadores
aciagos y mal intencionados, y quién os viera a todos ensartados por
las agallas, como sardinas en lercha! [277] Mucho sabéis, mucho podéis,
y mucho mal hacéis. Bastaros debiera, bellacos, haber mudado las
perlas de los ojos de mi señora en agallas alcornoqueñas [278] y sus cabellos de oro purísimo en cerdas de cola de buey bermejo,[279] y, finalmente, todas sus facciones buenas en malas, sin que le tocarais en el
olor; que por él siquiera sacáramos lo que estaba encubierto debajo
de aquella fea corteza; [280] aunque, para decir verdad, nunca yo vi su
fealdad, sino su hermosura.

*Some time later (II, 32) the Duchess, who has read Part One of
the adventures of Don Quijote and Sancho and is delighted to enter-
tain the famous protagonists of that book as guests, questions Don
Quijote about Dulcinea.*

—Si hemos de dar crédito a la historia que del señor don Quijote
de pocos días a esta parte ha salido a la luz del mundo, con general

272. no parecían: *were out of sight*
273. mal quisto: *hated*
274. ojeriza: *spite, ill will*
275. ámbares: *amber, perfumes*
276. ajos ... alma: *raw garlic that dizzied me and poisoned my very soul*
277. ¡Oh canalla ... lercha! *Oh, base rabble, ill-omened and ill-intentioned en-
chanters, I wish I might see you all strung up by the gills like sardines on a
reed!*
278. agallas alcornoqueñas: *cork-oak galls* (excrescences, tumorlike, on the
bark; *agallas* means also "gills" of a fish, as in n. 277)
279. cerdas ... bermejo: *tail bristles of a red ox*
280. corteza: *bark, rind, skin*

aplauso de las gentes, de ella se colige,²⁸¹ si mal no me acuerdo, que nunca vuestra merced ha visto a la señora Dulcinea, y que esta tal señora no es en el mundo, sino que es una dama fantástica,²⁸² que vuestra merced la engendró y parió en su entendimiento, y la pintó con todas aquellas gracias y perfecciones que quiso.   5

—En eso hay mucho que decir—respondió don Quijote. —Dios sabe si hay Dulcinea o no en el mundo, o si es fantástica o no es fantástica; y éstas no son de las cosas cuya averiguación se ha de llevar hasta el cabo. Ni yo engendré ni parí a mi señora, puesto que [aunque] la contemplo como conviene que sea una dama que contenga 10 en sí las partes que puedan hacerla famosa en todas las del mundo, como son: ²⁸³ hermosa sin tacha, grave sin soberbia, amorosa con honestidad, agradecida por cortés, cortés por bien criada, y, finalmente, alta por linaje, a causa que sobre la buena sangre resplandece y campea la hermosura ²⁸⁴ con más grados de perfección que en 15 las hermosuras humildemente nacidas.

Don Quijote, having been vanquished in single combat in Barcelona by a fellow townsman—Sansón Carrasco, disguised as a knight, whose intentions for the most part were of the best (slightly tinged with resentment at a previous defeat at the hands of our knight)—and in consequence commanded to retire from knight-errantry for one year, returns sorrowfully home with his faithful squire Sancho.

CAPÍTULO LXXIV

De cómo don Quijote cayó malo, y de su muerte

Como las cosas humanas no sean eternas, especialmente las vidas de los hombres, y como la de don Quijote no tuviese privilegio del cielo para detener el curso de la suya, llegó su fin y acabamiento cuando él menos lo pensaba; porque, o ya ²⁸⁵ fuese de la melancolía 20 que le causaba el verse vencido, o ya por la disposición del cielo, que así lo ordenaba, se le arraigó ²⁸⁶ una calentura que le tuvo seis días en la cama, en los cuales fue visitado muchas veces del Cura, del

281. se colige: *one gathers*
282. fantástica: *of the imagination*
283. como son: *namely*
284. a causa ... hermosura: *because beauty shines forth and excels in good blood*
285. o ya ... o ya ...: *whether . . . or . . .*
286. arraigó: *settled deep in*

Bachiller,[287] y del Barbero, sus amigos, sin quitársele de la cabecera Sancho Panza, su buen escudero. Éstos, creyendo que la pesadumbre de verse vencido y de no ver cumplido su deseo en la libertad y desencantamiento de Dulcinea le tenía de aquella suerte, por todas las vías posibles procuraban alegrarle. ... Pero no por esto dejaba don Quijote sus tristezas.   5

Llamaron sus amigos al médico, tomóle el pulso y no le contentó mucho, y dijo que, por sí o por no,[288] atendiese a la salud de su alma, porque la del cuerpo corría peligro. Oyólo don Quijote con ánimo sosegado; pero no lo oyeron así su ama, su sobrina y su escudero, los cuales comenzaron a llorar tiernamente, como si ya le tuvieran   10 muerto delante. Fue el parecer del médico que melancolías y desabrimientos [289] le acababan. Rogó don Quijote que le dejasen solo, porque quería dormir un poco. Hiciéronlo así, y durmió de un tirón,[290] como dicen, más de seis horas; tanto, que pensaron el ama y la sobrina que se había de quedar en el sueño. Despertó al cabo   15 del tiempo dicho, y dando una gran voz dijo:

—¡Bendito sea el poderoso Dios, que tanto bien me ha hecho! En fin, sus misericordias no tienen límite, ni las abrevian ni impiden los pecados de los hombres.   20

Estuvo atenta la sobrina a las razones del tío, y pareciéronle más concertadas que él solía decirlas, a lo menos, en aquella enfermedad, y preguntóle:

—¿Qué es lo que vuesa merced dice, señor? ¿Tenemos algo de nuevo? ¿Qué misericordias son éstas, o qué pecados de los hombres?   25

—Las misericordias—respondió don Quijote—sobrina, son las que en este instante ha usado Dios conmigo, a quien, como dije, no las impiden mis pecados. Yo tengo juicio ya, libre y claro, sin las sombras caliginosas [291] de la ignorancia, que sobre él me pusieron mi amarga y continua leyenda [lectura] de los detestables libros de las   30 caballerías. Ya conozco sus disparates y sus embelecos,[292] y no me pesa sino que este desengaño ha llegado tan tarde, que no me deja tiempo para hacer alguna recompensa, leyendo otros que sean luz del alma. Yo me siento, sobrina, a punto de muerte; querría hacerla de tal modo, que diese a entender que no había sido mi vida tan   35

287. Sansón Carrasco was the *bachiller*
288. por ... no: *just in case*
289. desabrimientos: *despondency*
290. de ... tirón: *at a stretch*
291. caliginosas: *dark*
92. embelecos: *frauds, lies*

mala, que dejase renombre [293] de loco; que aunque lo he sido, no querría confirmar esta verdad en mi muerte. Llámame, amiga, a mis buenos amigos: al cura, al bachiller Sansón Carrasco y a maese Nicolás el barbero; que quiero confesarme y hacer mi testamento.

Pero de este trabajo se excusó la sobrina con la entrada de los 5 tres. Apenas los vio don Quijote, cuando dijo:

—Dadme albricias, buenos señores, de que ya yo no soy don Quijote de la Mancha, sino Alonso Quijano, a quien mis costumbres me dieron renombre de *Bueno*. Ya soy enemigo de Amadís de Gaula y toda la infinita caterva [294] de su linaje; ya me son odiosas todas las 10 historias profanas de la andante caballería; ya conozco mi necedad y el peligro en que me puso haberlas leído; ya, por misericordia de Dios, escarmentando en cabeza propia,[295] las abomino.

His friends, taking all this as some new symptom of his madness, try to change the subject, only to hear him continue:

—Yo, señores, siento que me voy muriendo a toda prisa: déjense burlas aparte y tráiganme un confesor que me confiese y un escri- 15 bano que haga mi testamento; que en tales trances como éste no se ha de burlar el hombre con alma; y así, suplico que en tanto que el señor cura me confiesa, vayan por el escribano.

Miráronse unos a otros, admirados de las razones de don Quijote,[296] y, aunque en duda, le quisieron creer; y una de las señales 20 por donde conjeturaron [que] se moría fue el haber vuelto con tanta facilidad de loco a cuerdo; porque a las ya dichas razones añadió otras muchas tan bien dichas, tan cristianas y con tanto concierto, que del todo les vino a quitar la duda y a hacer creer que estaba cuerdo. 25

Hizo salir la gente el cura, y quedóse solo con él, y confesóle. El bachiller fue por el escribano y de allí a poco volvió con él y con Sancho Panza; el cual Sancho (que ya sabía por nuevas del bachiller en qué estado estaba su señor), hallando a la ama y a la sobrina llorosas, comenzó a hacer pucheros [297] y a derramar lágrimas. Acabóse 30 la confesión y salió el cura, diciendo:

—Verdaderamente se muere, y verdaderamente está cuerdo Alonso Quijano el Bueno: bien podemos entrar para que haga su testamento.

293. renombre: *renown, reputation*
294. caterva: *swarm*
295. escarmentando ... propia: *learning my lesson from my own mistakes*
296. The ex-knight has rejected the name, but he has been so long called "Don Quijote" that the author himself falls victim to the habit—but the true Don Quijote has already departed the scene.
297. hacer pucheros: *to pucker up* (preliminary to weeping)

Estas nuevas dieron un terrible empujón [298] a los ojos preñados de ama, de sobrina y de Sancho Panza su buen escudero, de tal manera, que los hizo reventar las lágrimas de los ojos y mil profundos suspiros del pecho; porque verdaderamente, como alguna vez se ha dicho, en tanto que don Quijote fue Alonso Quijano el Bueno a secas, y en tanto que fue don Quijote de la Mancha, fue siempre de apacible condición [299] y de agradable trato, y por esto no sólo era bien querido de los de su casa, sino de todos cuantos le conocían.

The notary arrives to take down Don Quijote's will, and the first item in it testifies to Sancho's solid worth and to the wrong done him by his master in luring him off to become squire to a madman. The dying man then turns to Sancho and begs his forgiveness.

—¡Ay!—respondió Sancho llorando. —No se muera vuesa merced, señor mío, sino tome mi consejo, y viva muchos años; porque la mayor locura que puede hacer un hombre en esta vida es dejarse morir, sin más ni más, sin que nadie le mate, ni otras manos le acaben que las de la melancolía. Mire no sea perezoso, sino levántese de esa cama, y vámonos al campo vestidos de pastores, como tenemos concertado: [300] quizá tras de alguna mata [301] hallaremos a la señora doña Dulcinea desencantada, que no haya más que ver.[302] Si es que se muere de pesar de verse vencido, écheme a mí la culpa, diciendo que por haber yo cinchado mal a Rocinante le derribaron; cuanto más que vuesa merced habrá visto en sus libros de caballerías ser cosa ordinaria derribarse unos caballeros a otros, y el que es vencido hoy ser vencedor mañana.

—Así es—dijo Sansón—y el buen Sancho está muy en la verdad de estos casos.

—Señores—dijo don Quijote—vámonos poco a poco, pues ya en los nidos de antaño no hay pájaros hogaño.[303] Yo fui loco, y ya soy cuerdo: fui don Quijote de la Mancha, y soy ahora, como he dicho, Alonso Quijano el Bueno. ...

Este fin tuvo el Ingenioso Hidalgo de la Mancha. ...

298. empujón: *stimulus, impulse*
299. apacible condición: *peaceable disposition*
300. En route homeward from his defeat the ex-knight had determined to become a shepherd like those in the pastoral romances, and Sancho with him.
301. mata: *bush*
302. que no ... ver: *as nice as you could wish*
303. ya en ... hogaño: (proverb) *in last year's nests there are no birds this year* (i.e., here, "you can't revive what's dead") .

Poetry of the Seventeenth Century

Culteranismo

At the close of the sixteenth century, after prolonged classical influence on Renaissance literature, a reaction set in that affected art in general. Architectural lines, formerly simple and straight, now became obscured with ornamentation; sculpture assumed a new emotionalism, with distortion of proportions; painting, notably that of El Greco, likewise distorted proportions and elongated the human form as though in a straining upward, thus bringing a mystic fervor as well as new techniques into art; and musical composition also added a mystic passion in its development of polyphonic music. This tendency toward elaborate ornamentation in the arts is called the baroque, and literature did not escape its influence any more than did the other arts.

The baroque in poetry is called *culteranismo,* or *estilo culto,* or *gongorismo* (for its most famous practitioner, Góngora). And since the drama of the period is in verse, it contains much evidence of the *estilo culto;* so, in order to understand a factor unavoidable in both poetry and drama of the seventeenth century, the student must learn a little about *culteranismo.* It was more than mere desire for something new that inspired poets; they sincerely tried to renovate and refresh the language of poetry above that of prose and above the moribund poetic language of the past. The movement was not confined to Spain, but swept over Europe and into England.

Consider some of the *culteranista* characteristics:

Hyperbaton (inversion of normal word order): "De este, pues, formidable de la tierra bostezo" for "Pues, de este bostezo formidable de la tierra"; or "La dulce de las aves armonía" for "La dulce armonía. ..." On occasion, naturally, exigencies of meter and rhyme require some inversion, but *culteranismo* goes beyond such needs.

Metaphor: "Nieve de colores mil vestida" ("Nieve vestida de

mil colores") means peasant girls in their Sunday finery, their "snowy" skin clothed in brightly hued garments. "Errantes lirios" are sheep, ignoring unpleasantly realistic facts of dirt and smell. The arm of a girl drinking from a stream becomes "an aqueduct carrying liquid crystal to human crystal (her face)." Such metaphors may be heaped upon metaphors, and become elaborately complex indeed. But let these examples suffice.

LUIS DE GÓNGORA
(1561–1627)

The poet whose imaginative eye could see such extraordinary relationships between real objects and metaphorically corresponding ones, who could (and did, metaphorically) turn a pebble into a jewel, is Luis de Góngora, whose name is perpetuated not only in the synonym for *culteranismo,* but in his superlatively lyric verse.

A native of Córdoba, after studying at Salamanca he returned home to live and write. There he held a cathedral benefice, and when he moved to Madrid (1612) he was made honorary chaplain to the king. Despite these assured sources of income, he was always pressed for money because his tastes were expensive. He loved fine things, beautiful things, and thoroughly enjoyed the more respectable pleasures—bullfights, fine carriage and horses, trained servants, association with the nobility. Neither religion nor love of women occupied any noticeable part of his attention. A proud, aloof man, he cared not at all for popular acclaim and wrote only for the select group of humanists and poets with whom he felt most in sympathy. Yet when attacked by literary enemies, led by Lope de Vega and Francisco de Quevedo, he was quick to retort with stinging invective in verse. Lope and Quevedo both entered wholeheartedly into national life, but never Góngora. His sole mistress was the Muse of Lyric Poetry, and he devoted himself almost entirely to her, becoming in consequence one of the most careful, cultivated, conscientious poetic geniuses of his day.

Góngora's earliest pieces are in popular meters, *canciones, letrillas,* and *romances,* composed with felicitous simplicity and charm. Before the end of the sixteenth century certain of his poems began to show the *culteranista* trend, and somewhere about 1610 he gave himself over almost wholly to the new style—although a few of his last poems are very like his earliest in their simplicity.

His panegyric to the Duke of Lerma is his first fully *cultista* poem, so heavily freighted with the artificiality and obscurity associated with the worst of the movement (he had evidently not mastered the style) that it hardly merits reading. An ode on the taking of Larache (in Africa) by Spanish troops in 1610 is better. But his most famous pieces are the *Fábula de Polifemo y Galatea* (1612) and the unfinished *Soledades* (1613). The former concerns the love of the most beautiful of nymphs, Galatea, and the shepherd Acis, complicated by the monstrous giant Polyphemus who, scorned by Galatea, attempts to slay Acis (who is turned into a river at the moment of his death; see Ovid's *Metamorphoses,* Book XIII). Despite its difficult language, it contains passages of great poetic beauty and some that are not obscure. *Soledades,* in two parts, is Góngora's longest and most irregular poem. Its "action" turns on the adventures of a youth who is shipwrecked and his experiences on the island where he finds refuge; but there is less action than description, and the whole is just a patchwork rather than an entity. Nevertheless, the poem possesses gorgeous decorative elements, dazzlingly colorful imagery, and flashes of high poetic genius. One authority compares its mass of ornamentation to the *Mihrab,* the holy of holies in the Mosque of Córdoba, and his comparison is strikingly valid.[1]

Romance

This *romance artístico* faithfully reflects the simple language of the old ballads but at the same time the technical devices of the new trend—antitheses, plays on words, studied conciseness, and compact construction.

Servía en Orán al rey   tan noble como hermosa,   5
un español con dos lanzas,   tan amante como amada,
y con el alma y la vida   con quien estaba una noche
a una gallarda africana,[2]   cuando tocaron al arma.[3]

1. The great Mosque was begun in the late eighth century. See Don Juan Manuel, n. 22, p. 56.
2. africana: *Moorish lady.* (Orán is in Algeria.)
3. tocaron ... arma: *they sounded the call to arms*

Trescientos Cenetes [4] eran
de este rebato [5] la causa: 10
que los rayos de la luna
descubrieron las adargas;
    las adargas avisaron
a las mudas atalayas,
las atalayas los fuegos,   15
los fuegos a las campanas; [6]
    y ellas al enamorado,
que, en los brazos de su dama,
oyó el militar estruendo
de las trompas y las cajas.[7]   20
    Espuelas de honor le pican [8]
y freno de amor le para;
no salir es cobardía,
ingratitud es dejarla.
    Del cuello pendiente [9] ella,   25
viéndole tomar la espada,
con lágrimas y suspiros
le dice aquestas palabras:
    "Salid al campo, señor,
bañen mis ojos la cama;   30

que ella me será también,
sin vos, campo de batalla.
    Vestíos y salid apriesa,
que el General os aguarda;
yo os hago a vos mucha sobra   3
y vos a él mucha falta.[10]
    Bien podéis salir desnudo,
pues mi llanto no os ablanda;
que tenéis de acero el pecho
y no habéis menester armas."   4
    Viendo el español brioso
cuánto le detiene y habla,
le dice así: "Mi señora,
tan dulce como enojada,
    porque con honra y amor   4
yo me quede, cumpla y vaya,[11]
vaya a los moros el cuerpo,
y quede con vos el alma.
    Concededme, dueño mío,[12]
licencia para que salga   5
al rebato en vuestro nombre,
y en vuestro nombre combata."

Letrilla

Another early poem, the best known of Góngora's simplest ones,
is this hedonistic relative of Quevedo's "Don Dinero" (given below)
in both subject and tone, as it is also, for that matter, akin to Lazarillo de Tormes' philosophy. Its realistic attitude is a characteristic
of, and therefore popular with, Spaniards; its satirical pictures are

---

4. Cenetes (Zenetes) : name of an ancient Berber tribe
5. rebato: (Lines 10, 51) *call to arms*
6. Lines 13–16: *the [glint of] moonlight revealed the shields; these warned
the silent watchtowers; the men thereon [lighted signal] fires, the fires [alerted]
the warning bells*
7. estruendo ... cajas: *clamor of the trumpets and the drums*
8. Note the piling up of antitheses from this line on.
9. pendiente de: *hanging on*
10. yo os ... falta: *I am superfluous to you while he has great need of you*
(an accurate but inadequate translation of the original antithesis)
11. porque ... vaya: *so that I may keep both honor and love, fulfill my duty and
go to battle*
12. dueño mío: *mistress of my heart*

vivid and cleverly arranged, alternately idealistic and materialistic; and its theme, an oft-quoted proverb, appeals to the sententious. The *letrilla* is actually a gloss on that proverb and its meaning.

Ándeme yo caliente,
y ríase la gente.[13]

Traten otros del gobierno [14]
del mundo y sus monarquías,
mientras gobiernan mis días   5
mantequillas y pan tierno,
y las mañanas de invierno
naranjada y aguardiente,[15]
   y ríase la gente.

Coma en dorada vajilla [16]   10
el príncipe mil cuidados
como píldoras [17] dorados;
que yo en mi pobre mesilla
quiero más una morcilla
que en el asador reviente,[18]   15
   y ríase la gente.

Cuando cubra las montañas
de plata y nieve el enero,
tenga yo lleno el brasero
de bellotas y castañas,[19]   20
y quien las dulces patrañas [20]
del rey que rabió me cuente,[21]

y ríase la gente.

Busque muy en hora buena
el mercader nuevos soles; [22]   25
yo, conchas y caracoles [23]
entre la menuda arena,
escuchando a Filomena,[24]
sobre el chopo [25] de la fuente,
   y ríase la gente.   30

Pase a medianoche el mar,
y arda en amorosa llama
Leandro [26] por ver su dama;
que yo más quiero pasar
del golfo de mi lagar   35
la blanca o roja corriente,[27]
   y ríase la gente.

Pues Amor es tan cruel
que de Píramo y su amada [28]
hace tálamo [29] una espada,   40
do se juntan ella y él,
sea mi Tisbe un pastel,[30]
y la espada sea mi diente,
   y ríase la gente.

13. Ándeme ... gente: *So long as I go warm, let people laugh if they will.*
14. Note the alliterations (*m, qu, gobierno–gobiernan,* etc.) in this stanza.
15. naranjada y aguardiente: *orange juice and spirits* (liquor)
16. vajilla: *plate*
17. píldoras: *pills*
18. morcilla ... reviente: *blood sausage crackling on the spit*
19. lleno ... castañas: *the brazier full of sweet acorns and chestnuts*
20. patrañas: *tales*
21. "El rey que rabió" is a fabled personage symbolic of very ancient times.
22. Busque ... soles: *Let the merchant seek new trade routes and welcome*
23. conchas y caracoles: *sea shells*
24. Filomena: (poetic for) *nightingale*
25. chopo: *black poplar*
26. Leandro: (late Greek legend) Leander swam the Hellespont each night to see his love, Hero, priestess of Aphrodite. One night he drowned, and in despair she drowned herself.
27. i.e., la ... corriente del golfo de mi lagar
28. Ovid (*Metamorphoses,* Bk. IV) tells the story of Pyramus and Thisbe.
29. tálamo: *bridal bed*
30. pastel: *pastry*

SONETO:

A la ciudad de Córdoba y su fertilidad

The typical love of the Spaniard for his *patria chica* finds expression here, heightened by the contrast with Granada (where he must have been when he composed the poem) introduced in the sestet by naming the river Darro (which flows through the center of Granada) and the Genil (which flows along the southern edge of the city), in contrast to the apostrophe to the Guadalquivir of Córdoba. While it is not Góngora's greatest sonnet, it is his best topographical one, and is highly artistic technically.

> ¡Oh excelso [31] muro, oh torres levantadas
> de honor, de majestad, de gallardía!
> ¡Oh gran río, gran rey de Andalucía,
> de arenas nobles, ya que no doradas!
>   ¡Oh fértil llano, oh sierras encumbradas [32]   5
> que privilegia [33] el cielo y dora el día!
> ¡Oh siempre gloriosa patria mía,
> tanto por plumas cuanto por espadas! [34]
>   Si entre aquellas ruinas y despojos
> que enriquece [35] Genil y Darro baña   10
> tu memoria no fue alimento mío,
>   nunca merezcan mis ausentes ojos
> ver tus muros, tus torres y tu río,
> tu llano y sierra, ¡oh patria, oh flor de España!

Conceptismo

The counterpart of *culteranismo* within the baroque is the movement known as *conceptismo* from its preoccupation with *conceptos,* literary conceits, concepts. Where the former exalts form, *conceptismo* is concerned with content, with the idea and the ingenious play of words and ideas phrased in ordinary, concise terms so that it is the meaning and not the form that stands out. Its antecedents

31. excelso: *sublime*
32. encumbradas: *lofty*
33. privilegia: *makes privileged*
34. It is a fact that Córdoba has produced many outstanding writers (*plumas*) and warriors (*espadas*).
35. enriquece: *enriches*

can be seen in *La Celestina, Lazarillo de Tormes,* and the *Quijote,* to name but three of many, for it is an outgrowth of the sententious and allusive in style, an intensification of an already existing characteristic of Spanish literature. *Conceptista* poetry is intellectual, ingenious, satiric, and philosophical, rather than emotional, imaginative, formal.

Baltasar Gracián (1601–1658) is the master of *conceptismo* in prose, but his works are outside the scope of this book. In any case, the movement is superbly represented by a more generally interesting genius, Quevedo, whose literary production in all fields is so enormous that we cannot even sample most of them.

FRANCISCO DE QUEVEDO
(1580–1645)

Born into a noble family of Madrid, Quevedo studied at Alcalá and Valladolid, there gaining a broad and varied education. By the time he was twenty-five he was both celebrated and feared for his caustic wit in verse. He led an active life as a man-about-town, duellist, traveler, diplomat, and statesman. A man of integrity, he broke with the royal favorite, Olivares, and was imprisoned in 1639 for writing a satiric memorial to the king denouncing the economic corruption of Spain under Olivares. He lived only a couple of years after his release on the fall of the favorite. Revelatory of the man's nature is an incident just before his death. On being consulted about what funeral music he wanted, and the cost, it is said that he replied, "Let those who can hear it pay for it."

By temperament sarcastic, Quevedo was endowed by nature with the essentials for satirizing everything that he considered bad, and to these natural gifts he added the will to rectify wrongs by his pen. This is why his satirical writings overshadow his verse, which itself contains many a pungent, mordant satire in miniature. He is better known for his *Sueños* and his picaresque novel, *La vida del buscón,* than for his poetry, but even so he is one of Spain's greatest poets. His poems range from brief epigrams to the long heroic poem, from the off-color to the deeply religious. Most, perhaps, show some evidence of pessimism or of grim and gloomy awareness of man's short-comings—another reflection of his temperament. The *Sueños* (1627), written during the fifteen or twenty years prior to publication, are fictional dreams and visions revealing "the abuses, vices, and deceptions in all the occupations and social ranks of the world," as he claims. Their nature is implicit in the titles of the sections: "The Pigsties of Pluto," "The Dream of the Skulls," "The World from the Inside," "Asylum of the Love-Mad." It is the most bitter satire of society ever written in Spanish, and one of the harsheşt in all literature. *La vida del buscón* is also satiric, of course, and moreover is one of the wittiest books in Spanish, so packed with *conceptista* meanings and double meanings that it is all but impossible to translate adequately into English, and too difficult for this book. The *conceptista* elements in his poetry are not quite so difficult, and certainly less hard to follow than Góngora's *culteranista* verse would be.

SONETO:

Afectos varios de su corazón, fluctuando en
las ondas de los cabellos de Lisi

The poet's heart, "floating undulantly" on a sea of hyperbole, is athirst for beauty (line 3), and finds gold illuminated by the *luz ardiente y pura* shining on the "wavy gold" of Lisi's hair, that "crisp-curled tempest." The mythological references, except for Leander (see Góngora, n. 26, p. 253), are all to be found in the *Metamorphoses*, where Ovid tells the stories of Icarus in Book VIII, of the phoenix in Book XV, of Midas in XI, and of Tantalus in IV (Penguin Books L-58 is a convenient edition).

> En crespa tempestad del oro undoso
> nada [1] golfos de luz ardiente y pura
> mi corazón, sediento de hermosura,
> si el cabello deslazas [2] generoso.
> Leandro en mar de fuego proceloso,[3]   5

1. nada: *swims.* The subject is *corazón* in line 3; it is also the subject of *ostenta, apura, arde, intenta, imita*; the antecedent of *sus* in line 10 and of *su* in line 11; and the thing described by *avaro, rico, pobre.* It is, finally, in apposition with *Tántalo,* as well as being a Leander, an Icarus.

2. deslazas: *you unbind*

3. proceloso: *tempestuous*

su amor ostenta,[4] su vivir apura; [5]
Ícaro en senda de oro mal segura
arde sus alas por morir glorioso.

Con pretensión de fénix,[6] encendidas
sus esperanzas, que difuntas lloro,   10
intenta que su muerte engendre vidas.

Avaro y rico, y pobre en el tesoro,
el castigo y la hambre imita a Midas,
Tántalo en fugitiva fuente de oro.

SONETO:

A una nariz

A sample of Quevedo's power to ridicule, this burlesque carica-
ture of a man more noted for his nose than for any real achievement
may furnish some amusement.

Érase [7] un hombre a una nariz pegado,
érase una nariz superlativa,
érase una nariz sayón y escriba,[8]
érase un peje espada [9] muy barbado,
era un reloj de sol mal encarado,[10]   5
érase una alquitara [11] pensativa,
érase un elefante boca arriba,
era Ovidio Nasón [12] más narizado,
érase un espolón de una galera,[13]
érase una pirámide de Egito: 10

4. ostenta: *shows off*
5. apura: *uses up*
6. pretensión ... fénix: *phoenix-like ambition.* The Arabian version differs from
Ovid's in that the phoenix dies in flames and its offspring is born from the
ashes; this latter version seems more probably the one in Quevedo's mind.
7. Érase: *Once there was*
8. sayón: *executioner,* (hence) *fierce;* escriba: *scribe* (teacher of Hebraic law)
9. peje espada: *swordfish*
10. reloj ... encarado: *evil-faced sundial,* or *ill-oriented sundial* (either meaning
is both possible and applicable)
11. alquitara: *alembic*
12. Publius Ovidius Naso (see *Lazarillo,* n. 131; p. 183) , author of the *Metamorphoses* so often referred to. His last name lends itself to punning on "nasal"
or "nosy."
13. espolón ... galera: *beak* (ram) *of a galley* (warship)

las doce tribus [14] de narices era,
érase un naricísimo infinito,
muchísimo nariz, nariz tan fiera,
que en la cara de Anás [15] fuera delito.

Letrilla satírica: Don Dinero

This widely known example of Quevedo's irony reminds one of Góngora's "Ándeme yo caliente" in structure and in the fact that it is based on a proverb. Note the play on the words *real, blanca, escudo,* etc., throughout; they are not only coins of various values, they have other meanings, too.

Poderoso caballero
  es don Dinero.
Madre, yo al oro me humillo;
él es mi amante y mi amado,
pues de puro enamorado   5
anda contino [16] amarillo;
que pues, doblón o sencillo,[17]
hace todo cuanto quiero,
  poderoso caballero
  es don Dinero.   10
Nace en las Indias honrado,
donde el mundo le acompaña;
viene a morir en España,
y es en Génova enterrado.[18]
Y pues quien le trae al lado   15
es hermoso, aunque sea fiero,

poderoso caballero
  es don Dinero.
Es galán y es como un oro; [19]
tiene quebrado el color,[20]   20
persona de gran valor,
tan cristiano como moro.[21]
Pues que da y quita el decoro
y quebranta cualquier fuero,[22]
  poderoso caballero   25
  es don Dinero.
Son sus padres principales,
y es de nobles descendiente,
porque en las venas de Oriente
todas las sangres son reales;   30
y pues es quien hace iguales
al rico y al pordiosero,[23]

14. tribus: *tribes*
15. Quevedo introduces the high priest here for another pun: *A-nás* suggests "a-nasal."
16. contino: *always*
17. doblón o sencillo: *doubloon or small change*
18. Quevedo was aware, as too few Spaniards were, of the fallacy inherent in Spain's apparent wealth, which came from the colonies to "die" (being used for no constructive good) in Spain and be "buried" in Genoa (paying Spain's debts to Italian bankers) .
19. como ... oro: *shining like a gold piece*
20. tiene ... color: *palely yellow is his color* (cf. line 6)
21. That is, money is money irrespective of religion.
22. fuero: *law of custom and privilege*
23. pordiosero: *beggar*

poderoso caballero
es don Dinero.
¿A quién no le maravilla 35
ver en su gloria sin tasa
que es lo más ruin de su casa
doña Blanca de Castilla? [24]
Mas pues que su fuerza humilla
al cobarde y al guerrero, 40
poderoso caballero
es don Dinero.
Sus escudos de armas nobles
son siempre tan principales,
que sin sus escudos reales 45
no hay escudos de armas dobles; [25]

y pues a los mismos nobles
da codicia su minero, [26]
poderoso caballero
es don Dinero. 50

. . . .

Más valen en cualquier tierra
(¡mirad si es harto sagaz!)
sus escudos en la paz
que rodelas en la guerra.
Pues al natural destierra 55
y hace propio al forastero, [27]
poderoso caballero
es don Dinero.

LOPE DE VEGA
(1562–1635)

Born in Madrid of parents in modest social and economic circumstances (his lack of noble lineage accounts for his never having won
the Order of Santiago despite his achievements), Lope began to
write verses as a child, and it is said that he composed his first play
(in verse) at the age of eleven or twelve. He studied at Alcalá, and
was about to take orders in the priesthood when he fell wildly in
love with the wife of an actor (she is the "Filis" of many a love
poem and the protagonist of La Dorotea, Lope's best prose work).
Disillusioned because of her dealings with a young nobleman, he
broke with her and wrote some libelous verses satirizing her and her
family, for which he was exiled from Madrid for eight years. He

24. Since the blanca was the least coin ("basest of his family") in Spanish cur-
rency, and there was a Queen Blanca de Castilla (wife of Louis VIII of France
and mother of Louis IX, "Saint Louis"), Quevedo is enabled to turn another
neat concepto.
25. armas dobles: heavy armor (real protection)
26. minero: source, origin; mine, mining, miner
27. hace ... forastero: makes its own (naturalizes) the foreigner

carried off another young woman, later marrying her by proxy (she is the "Belisa" of his amatory verse). Enlisting in the Armada—he had served earlier in an expedition against the Azores—he sailed with the fleet ordered to conquer Protestant England. On the voyage he wrote a great part of a long narrative poem intended as a sequel to Ariosto's *Orlando furioso* (already mentioned herein). On his return to Spain he settled in Valencia and continued writing plays. Entering the service of the Duke of Alba, he moved to Alba de Tormes (see pp. 167 and 195), where he wrote a pastoral romance called *La Arcadia*. Back again in Madrid, now widowed, Lope had an affair with the woman who was to be the "Camila Lucinda" of his poems, but married the daughter of a rich butcher, for which he had to endure the jests of his enemies. When this wife died some fifteen years later, Lope took minor orders, which did not deter him from falling passionately in love with one Marta de Nevares ("Amarilis"). She went blind, lost her mind five years later, and died in 1632. Of his various loves, licit and illicit, Lope had several children. One son was drowned on a voyage to the Indies, and Lope's favorite daughter was lured away by a young gallant, much as Lope had carried off his Isabel many years before. So the poet's last years were hardly happy ones. If these misfortunes were visited upon him in punishment for his misdeeds, he paid dearly for them.

Lope himself claims that his penchant for the ladies originated in his heritage. In one of his long poems he tells us that his father came to Madrid for love of a beautiful woman; the abandoned wife followed hard after him, and they were reconciled . . .

> ... y aquel día
> fue piedra en mi primer fundamento
> la paz de su celosa fantasía.
> En fin, por celos soy. ¡Qué nacimiento!
> Imaginadlo vos, que haber nacido
> de tan inquieta causa fue portento.

Besides the natural human urge to carnal pleasures, Lope felt strongly a more elevated impulse—the neo-Platonic concept of beauty, which he applied to the objects of his affections and out of which emerged flashes of poetic genius celebrating them. To this duality must be added the profound religious conflict which he, as a true Spaniard, had inherited from the Middle Ages. It is this quality that accounts for the apparent paradox of repeatedly enjoying sensual pleasures while immediately repenting, most sincerely, of his sins and struggling—always, or nearly always—unsuccessfully to withstand temptation. The same writers whose works show such worldly appreciation of earthly joys also wrote many deeply pious verses with equal enthusiasm.

In his latter years Lope frequently visited the Sanctuary of Our Lady of Atocha, and, like his father, often went to the hospitals to console and serve the sick. On Fridays he would scourge himself in memory, he said, of the Passion of Christ Our Lord, and he continued this custom until a few days before his death, after which it was discovered that the walls of the little room used for the purpose were, like the whip he had used, spattered with blood still plainly fresh.

He died "puestos los ojos en el cielo, la boca en un crucifijo, y el alma en Dios," according to his friend and first biographer, Montalbán. In Lope was summed up the conflict between the Middle Ages and the Renaissance in the time of the Counter Reformation.

Lope's literary fecundity is prodigious, embracing all genres of literature. Verse apparently came more readily to his mind and pen than did prose, and more than one full-length *comedia* of his was composed within twenty-four hours. Even so, he left a large legacy of prose, too, the best of which is *La Dorotea*. In form it is modeled on *La Celestina* (he calls it "acción en prosa"), divided into five "acts" and each of these into "scenes" and the whole written in dialogue—a kind of dialogued novel, then, but in the form of a drama. It is related to the *Celestina* in not only form but material; certain picaresque elements are similar, especially the figure of Gerarda, whose occupation is identical with Celestina's. In the love affair the two books differ. In Lope's the mother, Teodora, and the old go-between, Gerarda, try to break up the affair between Dorotea and Fernando in order to have the girl marry the rich Bela; the latter is killed in a brawl, Gerarda dies in an accident, the repentant Dorotea enters a convent, and Fernando is left a prey to melancholy. The autobiographical factor adds to the interest, for the book gives Lope's side of the affair (see first paragraph of this section). Lope is Don Fernando; his mistress, Elena Osorio, is Dorotea; her mother is Teodora; and Don Bela represents the cardinal's nephew, who caused the break between Lope and Elena in real life.

In verse we have several long narratives, including the sequel to *Orlando furioso*, mentioned above, and a burlesque epic with cats for its personages; but much superior to his epics, serious or comic, are his lyrics. These exceed in number, and are not inferior to, the lyric production of Góngora and Quevedo. They include all forms of verse known in Lope's day; so it is superfluous to catalogue them all. Many of his most charming lyrics are interpolated in his prose works and in his plays. Of so voluminous a writer we can look at only a very few facets. One last point before we do: Lope is remarkably free of *culteranista* influence, and his occasional apparent dip into *conceptismo* is really less that than a naturally spontaneous flow of wit and graceful turn of poetic language.

Soneto de repente

In this jocose piece Lope mockingly shows how to compose a sonnet, but omits one important aspect: how to arrange the content to its best advantage—an unavoidable omission here, for there is little content to arrange in statement, elaboration, restatement in the sestet, and conclusion.

> Un soneto me manda hacer Violante,
> que en mi vida me he visto en tal aprieto;
> catorce versos dicen que es soneto,
> burla burlando van los tres delante.
> Yo pensé que no hallara consonante,[1] 5
> y estoy a la mitad de otro cuarteto;
> mas si me veo en el primer terceto,
> no hay cosa en los cuartetos que me espante.
> Por el primer terceto voy entrando,
> y aun parece que entré con pie derecho, 10
> pues fin con este verso le voy dando.
> Ya estoy en el segundo, y aun sospecho
> que estoy los trece versos acabando:
> contad si son catorce, y está hecho.

El Pastor divino

Very different from the foregoing is the poignant sonnet inspired by the Scriptural theme of the Good Shepherd. As charming in its auditory effect as in its visual suggestion, the melodious phrasing

1. consonante: *rhyme*

depends on skillful play of vowels and the rippling alliteration of consonants; but the reader may miss some of all this unless directed to it, for Lope does not obtrude his technique. Read the sonnet aloud, observing the full stop at the end of line 12, and the startling effect of the question and its thought at the close, with the stressed *a* emphasizing the last line (*estás—esperar—clavados*).

Pastor, que con tus silbos [2] amorosos
me despertaste del profundo sueño;
tú, que hiciste cayado de ese leño [3]
en que tiendes los brazos poderosos:
vuelve los ojos a mi fe piadosos,　　　　　5
pues te confieso por mi amor y dueño
y la palabra de seguirte empeño
tus dulces silbos y tus pies hermosos.
Oye, Pastor, que por amores [4] mueres,
no te espante el rigor de mis pecados,　　　10
pues tan amigo de rendidos [5] eres.
Espera, pues, y escucha mis cuidados—
pero ¿cómo te digo que me esperes
si estás para esperar los pies clavados?

Cantarcillo de la Virgen

This Christmas cradlesong is seldom given with the opening thirty-two *romance* lines which set the stage, so to speak, for the song itself. Part of the effect is thus lost. If Lope's *niña bella* sentimentalizes the Virgin, within the frame of his poem she is perfectly natural and essential to the introduction of the exquisite song.

La niña a quien dijo el ángel
que estaba de gracia llena, [6]
cuando de ser de Dios madre
le trajo tan altas nuevas,
ya le mira en un pesebre, [7]　　　5
llorando lágrimas tiernas,
que obligándose a ser hombre
también se obliga a sus penas.

2. The shepherd whistles signals to dog and sheep.
3. leño: *log* (i.e., Cross)
4. amores: *love of mankind*
5. rendidos: *humble men*
6. Luke I, 27. The Bible does not tell us how old Mary was at any stage of her life, but Spanish tradition has it that she was thirteen when Jesus was born; hence the appropriate "niña" in this poem.
7. pesebre: *manger*

—"¿Qué tenéis, dulce Jesús?—
le dice la niña bella.—   10
"¿Tan presto sentís, mis ojos,[8]
el dolor de mi pobreza?
Yo no tengo otros palacios
en que recibiros pueda,
sino mis brazos y pechos,   15
que os regalan y sustentan.
No puedo más, amor mío,
porque si yo más pudiera,
vos sabéis que vuestros cielos
envidiaran mi riqueza."   20

El niño recién nacido
no mueve la pura lengua,
aunque es la sabiduría
de su Eterno Padre inmensa,
mas revelándole al alma   25
de la Virgen la respuesta,[9]
cubrió de sueño en sus brazos
blandamente sus estrellas.[10]
Ella entonces, desatando [11]
la voz regalada [12] y tierna,   30
así tuvo a su armonía
la de los cielos suspensa:
"Pues andáis en las palmas,[13]
ángeles santos,

que se duerme mi niño,
tened los ramos.[14]

Palmas de Belén,[15]
que [16] mueven airados
los furiosos vientos
que suenan tanto,
no le hagáis ruido,
corred más paso,
que se duerme mi niño,
tened los ramos.

El niño divino,
que está cansado
de llorar en la tierra,
por su descanso
sosegar quiere un poco
del tierno llanto,
que se duerme mi niño,
tened los ramos.

Rigurosos hielos [17]
le están cercando;
ya veis que no tengo
con qué [18] guardarlo.
Ángeles divinos,
que vais volando,
que se duerme mi niño,
tened los ramos."

8. mis ojos: *my darling*
9. respuesta: i.e. [*the infant's*] *reply*
10. estrellas = ojos
11. desatando: *lifting*
12. regalada: *caressing*
13. palmas: *palm trees*
14. tened ... ramos: *hold the boughs still*
15. Belén: *Bethlehem*
16. *que* is the object of *mueven, vientos* the subject (modified by *airados*)
17. hielos: *cold, frosts*
18. con qué: *the wherewithal*

The Drama from Lope de Vega to Calderón

LOPE FÉLIX DE VEGA CARPIO
(1562–1635)

It is a coincidence worthy of note that the English and the Spanish masters of the drama began their professional careers at nearly the same time. Shakespeare, two years junior to Lope, went to London about 1587 or 1588 and there attached himself to the theater; his first play was performed about 1589, and by 1592 he was a recognized playwright of stature. Lope, already in Madrid, had preceded him in this. Both found almost identical physical resources and limitations of the stage (the famous Globe Theatre was not built until 1598). Both had their noble patrons. Neither, apparently, ever received any financial aid or even verbal encouragement from his sovereign. Both carefully polished their verses, and both neglected their dramatic compositions, holding them in no high regard and, indeed, considering them beneath their notice once performed. Lope de Vega was quite frank: "If any should criticize my *comedias* and think that I wrote them for fame, undeceive him and tell him that I wrote them for money." Shakespeare probably felt much the same way. Certainly the veneration in which his dramas are held today did not exist in his own time, when the drama was a lower form of art (in contemporary opinion) than pure poetry, queen of all the arts. Yet both men were, of course, the most popular playwrights of their respective countries during their careers.

This fact is revealing. Consider the imagery of Shakespeare's plays, so rich in conceits and ingenious wit and striking metaphor. The same is true of innumerable passages in the Spanish plays, if to

a lesser degree. How could a playwright ever win popularity with
the masses by giving them speeches phrased so indirectly and with
such occasionally obscure turn of thought? To be sure, much that
we may think obscure was evidently not so then—a matter of difference in the content of education, for one thing; and the unlet-
tered must certainly have picked up a great deal from their social
superiors, thus acquiring some familiarity with mythological and
even learned allusion. The fact remains that circumstances favored
the creation of a great theatrical tradition in both England and
Spain.

Lope de Vega's principal dramatic importance lies in his having
created the nation's drama; that is, he fixed the norms and the elements of the Spanish national *comedia* (the generic term for any
play conforming to certain norms, and not necessarily a comedy).
This, in his hands, became a three-act play of some 3,000-odd lines
approximately evenly divided between the three acts, in a variety
of verse forms (the only prose in them is in letters read onstage as
an integral part of the action), and with the characters introduced
and the problem set in the first act, developed in the second and
part of the third, and finally resolved as near the end of the play
as possible. While Lope knew quite well the Aristotelian theories
of drama and the Italian elaborations of Aristotle's ideas (see n. 1,
p. 196), he deliberately ignored the unities as unrealistic. Complete
dramatic action is not likely to take place in a single day or locale.
Nor was the Spanish public likely to be satisfied with a steady diet
of kings and nobles in the classical manner. It much preferred the
more realistic mixing of royalty, nobles, and commoners of all
kinds from real life, and variety, then as now, was the spice to season theatrical fare. So Lope, intimately acquainted with his country's history, legend, tradition, and current events, mingled these
elements in the form described above, heightening the flavor of the
dish with one of the greatest lyrical poetic genuises of his age. His
deep feeling for the people (remember his modest origins) infused
into his plays a democratic spirit of tremendous popular appeal,
and the people responded. To them, whatever seemed the very
acme of excellence was praised by *"Es de Lope,"* merely in an ad-
jectival sense and not as a possession of Lope's.

To please the public was the cardinal principle underlying
Lope's playwriting. He did not believe that his fame would rest on

his drama, an ephemeral art at best (in his view), for no play lasted more than a few days on the boards, and usually only one or two. To make money from so short-lived a product it was clearly necessary to write fast and often, hence the huge number of his pieces. His first biographer claims that Lope wrote 1,800 *comedias,* exclusive of all other kinds—doubtless an exaggeration, but nearly credible in Lope's case. Ever pressed for fresh plays, he could hardly write any profound or universal work, nor could he create any really great character. Lacking both time and inclination to polish his dramatic compositions, he could supply his personages with only stereotyped motivations (love, honor, patriotism, religion, etc.), which he treated rather conventionally. His plays, therefore, tend to fall into types, like his personages.

Lope usually has a *galán* or two, the equivalent to our juvenile lead, as the hero and his friend or his rival; an equal number of *damas,* highborn ladies, to pair off with the *galanes;* a *gracioso,* confidential servant to the male lead and the personage who has most of the comic lines, characterized by snappy, often impudent, repartee and remarks in conversation with master or with *criadas;* a *criada* for each *dama* to pair with the servants of the *galanes;* perhaps a *viejo,* father of one or two of the ladies, or fathers of the male and the female leads; and peasants, musicians, and the like as needed in the action. There are no mothers, no older women in his plays, and no outright villains except in a few historical dramas.

Lope's pieces are filled with action—two or even more plots and subplots going on simultaneously—with beautiful poetry, dramatic suspense and surprise, and, very often, wholesale marriages winding up all the loose ends to close the play. Such plays are curious mixtures of real life of the epoch and fantastic invented material. Many of them contain elements of greatness, and several are about equal in value, but no single one can be adjudged Lope's indubitable masterwork. To appreciate his genius one must read a number of his plays; it was the sheer volume of his dramatic production, combined with its popular appeal, that imposed Lope de Vega's formula upon the national theater. Here we have chosen *Fuenteovejuna* because it represents his abilities as well as another might, and because its dramatic force arises from a most unusual situation; but the student is hereby warned that he will not find the *comedia de capa y espada* characters listed in the preceding paragraph. Here

are peasants, royalty, and a villainous nobleman instead, with violence in action dramatically contrasted to rustic serenity, which in
turn gives way to matters of state.

Fuenteovejuna's action is based on an actual happening and is
set against a background of historical fact. For this reason some out-
line of what was going on in 1476, the year of the action, will aid
the student in following the play more intelligently.

In 1468 Enrique IV ("el Impotente") de Castilla named his sister Isabel to be his successor, there being no clearly legal royal
issue. When, against his wishes, she married Fernando of Aragon,
Enrique in 1470 declared Juana, presumptive daughter of himself
and his queen, the heir to the throne. According to rumor and
widespread belief, this princess was the child of the queen and the
royal favorite, Beltrán de la Cueva, and was therefore, disrespect-
fully, known as *la Beltraneja* to partisans of Isabel. Enrique's
death in 1474 left the way open to civil war. Alfonso V of Portugal,
blood relative to Juana through her mother, of course took her side.
The powerful Order of Calatrava (founded in the twelfth century,
as was that of Santiago), like much of the rest of the country, split
over the question, its two top officers siding at first with Juana
against Isabel and Fernando. As the Order controlled a great area
south of Toledo, with headquarters at Almagro, the locale of much
of the action of the play is the province of Ciudad Real, shifting
now and then to and from five towns and cities other than Fuenteovejuna, the principal setting.

Head of the Order is the *Maestre,* or Grand Master; the second
in command is the *Comendador Mayor;* the next inferior officers
do not appear. At the time of the dramatic action the *Maestre* is
Rodrigo Téllez Girón, a youth of seventeen, and the *Comendador
Mayor* is Fernán Gómez de Guzmán (sometimes called "Fernando"
when required by meter or rhyme). The former captured Ciudad
Real, only to lose it and his liberty when the Catholic Monarchs
sent the Conde de Cabra and the Master of Santiago against him.
By this time the Comendador, overlord of Fuenteovejuna, was
otherwise occupied, as the play reveals.

Against this background, then, and at times woven into it, is set
the action of the piece, with principal focus on what happens in
the town of Fuenteovejuna, which, in the collective person of its
inhabitants, is the protagonist. What takes place in the other five
localities is of less importance, although essential, than what hap-

pens in Fuenteovejuna. Obviously there is no unity of place or of time—typical of Golden Age drama.

In the following selection the sequence of line numbers ends with the close of each act, but footnote numbers run consecutively throughout the play. Omitted lines are ignored in the numbering. Whatever is omitted, if at all important to the action or to its background, is summarized in order to maintain continuity of the passages used. Verse forms are few: *redondillas* in lines 1–28, 81–308, 374–445, 490–513 in Acto Primero; 5–151 and 186–497 of Acto Segundo, and 225–546 of Acto Tercero; *romances* (mainly for narrative and exposition) in 29–80, 309–348 (*romances cortos* in 349–364, a song), 446–489 and 514–646 (I), 152–185 and 498–579 (II), and 61–152 (III); *tercetos,* with interlocking rhyme, in 365–373 (I) and 1–60 (III); and *octavas reales* in 1–4 (II) and 153–224 (III).

The student must keep in mind that the forms of address herein are very different from the modern ones. Equals of high rank (and sometimes equals of lesser degree) use the second plural to each other; inferiors speak to their superiors in the same form as a rule. Masters and servants use *tú,* and the upper classes address their inferiors in the same way. Rarely does one find *vuestra merced* and the third person, and never *usted;* so verbs in the third person should not be mistaken for direct address.

Fuenteovejuna

PERSONAS

LA REINA ISABEL DE CASTILLA

EL REY FERNANDO DE ARAGÓN

RODRIGO TÉLLEZ GIRÓN, *Maestre de la Orden de Calatrava*

FERNÁN GÓMEZ DE GUZMÁN, *Comendador Mayor de Calatrava*

DON MANRIQUE, *Capitán de los Reyes Católicos*

UN JUEZ

DOS REGIDORES DE CIUDAD REAL

ORTUÑO Y FLORES, *criados del Comendador Mayor*

ESTEBAN Y ALONSO, *Alcaldes de Fuenteovejuna*

OTRO REGIDOR DE FUENTEOVEJUNA

LAURENCIA, JACINTA Y PASCUALA, *labradoras de Fuenteovejuna*

JUAN ROJO, FRONDOSO, MENGO Y BARRILDO, *labradores de Fuenteovejuna*

LEONELO, *Licenciado en Derecho*

CIMBRANOS, *soldado*

UN MUCHACHO, LABRADORES, LABRADORAS Y MÚSICOS

ACTO PRIMERO

*The Comendador Mayor, with his servants Ortuño and Flores,
goes to the house of the Maestre de Calatrava in Almagro. The latter, hardly seventeen, is slow to appear, which affronts the Comendador, but the older man decides to wait and see what sort of
youngster his superior may be.*

(*Sale el Maestre de Calatrava y acompañamiento.*)

MAESTRE.   Perdonad, por vida mía,
Fernán Gómez de Guzmán:
que ahora [1] nuevas me dan
que en la villa estáis.

COMEND.   Tenía
muy justa queja de vos;   5
que el amor y la crianza [2]
me daban más confianza,
por ser, cual somos los dos,
vos Maestre en Calatrava,
yo vuestro Comendador   10
y muy vuestro servidor.

MAESTRE.   Seguro,[3] Fernando, estaba
de vuestra buena venida.
Quiero volveros a dar
los brazos.   15

COMEND.   Debéisme honrar;
que he puesto por vos la vida
entre diferencias tantas,
hasta suplir vuestra edad
el pontífice.[4]

MAESTRE.   Es verdad.
Y por las señales santas   20
que a los dos cruzan el pecho,[5]
que os lo pago en estimaros
y como a mi padre honraros.

---

1. ahora: *only just now*
2. crianza: *upbringing* (see *Cid,* n. 1, p. 11)
3. The Maestre seems to mean "I was sure you would come."
4. hasta ... pontífice: *until the Pope declared you of age* (by Papal bull; see
lines 39–40)
5 The insignia of Calatrava is a red cross fleury across the breast.

COMEND.	De vos estoy satisfecho.	
MAESTRE.	¿Qué hay de guerra por allá?	25
COMEND.	Estad atento, y sabréis	
	la obligación que tenéis.	
MAESTRE.	Decid, que ya lo estoy, ya.	
COMEND.	Gran maestre, don Rodrigo	
	Téllez Girón, que a tan alto	30
	lugar os trajo el valor	
	de aquel vuestro padre claro,	
	que, de ocho años, en vos	
	renunció su maestrazgo [6]	
	que después por más seguro	35
	juraron y confirmaron	
	reyes y comendadores,	
	dando el pontífice santo	
	Pío segundo [7] sus bulas	
	y después las suyas Paulo [8]	40
	para que don Juan Pacheco,[9]	
	gran maestre de Santiago,	
	fuese vuestro coadjutor:	
	ya que es muerto, y que os han dado	
	el gobierno [10] sólo a vos,	45
	aunque de tan pocos años,	
	advertid que es honra vuestra	
	seguir en aqueste caso	
	la parte de vuestros deudos;	
	porque, muerto Enrique cuarto,[11]	50
	quieren que al rey don Alonso [12]	
	de Portugal, que ha heredado,	
	por su mujer, a Castilla,	
	obedezcan sus vasallos;	
	que aunque pretende lo mismo	55

6. de ocho ... maestrazgo: *when you were eight, resigned his Master's post in your favor.*

7. Pope Pius II, 1458–64

8. Pope Paul II, 1467–71

9. Marqués de Villena, uncle of Rodrigo. He died in 1474, as did Enrique IV.

10. gobierno: i.e., mando de Calatrava.

11. Enrique IV de Castilla, 1454–1474

12. Alfonso V of Portugal, 1438–1481, married Juana la Beltraneja in 1475 under irregular conditions, because of which the Church would not recognize the validity of the marriage.

por Isabel don Fernando,
gran príncipe de Aragón,
no con derecho tan claro
a vuestros deudos, que, en fin,
no presumen que hay engaño
en la sucesión de Juana,
a quien vuestro primo hermano [13]
tiene ahora en su poder.
Y así, vengo a aconsejaros
que juntéis los caballeros
de Calatrava en Almagro, [14]
y a Ciudad Real toméis,
que divide como paso
a Andalucía y Castilla,
para mirarlos a entrambos. [15]
Poca gente es menester
porque tiene [16] por soldados
solamente sus vecinos
y algunos pocos hidalgos,
que defienden a Isabel
y llaman rey a don Fernando.
Será bien que deis asombro,
Rodrigo, aunque niño, a cuantos
dicen que es grande esa cruz
para vuestros hombros flacos.

. . . .

MAESTRE.   Fernán Gómez, estad cierto
que en esta parcialidad,
porque veo que es verdad,
con mis deudos me concierto.
    Y si importa, como paso
a Ciudad Real mi intento,
veréis que como violento

13. Probably Diego López Pacheco, who succeeded Don Juan (n. 9) as
Marqués de Villena.
14. Almagro (see n. 6, p. 201), capital of the Campo de Calatrava and located
in the province of Ciudad Real, the provincial capital of which is Ciudad Real,
the city (line 67).
15. entrambos: i.e., a ambos partidos
16. [la ciudad] tiene

rayo sus muros abraso.

No porque es muerto mi tío
piensen de mis pocos años   90
los propios [17] y los extraños
que murió con él mi brío.

Sacaré la blanca espada
para que quede su luz
de la color de la cruz,   95
de roja sangre bañada.

Vos ¿adónde residís?
¿Tenéis algunos soldados?

COMEND. Pocos, pero mis criados,
que si de ellos os servís,   100
   pelearán como leones.

Ya veis que en Fuenteovejuna
hay gente humilde, y alguna
no enseñada en escuadrones,[18]
sino en campos y labranzas.[19]   105

MAESTRE. ¿Allí residís?

COMEND.   Allí
de mi encomienda [20] escogí
casa entre aquestas mudanzas.

Vuestra gente se registre; [21]
que no quedará vasallo.   110

MAESTRE. Hoy me veréis a caballo,
poner la lanza en el ristre.   (*Vanse.*[22])

(*Plaza de Fuenteovejuna. Salen Laurencia y Pascuala.*)

LAUREN.   ¡Mas que nunca acá volviera! [23]

PASCUA.   Pues a la fe que pensé

17. los propios: *our own people*
18. no ... escuadrones: *untrained in warfare*
19. labranzas: *farm work*
20. The holder of an encomienda (adopted as an English word) is a *comendador*. The Order owned large tracts of land, and each member held his encomienda, a tract of land granted to him with overlordship of all residents thereon.
21. registrarse: *be recorded*
22. Remember: when the stage at any moment is completely cleared of actors, that is a sign that the next scene takes place elsewhere. No change of scenery is made, there being little or none to shift; hence such conventional signals to the audience.
23. ¡Mas ... volviera! *I wish he'd never come back here!*

que cuando te lo conté
más pesadumbre te diera.

LAUREN.   ¡Plega al cielo que jamás
le vea en Fuenteovejuna!

PASCUA.   Yo, Laurencia, he visto alguna
tan brava, y pienso que más;
y tenía el corazón
brando como una manteca.[24]

LAUREN.   Pues ¿hay encina [25] tan seca
como esta mi condición?

PASCUA.   Anda ya; que nadie diga:
desta agua no beberé.[26]

LAUREN.   ¡Voto al sol que se lo diré,
aunque el mundo me lo desdiga! [27]
¿A qué efecto fuera bueno
querer a Fernando yo?
¿Casárame con él?

PASCUA.   No.

LAUREN.   Luego la infamia condeno.
¡Cuántas mozas en la villa,
del Comendador fiadas,
andan ya descalabradas! [28]

PASCUA.   Tendré yo por maravilla
que te escapes de su mano.

LAUREN   Pues en vano es lo que ves,
porque ha que me sigue un mes,
y todo, Pascuala, en vano.
Aquel Flores, su alcahuete,
y Ortuño, aquel socarrón,[29]
me mostraron un jubón,
una sarta y un copete.[30]
Dijéronme tantas cosas
de Fernando, su señor,
que me pusieron temor;

24. brando = blando; manteca = mantequilla
25. encina: *holm oak*
26. que ... beberé: (proverb) i.e., *never say what you will or won't do*
27. desdecir: *to give the lie*
28. descalabradas: *ruined*
29. socarrón: *sly fellow*
30. copete: (probably) *bonnet*

	mas no serán poderosas	
	para contrastar mi pecho.[31]	
PASCUA.	¿Dónde te hablaron?	150
LAUREN.	Allá	
	en el arroyo, y habrá	
	seis días.	
PASCUA.	Y yo sospecho	
	que te han de engañar, Laurencia.	
LAUREN.	¿A mí?	
PASCUA.	Que no, sino al cura.[32]	
LAUREN.	Soy, aunque polla, muy dura [33]	155
	yo para su reverencia.	

She adds that she prefers the simple things of peasant life, enumerating them, to all the luxuries those scoundrels can offer.

PASCUA.	Tienes, Laurencia, razón;	
	que en dejando de querer,	
	más ingratos suelen ser	
	que al villano el gorrión.[34]	160

. . . .

LAUREN.	No fiarse de ninguno.	
PASCUA.	Lo mismo digo, Laurencia.	

(Salen Mengo y Barrildo y Frondoso.)

FRONDO.	En aquesta diferencia	
	andas, Barrildo, importuno.	
BARRIL.	A lo menos aquí está	165
	quien nos dirá lo más cierto.	
MENGO.	Pues hagamos un concierto	
	antes que lleguéis allá,	
	y es, que si juzgan por mí,	
	me dé cada cual la prenda,	170
	precio de aquesta contienda.[35]	

31. poderosas ... pecho: *too powerful for my heart to resist.* Poetic license is all that permits this syntax.
32. Pascuala is ironic: *Sure, not you, but the priest* (who else!).
33. aunque ... dura: *even if I am a pullet, I'm too tough* (for his reverence)
34. gorrión: *sparrow*
35. contienda: *argument*

BARRIL.   Desde aquí digo que sí.
                 Mas si pierdes, ¿qué darás?
MENGO.   Daré mi rabel de boj,[36]
                 que vale más que una troj,[37]
                 porque yo le estimo en más.
BARRIL.   Soy contento.
FRONDO.   Pues lleguemos.
                 Dios os guarde, hermosas damas.
LAUREN.   ¿Damas, Frondoso, nos llamas?
FRONDO.   Andar al uso [38] queremos:
                     al bachiller, licenciado; [39]
                 al ciego, tuerto; al bisojo,[40]
                 bizco; resentido,[41] al cojo;
                 y buen hombre, al descuidado.[42]

                 . . . .

                 Esto al llamaros imito,
                 damas, sin pasar de aquí;
                 porque fuera hablar así
                 proceder en infinito.
LAUREN.   Allá en la ciudad, Frondoso,
                 llámase por cortesía
                 de esta suerte; y a fe mía,
                 que hay otro más riguroso
                 y peor vocabulario
                 en las lenguas descorteses.
FRONDO.   Querría que lo dijeses.
LAUREN.   Es todo a esotro contrario: ...[43]
                     Necia, a la mujer honesta;
                 mal hecha, a la hermosa y casta,

36. rabel ... boj: *boxwood rebec* (musical instrument)
37. troj: *barn, granary*
38. al uso: *in the current fashion*
39. Understand *llamar* for each comma in these pairs of terms. See *Don Quijote*, n. 144, p. 226, for these degrees.
40. Apparently *bizco* was more delicate than *bisojo*, though they both mean "cross-eyed."
41. resentido: *impaired*
42. buen hombre: *a rather unintelligent but nice, well-meaning fellow;* descuidado: *negligent, inattentive to duty, careless*
43. Most of her examples are omitted as uninteresting to us; the omitted passage (indicated by . . .) satirizes contemporary backbiters and flatterers.

	y a la honrada. ... Pero basta;	
	que esto basta por respuesta.	200
MENGO.	Digo que eres el dimuño.[44]	
BARRIL.	Soncas [45] que lo dice mal.	
MENGO.	Apostaré que la sal	
	la echó el cura con el puño.[46]	
LAUREN.	¿Qué contienda os ha traído,	205
	si no es que mal lo entendí?	
FRONDO.	Oye, por tu vida.	
LAUREN.	Di.	
FRONDO.	Préstame, Laurencia, oído.	
LAUREN.	Como prestado, y aun dado,	
	desde agora os doy el mío.	210
FRONDO.	En tu discreción confío.	
LAUREN.	¿Qué es lo que habéis apostado?	
FRONDO.	Yo y Barrildo contra Mengo.	
LAUREN.	¿Qué dice Mengo?	
BARRIL.	Una cosa	
	que, siendo cierta y forzosa,	215
	la niega.[47]	
MENGO.	A negarla vengo,	
	porque yo sé que es verdad.	
LAUREN.	¿Qué dice?	
BARRIL.	Que no hay amor.	
LAUREN.	Generalmente, es rigor.	
BARRIL.	Es rigor y es necedad.	220
	Sin amor, no se pudiera	
	ni aun el mundo conservar.	
MENGO.	Yo no sé filosofar;	
	leer, ¡ojalá [48] supiera!	
	Pero si los elementos	225
	en discordia eterna viven,	
	y de los mismos reciben	
	nuestros cuerpos alimentos,	

44. dimuño = demonio
45. soncas: *maybe*
46. Apostaré ... puño: *I'll bet the priest baptized you with a whole fistful of salt.* The common pun on *sal*, "salt" or "wit"; the priest uses a pinch of salt in the baptismal and christening ceremony.
47. *Mengo* is understood as the subject of *niega.*
48. ¡ojalá! *if only, I wish, would that . . . !*

	cólera y melancolía,
	flema y sangre,[49] claro está.
BARRIL.	El mundo de acá y de allá,
	Mengo, es todo armonía.
	Armonía es puro amor
	porque el amor es concierto.
MENGO.	Del natural [50] os advierto
	que yo no niego el valor.
	Amor hay, y el que entre sí
	gobierna todas las cosas,
	correspondencias forzosas
	de cuanto se mira aquí;
	y yo jamás he negado
	que cada cual tiene amor,
	correspondiente a su amor,
	que le conserva en su estado.
	Mi mano al golpe que viene
	mi cara defenderá;
	mi pie, huyendo, estorbará
	el daño que el cuerpo tiene.
	Cerraránse mis pestañas
	si al ojo le viene mal,
	porque es amor natural.
PASCUA.	¿Pues de qué nos desengañas? [51]
MENGO.	De que nadie tiene amor
	más que a su misma persona.
PASCUA.	Tú mientes, Mengo, y perdona;
	porque ¿es mentira el rigor
	con que un hombre a una mujer
	o un animal quiere y ama
	su semejante?
MENGO.	Eso llama
	amor propio,[52] y no querer.
	¿Qué es amor?

49. In old physiology, blood, phlegm, choler (yellow bile), and melancholy (black bile) were the humors which, by their relative proportions in the body, determined the individual's health and temperament.

50. Del natural: *Of natural love*

51. desengañar: *to disillusion*

52. amor propio: *love of self*

LAUREN.	Es un deseo de hermosura.
MENGO.	Esa hermosura ¿por qué el amor la procura?
LAUREN.	Para gozarla.
MENGO.	Eso creo. Pues ese gusto que intenta 265 ¿no es para él mismo?
LAUREN.	Es así.
MENGO.	Luego por quererse a sí busca el bien que le contenta?
LAUREN.	Es verdad.
MENGO.	Pues de ese modo no hay amor sino el que digo, 270 que por mi gusto le sigo y quiero dármele en todo.
BARRIL.	Dijo el cura del lugar cierto día en el sermón que había cierto Platón 275 que nos enseñaba a amar; que éste amaba el alma sola y la virtud de lo amado.[53]
PASCUA.	En materia habéis entrado que, por ventura, acrisola 280 los caletres de los sabios en sus cademias [54] y escuelas.
LAUREN.	Muy bien dice, y no te muelas [55] en persuadir sus agravios. Da gracias, Mengo, a los cielos, 285 que te hicieron sin amor.
MENGO.	¿Amas tú?
LAUREN.	Mi propio honor.
FRONDO.	Dios te castigue con celos.
BARRIL.	¿Quién gana?
PASCUA.	Con la quistión [55a]

53. The principle of Platonic love as a village priest would present it to a peasant congregation. Such arguments delighted audiences of that time.

54. acrisola ... cademias: *refines the acumen of scholars in their academies*

55. molerse: *to overtire oneself*

55a. quistión: *question, matter* (*quistión* is peasant mispronunciation for *cuestión*)

              podéis ir al sacristán,
              porque él o el cura os darán
              bastante satisfación.
                  Laurencia no quiere bien,
              yo tengo poca experiencia.
              ¿Cómo daremos sentencia?
FRONDO.   ¿Qué mayor que ese desdén?

(*Sale Flores.*)

FLORES.   Dios guarde a la buena gente.
FRONDO.   Éste es del Comendador
              criado.
LAUREN.   ¡Gentil azor!
              ¿De dónde bueno, pariente?
FLORES.   ¿No me veis a lo soldado? [56]
LAUREN.   ¿Viene don Fernando acá?
FLORES.   La guerra se acaba ya,
              puesto que nos ha costado
              alguna sangre y amigos.
FRONDO.   Contadnos cómo pasó.
FLORES.   ¿Quién lo dirá como yo,
              siendo mis ojos testigos?
                  Para emprender la jornada
              de esa ciudad, que ya tiene
              nombre de Ciudad Real,
              juntó el gallardo Maestre
              dos mil lucidos infantes [57]
              de sus vasallos valientes,
              y trescientos de a caballo
              de seglares y de freiles; [58]
              porque la cruz roja obliga
              cuantos al pecho la tienen,
              aunque sean de orden sacro; [59]
              mas contra moros, se entiende.

                  . . . .

56. a ... soldado: *in soldier dress*
57. lucidos infantes: *splendid infantry*
58. seglares ... freiles: *secular and ordained members of the Order*
59. sacro: *holy*

La ciudad se puso en arma;
dicen que salir no quieren
de la corona real,[60]
y el patrimonio defienden.
Entróla bien resistida,[61] 325
y el Maestre a los rebeldes
y a los que entonces trataron
su honor injuriosamente
mandó cortar las cabezas,
y a los de baja plebe,[62] 330
con mordazas [63] en la boca,
azotar públicamente.
Queda en ella tan temido
y tan amado, que creen
que quien en tan pocos años [64] 335
pelea, castiga y vence,
ha de ser en otra edad [65]
rayo del África fértil,
que tantas lunas azules
a su roja cruz sujete.[66] 340
Al Comendador y a todos
ha hecho tantas mercedes,
que el saco de la ciudad
el de su hacienda parece.
Mas ya la música suena: 345
recibidle alegremente,
que al triunfo las voluntades
son los mejores laureles.

(*Salen el Comendador y Ortuño; músicos; Juan Rojo; Esteban
y Alonso, alcaldes; y labradores.*)

60. Ciudad Real (note the name) had never wanted to belong to Calatrava,
and naturally adhered to Isabel and Fernando against Juana for that reason if
for no other.
61. Entróla ... resistida: (elliptical) *He forced an entry despite its strong resistance*
62. plebe: *common people*
63. mordaza: *gag*
64. en ... años: *so young*
65. en ... edad: *in mature years*
66. sujete: *will subdue* (lunas azules: *Islamic crescents*)

MÚSICOS CANTAN.   Sea bien venido
                    el Comendadore   3
                    de rendir las tierras
                    y matar los hombres.
                    ¡Vivan los Guzmanes!
                    ¡Vivan los Girones!
                    Si en las paces blando,   3
                    dulce en las razones.
                    Venciendo moriscos,
                    fuertes como un roble,
                    de Ciudad Reale
                    viene vencedore;   3
                    que a Fuenteovejuna
                    trae los pendones.
                    ¡Viva muchos años,
                    viva Fernán Gómez!
COMEND.   Villa, yo os agradezco justamente   3
                    el amor que me habéis aquí mostrado.
ALONSO.   Aún no muestra una parte del que siente.
                        Pero ¿qué mucho [67] que seáis amado,
                    mereciéndolo vos?
ESTEBAN.   Fuenteovejuna
                    y el regimiento que hoy habéis honrado,   3
                        que recibáis os ruega e importuna
                    un pequeño presente, que esos carros [68]
                    traen, señor, no sin vergüenza alguna. ...
COMEND.   Estoy muy agradecido.
                    Id, regimiento, en buen hora.   3
ALONSO.   Descansad, señor, agora,
                    y seáis muy bien venido;
                        que esta espadaña que veis
                    y juncia [69] a vuestros umbrales
                    fueran perlas orientales,   3
                    y mucho más merecéis,
                        a ser [70] posible a la villa.

67. ¿qué mucho? *what is so strange?*
68. carros: *wagons, carts*. The gifts are wagonloads of rustic produce of all
kinds, catalogued in a deprecatory tone by Esteban.
69. espadaña y juncia: *bulrushes and sedge*
70. A frequent substitute for *si* plus past subjunctive is *a* or *de* plus infinitive
(see lines 472, 477 and 598 in Acto I, 503 in Acto III, etc.) .

COMEND.	Así lo creo, señores.
	Id con Dios.
ESTEBAN.	Ea, cantores,
	vaya otra vez la letrilla.	385

The musicians repeat their song as ordered, and exeunt.

COMEND.	Esperad vosotras dos.
LAUREN.	¿Qué manda su señoría?
COMEND.	¡Desdenes el otro día,
	pues, conmigo! ¡Bien, por Dios!
LAUREN.	¿Habla contigo, Pascuala?	390
PASCUA.	Conmigo no, tirte afuera.[71]
COMEND.	Con vos hablo, hermosa fiera,
	y con esa otra zagala.
	¿Mías no sois?
PASCUA.	Sí, señor;
	mas no para casos tales.	395
COMEND.	Entrad, pasad los umbrales;
	hombres hay, no hayáis temor.
LAUREN.	Si los alcaldes entraran
	(que de uno soy hija yo),
	bien fuera entrar; mas si no ...	400
COMEND.	Flores ...
FLORES.	Señor ...
COMEND.	¿Qué reparan [72]
	en no hacer lo que les digo?
FLORES.	(*a ellas*) Entrad, pues.
LAUREN.	No nos agarre.[73]
FLORES.	Entrad, que sois necias.
PASCUA.	Arre;
	que echaréis el postigo.[74]	405
FLORES.	Entrad; que os quiere enseñar
	lo que trae de la guerra.
COMEND.	(*aparte*) Si entraren, Ortuño, cierra.	(*Éntrase.*)
LAUREN.	Flores, dejadnos pasar.

71. Conmigo ... afuera: *Not me; the very idea!*
72. reparar en: *to balk*
73. agarrar: *to lay hands on*
74. Arre ... postigo: *Get along with you; you'll lock us in then.*

ORTUÑO.	¿También venís presentadas con lo demás?
PASCUA.	¡Bien a fe! Desvíese, no le dé ...[75]
FLORES.	Basta; que son extremadas.
LAUREN.	¿No basta a vueso señor tanta carne presentada?
ORTUÑO.	La vuestra es la que le agrada.
LAUREN.	Reviente de mal dolor. (*Vanse las mozas.*)
FLORES.	¡Muy buen recado llevamos! No se ha de poder sufrir lo que nos ha de decir cuando sin ellas nos vamos.
ORTUÑO.	Quien sirve se obliga a esto. Si en algo desea medrar, o con paciencia ha de estar, o ha de despedirse presto. (*Vanse los dos.*)

(*Habitación de los Reyes Católicos en Medina del Campo. Salen el Rey don Fernando, la Reina doña Isabel, Manrique y acompañamiento.*)

ISABEL.	Digo, señor, que conviene el no haber descuido [76] en esto, por ver a Alfonso en tal puesto, y su ejército previene. Y es bien ganar por la mano [77] antes que el daño veamos; que si no lo remediamos, el ser muy cierto está llano.[78]
FERNANDO.	De Navarra y de Aragón está el socorro seguro, y de Castilla procuro hacer la reformación de modo que el buen suceso [79] con la prevención se vea.

---

75. Desvíese ... dé: *Get away or I'll hit you*
76. descuido: *slip*
77. ganar ... mano: *to anticipate, foresee*
78. el ... llano: *it's plain the damage will be certain*
79. buen suceso: *success*

ISABEL.   Pues vuestra majestad crea   440
                que el buen fin consiste en eso.
MANRIQUE.   Aguardando tu licencia
                dos regidores están
                de Ciudad Real: ¿entrarán?
FERNANDO.   No les nieguen mi presencia.   445

(*Salen dos Regidores de Ciudad Real.*)

REG. 1°.   Católico rey Fernando,
                a quien ha enviado el cielo
                desde Aragón a Castilla
                para bien y amparo nuestro: [80]
                en nombre de Ciudad Real   450
                a vuestro valor supremo
                humildes nos presentamos,
                el real amparo pidiendo.
                A mucha dicha tuvimos
                tener título de vuestros; [81]   455
                pero pudo derribarnos
                de este honor el hado adverso.
                El famoso don Rodrigo
                Téllez Girón, cuyo esfuerzo
                es en valor extremado,   460
                aunque es en la edad tan tierno
                maestre de Calatrava,
                él, ensanchar [82] pretendiendo
                el honor de la encomienda,
                nos puso apretado cerco.   465
                Con valor nos prevenimos,
                a su fuerza resistiendo
                tanto, que arroyos corrían
                de la sangre de los muertos.
                Tomó posesión, en fin;   470
                pero no llegara a hacerlo,
                a no le dar Fernán Gómez
                orden, ayuda y consejo.

80. *Bien* is understood as synonymous with *amparo,* hence *nuestro* modifies
both nouns as if one.
81. A ... vuestros: *We have been very happy to be known as your subjects*
82. ensanchar: *to broaden*

Él queda en la posesión,
y sus vasallos seremos,   47
suyos, a nuestro pesar,
a no remediarlo presto.

FERNANDO. ¿Dónde queda Fernán Gómez?
REG. 1°.   En Fuenteovejuna creo,
por ser su villa, y tener   48
en ella casa y asiento.[83]
Allí, con más libertad
de la que decir podemos,
tiene a los súbditos [84] suyos
de todo contento ajenos.   48
FERNANDO. ¿Tenéis algún capitán?
REG. 2°.   Señor, el no haberle es cierto,
pues no escapó ningún noble
de preso, herido y de muerto.

ISABEL   Ese caso no requiere   49
ser de espacio [85] remediado;
que es dar al contrario [86] osado
el mismo valor que adquiere;
        y puede el de Portugal
hallando puerta segura,   49
entrar por Extremadura
y causarnos mucho mal.

FERNANDO.   Don Manrique, partid luego
llevando dos compañías;
remediad sus demasías [87]   50
sin darles ningún sosiego.
        El conde de Cabra ir puede
con vos; que es de Córdoba osado,[88]
a quien nombre de soldado
todo el mundo le concede;   50
que éste es el medio mejor

83. asiento: *residence*
84. súbditos: *subjects*
85. de espacio: *at leisure*
86. contrario: *adversary*
87. demasías: *excesses, outrages*
88. Diego Fernández de Córdoba was Count of Cabra then, hence the king's phrase

que la ocasión nos ofrece.

MANRIQUE.   El acuerdo me parece
como de [89] tan gran valor.

     Pondré límite a su exceso,   510
si el vivir en mí no cesa.

ISABEL.   Partiendo vos a la empresa,
seguro está el buen suceso.   *(Vanse todos.)*

(Campo de Fuenteovejuna. Salen Laurencia y Frondoso.)

LAUREN   A medio torcer los paños,[90]
quise, atrevido Frondoso,   515
para no dar que decir,
desviarme del arroyo;
decir a tus demasías [91]
que murmura el pueblo todo
que me miras y te miro,   520
y todos nos traen sobre ojo.[92]
Y como tú eres zagal
de los que huellan, brioso,
y excediendo a los demás
vistes bizarro y costoso,[93]   525
en todo el lugar no hay moza,
o mozo en el prado o soto,[94]
que no se afirme diciendo
que ya para en uno somos; [95]
y esperan todos el día   530
que el sacristán Juan Chamorro
nos eche de la tribuna
en dejando los piporros.[96]

. . . .

89. como de: *as expected of*
90. A ... paños: *With the clothes half wrung out.* She has been washing clothes in the brook, with other women.
91. demasías: (here) *displays of love*
92. nos ... ojo: *have their eye on us*
93. huellan ... costoso: *stride proudly and outdo all the rest in elegant and expensive dress*
94. soto: *grove*
95. para ... somos: *we are to be one*
96. Lines 532-3 apparently mean "post the banns"; but *piporros* (bassoon) is unintelligible—unless the sacristan spends most of his time playing the bassoon.

que tal imaginación [97]
no ha llegado a darme enojo;
ni me desvela [98] ni aflige,
ni en ella el cuidado pongo.

FRONDO. Tal me tienen tus desdenes,
bella Laurencia, que tomo,
en el peligro de verte,
la vida, cuando te oigo.
Si sabes que es mi intención
el desear ser tu esposo,
mal premio das a mi fe.[99]

LAUREN. Es que yo no sé dar otro.

FRONDO. ¿Posible es que no te duelas
de verme tan cuidadoso [100]
y que imaginando en ti
ni bebo, duermo ni como?
¿Posible es tanto rigor
en ese angélico rostro?
¡Viven los cielos, que rabio!

LAUREN. Pues salúdate,[101] Frondoso.

FRONDO. Ya te pido yo salud,
y que ambos, como palomos,
estemos, juntos los picos,
con arrullos sonorosos,[102]
después de darnos la Iglesia ...

LAUREN. Dilo a mi tío Juan Rojo;
que aunque no te quiero bien,
ya tengo algunos asomos.[103]

FRONDO. ¡Ay de mí! El señor es éste.

LAUREN. Tirando viene a algún corzo.
Escóndete en esas ramas.

FRONDO. Y ¡con qué celos me escondo!

(Sale el Comendador.)

97. imaginación: *thought, notion*
98. desvela: *keeps awake*
99. fe: *constancy*
100. cuidadoso: *worried, filled with cares*
101. salúdate: *heal yourself*
102. arrullos sonorosos: *billing and cooing*
103. asomos: *symptoms, signs*

COMEND.	No es malo venir siguiendo	
	un corcillo temeroso,	
	y topar tan bella gama.[104]	
LAUREN.	Aquí descansaba un poco	
	de haber lavado unos paños;	570
	y así, al arroyo me torno,	
	si manda su señoría.	
COMEND.	Aquesos desdenes toscos [105]	
	afrentan, bella Laurencia,	
	las gracias que el poderoso	575
	cielo te dio, de tal suerte,	
	que vienes a ser un monstro.	
	Mas si otras veces pudiste	
	huir mi ruego amoroso,	
	agora no quiere el campo,	580
	amigo secreto y solo;	
	que tú sola no has de ser	
	tan soberbia, que tu rostro	
	huyas al señor que tienes,	
	teniéndome a mí en tan poco.	585
	¿No se rindió Sebastiana,	
	mujer de Pedro Redondo,	
	con ser casadas entrambas,	
	y la de Martín del Pozo,	
	habiendo apenas pasado	590
	dos días el desposorio? [106]	
LAUREN.	Ésas, señor, ya tenían,	
	de haber andado con otros,	
	el camino de agradaros;	
	porque también muchos mozos	595
	merecieron sus favores.	
	Id con Dios, tras vuestro corzo;	
	que a no veros con la cruz,	
	os tuviera por el demonio,	
	pues tanto me perseguís.	600

104. gama: *doe*
105. tosco: *uncouth*
106. desposorio: *wedding* (or *betrothal*). The formal betrothal ceremony was considered hardly less binding than the actual wedding, and the same word could mean either.

COMEND.   ¡Qué estilo tan enfadoso!
               Pongo la ballesta en tierra,
[*Line missing here, but not needed to make sense*]
               y a la práctica de manos
               reduzco melindres.
LAUREN.   ¡Cómo!
               ¿Eso hacéis? ¿Estáis en vos?   6

(*Sale Frondoso y toma la ballesta.*)

COMEND.   No te defiendas.
FRONDO.   Si tomo
               la ballesta, ¡vive el cielo
               que no la ponga en el hombro! [107]
COMEND.   Acaba, ríndete.
LAUREN.   ¡Cielos,
               ayudadme agora!   6
COMEND.   Solos
               estamos; no tengas miedo.
FRONDO.   Comendador generoso,
               dejad la moza, o creed
               que de mi agravio y enojo
               será blanco [108] vuestro pecho.   6
               aunque la cruz me da asombro.
COMEND.   ¡Perro, villano!
FRONDO.   No hay perro.
               Huye, Laurencia.
LAUREN.   Frondoso,
               mira lo que haces.
FRONDO.   Vete.   (*Vase la moza.*)
COMEND.   ¡Oh mal haya [109] el hombre loco   6
               que se desciñe [110] la espada!
               Que, de no espantar medroso [111]
               la caza, me la quité.
FRONDO.   Pues, pardiez, señor, si toco

107. ¡vive ... hombro! *by heaven, let me not put it to my shoulder* (or **I'll kill
him**)!
108. blanco: *target*
109. mal haya: *curse*
110. desciñe: *leaves off*
111. de ... medroso: *fearing I might frighten away*

	la nuez,[112] que os he de apiolar.[113]	625
COMEND.	Ya es ida. Infame, alevoso,	
	suelta la ballesta luego.	
	Suéltala, villano.	
FRONDO.	¿Cómo?	
	Que me quitaréis la vida.	
	Y advertid que amor es sordo,	630
	y que no escucha palabras	
	en día que está en su trono.[114]	
COMEND.	Pues ¿la espalda ha de volver	
	un hombre tan valeroso	
	a un villano? Tira, infame,	635
	tira, y guárdate; que rompo	
	las leyes de caballero.	
FRONDO.	Eso no. Yo me conformo	
	con mi estado, y, pues me es	
	guardar la vida forzoso,	640
	con la ballesta me voy.[115] (*Vase.*)	
COMEND.	¡Peligro extraño y notorio!	
	Mas yo tomaré venganza	
	del agravio y del estorbo.	
	¡Que no cerrara con él!	645
	¡Vive el cielo, que me corro! [116]	

ACTO SEGUNDO
Plaza de Fuenteovejuna

Esteban and another councilman enter discussing town affairs, and while they are talking Leonelo and Barrildo appear, the former just returned from the university. Barrildo remarks that Leonelo must be very learned, which leads them to talk of printing—the first press in Spain had only recently been set up.

(*Salen Juan Rojo y otro labrador.*)

112. nuez: *nock* (which holds the bowstring taut)
113. apiolar: *to kill*
114. trono: *throne*
115. The modern reader can hardly appreciate the extraordinary bravery of Frondoso in this episode, for his overlord held the power of life and death over his vassals.
116. ¡Que no ... corro! [*It amazes me*] *that I did not close with him! By heaven, I am ashamed and angry!*

LABRAD.	¿Qué hay del Comendador? No os alborote.
JUAN R.	¡Cuál a Laurencia en ese campo puso!
LABRAD.	¿Quién fue cual él tan bárbaro y lascivo?
	Colgado le vea yo de aquel olivo.

(Salen el Comendador, Flores y Ortuño.)

COMEND.	Dios guarde la buena gente.
REGIDOR.	¡Oh, señor!
COMEND.	Por vida mía,
	que se estén.[117]
ESTEBAN.	Vusiñoría [118]
	adonde suele se siente,[119]
	que en pie estaremos muy bien.
COMEND.	Digo que se han de sentar.
ESTEBAN.	De los buenos es honrar,[120]
	que no es posible que den
	honra los que no la tienen.
COMEND.	Siéntense; hablaremos algo.
ESTEBAN.	¿Vio Vusiñoría el galgo?
COMEND.	Alcalde, espantados vienen
	esos criados de ver
	tan notable ligereza.
ESTEBAN.	Es una extremada pieza.
	Pardiez, que puede correr
	al lado de un delincuente [121]
	o de un cobarde en quistión.[122]
COMEND.	Quisiera en esta ocasión
	que le hiciérades pariente
	a una liebre que por pies
	por momentos se me va.[123]
ESTEBAN.	Sí haré, par Dios. ¿Dónde está?
COMEND.	Allá vuestra hija es.
ESTEBAN.	¡Mi hija!

117. que ... estén: *remain seated*
118. Vusiñoría: *Your lordship*
119. se siente = siéntese
120. De ... honrar: *Honor can be bestowed only by good men*
121. delincuente: *criminal*
122. en quistión: *under questioning* (with torture)
123. hiciérades ... va: *you would set it after a hare that gets away from me
every time*

COMEND.	Sí.	
ESTEBAN.	Pues ¿es buena	
	para alcanzada de vos?	30
COMEND.	Reñidla, alcalde, por Dios.	
ESTEBAN.	¿Cómo?	
COMEND.	Ha dado en [124] darme pena.	

> ESTEBAN. Pues ¿es buena
> para alcanzada de vos?   30
> COMEND. Reñidla, alcalde, por Dios.
> ESTEBAN. ¿Cómo?
> COMEND.   Ha dado en [124] darme pena.
>   Mujer hay, y principal,
>   de alguno que está en la plaza,
>   que dio, a la primera traza,[125]   35
>   traza de verme.
> ESTEBAN.   Hizo mal;
>   y vos, señor, no andáis bien
>   en hablar tan libremente.
> COMEND. ¡Oh, qué villano elocuente!
>   ¡Ah, Flores! haz que le den   40
>   la *Política*,[126] en que lea
>   de Aristóteles.
> ESTEBAN.   Señor,
>   debajo de vuestro honor
>   vivir el pueblo desea.
>   Mirad que en Fuenteovejuna   45
>   hay gente muy principal.
> LEONELO. ¿Viose desvergüenza [127] igual?
> COMEND. Pues ¿he dicho cosa alguna
>   de que os pese, regidor?
> REGIDOR. Lo que decís es injusto;   50
>   no lo digáis, que no es justo
>   que nos quitéis el honor.
> COMEND.   ¿Vosotros honor tenéis?
>   ¡Qué freiles de Calatrava!
> REGIDOR. Alguno acaso se alaba   55
>   de la cruz que le ponéis,
>   que no es de sangre tan limpia.
> COMEND. Y ¿ensúciola yo juntando
>   la mía a la vuestra?

124. Ha ... en: *She has taken it into her head to*
125. primera traza: *first glance;* dio traza: *arranged*
126. Why this book? Possibly because in general terms it advocates the divine right of the aristocracy as well as of royalty, but there is more to it than that. Such learned reference is out of place in the Comendador's mouth.
127. desvergüenza: *effrontery*

REGIDOR.	Cuando
	que el mal más tiñe que alimpia.[128]

COMEND.	De cualquier suerte que sea,
	vuestras mujeres se honran.

ESTEBAN.	Esas palabras deshonran;
	las obras no hay quien las crea.

COMEND.	¡Qué cansado villanaje!
	¡Ah! Bien hayan [129] las ciudades,
	que a hombres de calidades
	no hay quien sus gustos ataje;
	allá se precian casados
	que visiten sus mujeres.

ESTEBAN.	No harán; que con esto quieres
	que vivamos descuidados.
	En las ciudades hay Dios
	y más presto quien castiga.

COMEND.	Levantaos de aquí.

ESTEBAN.	¿Que diga
	lo que escucháis por los dos? [130]

COMEND.	Salid de la plaza luego;
	no quede ninguno aquí.

ESTEBAN.	Ya nos vamos.

COMEND.	Pues no ansí.

FLORES.	Que te reportes te ruego.

COMEND.	Querrían hacer corrillo [131]
	los villanos en mi ausencia.

ORTUÑO.	Ten un poco de paciencia.

COMEND.	De tanta me maravillo.
	Cada uno de por sí
	se vayan hasta sus casas.

LEONELO.	¡Cielo! ¿que por esto pasas?

ESTEBAN.	Ya yo me voy por aquí.[132] (*Vanse los labradores.*)

COMEND.	¿Qué os parece de esta gente?

128. Cuando ... alimpia: [*You do*] *since evil blackens, not cleanses*
129. Bien hayan: *Blessings on*
130. ¿Que ... dos? *To say for both of us what you hear* [*me say*]?
131. hacer corrillo: *to gather in groups to gossip*
132. The attitude revealed throughout this scene by the Comendador is essentially that of the feudal noble, for whom peasants are little better than animals, mere conveniences for his comfort and whim.

ORTUÑO.	No sabes disimular,	90
	que no quieres escuchar	
	el disgusto que se siente.	
COMEND.	Estos ¿se igualan conmigo?	
FLORES.	Que no es aqueso igualarse.	
COMEND.	Y el villano ¿ha de quedarse	95
	con ballesta y sin castigo?	
FLORES.	Anoche pensé que estaba	
	a la puerta de Laurencia,	
	y a otro, que su presencia	
	y su capilla imitaba,	100
	de oreja a oreja le di	
	un beneficio famoso.[133]	
COMEND.	¿Dónde estará aquel Frondoso?	
FLORES.	Dicen que anda por ahí.	
COMEND.	¡Por ahí se atreve a andar	105
	hombre que matarme quiso!	
FLORES.	Como el ave sin aviso,[134]	
	o como el pez, viene a dar	
	al reclamo o al anzuelo.[135]	
COMEND.	¡Que a un capitán cuya espada	110
	tiemblan Córdoba y Granada,	
	un labrador, un mozuelo	
	ponga una ballesta al pecho!	
	El mundo se acaba, Flores.	
FLORES.	Como eso pueden amores.	115
ORTUÑO.	Y pues que vive, sospecho	
	que grande amistad le debes.	
COMEND.	Yo he disimulado, Ortuño;	
	que si no, de punta a puño,[136]	
	antes de dos horas breves,	120
	pasara todo el lugar;	
	que hasta que llegue ocasión	
	al freno de la razón	

133. Lines 97–102: Apparently Flores mistook some man in the darkness for Frondoso and cut his throat. *Beneficio* is a benefice or stipend paid for religious services in chapel (*capilla*); hence the pun, using *capilla* also as the diminutive of *capa*.

134. sin aviso: *unwary*

135. reclamo: *decoy, lure;* anzuelo: *hook*

136. de ... puño: *sword in hand*

hago la venganza estar.[137]
¿Qué hay de Pascuala?

FLORES.   Responde
que anda agora por casarse.

COMEND.   ¿Hasta allá quiere fiarse?

FLORES.   En fin, te remite donde
te pagarán de contado.[138]

. . . .

COMEND.   A las fáciles mujeres
quiero bien y pago mal.
Si éstas supiesen ¡oh Flores!
estimarse en lo que valen ...

FLORES.   No hay disgustos que se igualen
a contrastar tus favores.
Rendirse presto desdice [139]
de la esperanza del bien;
mas hay mujeres también
por que el filósofo dice
que apetecen a los hombres
como la forma desea
la materia; [140] y que esto sea
así, no hay de qué te asombres.

COMEND.   Un hombre de amores loco
huélgase que a su accidente [141]
se le rindan fácilmente,
mas después las tiene en poco,
y el camino de olvidar,
al hombre más obligado
es haber poco costado
lo que pudo desear.

(Sale Cimbranos, soldado.)

CIMBRAN.   ¿Está aquí el Comendador?

ORTUÑO.   ¿No le ves en tu presencia?

137. al ... estar: *I stay my vengeance with the bridle of reason*
138. te remite ... contado: *she sends you where they'll repay you immediately*
139. desdice de: *reduces, takes away from*
140. Lines 138–142 are nearly a direct quotation from the *Celestina* (n. 6, p. 108).
141. accidente: *"complaint"* (love)

CIMBRAN.   ¡Oh gallardo Fernán Gómez!
Trueca la verde montera [142]   155
en el blanco morrión
y el gabán en armas nuevas; [143]
que el maestre de Santiago
y el conde de Cabra cercan
a don Rodrigo Girón,   160
por la castellana reina,
en Ciudad Real; de suerte
que no es mucho que se pierda [144]
lo que en Calatrava sabes
que tanta sangre le cuesta.   165
Ya divisan [145] con las luces,
desde las altas almenas,
los castillos y leones
y barras aragonesas.[146]
Y aunque el rey de Portugal   170
honrar a Girón quisiera,
no hará poco en que el maestre [147]
a Almagro con vida vuelva.
Ponte a caballo, señor;
que sólo con que te vean   175
se volverán a Castilla.

COMEND.   No prosigas; tente, espera.—
Haz, Ortuño, que en la plaza
toquen luego una trompeta.
¿Qué soldados tengo aquí?   180

ORTUÑO.   Pienso que tienes cincuenta.

COMEND.   Pónganse a caballo todos.

CIMBRAN.   Si no caminas apriesa,
Ciudad Real es del rey.

COMEND.   No hayas miedo que lo sea.   (*Vanse todos.*)   185

(*Campo de Fuenteovejuna. Salen Laurencia y Pascuala, huyendo;
Mengo.*)

142. montera: *hunting cap*
143. gabán: *coat;* armas: *armor*
144. no ... pierda: *is close to being lost* (subject is *lo que ... cuesta*)
145. divisan: *make out* (see)
146. The castles and lions are insignia of Castilla (Isabel); the vertical bars
are of Aragon (Fernando).
147. no hará ... maestre: *the Master [of Calatrava] will do well to*

PASCUA.	No te apartes de nosotras.
MENGO.	Pues ¿aquí tenéis temor?
LAUREN.	Mengo, a la villa es mejor
	que vamos unas con otras
	(pues que no hay hombre ninguno),
	porque no demos con él.
MENGO.	¡Que este demonio cruel
	nos sea tan importuno!
LAUREN.	No nos deja ni a sol ni a sombra.
MENGO.	¡Oh, rayo del cielo baje
	que sus locuras ataje!
LAUREN.	Sangrienta fiera le nombra;
	arsénico y pestilencia
	del lugar.
MENGO.	Hanme contado
	que Frondoso, aquí en el prado,
	para librarte, Laurencia,
	le puso al pecho una jara.[148]
LAUREN.	Los hombres aborrecía,
	Mengo; mas desde aquel día
	los miro con otra cara.
	¡Gran valor tuvo Frondoso!
	Pienso que le ha de costar
	la vida.
MENGO.	Que del lugar
	se vaya, será forzoso.
LAUREN.	Aunque ya le quiero bien,
	eso mismo le aconsejo;
	mas recibe mi consejo
	con ira, rabia y desdén;
	y jura el Comendador
	que le ha de colgar de un pie.
PASCUA.	¡Mal garrotillo le dé! [149]
MENGO.	Mala pedrada es mejor:
	¡Voto al sol, si le tirara
	con la que llevo al apero,
	que al sonar el crujidero

148. jara: *bolt* (crossbow arrow)
149. ¡Mal ... dé! *May a bad croup strike him!*

al casco se la encajara! [150]
  No fue Sábalo,[151] el romano,
  tan vicioso por jamás.

LAUREN. Heliogábalo dirás,
  más que una fiera inhumano.   225

MENGO. Pero Galván, o quien fue,
  que yo no entiendo de historia;
  mas su cativa [152] memoria
  vencida de éste se ve.
   ¿Hay hombre en naturaleza   230
  como Fernán Gómez?

PASCUA.   No;
  que parece que le dio
  de una tigre la aspereza.

(Sale Jacinta.)

JACINTA. Dadme socorro, por Dios,
  si la amistad os obliga.   235

LAUREN. ¿Qué es esto, Jacinta amiga?

PASCUA. Tuyas lo somos las dos.

JACINTA. Del Comendador criados,
  que van a Ciudad Real,
  más de infamia natural   240
  que de noble acero armados,
   me quieren llevar a él.

LAUREN. Pues Jacinta, Dios te libre;
  que cuando contigo es libre,
  conmigo será cruel.   *(Vase.)* 243

PASCUA. Jacinta, yo no soy hombre
  que te pueda defender.   *(Vase.)*

MENGO. Yo sí lo tengo de ser,
  porque tengo el ser y el nombre.
   Llégate, Jacinta, a mí.   250

150. con ... encajara: *with the one I carry in my gear* (i.e., sling) , *at the sound of the crack it'd be lodged in his skull!*
151. Sábalo and Pero Galván (line 226) are Mengo's comic mispronunciations of Heliogábalo. Heliogabalus, Roman emperor 218–222, was so indecently wicked that he shocked even his contemporaries; Nero was far less evil.
152. cativa: *evil*

JACINTA.   ¿Tienes armas?
MENGO.   Las primeras
             del mundo.
JACINTA.   ¡Oh, si las tuvieras!
MENGO.   Piedras hay, Jacinta, aquí.

(*Salen Flores y Ortuño.*)

FLORES.   ¿Por los pies pensabas irte?
JACINTA.   ¡Mengo, muerta soy!
MENGO.   Señores ...
             ¡a estos pobres labradores! ...
ORTUÑO.   Pues ¿tú quieres persuadirte
             a defender la mujer?
MENGO.   Con los ruegos la defiendo;
             que soy su deudo y pretendo
             guardarla, si puede ser.
FLORES.   Quitadle luego la vida.
MENGO.   ¡Voto al sol, si me emberrincho,
             y el cáñamo me descincho,
             que la llevéis bien vendida! [153]

(*Salen el Comendador y Cimbranos.*)

COMEND.   ¿Qué es esto? ¡A cosas tan viles
             me habéis de hacer apear!
FLORES.   Gente de este vil lugar
             (que ya es razón que aniquiles,[154]
             pues en nada te da gusto)
             a nuestras armas se atreve.
MENGO.   Señor, si piedad os mueve
             de suceso tan injusto,
                 castigad estos soldados,
             que con vuestro nombre agora
             roban una labradora
             a esposo y padres honrados;
                 y dadme licencia a mí
             que se la pueda llevar ...

---

153. si me ... vendida: *if I get mad and unstrap my hemp* (i.e., sling) *, you'll pay dear for carrying her off!*
154. aniquilar: *to wipe out*

COMEND.	Licencia les quiero dar	280
	para vengarse de ti.	
	Suelta la honda.[155]	
MENGO.	¡Señor!	
COMEND.	Flores, Ortuño, Cimbranos,	
	con ella le atad las manos.	
MENGO.	¿Así volvéis por su honor?	285
COMEND.	¿Qué piensan Fuenteovejuna	
	y sus villanos de mí?	
MENGO.	Señor, ¿en qué os ofendí,	
	ni el pueblo en cosa ninguna?	
FLORES.	¿Ha de morir?	290
COMEND.	No ensuciéis	
	las armas, que habéis de honrar	
	en otro mejor lugar.	
ORTUÑO.	¿Qué mandas?	
COMEND.	Que lo azotéis.	
	Llevadle, y en ese roble	
	le atad y le desnudad,	295
	y con las riendas ...	
MENGO.	¡Piedad!	
	¡Piedad, pues sois hombre noble!	
COMEND.	Azotadle hasta que salten [156]	
	los hierros de las correas.[157]	
MENGO.	¡Cielos! ¿A hazañas tan feas	300
	queréis que castigos falten?	*(Vanse.)*
COMEND.	Tú, villana, ¿por qué huyes?	
	¿Es mejor un labrador	
	que un hombre de mi valor?	
JACINTA.	¡Harto bien me restituyes	305
	el honor que me han quitado	
	en llevarme para ti!	
COMEND.	¿En quererte llevar?	
JACINTA.	Sí;	
	porque tengo un padre honrado,	
	que si en alto nacimiento	310

155. honda: *sling*
156. salten: (here) *fall off*
157. correas: *harness straps*

no te iguala, en las costumbres
te vence.

COMEND.   Las pesadumbres
y el villano atrevimiento
    no templan bien un airado.
Tira por ahí.

JACINTA.   ¿Con quién?

COMEND.   Conmigo.

JACINTA.   Míralo bien.

COMEND.   Para tu mal lo he mirado.
    Ya no mía, del bagaje
    del ejército has de ser.

JACINTA.   No tiene el mundo poder
para hacerme, viva, ultraje.[158]

COMEND.   Ea, villana, camina.

JACINTA.   ¡Piedad, señor!

COMEND.   No hay piedad.

JACINTA.   Apelo de tu crueldad
a la justicia divina.   (*Llévanla y vanse.*)

(*Casa de Esteban. Salen Laurencia y Frondoso.*)

LAUREN.   ¿Cómo así a venir te atreves,
    sin temer tu daño?

FRONDO.   Ha sido
    dar testimonio cumplido
    de la afición que me debes.
        Desde aquel recuesto [159] vi
    salir al Comendador,
    y fiado en tu valor
    todo mi temor perdí.
        Vaya donde no le vean
    volver.

LAUREN.   Tente en maldecir,
    porque suele más vivir
    al que la muerte desean.

FRONDO.   Si es eso, viva mil años,
    y así se hará todo bien,
    pues deseándole bien,

158. ultraje: *outrage*
159. recuesto: *slope*

estarán ciertos sus daños.
Laurencia, deseo saber
si vive en ti mi cuidado,
y si mi lealtad ha hallado
el puerto de merecer.   345
   Mira que toda la villa
ya para en uno nos tiene;
y de cómo a ser no viene
la villa se maravilla.[160]
   Los desdeñosos extremos   350
deja, y responde no o sí.

LAUREN.   Pues a la villa y a ti
respondo que lo seremos.

FRONDO.   Deja que tus plantas [161] bese
por la merced recibida,   355
pues el cobrar nueva vida
por ella es bien que confiese.

LAUREN.   De cumplimientos acorta; [162]
y para que mejor cuadre,[163]
habla, Frondoso, a mi padre,   360
pues es lo que más importa,
   que allí viene con mi tío;
y fía que ha de tener,
ser, Frondoso, tu mujer,[164]
buen suceso.   365

FRONDO.   En Dios confío.

(Escóndese Laurencia; salen Esteban, alcalde, y el Regidor.)

ESTEBAN.   Fue su término [165] de modo,
que la plaza alborotó:
en efeto, procedió
muy descomedido [166] en todo.
   No hay a quien admiración   370

160. I.e., y la villa se maravilla de cómo no viene a ser (line 347: *regards us as good as married* explains what he means) .
161. plantas: (poetic for) pies
162. acorta de: *cut short*
163. cuadre: *it may be in due form*
164. I.e., y fía que ser tu mujer, Frondoso, ha de tener
165. término: *extreme manner*
166. descomedido: *immoderate (ly)*

sus demasías no den;
la pobre Jacinta es quien
pierde por su sinrazón.[167]

REGIDOR.   Ya a los Católicos Reyes,
que este nombre les dan ya,
presto España les dará
la obediencia a sus leyes.

Ya sobre Ciudad Real,
contra el Girón que la tiene,
Santiago [168] a caballo viene
por capitán general.

Pésame; que era Jacinta
doncella de buena pro.

ESTEBAN.   Luego a Mengo azotó.

REGIDOR.   No hay negra bayeta [169] o tinta
como sus carnes están.

ESTEBAN.   Callad; que me siento arder
viendo su mal proceder
y el mal nombre que le dan.

Yo ¿para qué traigo aquí
este palo sin provecho?

REGIDOR.   Si sus criados lo han hecho
¿de qué os afligís ansí?

ESTEBAN.   ¿Queréis más, que me contaron
que a la de [170] Pedro Redondo
un día, en lo más hondo
de este valle la encontraron,

después de sus insolencias,
a sus criados la dio?

REGIDOR.   Aquí hay gente: ¿quién es?

FRONDO.   Yo,
que espero vuestras licencias.

ESTEBAN.   Para mi casa, Frondoso,
licencia no es menester;
debes a tu padre el ser
y a mí otro ser amoroso.

167. sinrazón: (his) *wrong*
168. *Santiago* is both the Order (represented by its Maestre as General in command) and Spain's patron saint (usually pictured on horseback).
169. bayeta: *baize* (cloth)
170. la [mujer] de

	Hete criado, y te quiero	
	como a hijo.	
FRONDO.	Pues señor,	
	fiado en aquese amor,	
	de ti una merced espero.	
	Ya sabes de quién soy hijo.	10
ESTEBAN.	¿Hate agraviado ese loco	
	de Fernán Gómez?	
FRONDO.	No poco.	
ESTEBAN.	El corazón me lo dijo.	
FRONDO.	Pues, señor, con el seguro	
	del amor que habéis mostrado,	415
	de Laurencia enamorado,	
	el ser su esposo procuro.	
	Perdona si en el pedir	
	mi lengua se ha adelantado:	
	que he sido en decirlo osado,	420
	como otro [171] lo ha de decir.	
ESTEBAN.	Vienes, Frondoso, a ocasión	
	que me alargarás la vida,	
	por la cosa más temida	
	que siente mi corazón.	425
	Agradezco, hijo, al cielo	
	que así vuelvas por mi honor	
	y agradézcole a tu amor	
	la limpieza de tu celo.	
	Mas como es justo, es razón	430
	dar cuenta a tu padre de esto,	
	sólo digo que soy presto,	
	en sabiendo tu intención:	
	que yo dichoso me hallo	
	en que aqueso llegue a ser.	435
REGIDOR.	De la moza el parecer	
	tomad antes de acetallo.[172]	
ESTEBAN.	No tengáis de eso cuidado,	
	que ya el caso está dispuesto:	
	antes de venir a esto,	440
	entre ellos se ha concertado.	

171. otro: i.e., *his father*
172. acetallo = aceptarlo

(*a Frondo.*)	En el dote, si advertís,
	se puede agora tratar;
	que por bien os pienso dar
	algunos maravedís.
FRONDO.	Yo dote no he menester;
	de eso no hay que entristeceros.
REGIDOR.	Pues que no la pide en cueros [173]
	lo podéis agradecer.
ESTEBAN.	Tomar el parecer de ella,
	si os parece, será bien.
FRONDO.	Justo es; que no hace bien
	quien los gustos atropella.[174]
ESTEBAN.	¡Hija! ¡Laurencia!
LAUREN.	(*saliendo*) Señor ...
ESTEBAN.	Mirad si digo bien yo: [175]
	ved qué presto respondió.—
	Hija Laurencia, mi amor,
	a preguntarte ha venido
	(apártate aquí) si es bien
	que a Gila, tu amiga, den
	a Frondoso por marido,
	que es un honrado zagal,
	si le hay en Fuenteovejuna ...
LAUREN.	¿Gila se casa?
ESTEBAN.	Y si alguna
	le merece y es su igual ...
LAUREN.	Yo digo, señor, que sí.
ESTEBAN.	Sí; mas yo digo que es fea
	y que harto mejor se emplea
	Frondoso, Laurencia, en ti.
LAUREN.	¿Aún no se te han olvidado
	los donaires con la edad?
ESTEBAN.	¿Quiéresle tú?
LAUREN.	Voluntad
	le he tenido y le he cobrado;
	pero por lo que tú sabes ...
ESTEBAN.	¿Quieres tú que diga sí?

173. en cueros: *stark naked*
174. atropellar: *to trample underfoot*
175. Lines 455–6 are spoken to the two men.

LAUREN.   Dilo tú, señor, por mí.

ESTEBAN.   ¿Yo? Pues tengo yo las llaves,[176]
      hecho está. —Ven,[177] buscaremos
    a mi compadre en la plaza.

REGIDOR.   Vamos.   480

ESTEBAN.   Hijo, y en la traza [178]
    del dote, ¿qué le diremos?;
      que yo bien te puedo dar
    cuatro mil maravedís.

FRONDO.   Señor ¿eso me decís?
    Mi honor queréis agraviar.   485

ESTEBAN.   Anda, hijo; que eso es
    cosa que pasa en un día;
    que si no hay dote, a fe mía
    que se echa menos después.

(*Vanse, y quedan Frondoso y Laurencia.*)

LAUREN.   Di, Frondoso: ¿estás contento?   490

FRONDO.   ¡Cómo si lo estoy! ¡Es poco,
    pues, que no me vuelvo loco [179]
    de gozo, del bien que siento!
      Risa vierte [180] el corazón
    por los ojos de alegría   495
    viéndote, Laurencia mía,
    en tan dulce posesión.   (*Vanse.*)

In sharp contrast to the foregoing idyllic scene is the next, the battlefield outside Ciudad Real, where the forces of Fernando and Isabel have defeated the Maestre and the Comendador de Cala-trava. These determine to retire to their respective homes. There-after, the scene shifts back (another contrast) to Fuenteovejuna for the wedding of Frondoso and Laurencia, with songs and music and jokes and gaiety.

(*Salen el Comendador, Flores, Ortuño y Cimbranos.*)

COMEND.   Estése la boda queda
    y no se alborote nadie.

176. Pues ... llaves: *Since I'm put in charge of it*
177. Here he speaks to the *Regidor.*
178. traza: *arrangement*
179. Es ... loco: *I'm near to going crazy*
180. vierte: *spills forth*

JUAN R.	No es juego aqueste, señor,
	y basta que tú lo mandes.
	¿Quieres lugar? ¿Cómo vienes
	con tu belicoso alarde? [181]
	¿Venciste? Mas ¿qué pregunto?
FRONDO.	¡Muerto soy! ¡Cielos, libradme!
LAUREN.	Huye por aquí, Frondoso.
COMEND.	Eso no; prendedle, atadle.
JUAN R.	Date, muchacho, a prisión.
FRONDO.	Pues ¿quieres tú que me maten?
JUAN R.	¿Por qué?
COMEND.	No soy hombre yo
	que mato sin culpa a nadie;
	que si lo fuera, le hubieran
	pasado de parte a parte
	esos soldados que traigo.
	Llevarle mando a la cárcel,
	donde la culpa que tiene
	sentencie su mismo padre.
PASCUA.	Señor, mirad que se casa.
COMEND.	¿Qué me obliga el que se case?
	¿No hay otra gente en el pueblo?
PASCUA.	Si os ofendió perdonadle,
	por ser vos quien sois.
COMEND.	No es cosa,
	Pascuala, en que yo soy parte.[182]
	Es esto contra el Maestre
	Téllez Girón, que Dios guarde;
	es contra toda su Orden;
	es su honor, y es importante
	para el ejemplo, el castigo;
	que habrá otro día quien trate
	de alzar pendón contra él,
	pues ya sabéis que una tarde
	al Comendador Mayor
	(¡qué vasallos tan leales!)
	puso una ballesta al pecho.

181. belicoso alarde: *military exploit*
182. parte: *party* (legal term)

ESTEBAN.   Supuesto [183] que el disculparle   535
              ya puede tocar a un suegro,
              no es mucho que en causas tales
              se descomponga con vos
              un hombre, en efeto, amante; [184]
              porque si vos pretendéis   540
              su propia mujer quitarle,
              ¿qué mucho que la defienda?
COMEND.   Majadero [185] sois, alcalde.
ESTEBAN.   Por vuestra virtud, señor.
COMEND.   Nunca yo quise quitarle   545
              su mujer, pues no lo era.
ESTEBAN.   Sí quisisteis ... —Y esto baste;
              que reyes hay en Castilla,
              que nuevas órdenes hacen,
              con que desórdenes quitan.   550
              Y harán mal, cuando descansen
              de las guerras, en sufrir
              en sus villas y lugares
              a hombres tan poderosos
              por traer cruces tan grandes;   555
              póngasela el rey al pecho,
              que para pechos reales
              es esa insignia no más.
COMEND.   ¡Hola! la vara quitadle.
ESTEBAN.   Tomad, señor, norabuena.[186]   560
COMEND.   Pues con ella quiero darle
              como a caballo brioso.
ESTEBAN.   Por señor os sufro. Dadme.
PASCUA.   ¡A un viejo de palos das!
LAUREN.   Si le das porque es mi padre   565
              ¿qué vengas en él de mí?
COMEND.   Llevadla, y haced que guarden
              su persona diez soldados.

(*Vanse él y los suyos, llevándose presos a los novios.*)

183. supuesto: *assuming*
184. no es ... amante: *it is not surprising that in such disputes a lover should
lose his temper with you* (similar in meaning are no es mucho and ¿qué mucho?)
185. majadero: *dolt*
186. norabuena: *and welcome*

ESTEBAN.	Justicia del cielo baje.	(*Vase.*)
PASCUA.	Volvióse en luto la boda.	(*Vase.*) 5
BARRILDO.	¿No hay aquí un hombre que hable?	
MENGO.	Yo tengo ya mis azotes,[187]	
	que aún se ven los cardenales	
	sin que un hombre vaya a Roma.	
	Prueben otros a enojarle.	5:
JUAN R.	Hablemos todos.	
MENGO.	Señores,	
	aquí todo el mundo calle.	
	Como ruedas de salmón	
	me puso los atabales.[188]	

ACTO TERCERO

(*Sala del Concejo de Fuenteovejuna. Salen Esteban, Alonso y Barrildo.*)

ESTEBAN.	¿No han venido a la junta?	
BARRILDO.	No han venido.	
ESTEBAN.	Pues más apriesa nuestro daño corre.	
BARRIL.	Ya está lo más del pueblo prevenido.	
ESTEBAN.	Frondoso con prisiones [189] en la torre,	
	y mi hija Laurencia en tanto aprieto,	5
	si la piedad de Dios no nos socorre ...	

(*Salen Juan Rojo y el Regidor.*)

JUAN ROJO.	¿De qué dais voces, cuando importa tanto	
	a nuestro bien, Esteban, el secreto?	
ESTEBAN.	Que doy tan pocas es mayor espanto.[190]	

(*Sale Mengo.*)

MENGO.	También vengo yo a hallarme en esta junta.	1(
ESTEBAN.	Un hombre cuyas canas [191] baña el llanto,	
	labradores honrados, os pregunta	
	qué obsequias debe hacer toda esa gente	

187. Cf. lines 293–9, 384–6; pp. 301 and 304.
188. Como ... atabales: *He turned my kettledrums red as salmon fillets.*
189. prisiones: *shackles*
190. es ... espanto: *is far more astonishing*
191. canas: *gray hairs*

a su patria sin honra, ya perdida.
Y si se llaman honras justamente,   15
    ¿cómo se harán, si no hay entre nosotros
hombre a quien este bárbaro no afrente?
Respondedme: ¿hay alguno de vosotros
    que no esté lastimado en honra y vida?
¿No os lamentáis los unos de los otros?   20
Pues si ya la tenéis todos perdida
    ¿a qué aguardáis? ¿Qué desventura es ésta?

JUAN R.   La mayor que en el mundo fue sufrida.
Mas pues ya se publica y manifiesta [192]
    que en paz tienen los reyes a Castilla   25
y su venida a Córdoba se apresta,[193]
vayan dos regidores a la villa
    y echándose a sus pies pidan remedio.

BARRIL.   En tanto que Fernando al suelo humilla
a tantos enemigos, otro medio   30
    será mejor, pues no podrá, ocupado,
hacernos bien, con tanta guerra en medio.

REGIDOR.   Si mi voto de vos fuera escuchado,
    desamparar la villa doy por voto.

JUAN R.   ¿Cómo es posible en tiempo limitado?   35

MENGO.   A la fe, que si entiende el alboroto,[194]
    que ha de costar la junta alguna vida.

REGIDOR.   Ya, todo el árbol [195] de paciencia roto,
corre la nave de temor perdida.
    La hija quitan con tan gran fiereza [196]   40
a un hombre honrado, de quien es regida [197]
la patria en que vivís, y en la cabeza
    la vara quiebran tan injustamente.
¿Qué esclavo se trató con más bajeza? [198]

JUAN R.   ¿Qué es lo que quieres tú que el pueblo intente?   45

REGIDOR.   Morir, o dar la muerte a los tiranos,
    pues somos muchos, y ellos poca gente.

192. manifiesta: [is] stated
193. aprestar: to prepare
194. si ... alboroto: if he hears the uproar
195. árbol: mast (in this metaphor)
196. fiereza: violence
197. regida: governed
198. bajeza: baseness

BARRIL.   ¡Contra el señor las armas en las manos!

ESTEBAN.   El rey solo es señor después del cielo,
y no bárbaros hombres inhumanos.
Si Dios ayuda nuestro justo celo
        ¿qué nos ha de costar?

MENGO.   Mirad, señores,
que vais en estas cosas con recelo.[199]
Puesto que por los simples labradores
        estoy aquí, que más injurias pasan,
más cuerdo represento sus temores.

JUAN R.   Si nuestras desventuras se compasan,[200]
        para perder las vidas ¿qué aguardamos?
Las casas y las viñas [201] nos abrasan:
tiranos son; a la venganza vamos.

(*Sale Laurencia, desmelenada.*[202])

LAUREN.   Dejadme entrar, que bien puedo,
en consejo de los hombres;
que bien puede una mujer,
si no a dar voto, a dar voces.
¿Conocéisme?

ESTEBAN.   ¡Santo cielo!
¿No es mi hija?

JUAN R.   ¿No conoces
a Laurencia?

LAUREN.   Vengo tal,
que mi diferencia os pone
en contingencia [203] quién soy.

ESTEBAN.   ¡Hija mía!

LAUREN.   No me nombres
tu hija.

ESTEBAN.   ¿Por qué, mis ojos?
¿Por qué?

LAUREN.   Por muchas razones,
y sean las principales:
porque dejas que me roben

199. con recelo: *cautiously*
200. compasar: *to bring about*
201. viñas: *vineyards*
202. desmelenada: *disheveled*
203. contingencia: *doubt*

tiranos sin que me vengues,   75
traidores sin que me cobres.[204]
Aún no era yo de Frondoso,
para que digas que tome,
como marido, venganza;
que aquí por tu cuenta corre;   80
que en tanto que de las bodas
no haya llegado la noche,
del padre, y no del marido,
la obligación presupone; [205]
que en tanto que no me entregan   85
una joya, aunque la compre,
no han de correr por mi cuenta
las guardas ni los ladrones.

She tells them that the Comendador carried her off for purposes easily imagined, while her townsmen—sheep, rabbits, chickens, not true Spaniards—did nothing to rescue or protect her . . .

A Frondoso quiere ya,
sin sentencia, sin pregones,   90
colgar el Comendador
del almena de una torre;
de todos hará lo mismo;
y yo me huelgo, medio-hombres,
porque quede sin mujeres   95
esta villa honrada, y torne
aquel siglo de amazonas,[206]
eterno espanto del orbe.

ESTEBAN.   Yo, hija, no soy de aquellos
que permiten que los nombres [207]   100
con esos títulos viles.
Iré solo, si se pone
todo el mundo contra mí.

JUAN R.   Y yo, por más que me asombre
la grandeza del contrario.   105

REGIDOR.   Muramos todos.

204. cobres: *rescuing*
205. presupone [del padre]: *falls on [the father]*
206. Amazons: an ancient nation of female warriors in Asia Minor
207. nombres: *you to name*

BARRIL.	Descoge [208]
	un lienzo al viento en un palo,
	y mueran estos inormes.[209]
JUAN R.	¿Qué orden pensáis tener?
MENGO.	Ir a matarle sin orden.
	Juntad el pueblo a una voz;
	que todos están conformes
	en que los tiranos mueran.
ESTEBAN.	Tomad espadas, lanzones,
	ballestas, chuzos,[210] y palos.
MENGO.	¡Los reyes nuestros señores
	vivan!
TODOS.	¡Vivan muchos años!
MENGO.	¡Mueran tiranos traidores!
TODOS.	¡Traidores tiranos mueran! (*Vanse los hombres.*)
LAUREN.	Caminad, que el cielo os oye.
	(*llamando*) —¡Ah, mujeres de la villa!
	¡Acudid, por que se cobre
	vuestro honor, acudid todas!

(*Salen Pascuala, Jacinta y otras mujeres.*)

PASCUA.	¿Qué es esto? ¿De qué das voces?
LAUREN.	¿No veis como todos van
	a matar a Fernán Gómez?
	y hombres, mozos y muchachos
	furiosos al hecho corren?
	¿Será bien que solos ellos
	de esta hazaña el honor gocen,
	pues no son de las mujeres
	sus agravios los menores? [211]
JACINTA.	Di, pues: ¿qué es lo que pretendes?
LAUREN.	Que puestas todas en orden,
	acometamos a un hecho
	que dé espanto a todo el orbe.
	Jacinta, tu grande agravio,

208. Descoge: *Unfurl*
209. inormes: *monsters*
210. chuzos: *pikes*
211. pues .. menores: *for his wrongs done to women are not less*

	que sea cabo; responde [212]	
	de una escuadra de mujeres.	
JACINTA.	No son los tuyos menores.	140
LAUREN.	Pascuala, alférez [213] serás.	
PASCUA.	Pues déjame que enarbole	
	en un asta [214] la bandera:	
	verás si merezco el nombre.	
LAUREN.	No hay espacio para eso,	145
	pues la dicha nos socorre:	
	bien nos basta que llevemos	
	nuestras tocas [215] por pendones.	
PASCUA.	Nombremos un capitán.	
LAUREN.	Eso no.	150
PASCUA.	¿Por qué?	
LAUREN.	Que adonde	
	asiste mi gran valor	
	no hay Cides ni Rodamontes.[216] (*Vanse todas.*)	

(*Sala en casa del Comendador. Salen Frondoso, atadas las manos; el Comendador, Flores, Ortuño, Cimbranos.*)

COMEND.	De ese cordel que de las manos sobra	
	quiero que le colguéis, por mayor pena.	
FRONDO.	¡Qué nombre, gran señor, tu sangre cobra!	155
COMEND.	Colgadle luego en la primera almena.	
FRONDO.	Nunca fue mi intención poner por obra [217]	
	tu muerte entonces.	

(*Alboroto dentro.[218]*)

FLORES.	Grande ruido suena.	
COMEND.	¿Ruido?	
FLORES.	Y de manera que interrompen	
	tu justicia, señor.	160

212. responde: *be responsible for*
213. alférez: *standard-bearer*
214. enarbole ... asta: *raise on a staff*
215. tocas: *kerchiefs*
216. The Cid we know. In the *Orlando furioso* already mentioned more than once above, Rodomonte (Italian form) is a fierce, brave Moorish king much given to boasting, whence the English "rodomontade."
217. poner ... obra: *to carry out*
218. dentro: *offstage*

ORTUÑO.   Las puertas rompen.
COMEND.   ¡La puerta de mi casa, y siendo casa
                    de la encomienda!
FLORES.   El pueblo junto viene.
JUAN R.   (*dentro*) ¡Rompe, derriba, hunde, quema, abrasa!
ORTUÑO.   Un popular motín [219] mal se detiene.
COMEND.   ¡El pueblo contra mí!
FLORES.   La furia pasa
                    tan adelante, que las puertas tiene
                    echadas por la tierra.
COMEND.   Desatalde.[220]
                    Templa, Frondoso, ese villano alcalde.
FRONDO.   Yo voy, señor; que amor les ha movido.
MENGO.   (*dentro*) ¡Vivan Fernando e Isabel, y mueran
                    los traidores!
FLORES.   Señor, por Dios te pido
                    que no te hallen aquí.
COMEND.   Si perseveran,
                    este aposento es fuerte y defendido.
                    Ellos se volverán.
FLORES.   Cuando se alteran
                    los pueblos agraviados, y resuelven,
                    nunca sin sangre o sin venganza vuelven.
COMEND.   En esta puerta, así como rastrillo,[221]
                    su furor con las armas defendamos.
FRONDO.   (*dentro*) ¡Viva Fuenteovejuna!
COMEND.   ¡Qué caudillo!
                    Estoy por que a su furia acometamos.
FLORES.   De la tuya, señor, me maravillo.

(*Salen Esteban, Frondoso, Juan Rojo, Mengo, Barrildo y labra-*
dores, armados todos.)

ESTEBAN.   Ya el tirano y los cómplices miramos.
                    ¡Fuenteovejuna! ¡Los tiranos mueran!
COMEND.   Pueblo, esperad.
TODOS.   Agravios nunca esperan.

---

219. motín: *uprising*
220. desatalde = desatadle
221. rastrillo: *portcullis*

COMEND.	Decídmelos a mí, que iré pagando	185
	a fe de caballero esos errores.	
TODOS.	¡Fuenteovejuna! ¡Viva el rey Fernando!	
	¡Mueran malos cristianos y traidores!	
COMEND.	¿No me queréis oír? Yo estoy hablando,	
	yo soy vuestro señor.	190
TODOS.	Nuestros señores	
	son los Reyes Católicos.	
COMEND.	Espera.	
TODOS.	¡Fuenteovejuna, y Fernán Gómez muera!	

(*El Comendador y los suyos van retirándose, peleando contra los amotinados,*[222] *que entran persiguiéndolos; salen las mujeres armadas.*)

LAUREN.	Parad en este puesto de esperanzas,	
	soldados atrevidos, no mujeres.	
PASCUA.	¿Los que mujeres son en las venganzas,	195
	en él beban su sangre, es bien que esperes?	
JACINTA.	Su cuerpo recojamos en las lanzas.	
PASCUA.	Todas son de esos mismos pareceres.	
ESTEBAN.	(*dentro*) ¡Muere, traidor Comendador!	
COMEN.	(*dentro*) Ya muero.	
	¡Piedad, Señor, que en tu clemencia espero!	200
BARRIL.	(*dentro*) Aquí está Flores.	
MENGO.	(*dentro*) Dale a ese bellaco;	
	que ése fue el que me dio dos mil azotes.	
FRONDO.	(*dentro*) No me vengo si el alma no le saco.	
LAUREN.	No excusamos entrar.	
PASCUA.	No te alborotes.	
	Bien es guardar la puerta.	205
BARRIL.	(*dentro*) No me aplaco.[223]	
	¡Con lágrimas agora, marquesotes! [224]	
LAUREN.	Pascuala, yo entro dentro; que la espada	
	no ha de estar tan sujeta ni envainada.[225] (*Vase.*)	
BARRIL.	(*dentro*) Aquí está Ortuño.	
FRONDO.	(*dentro*) Córtale la cara.	

222. amotinados: *rebels*
223. aplacarse: *to be placated*
224. marquesotes: *sissies*
225. sujeta ... envainada: *restrained or sheathed*

(*Sale Flores huyendo de Mengo, y Mengo tras él.*)

FLORES.	¡Mengo, piedad, que yo no soy el culpado!
MENGO.	Cuando ser alcahuete no bastara, bastaba haberme el pícaro azotado.
PASCUA.	Dánoslo a las mujeres, Mengo, para ... Acaba, por tu vida.
MENGO.	Ya está dado; que no le quiero yo mayor castigo.
PASCUA.	Vengaré tus azotes.
MENGO.	Eso digo.
JACINTA.	¡Ea, muera el traidor!
FLORES.	¡Entre mujeres!
JACINTA.	¿No le viene muy ancho? [226]
PASCUA.	¿Aqueso lloras?
JACINTA.	Muere, concertador de sus placeres.
PASCUA.	¡Ea, muera el traidor!
FLORES.	¡Piedad, señoras!

(*Sale Ortuño huyendo de Laurencia, y ella tras él.*)

ORTUÑO.	Mira que no soy yo ...
LAUREN.	Ya sé quién eres.— (*a las mujeres*) Entrad, teñid [227] las armas vencedoras en esos viles.
PASCUA.	Moriré matando.
TODAS.	¡Fuenteovejuna, y viva el rey Fernando! (*Vanse todas.*)

(*Habitación de los Reyes Católicos en Toro. Salen el Rey don Fernando y la Reina doña Isabel, y don Manrique, Maestre.*[228])

The Maestre reports capture of Ciudad Real and its occupation by royal troops. The wounded Flores, who has somehow managed to escape from the Fuenteovejuna women, now staggers in to inform the king of those events. Fernando, his sympathy aroused by

226. ¿No ... ancho? *Isn't it too good for him?*
227. teñid: *stain*
228. The commander of the force sent against Rodrigo Téllez Girón was actually Don Rodrigo Manrique, father of the poet Jorge Manrique, and for a time claimant to the Mastership of Santiago. The Mastership was in some confusion: one man had been elected by one faction, Don Rodrigo by another, and the Catholic Monarchs had invested the Duque de Medina Sidonia with the office in 1473.

*Flores' distorted account, orders a judge, escorted by a captain, to
investigate and punish the culprits.*

*Back in Fuenteovejuna the peasants throng into the square bear-
ing aloft the head of Fernán Gómez on a lance; musicians sing,
various men recite their own* coplas *on the occasion (Mengo's is
comical), and Esteban, the* alcalde, *with the royal arms displayed,
addresses the people:*

ESTEBAN.	Advertid, Fuenteovejuna,	225
	a las palabras de un viejo;	
	que el admitir su consejo	
	no ha dañado vez ninguna.	
	Los reyes han de querer	
	averiguar este caso,	230
	y más tan cerca del paso	
	y jornada [229] que han de hacer.	
	Concertaos todos a una [230]	
	en lo que habéis de decir.	
FRONDO.	¿Qué es tu consejo?	235
ESTEBAN.	Morir	
	diciendo *Fuenteovejuna,*	
	y a nadie saquen de aquí.[231]	
FRONDO.	Es el camino derecho.	
	Fuenteovejuna lo ha hecho.	
ESTEBAN.	¿Queréis responder así?	240
TODOS.	Sí, sí.	
ESTEBAN.	Pues yo quiero ser	
	ahora el pesquisidor,	
	para ensayarnos mejor	
	en lo que habemos de hacer.	
	Sea Mengo el que esté puesto	245
	en el tormento.	
MENGO.	¿No hallaste	
	otro más flaco?	
ESTEBAN.	¿Pensaste	
	que era de veras?	
MENGO.	Di presto.	

229. paso y jornada: *military action.* This probably refers to the battle of Toro,
against Alfonso of Portugal.
230. todos a una: *all unanimously*
231. a ... aquí: *let no one be shaken in this*

ESTEBAN.	¿Quién mató al Comendador?
MENGO.	Fuenteovejuna lo hizo.
ESTEBAN.	Perro, ¿si te martirizo? [232]
MENGO.	Aunque me matéis, señor.
ESTEBAN.	Confiesa, ladrón.
MENGO.	Confieso.
ESTEBAN.	¿Pues quién fue?
MENGO.	Fuenteovejuna.
ESTEBAN.	Dadle otra vuelta.
MENGO.	Es ninguna ...

[*Line missing, but sense is clear*]

(*Sale el Regidor.*)

REGIDOR.	¿Qué hacéis de esta suerte aquí?
FRONDO.	¿Qué ha sucedido, Cuadrado?
REGIDOR.	Pesquisidor ha llegado.
ESTEBAN.	Echá todos por ahí.
REGIDOR.	Con él viene un capitán.
ESTEBAN.	Venga el diablo; ya sabéis lo que responder tenéis.
REGIDOR.	El pueblo prendiendo van, sin dejar alma ninguna.
ESTEBAN.	Que no hay que tener temor. ¿Quién mató al Comendador, Mengo?
MENGO.	¿Quién? Fuenteovejuna. (*Vanse.*)

*The scene shifts to Almagro, where the Maestre has just been in-
formed of his Comendador's fate; shocked, he impulsively determines to lay waste Fuenteovejuna in revenge. But when he is further told that the people have gone over to Isabel's side, even
though subjects of Calatrava, the Maestre decides to pledge his allegiance to the Catholic Monarchs. Now back to Fuenteovejuna,
where Laurencia, in the square, soliloquizes in a sonnet declaring
her love of Frondoso.*

(*Sale Frondoso.*)

| FRONDO. | ¡Mi Laurencia! |
| LAUREN. | ¡Esposo amado!
¿Cómo a estar aquí te atreves? |

232. ¿si ... martirizo? *suppose I torture you to death?*

FRONDO.   ¿Esas resistencias debes   270
              a mi amoroso cuidado?
LAUREN.   Mi bien, procura guardarte,
              porque tu daño recelo.
FRONDO.   No quiera, Laurencia, el cielo
              que tal llegue a disgustarte.   275
LAUREN   ¿No temes ver el rigor
              que por los demás sucede,
              y el furor con que procede
              aqueste pesquisidor?
                  Procura guardar la vida.   280
              Huye, tu daño no esperes.
FRONDO   ¿Cómo que procure quieres
              cosa tan mal recibida?
                  ¿Es bien que los demás deje
              en el peligro presente   285
              y de tu vista me ausente?
              No me mandes que me aleje;
                  porque no es puesto en razón
              que por evitar mi daño,
              sea con mi sangre extraño   290
              en tan terrible ocasión.

(*Voces dentro.*)

                  Voces parece que he oído,
              y son, si yo mal no siento,
              de alguno que dan tormento.
              Oye con atento oído.   295

(*Dice dentro el juez, y responden:* [233])

JUEZ.   Decid la verdad, buen viejo.
FRONDO.   Un viejo, Laurencia mía,
              atormentan.
LAUREN.   ¡Qué porfía!
ESTEBAN.   Déjenme un poco.
JUEZ.   Ya os dejo.
              Decid: ¿quién mató a Fernando?   300

233. Let the student visualize this scene: Laurencia and Frondoso remain in
view of the audience and comment on the questioning and responses offstage,
all of which is audible to the spectators. Until Mengo and others appear, then,
all but Laurencia's and Frondoso's speeches are made behind the scenes.

| ESTEBAN. | Fuenteovejuna lo hizo. |
| LAUREN. | Tu nombre, padre, eternizo.[234] |

[*Line missing here to end the* redondilla, *but sense is clear.*]

FRONDO.	¡Bravo caso!
JUEZ.	Ese muchacho
	aprieta. Perro, yo sé
	que lo sabes. Di quién fue.
	¿Callas? — (*Al verdugo* [235]) Aprieta, borracho.[236]
NIÑO.	Fuenteovejuna, señor.
JUEZ.	¡Por vida del rey, villanos,
	que os ahorque [237] con mis manos!
	¿Quién mató al Comendador?
FRONDO.	¡Que a un niño le den tormento
	y niegue de aquesta suerte!
LAUREN.	¡Bravo pueblo!
FRONDO.	¡Bravo y fuerte!
JUEZ.	Esa mujer al momento
	en ese potro [238] tened.
	Dale esa mancuerda [239] luego.
LAUREN.	Ya está de cólera ciego.
JUEZ.	Que os he de matar, creed,
	en este potro, villanos.
	¿Quién mató al Comendador?
PASCUA.	Fuenteovejuna, señor.
JUEZ.	¡Dale!
FRONDO.	Pensamientos vanos.
LAUREN.	Pascuala niega, Frondoso.
FRONDO.	Niegan niños: ¿qué te espantas?
JUEZ.	(*al verdugo*) Parece que los encantas.
	¡Aprieta!
PASCUA.	¡Ay cielo piadoso!
JUEZ.	(*al verd.*) ¡Aprieta, infame! ¿Estás sordo?
PASCUA.	Fuenteovejuna lo hizo.

234. eternizo: *I hold immortal*
235. verdugo: *torturer*
236. borracho: *sot*
237. ahorque: *I'll hang*
238. potro: *"pony"* (wooden frame with ropes to wind about the victim, tightening with every turn)
239. Dale ... mancuerda: *Tighten that wheel* (which pulled the rope taut)

JUEZ.	Traedme aquel más rollizo,[240]	
	ese desnudo, ese gordo.	330
LAUREN.	¡Pobre Mengo! Él es, sin duda.	
FRONDO.	Temo que ha de confesar.	
MENGO.	¡Ay, ay!	
JUEZ.	(al verd.) Comienza a apretar.	
MENGO.	¡Ay!	
JUEZ.	(al verd.) ¿Es menester ayuda?	
MENGO.	¡Ay, ay!	335
JUEZ.	¿Quién mató, villano,	
	al señor Comendador?	
MENGO.	¡Ay, yo lo diré, señor!	
JUEZ.	(al verd.) Afloja un poco la mano.	
FRONDO.	Él confiesa.	
JUEZ.	(al verd.) Al palo aplica	
	la espalda.[241]	340
MENGO.	Quedo; que yo	
	lo diré.	
JUEZ.	¿Quién lo mató?	
MENGO.	Señor, Fuenteovejunica.	
JUEZ.	¿Hay tan gran bellaquería?	
	Del dolor se están burlando.	
	En quien estaba esperando,[242]	345
	niega con mayor porfía.	
	Dejadlos, que estoy cansado.	
FRONDO.	¡Oh Mengo, bien te haga Dios!	
	Temor que tuve de dos,	
	el tuyo me le ha quitado.	350

(Salen con Mengo, Barrildo y el Regidor.)

BARRIL.	¡Vítor,[243] Mengo!	
REGIDOR.	Y con razón.	
BARRIL.	¡Mengo, vítor!	
FRONDO.	Eso digo.	
MENGO.	¡Ay, ay!	

240. rollizo: *plump*
241. Al ... espalda: *Put your shoulder to the lever* (to hold the rack firm and taut).
242. En ... esperando: *The very one I was counting on*
243. Vítor: *Hurrah for*

BARRIL.	Toma, bebe, amigo.
	Come.
MENGO.	¡Ay, ay! ¿Qué es?
BARRIL.	Diacitrón.[244]
MENGO.	¡Ay, ay!
FRONDO.	Echa de beber.
BARRIL.	......Ya va.[245]
FRONDO.	Bien lo cuela.[246] Bien está.
LAUREN.	Dale otra vez de comer.
MENGO.	¡Ay, ay!
BARRIL.	Ésta va por mí.
LAUREN.	Solemnemente lo embebe.
FRONDO.	El que bien niega bien bebe.
REGIDOR.	¿Quieres otra?
MENGO.	¡Ay, ay! Sí, sí.
FRONDO.	Bebe, que bien lo mereces.
LAUREN.	A vez por vuelta [247] las cuela.
FRONDO.	Arrópale, que se hiela.[248]
BARRIL.	¿Quieres más?
MENGO.	Sí, otras tres veces.
	¡Ay, ay!
FRONDO.	Si hay vino pregunta.
BARRIL.	Sí hay: bebe a tu placer;
	que quien niega ha de beber.
	¿Qué tiene?
MENGO.	Una cierta punta.[249]
	Vamos; que me arromadizo.[250]
FRONDO.	Que beba, que éste es mejor.
	¿Quién mató al Comendador?
MENGO.	Fuenteovejunica lo hizo.

(Vanse todos menos Frondoso y Laurencia.)

FRONDO.	Justo es que honores le den.
	Pero decidme, mi amor,
	¿quién mató al Comendador?

244. Diacitrón: *candied citron*
245. First part of the line is missing.
246. cuela: *he gulps*
247. A ... vuelta: *For each turn* (of the rack)
248. Arrópale ... hiela: *Wrap him up, he's freezing.*
249. punta: *sour taste*
250. arromadizarse: *to catch cold*

LAUREN.	Fuenteovejuna, mi bien.
FRONDO.	¿Quién le mató?
LAUREN.	Dasme espanto
	Pues Fuenteovejuna fue. 380
FRONDO.	Y yo, ¿con qué te maté?
LAUREN.	¿Con qué? Con quererte tanto. (Vanse.)

(*Habitación de los Reyes Católicos en Tordesillas. Salen los Reyes.*)

ISABEL.	No entendí, señor, hallaros
	aquí, y es buena mi suerte.
FERNANDO.	En nueva gloria convierte 385
	mi vista el bien de miraros.
	Iba a Portugal de paso
	y llegar aquí fue fuerza.
ISABEL.	Vuestra majestad le tuerza,[251]
	siendo conveniente el caso. 390
FERNANDO.	¿Cómo dejáis a Castilla?
ISABEL.	En paz queda, quieta y llana.
FERNANDO.	Siendo vos que la allana [252]
	no lo tengo a maravilla.

(*Sale Manrique.*)

MANRIQUE.	Para ver vuestra presencia 395
	el Maestre de Calatrava,
	que aquí de llegar acaba,
	pide que le deis licencia.
ISABEL.	Verle tenía deseado.
MANRIQUE.	Mi fe, señora, os empeño, 400
	que, aunque es en edad pequeño,
	es valeroso soldado.

(*Vase Manrique, y sale el Maestre.*)

MAESTRE.	Rodrigo Téllez Girón,
	que de loaros no acaba,
	Maestre de Calatrava, 405
	os pide humilde perdón.

251. Vuestra ... tuerza: *Let Your Majesty turn aside* (from the road)
252. allana: *smooths*

Confieso que fui engañado,
y que excedí de lo justo
en cosas de vuestro gusto,
como mal aconsejado.

El consejo de Fernando [253]
y el interés me engañó,
injusto fiel; [254] y ansí, yo
perdón humilde os demando.

Y si recibir merezco
esta merced que suplico,
desde aquí me certifico
en que a serviros me ofrezco,

y que en aquesta jornada
de Granada, adonde vais, [255]
os prometo que veáis
el valor que hay en mi espada;

donde sacándola apenas,
dándoles fieras congojas,
plantaré mis cruces rojas
sobre sus altas almenas;

y más, quinientos soldados
en serviros emplearé,
junto con la firma y fe
de en mi vida disgustaros.

FERNANDO.   Alzad, Maestre, del suelo;
que siempre que hayáis venido,
seréis muy bien recibido.

MAESTRE.   Sois de afligidos consuelo.

ISABEL.   Vos con valor peregrino
sabéis bien decir y hacer.

MAESTRE.   Vos sois una bella Ester
y vos un Jerjes divino. [256]

(*Sale Manrique.*)

253. Fernán Gómez
254. injusto fiel: *erroneous scales.* The pointer marking the balance on the scales is the *fiel.*
255. Lope seems to telescope history here; the Granada campaign would not begin so soon.
256. Esther was the queen of Xerxes (*Jerjes*), king of ancient Persia, 485–465 B.C.; his Biblical name (Book of Esther) is Ahasuerus.

MANRIQUE.	Señor, el pesquisidor	
	que a Fuenteovejuna ha ido	440
	con el despacho [257] ha venido	
	a verse ante tu valor.	
FERNANDO.	Sed juez de estos agresores.	
MAESTRE.	Si a vos, señor, no mirara,	
	sin duda les enseñara	445
	a matar comendadores.	
FERNANDO.	Eso ya no os toca a vos.	
ISABEL.	Yo confieso que he de ver	
	el cargo [258] en vuestro poder,	
	si me lo concede Dios.	450

(Sale el Juez.)

JUEZ.	A Fuenteovejuna fui	
	de la suerte que has mandado	
	y con especial cuidado	
	y diligencia asistí.	
	Haciendo averiguación	455
	del cometido delito,	
	una hoja no se ha escrito	
	que sea en comprobación; [259]	
	porque conformes a una, [260]	
	con un valeroso pecho,	460
	en pidiendo quién lo ha hecho,	
	responden: *Fuenteovejuna.*	
	Trescientos he atormentado	
	con no pequeño rigor,	
	y te prometo, señor,	465
	que más que esto no he sacado.	
	Hasta niños de diez años	
	al potro arrimé, [261] y no ha sido	
	posible haberlo inquirido [262]	
	ni por halagos ni engaños.	470
	Y pues tan mal se acomoda	

257. despacho: *report*
258. cargo: *command* (of Calatrava)
259. comprobación: *proof of guilt*
260. conformes a una: *unanimously*
261. al ... arrimé: *I stretched upon the rack*
262. inquirir: *to verify*

el poderlo [263] averiguar,
o los has de perdonar,
o matar la villa toda.

Todos vienen ante ti
para más certificarte:
de ellos podrás informarte.

FERNANDO.   Que entren, pues vienen, les di.

(Salen Esteban, Alonso, Frondoso, Laurencia, Mengo y otros labradores.)

LAUREN.   ¿Aquestos los reyes son?
FRONDO.   Y en Castilla poderosos.
LAUREN.   Por mi fe, que son hermosos:
            ¡bendígales San Antón!
ISABEL.   ¿Los agresores son éstos?
ESTEBAN   Fuenteovejuna, señora,
            que humildes llegan agora
            para serviros dispuestos.

            La sobrada tiranía
            y el insufrible rigor
            del muerto Comendador,
            que mil insultos hacía,
            fue el autor de tanto daño.
            Las haciendas nos robaba
            y las doncellas forzaba,
            siendo de piedad extraño.

FRONDO.   Tanto, que aquesta zagala,
            que el cielo me ha concedido,
            en que tan dichoso he sido
            que nadie en dicha me iguala,
                cuando conmigo casó,
            aquella noche primera,
            mejor que si suya fuera,
            a su casa la llevó;
                y a no saberse guardar
            ella, que en virtud florece,
            ya manifiesto parece
            lo que pudiera pasar.

---

263. tan ... poderlo: *it is so impossible*

MENGO.   ¿No es ya tiempo que hable yo?
                 Si me dais licencia, entiendo
                 que os admiraréis, sabiendo
                 del modo que me trató.   510

                 Porque quise defender
                 una moza de su gente,
                 que con término insolente,[264]
                 fuerza la querían hacer,

                 aquel perverso Nerón [265]   515
                 de manera me ha tratado,
                 que el reverso me ha dejado
                 como rueda de salmón.

                 Tocaron mis atabales [266]
                 tres hombres con tal porfía,   520
                 que aun pienso que todavía
                 me duran los cardenales.

                 Gasté en este mal prolijo,
                 por que el cuero se me curta,[267]
                 polvos de arrayán y murta [268]   525
                 más que vale mi cortijo.[269]

ESTEBAN.   Señores, ser tuyos queremos.
                 Rey nuestro eres natural,
                 y con título de tal
                 ya tus armas puesto habemos.   530

                 Esperamos tu clemencia
                 y que veas esperamos
                 que en este caso te damos
                 por abono [270] la inocencia.

FERNANDO.   Pues no puede averiguarse   535
                 el suceso por escrito,
                 aunque grave fue el delito,
                 por fuerza ha de perdonarse.

                 Y la villa es bien que quede
                 en mí, pues de mí se vale,   540

264. término insolente: *extremely insolent manner*
265. Nerón: *Nero*, Roman emperor A.D. 54–68.
266. Lines 518–9 echo the last lines of Act II.
267. por ... curta: *so my hide would get tanned* (cured)
268. arrayán y murta: *myrtle*
269. cortijo: *farm*
270. abono: *guarantee*

> hasta ver si acaso sale
> comendador que la herede.

FRONDO.   Su Majestad habla, en fin,
> como quien tanto ha acertado.
> Y aquí, discreto senado,[271]
> *Fuenteovejuna* da fin.

The play is not only faithful to historical fact, its action synchro-
nized with the movements of the Catholic Monarchs, but also accurate in its portrayal of the Spanish peasant, whose fundamental
nature has changed little over the centuries, and of the feudal lord,
if perhaps slightly exaggerated in this case. In many ways, then, the
play illustrates the vein of realism running through the whole
lineage of Spanish literature. On the other hand, no doubt Lope
has idealized the king and queen to about the same degree that he
has darkened the Comendador. This reflects not only his personal
sentiment (democratic royalist) but his awareness of the needs of
the dramatic action—by all means, realism, but touched with idealism, the two most common characteristics of the nation's literature,
which expresses the national way of thinking and feeling.

The lead of the master of the Spanish stage was followed by too
many for mention here; but the three greatest cannot be overlooked.

Juan Ruiz de Alarcón (1581?–1639)

Born in Mexico and educated at the then still-new university in
the capital of Nueva España, Alarcón went to Spain in 1600 for further study at Salamanca. He returned home in 1608 to take a law
degree, and then sought appointment to the university faculty. Probably it was less a question of his ability than of his appearance that
caused his failure. He was small, hunchbacked, red-haired, an un-
imposing figure, to say the least, and these handicaps made difficul-
ties when he went back to Spain in 1615. Other writers, jealous of
his work, lampooned his physical defects unmercifully, and his retorts (preserved in his writings) are bitter indeed. His life must
have been sweeter when he retired from writing into the obscurity
of a government job, thus leaving only a few plays. His two dozen
comedias were composed in about a dozen years.

271. senado: *senate* (i.e., the audience)

Alarcón could write the kind of melodrama or *comedia* of light intrigue typical of the day, but his superiority to his rivals lies in the drama of character, or thesis play. In one he attacks ingratitude, taking Don Juan Manuel's Ejemplo XI for his material; in another he exposes the consequences of habitual lying (his most celebrated piece, *La verdad sospechosa*) ; and in others he shows the dangers of gossip and backbiting, or preaches firmness in vicissitude and constancy in love, and so on. The aforementioned play was the basis for the first great French neoclassic comedy, *Le Menteur,* by Corneille.

Alarcón's works are far more restrained, carefully polished, and revised than those of his contemporaries. He seems almost obsessed with courtesy, a trait which has led some critics to see in this the influence of his native land. Alarcón exemplifies that quality referred to in connection with Queen Isabel and the Renaissance, *buen gusto*.

Tirso de Molina (1571–1648)

The Mercedarian friar's real name, Gabriel Téllez, is obscured by the fame of his pen name given above. Nothing is known of his lineage. A graduate of Alcalá, he took orders and rose to high office in the Order of La Merced. For some three years he was assigned to Santo Domingo, but in Spain his life was divided between Madrid, Toledo, Zaragoza, and Soria, where he died.

Tirso is said to have written some four hundred plays, of which eighty-six are extant, but some of these are of doubtful authenticity. Publishing conditions in those times were not conducive to accuracy of text or of attribution of authorship; so it is no wonder that there are imperfect versions and dubiously attributed pieces to plague scholars today. The wonder is that so many Golden Age plays still exist at all. In any case, enough of Tirso's unquestioned work remains for us to judge him as a playwright.

He is certainly a better creator of character than is Lope de Vega. His women characters are the best in Golden Age drama. But his greatest creation, and the most outstanding in Spanish drama, is Don Juan Tenorio in *El burlador de Sevilla.* Apart from Don Quijote alone, no other Spanish literary character is so widely known; no other has inspired so many imitations and interpretations by writers in all genres and artists in all media since 1630, when the drama was first performed. The libretto for Mozart's

Don Giovanni (1787), Molière's *Don Juan ou le Festin de pierre* (1665), Zorrilla's *Don Juan Tenorio* (1844), Byron's *Don Juan,* and other pieces by Mérimée, Dumas, Shaw, and Pushkin (to name but a few) are inspired by Tirso's original.

Don Pedro Calderón de la Barca (1600–1681)

The Golden Age of Spanish literature closes with the death of Calderón. He was born into the lesser nobility, but his family was not rich, and when his parents died he had to quit the University of Salamanca before graduating. His family had intended him for the priesthood, but he chose the stage, making his début in 1622 with no great success. In his early twenties he caused several scandals, once even forcing his way into a convent where his half-brother's killer had taken refuge and where Calderón handled the nuns roughly when they tried to protect their sanctuary. His plays reflect his roistering youth. He soldiered in Italy and Flanders, returning in 1625 to serve in the household of a great lord, where he resumed his writing. In the dozen years that followed he wrote most of the *comedias* that gained him fame and, later, appointment as court poet.

Calderón wrote in the period of elaboration of stage machinery and décor, which permitted spectacular staging effects, paid for by the king. When the new palace in the *Buen Retiro* was completed, it was inaugurated with much display, including Calderón's *El mayor encanto amor,* a musical play on the theme of Ulysses and Circe. For the performance a floating stage was constructed on the great pool in the park and illuminated with three thousand lanterns. There was a shipwreck (as Ulysses was shipwrecked), a triumphal water-car drawn by dolphins, and a resounding destruction of Circe's palace with fireworks and artillery. The royal court watched from gondolas. Of course, public theaters could not afford such lavish spectacles; nor could the king afford them, really, but he had them anyway.

All varieties of theatrical compositions are found in Calderón's work, but he remains best known, perhaps, for his bloody tragedies of honor, his philosophical *La vida es sueño,* and his *autos sacramentales.* These last, not constructed like the *comedia,* are religious plays performed on Corpus Christi (ninth Thursday after Easter) and on other Church feast days. In the *comedia profana* Calderón follows the lead of Lope de Vega, contributing little that is new, but tightening the plot and structure. He confines humor to a single personage, the *gracioso;* he invents sparkling repartee and argument; he creates beautiful verse and polishes it to a higher gloss than do most dramatists (he could afford the time, being court dramatist); and he shows a more profound comprehension of philosophical and psychological truths. His favorite themes are honor, jealousy, free will and other theological phases of doctrine, and that ever-recurrent question, "What is reality?" He has few memorable characters, but there are two that stand out: Pedro Crespo, the *alcalde,* and Don Lope de Figueroa, the general, in *El alcalde de Zalamea.* The theme of this play is similar to that of *Fuenteovejuna,* but its protagonist is a peasant mayor, not a whole town, and the villain is an army captain, not a feudal lord. Finally, Calderón is responsible for the "marriage" of drama and music in a serious way, one of his works being in effect an opera in our sense of that term.

We have now touched on the highest peaks of Spanish literature, either through brief mention of writers or through reading parts of their works, or both, from the earliest times to the Golden Age, inclusive. Let it be remembered, though, that many another peak equally or only slightly less imposing has been left out of sight. It would take years of reading to appreciate the enormous body of Spain's literature at its true worth; for this one course we have been able only to introduce students to a few of the most characteristic expressions of the national traits of Spaniards.

Vocabulary

Vocabulary

Except for unusual meanings, the vocabulary excludes the 1,000 commonest words and most of the next 500, as counted by Keniston (*A Standard List of Spanish Words and Idioms,* rev. ed.); their easily recognized derivatives, and equally recognizable derivatives of other words included; close cognates with English; and words that occur only once in the text, or twice if each occurrence demands a different meaning. These infrequently occurring words are given on the pages where they are found. The most frequently recurring words are starred in the vocabulary as a hint to the student to commit them to memory as quickly as possible, to save himself time and trouble. Examples of derivatives: *dañado* and *dañoso* (variants of the same word) are given, but not *daño,* the noun; *aborrecer,* but not *aborrecible; alborotar,* but not *alboroto.* The form chosen for entry is the commonest in the text. Any apparent deviation from this system will be due to some difference of meaning involved between, say, the infinitive and the past participle (adjectivally used, or perhaps made into a noun); or to a possibility of misunderstanding through some variation in form (e.g., *flaco–flaqueza,* in which meanings may differ, also). In short, there are demands on the student's mind, but there are likewise reasonable aids for it.

abad abbot; *also loosely used for* clergyman
abastecer to supply, provide
ablandar to soften
aborrecer to loathe, detest, abhor; hate
abrasar to burn
abreviar to abbreviate, cut short
abrigo shelter, protection
***acaecer** to befall, happen
acero steel
acertar to chance; to succeed (in); to be correct

acoger to welcome, receive (*as guest*); —se to retire, withdraw
***acometer** to attack, charge against
acomodar to fit, adapt; to outfit, provide
***acontecer** to befall, happen, occur
acordado remembered; agreed; harmonious, tuneful
acostumbrar to be accustomed; —se to become accustomed, be customary
adarga shield, buckler

337

aderezar to straighten out, put (set) right

admirarse (de) to wonder (at), marvel (at), be amazed (by)

afán eagerness, zeal; trouble, worry, anxiety; toil, labor

afirmar to be firm; to brace; to affirm; —se a to stand by (one's statement)

aflojar to loosen, slacken

afrenta affront; torment

*afrentar to affront, injure, wrong, insult

agrado (n.) pleasure, liking

*agravio injury, insult, wrong

agudo sharp

agüero omen

aguijar to goad, prick, spur

agujero hole

*airado angry, angered, irate

ajeno another's, someone else's, other people's; strange, alien, foreign

alargar to stretch out; grow long (longer), lengthen

alba dawn

albor dawn

alborada dawn

alborotar to excite, upset, cause a stir (noise)

albricias reward claimed for bearing good news; (or, by extension) good news

alcahuete, -a procurer, -ess

alcalde chief municipal officer, president of city council

alcázar royal palace (often fortified); fortress

*aldeano villager (man or woman, as ending shows); (adj.) village

alevoso treacherous

alforjas saddlebags

algodón cotton

alguacil bailiff, constable, officer of the law

alhaja jewel

aliviar to alleviate, relieve, lighten

almena battlement

almete helmet

alojar to lodge, take (give, assign) lodgings

alquilar to rent

alterar to anger; agitate, upset; —se to grow angry, become agitated (upset)

alto: en lo — on high, on (at) the top; a lo — to the top

allegar = llegar, acercar(se)

allende beyond; en — in Moorish lands; overseas

ama housekeeper; mistress of the household

amador lover

amanecer to dawn; (n.) dawn

amparo protection

andante: caballero — knight-errant

andar (n.) gait, pace; bearing

angosto narrow

ánima = alma

animarse to cheer up

ánimo frame of mind

añadido (n.) addition

apalear to cudgel, beat (with stick or club)

aparejar to make ready, prepare

aparejo show; setup; material; —s trappings, gear

apartado set apart, not joined

apartarse to step (move) away; to withdraw

apearse to dismount

apenar to pain, hurt

apetecer to hunger for

aposento room

apreciar to appraise, value, esteem, prize, appreciate

apriesa hurriedly; fast (aprisa)

aprieto plight, predicament, "fix" (be in a "fix")

aprisa hurriedly, hastily; fast

apuntar to begin to appear; to rise into view

arca, arcaz chest, storage box

arcipreste archpriest

arena sand

arma weapon; —s armor

arrebatado sudden; headlong

arremeter to charge (attack)

arrepentirse to repent; to regret (*an act, and reverse or undo it*)

arrimar(se) a to lean (press) against; to follow (*a rule or a saying, etc.*) ; to associate with

arrodillamiento kneeling posture

*****arroyo** stream, brook; gutter

artífice craftsman, artificer

artificio trick

arzobispo archbishop

arzón saddlebow, pommel

asentar to settle, fix firmly; to sit; —se to get a job, take service; — por to take a job as

*****asimismo** likewise

asno ass, donkey

asombrar to awe

asombro: dar — to awe

aspa sail (*of a windmill*)

áspero rough; harsh; dismal

atacar to attack

atajar to cut short, interrupt; to block, impede

atambor drum

auxilio aid, assistance

avariento avaricious, miserly

aventurero (*adj.*) adventurous, wandering to seek adventure

avivar to stir up, quicken; —se to bestir oneself

azor hawk (*hunting bird*)

*****azotar** to flog, lash, whip

B

bacía basin

bachiller holder of lowest academic degree (*cf.* Don Quijote n. *144, p. 226*)

balde: de (en) — vainly, in vain; de — free (*of charge*)

ballesta crossbow

bandera flag, banner

bárbaro barbarian; barbarous

barbudo bearded

barra bar (*metal*)

batán fulling mill

beldad beauty

bellaco knave, scoundrel

bermejo red

bestia beast (*of burden*), animal

bien (*n.*) love (*e.g.,* mi bien) ; good thing; con — safely

bienaventurado blessed (*with Heaven's favor*)

bienhadado well-fated

blanca coin (*of lowest value*)

blanco blank, unadorned with crest or insignia (*e.g.,* armas blancas)

bobo simpleton

bola ball

bolsa purse

borrico donkey

botica apothecary shop

braveza ill humor; violence

bravo fierce, wild, untamed

brial tunic (*cf.* Cid, *n. 50, p. 26*)
brío vim, spirit, force, energy
burgalés man of Burgos
burla trick; jest, joke

C

*cabalgar to ride; to mount
caballería chivalry; — andante knight-errantry
cabe = cerca de, junto a
cabecera head of bed; pillow
cabestro halter
cabo: al — de after
cadena chain
caer en (la cuenta) to catch on, comprehend, realize
calandria lark (*bird*)
calentura fever; heat
calzar to put on shoes (*or hose, or both*); to wear (have on) *shoes, etc.*
calzas breeches; hose; pantaloons
callejuela (*dimin. of* calleja) alley
cámara bedchamber, room
camarero chamberlain, valet
camisa shirt; sleeveless undergarment (*Middle Ages*)
candado padlock
*cantar (*n.*) division of poem; song, chant
caña cane, reed
capa cape, cloak
capirote hood (*of falcon*)
carbón charcoal
*cardenal cardinal (*Church dignitary*); welt, bruise
caridad charity, love of God
carnal of flesh and blood
carnero ram
*castillo castle
casto chaste

casualidad chance
caudal fortune, wealth
cautivo captive
cayado shepherd's crook, staff
*caza (*n.*) hunt, hunting; game (*birds, animals*); de — (*adj., adv.*) hunting; a — (*adv.*) a-hunting
ceja eyebrow
celada concealment; helmet
celo zeal; —s jealousy
cenar to sup, have (eat) supper; to dine
ceñir (i) to gird (on), fasten around waist; to encircle
cera wax
cercar to surround; besiege
cerebro brain
cerro hill
certificar to assure; to attest, guarantee
ciclatón silk tunic (*cf.* Cid, *n. 50, p. 26*)
cincha: — corrediza cinch, leather strap (*of harness*)
cinta ribbon
cintura waist
claro noble; illustrious, famous
clavado nailed
clerecía clergy
clérigo cleric, priest
cobarde coward
codiciar to covet, be greedy (yearn) for
cojear to limp; de qué pie cojea (alguien) what (someone) really has in mind, what's motivating (someone)
cojo lame, lame man
colchón mattress
cólera anger, choler

comadre crony (*Comadre, compadre* are terms indicating the relationship of godparent to parent and vice versa, or between godparents of a child; by extension the words have come to mean very close friends or "cronies.")

combatir to fight

comedirse to offer politely; to act in a tactful way

comendador commander, holder of an encomienda

cómodo comfortable

compadecerse de to take pity on

compadre (*as above,* comadre)

compaña company, companionship

complaciente pleasing

complexión nature, (*physical*) constitution

comunal common to all, communal

conde (-esa) count (-ess)

congoja complaint, cause for complaint

congojarse to get upset, become distressed (plaintive)

conjeturar to conjecture

consideración thought, notion

consuelo consolation

contentarse to be glad (happy), be satisfied

contienda argument, dispute

continente mien, countenance, air, aspect, bearing; (*adj.*) abstemious

contrahecho deformed, disfigured

contrario (*n.*) adversary, opponent

contrastar to resist

convenible fitting, appropriate, suitable

copla stanza; (*popular*) song

cordero lamb

cordón sash, girdle; silk cord

corneja crow

corona crown; tonsure

correr to chase away; to flow (*said of tears or stream*) ; —**por (mi) cuenta** to be (my) responsibility; —**se** to become confused (embarrassed, crestfallen, sullen, surly)

corrida (*n.*) run

cortesano courtier; courtly

cortesía courtesy

corzo (*dimin.,* corcillo) stag

coser to sew

costado side (*of body*)

costilla rib

criar to rear and train for knighthood (*Middle Ages*)

cuadrar to fit, square (with)

cuán how (*with adj. or adv.*)

cuarto coin (¼ of a **real**)

cuerda rope

*****cuerdo** sensible, sane, wise

cuero hide, skin; wineskin; **en —s** naked

cuesta slope (*of hill*)

cumplido full, complete; worthy; long

*****cumplir** to be fitting (well, proper) ; to round out, end

cuñado brother-in-law

curar (de) to heed; to care; to apply first aid

D

daga dagger

*****dama** (noble) lady; lady-in-waiting

dañado (*or* dañoso) wicked, pernicious, harmful, damaging

deidad godliness, deity

deleitarse to delight, take delight (in)

deleite delight, pleasure; estar con — to be delighted

delgado delicate, slender, fine, thin

delincuente criminal

delito crime

demanda request; quest, task

demandar to seek; to demand; to beg

demasías excesses, outrages

denostar to abuse, insult, revile

derribar to prostrate, collapse; to throw off, deprive; to overthrow, knock down

derrota rout, defeat; route, direction

desafío challenge to combat

desamparar to abandon, leave unprotected

desayunar(se) to break fast

desbaratar to rout, put to flight

descabalgar to dismount

desconsuelo disconsolate grief

descuidado careless, negligent, unheeding, off guard

desdén disdain

desdeñoso disdainful

desdicha bad luck, misfortune

*desdichado unhappy, wretched; unlucky, unfortunate

desengaño disillusionment; (*act of*) undeceiving, becoming aware of true fact

deshonesto unchaste, indecorous

desmayar to lose heart; to faint, swoon

desnudo naked, bare; stripped

despachar to dispatch; kill

despojar to despoil

despojos spoils; remains

desprecio scorn, contempt

desque (*archaic*) when; after; as soon as

desterrar to exile

*desventura misfortune

desventurado wretched, luckless, unfortunate

desvergonzado shameless person

desviar(se) to turn aside, move away

deudo kinsman; partisan

devaneo nonsense, aberration; delirious dream

devoto devout; (*n.*) devotee

dicho (*n.*) saying, statement

dichoso blessed; happy

diestro right; skillful

difunto deceased, dead

dinero dinar (*coin of low value*)

disculpa plea of innocence; excuse

discurrir to meditate, reflect

discurso discourse, speech

disparate(s) nonsense

do = donde

doblar to double, fold

doliente sufferer, patient

don (*or* donación) gift

*donaire gracefulness, elegance; wit, witticism

*doncella damsel, maiden

dorado gilded, golden

dote dowry

dueña lady; lady-in-waiting

dulzor (-ura) sweetness

duque (-esa) duke (duchess)

E

echar de ver to notice, observe

ejemplo apologue, exemplary tale

elogiar to eulogize

embrazar to put on (*or* wrap around) the arm

empacho embarrassment, diffidence

empeñar to pawn, pledge; —**se en** to insist on, persist in

emperador emperor

encajar to fit into, join together (*two parts of a thing*)

encaje visor jointure (*helmet*)

encaminar to direct, set (one) on the way; —**se a** to tend towards; to set out to

encamisado man in long white robe

encantador enchanter, magician

encargo request; mission

encías gums (*oral*)

*encima de on, on top of; over, above

*encomendar to commend, commit, entrust, recommend

encubrir to conceal, cover up

encuentro encounter; **ir al —** to meet

enderezar to set right, make ready, prepare, straighten

enfadar to anger, irritate, annoy, vex

engaño deceit, deception; trickery

enjalma (saddle) pad

enjuto dry; lean

enlutado (man) clad in black

enmendar to make amends; to emend, set right

enojar to annoy, irritate, anger

enristrar to set lance in rest (*ready to charge*); to charge upon

ensayar to try out; practice

ensillar to saddle

ensuciar to sully, stain

entendimiento mind, brain, wits

enternecer to touch, move emotionally

entrambos = ambos

entristecerse to become sad

envejecer to grow (get) old

envilecer(se) to demean (oneself)

envuelto furled, wrapped

erguido erect

errar to err, go astray

escala ladder

escaño bench

escarnecer to make a mockery of, ridicule, deride

escribano notary

escudero squire

escudo shield; coin of value

esforzado vigorous, enterprising; courageous, bold

esforzarse to strive hard; to strengthen oneself, be strengthened

*esfuerzo courage

espantable frightful

espanto astonishment; dread

espeso thick

espolón spur

espuela spur

estado estate, rank

estar bien (mejor) con to be on good (better) terms with; to be easy in one's mind about

estorbar to hinder, prevent

estribo stirrup

excusar to avoid; to exempt; to forego

extraño (*n.*) stranger

extremado extreme, excessive; superlative

F

facciones (facial) features

falda shirttail, tail of smock; skirt

familiar (*n.*) kinsman

fantasía imagination

fantasma phantom

fardel shoulder bag, sack

fatiga hardship

faz face; aspect

fealdad ugliness

feria fair, market

fiera (*n.*) wild beast

fiero wild, untamed; fierce, ferocious; ugly

*__figura__ figure (*drawn or painted*); aspect, look

flaco feeble; skinny

flaqueza weakness

florido flourishing, in the flower of

fortaleza fortress, stronghold; fortitude, strength

fraile friar

franco frank, open; generous; free, unguarded; (*n.*) Catalan, Frank (*nationality*)

freile clerical (ordained) member of a military order

freno bridle; **poner —** to check, restrain

fuerza power; **por —** perforce

G

gabán greatcoat, overcoat

galardón reward

galgo greyhound

gallardo gallant, elegant; noble

gallina hen

gallo cock

ganado (*n.*) cattle, stock; sheep

garganta throat

gentil noble; elegant; lovely, handsome; pagan

gigante giant

golfo gulf

gota drop (*liquid*); jot, iota

grado will, willingness; **de —** gladly, eagerly; **mal de (mi) —** against (my) will

griego Greek

grueso thick

guerrero warrior

H

habilidad ability, skill

hábito dress, costume; robe of an order of nobility

hacer como (*or* **que**) to pretend, feign

hacha torch

hado fate

halago coaxing; flattery; **—s** gratification, pleasure(s)

harina flour

*__harto__ (*adj.*) enough and plenty; sated; full; (*adv.*) fully, extremely, quite a lot; **— poco** little enough, all too little

haya beech tree

*__hazaña__ feat, exploit

hechicera witch

helado frozen, cold

hembra female

hendir to split, cleave, cut

heredar to inherit

hereje heretic

herrero blacksmith

hervir to boil, come to a boil

hidalgo (*pl.* -s *or* **hijosdalgo**) nobleman, man of the lower nobility; gentleman

hierba grass; **mala —** weeds

hilado thread

hincar las rodillas (*or* **hincarse de rodillas**) to kneel, fall on one's knees

holgar(se) to take one's ease, enjoy leisure; to idle; to play; **— más** to prefer; **—se** to be glad (happy); **—(se) de** to enjoy, take pleasure in

honesto chaste; respectable, decorous

huerta garden (*fruit, vegetables*); **Huerta** *irrigated region around Valencia*

huerto orchard; garden

hueste host (*army*)

humillar to humble; **—se** to bow, bow down

hundimiento (*n.*) caving-in

hundir(se) to sink, sink into; to fall in, cave in

hurtar to filch, steal

I

igual (con) likewise

imaginar to think, wonder, consider

importuno importunate, troublesomely insistent

inclinarse to bow, bend over

inconveniente (*n.*) disadvantage; objection

indicio indication

indigno unworthy

industria trick, device; inventiveness, cleverness

infame infamous

***infante** (-a) prince (-ess); member of upper nobility (*in Middle Ages*)

infierno hell

influjo influence

ingenio wit, talent; brain

insigne celebrated, famous

ínsula island

intentar to attempt; to seek (to do); to cause someone to

***ira** wrath, ire

J

jarrazo blow with a jug

***jarro** jug; pitcher

jaula cage

jornada journey; expedition

joya jewel

jubón doublet; jerkin

juego play, jest

juglar entertainer, a kind of minstrel

jumento donkey, ass

justicia police, law forces

L

labrado carved; tooled; repaired

***labrador** (*adj. and n.*) peasant; farmer

laceria miserable portion

ladrón thief

lagar winepress

lana wool

landre tumor, pox

lastimado injured, hurt

***leal** loyal

legua league (*about 3 miles*)

león lion

letrilla　song; simple lyric
libra　pound
*****licencia**　license, permission, authority
licenciado　licentiate, university graduate (*cf.* Don Quijote, *n. 144, p. 226*)
lid　combat, battle
lidiar　to fight, do battle; to maintain in single combat
lienzo　canvas; cloth
limosna　alms
limosnero　charitable, almsgiving
linaje　lineage, family; kind
litera　bier, litter
*****loar**　to praise
lóbrego　gloomy, dark
lodo　muck, mud
loor　(*n.*) praise
lozano　brisk, fresh, blooming
luego　immediately, right away
luengo　long
lumbre　warmth, firelight, light
luto　mourning (garments), black

LL

llaga　sore, wound
llama　flame
llano　plain
*****llanto**　(*n.*) weeping, tears
lloro(s)　(*cause for*) weeping

M

macho　mule
madeja　skein
madrugar　to rise early (*in the* **madrugada,** *early morn*)
maese　master (*title given to master of any trade*)
maestre　master (*of military order*)

maestro　(*n.*) master; learned man; (*adj.*) learned, skilled
mal　(*n.*) evil; wrong, injury
maldad　wickedness, evil (act)
malvado　scoundrel, wicked one
mancebo　young man; young
mancilla　pity; regret
mandado　(-ato) order, mandate, command
manga　sleeve
manso　tame, meek, gentle
manta　blanket
mantequilla　butter
*****manto**　cloak, mantle
maña　trick; craftiness; skill
maravedí　*coin worth 4* **blancas** (*but its value varied widely*)
*****maravillar**　to astound, cause wonder; —se (de) to marvel (at)
marco　mark (*high unit of money*)
mármol　marble
Marruecos　Morocco
más: sin — ni —　without further ado
mediano　middling, medium-sized
medrar　to prosper
medroso　timorous, fearful
melindres　prudery, finickiness
menear　to wag (head), sway (body), move, stir
*****menester**　need; haber —* need, have need of; ser —* to be necessary
*****mensaje**　message
*****mensajero**　messenger
mentar　to mention, name
menudo　tiny, fine; tender; a — often
*****merced**　boon, favor, grace; **vuestra (vuesa) —** your honor, your worship (you)

mesar to pull, pluck (hair)

Mesía Messiah

mesnada(s) armed men, retinue, men

mesón lodginghouse, inn

mester (*archaic*) craft, trade

mesura restraint; moderation; courtesy

***mezquino** wretched, miserable; miserly, mean

mezquita mosque

mientes (*n.*) mind, thought; **parar —** to reflect, consider, put one's mind on

mirar: — a to heed; **— en** to dwell on, pay attention to; **— por** to see (attend) to, look after

misa mass

misericordia compassion; pity; mercy

mísero miserable

mocedad youth

mojar to wet, soak

***molino** mill

moneda coin; money

monja nun

monje monk

morada dwelling, habitation

***morar** to dwell, inhabit

morder (ue) to bite

moreno brown; dark, swarthy

morisco Moor, Moorish

moro Moor, Moorish

morrión morion (*kind of helmet*)

mozuelo (-a) boy (girl)

mudanza change; movement

mudar to change; shed, molt

muela molar, tooth

murmurar to gossip

***muro** wall

N

natura nature

naturaleza nature

nave ship

navegar to sail

necedad foolishness, idiocy

***necio** silly, foolish, witless; (*n.*) fool, witling

negro luckless, wretched; ill-omened

nido nest

nietos grandchildren

nieve snow

nuevas news

O

obligar to obligate, put under obligations

obrar to work; act, proceed, do

ofrecimiento offer (*of favor or service*), courtesy

oler a to have the smell of, to smell like, to smell of

olla pot; stew

onda wave

orgullo pride, arrogant pride

osadía boldness, daring

***osar** to dare

otorgar to grant, concede, admit, permit

oveja ewe, sheep

P

pacer to graze, feed

paja straw

palo stick; staff of office; lever; **dar de —s** to strike, beat; **mil —s** (*n.*) beating

paloma dove

palomar dovecote

palomino squab

Papa Pope

par peer, equal; — **de** alongside; **de** — **en** — wide (open); **ir a la** — to keep up; **sin** — peerless

paraíso Paradise

pardo dark (gray)

parecer (*n.*) appearance, aspect

parir to give birth (to)

pasar to pass on, transmit; to manage, get along, make out; to review; — **más allá de** to go on beyond

pascuas *major Church feast days* (*e.g., Easter, Pentecost, Christmas, etc.*)

paso (*adv.*) quietly, privately, to (one) self; (*n.*) passageway

*__pastor__ shepherd, herdsman

Pater Noster Lord's Prayer

pavor fear, terror

*__pecado__ sin

peces fishes

pedrada (*n.*) stoning, blow from a stone

peinarse to groom oneself

pelear to fight, struggle

pelota ball

pellizón fur-lined garment (*cf.* Cid, *n. 50, p. 26*)

pena grievous wrong; sorrow; hardship

penar to pine (away)

pendencia quarrel, fight

pendón pennon, banner

peña cliff, rock

perecedero ephemeral, perishable; **no** — imperishable

perecer to perish

peregrino rarely seen, extraordinary, uncommon

perezoso lazy

perseguir to persecute; pursue

pesadumbre grief; worry, annoyance, trouble

*__pesar__ to grieve, hurt, cause regret (sorrow); to weigh heavily upon; (*n.*) sorrow, regret, worry

pesquisidor investigating judge

pestañas eyelashes

picar to peck; to pick; to spur, prick

pícaro rogue, rascal

*__piedad__ (work of) piety; pity

pieza *term used as synonym for another noun in context, e.g., woman, animal, etc.*

pihuela jess (*falcon's leash*)

pintar to depict, picture

pío pious

pisar to trample, tread

placentero pleasing, pleasurable, pleasant

plática(s) chat(s), conversation

playa beach, seashore

plazo fixed time, date, deadline

plega (plegue, pluguiera) may it please; would that it might please

poderío power, jurisdiction

pontífice Pope

porfía persistence; stubbornness; competition

porfiar to insist stubbornly, persist

porque (*with subjunctive*) so that

portales arcades

*__posada__ lodging, shelter; inn; (rented) house

posar to alight; stop for rest

postrero last, final

potro "pony" (*torture rack*)

poyo stone bench

prado meadow
preciar to prize, esteem
pregonar to proclaim publicly, publicize
pregonero town crier
premio prize, reward
prenda prize; forfeit
prender to capture; seize; arrest
preñado pregnant; ojos —s brimming (tearful) eyes
preso prisoner
*presto ready; (adv.) soon, quickly; de — quickly
presuroso hurried, hasty
prevención foresight, forewarning
prevenir to forewarn; —se to prepare
principal noble; respectable
priesa archaic for prisa
prisa: a (de, con) — in a hurry, in haste, hurriedly
prisión arrest; prison; —es shackles
privado (royal) favorite
pro (n.f. or m.) advantage, favor, profit; behalf; de buena — respectable
procurar to seek
prójimo fellow man
prolijo wordy, verbose; overlong
proteger to protect
*provecho profit
*proveer to provide; to oversee, supervise
puente bridge
puesto que although (principal meaning in early and Renaissance Spanish)
punto period, close, end; jot, particle; a (en) buen — opportunely; al — immediately,

promptly; a(l) — de on the point of; en un — in a flash; de todo — completely
puño fist, clenched hand
puta whore

Q

quebrantar to break (open, down, up, etc.)
quebrar to break; crush
quedo still, quiet
quejoso (adj.) complaining
queso cheese
quienquiera whoever; (n.) a nobody

R

rabia rage; rabies
rabiar to go mad; to rage
racimo bunch (of grapes)
raíz root
*razón statement, speech; case; truth; (pl.) conversation
razonamiento (n.) reasoning
razonar to talk; (n.) reasoning
*real (n.) camp; royal tent (or quarters); coin
recado message; report
recelar(se) to have misgivings, be suspicious; to fear
*recio strong, sturdy; hard (rain); loud (sound)
recogerse to withdraw; to take shelter
recordar to rouse, stir (to consciousness)
recorrer to traverse, "cover" (distance)
recreo refreshment
redención redemption
refrán proverb

regalar to cherish
regidor councilman
regocijo (*n.*) rejoicing
reinar to reign
*reino kingdom; reign (reinado)
religioso (*n.*) religious (*a member of a religious order*), cleric
relucir to glitter
relumbrar to gleam, glisten
rematar to finish off, put an end to
rendido humble, submissive; worn out
rendir to subdue; —se to yield, surrender
renta income
reportarse to contain (restrain) oneself
requiebros compliments, love talk, amorous phrases
resolución: en — in short
restituir to restore
*retar to challenge to combat
reventar to burst; crackle
Reyes Católicos Catholic Monarchs (*Fernando and Isabel*)
*rienda rein (*of bridle*); aflojaɪ (soltar) la — to give free rein; tener la — to rein in, check
rigor severity, harshness
riguroso severe; rigorous
ristre rest (*iron hook projecting from right breastplate to support butt of lance*); poner lanza en — to set lance in rest
roble oak
robledo oak forest
rocín jade, hack, nag
rodar to roll
rodela buckler, shield
rogar to pray; to beg

*romance vernacular language; vernacular work; ballad
rubí ruby
rucio gray: — rodado dapple gray
rueda wheel; sphere; fillet
ruin base, vile; awful
ruindad baseness
ruiseñor nightingale

S

sabroso delightful; savory; delicious
sacerdote priest
sacristán sacristan; sexton
sagaz sagacious, discerning
sagrado sacred
sal wit; salt
salida sally (*exit*); rising (*of sun or moon*)
salsa sauce
salvo (*prep.*) save, except; a (mi) — without harm to (me), in safety
sanar to heal, cure; get well
sangrar to bleed; —se to be bled
San Juan (día de) *June 24* (*day of St. John the Baptist*)
Santiago St. James the Greater (*brother of St. John the Evangelist*), *patron saint of Spain*
santiguarse to make the sign of the Cross, to cross oneself
sarta string (of beads)
sayo smock (*a loose garment*)
sazón time, occasion
secas: a — simply, just plain
sellar to seal, stamp with seal
semblante countenance, expression
semejar to be like, resemble
senda path

senectud old age
*seno bosom
sentir to recognize; to sense
señorío lordliness; noble lord
sepultura grave, sepulcher
serrana mountain girl (woman)
serranilla poem (or song)
servirse de to make use of
*seso sense, brains; sacar de —
   to drive (one) out of his mind;
   sin — brainlessly, senselessly
sierra mountain range (ridge);
   saw (tool)
simpleza act of a simpleton; innocence
singular extraordinary; — batalla
   single combat
soberano sovereign
soberbio arrogant, haughty
sobrar to be superfluous
sobredicho aforesaid
sobrenombre surname; nickname;
   descriptive name
sobresalto fright,   scare;   start,
   shock; dread
*socorrer to succor, aid, go to the
   aid of
solar (n.) property (real estate),
   house
solas: a — alone
solaz solace; delight
soltera unmarried woman
soportar to bear, endure
sosegar to quiet, calm; —se to
   become quiet, serene
sosiego calm (n.); respite
suceso: buen — success
sucio dirty, stained
sueldo pay, salary
sufrimiento forbearance, long-suf-
   fering

suplir to serve; supply (what is
   lacking); make up for
susto scare, fright; start

T

tabla plank, board
tablero: poner al — to stake, risk
tacha defect, blemish, fault
tachar to find fault with
talante: a su — at her pleasure;
   en su — into her good favor
talle shape, figure
tamaño = tan grande
tanto: en — que while, as long
   as; en — que no until
tañer to ring (bell); to play (music)
tapar to cover, stop up
tela cloth; fabric; tissue (of flesh)
tempestad storm
templar to appease, placate
tenebroso dark, gloomy
tener: — a to think, consider; —
   para sí to believe; — por to regard as, consider; — que ver con
   to have to do with
tenerías tannery
tercia parte one-third
testigo witness
tiento (n.) touch, feel
tijera scissor
tinto dyed, tinted; stained
tirano tyrant
*topar to run across, hit on; to
   put in contact; to meet
tormento(s) torture; rack
tornar all forms identical in meaning with comparable forms of
   volver
trabajo trouble
trabajoso trouble-filled

traer to have (*something in some specified condition*)
tragarse to gulp down
traidor treacherous dog
trance critical moment
trato negotiation; business
trecho distance
trigo wheat
tripas tripe
tristura = tristeza
***trocar** to swap, (ex) change for
trotaconventos (*f.s. and pl.*) go-between, procuress
trovar to compose verses (trovas); (*n.*) versifying
trozo piece, chunk
tuerto (*adj.*) one-eyed; (*n.*) wrong, injustice
turbar to upset, disturb, perturb

U

ufano boastfully proud, conceited
umbral threshold
uña nail (*finger or toe*); hoof
uva grape

V

valentía bravery
valer to avail; — **más** to be better; — **menos** (**menos** —) to be demeaned (*cf.* Cid, *n. 98, p. 38*)
valía worth, value
valle valley
vara *staff of office; unit of measure* (*2.8 feet*)
***varón** man; male
***vasallo** vassal
vejez old age
velada wife
vencimiento conquest
***venganza** vengeance, revenge
vengar to avenge

venta wayside inn
ventaja advantage; **hacer** — to excel, be better
ventera innkeeper's wife
***ventura** good fortune; happiness; **por** — peradventure, perchance
verse con to face, confront
verdugo torturer
verdura greenery, foliage, grass and weeds
vestidura clothing; garment
vestiglo monster
vianda food, foodstuffs
vihuela a kind of guitar
vil base, contemptible, vile, dastardly
***villa** town, city
villanía villainy, baseness
***villano** peasant; boorish fellow
villancico a type of lyric poem
vivo: al — vividly, explicitly
voluntad(es) good will; **de** — willingly
volver por to defend
voto vow; vote
vueso = vuestro
vulgo common people

Y

yacer to lie (*posture*); to be extended before one's gaze (*irregular forms:* yazgo, yaz')
***yelmo** helmet
yerba = hierba grass; herb
yerno son-in-law
yerro error

Z

zaga: ir (quedar) en — to lag behind
zagal (-a) young fellow (girl) of country peasantry